本书由上海第二工业大学资助出版

WTO争端解决机制
——逆全球化背景下的中国改革方案

WTO DISPUTE RESOLUTION MECHANISM
CHINA'S REFORM PLAN IN THE BACKGROUND OF ANTI-GLOBALIZATION

孟 琪 著

复旦大学出版社

前言

逆全球化趋势和经济全球化一样是自然规律，经济全球化是不可逆转的时代潮流，符合全球各国的共同利益。逆全球化作为经济全球化的一种对立存在，阻碍甚至破坏经济在全球范围内加速一体化的进程，在当前单边主义盛行、逆全球化趋势明显的国际大背景下，严重影响和破坏着全球经济的顺利发展。

近三十年来，WTO争端解决机制为妥善化解经贸争端提供了稳定和可预期的措施，所以被广泛誉为WTO"皇冠上的明珠"。但在百年未有之大变局背景下，以WTO为核心的全球贸易体制和法律制度遭遇了逆全球化的影响和冲击，正在遭受前所未有的挑战，WTO面临着许多急需解决的困难和问题。最为典型的事例就是美国为了达到逼迫WTO彻底改革的目的，2016—2019年通过持续反对上诉机构成员的选任工作导致上诉机构"瘫痪"，引发危机。就此，WTO争端解决机制的重要组成部分，素有国际贸易"最高法院"之称的WTO上诉机构面临生存危机，导致以规则为导向的WTO多边贸易体制处于深度危机中，对国际社会而言是一次严峻的考验。上诉机构这次危机所造成的影响相当于全球贸易治理倒退20年，全球贸易秩序面临重回以权力为基础的"丛林时代"的风险，这成为绝大多数WTO成员的重点关注问题。

事实上，美国对上诉机构的批评和质疑由来已久，多年来一直试图说服其他WTO成员积极启动针对上诉机构的彻底改革，但都没有得到有效的回应和满意的方案。特朗普政府借逆全球化浪潮之势强硬提出反对意见，并强烈要求WTO根据21世纪全球贸易的新情况和新态势实施WTO全面改革，以上诉机构改革为突破口来推动WTO争端解决机制改革势在必行。可以认识到WTO争端解决机制存在的问题：既有WTO国际组织及其体制的共性问题，又有其自身的个性问题；既有规范性瑕疵，又有结构性矛盾，因而WTO争端解决机制改革绝非一蹴而就，需要从规则改革到体制改革循序渐进。

中国作为全球第二大经济体，已经成为WTO争端解决机制的积极运用者和重要参与者，深度参与WTO争端解决机制改革，对中国和WTO都意义非凡。近年来，中国经济快速发展，作为WTO发展中成员的核心代表，在确定全球未来贸易体制发展方向等方面，在全球经济发展不明朗的关键时刻，担负着从国际法的角度对变动中的国际经济发展提出应对策略的责任，努力推动全球经济治理机制改革，建立国际经济新秩序。因此，中国政府的主张将起到举足轻重的作用，作为WTO多边贸易体制开放进程中的主要受益者之一，与经济全球化的贡献者，中国在WTO争端解决机制改革方案和建议方面应掌握更多的话语权，发挥更大的影响力和促进作用。

目录

缩略语表 …………………………………………………………………… 1

导论 ………………………………………………………………………… 1
 第一节　研究背景 ……………………………………………………… 2
  一、国内外研究综述 ………………………………………………… 2
  二、本书章节安排 …………………………………………………… 4
 第二节　学术概述 ……………………………………………………… 6
  一、理论意义与现实意义 …………………………………………… 6
  二、本书的主要创新 ………………………………………………… 8
  三、本书的研究方法 ………………………………………………… 9

第一章　逆全球化与世界贸易组织改革 …………………………………… 11
 第一节　逆全球化问题 ………………………………………………… 13
  一、经济全球化与逆全球化的内涵 ………………………………… 13
  二、逆全球化的典型案例——WTO争端解决机制危机 …………… 16
  三、应对逆全球化问题的对策 ……………………………………… 25
 第二节　世界贸易组织面临的危机与挑战 …………………………… 30
  一、WTO危机概述 ………………………………………………… 30

二、WTO 危机的主要表现 ………………………………… 32

三、WTO 危机产生的主要原因 …………………………… 39

第三节　WTO 改革的相关问题 ……………………………… 45

一、WTO 改革的必要性 …………………………………… 45

二、WTO 改革的基本原则 ………………………………… 48

三、各成员方关注的 WTO 改革的主要议题 …………… 50

四、WTO 改革面临的困难与挑战 ………………………… 55

五、WTO 改革的主要议题和核心内容 …………………… 62

第二章　世界贸易组织（争端解决机制）改革的全球方案 ………… 77

第一节　WTO 改革的美国方案 ……………………………… 80

一、改革方案进程 …………………………………………… 81

二、改革方案主要内容 ……………………………………… 82

三、改革方案评析 …………………………………………… 86

第二节　WTO 改革的欧盟方案 ……………………………… 87

一、改革方案进程 …………………………………………… 88

二、改革方案主要内容 ……………………………………… 90

三、改革方案评析 …………………………………………… 94

第三节　WTO 改革的日本方案 ……………………………… 96

一、改革方案进程 …………………………………………… 97

二、改革方案主要内容 ……………………………………… 97

三、改革方案评析 …………………………………………… 99

第四节　WTO 改革的美国、欧盟、日本（美欧日）三方联合方案 …………………………………………………… 101

一、改革方案进程 …………………………………………… 101

二、改革方案主要内容 ……………………………………… 104

三、改革方案评析 ……………………………………………… 105
第五节　WTO改革的加拿大方案 …………………………………… 105
　　一、改革方案进程 ……………………………………………… 105
　　二、改革方案主要内容 ………………………………………… 106
　　三、改革方案评析 ……………………………………………… 107
第六节　WTO改革的中国方案 ……………………………………… 108
　　一、改革方案进程 ……………………………………………… 109
　　二、改革方案主要内容 ………………………………………… 112
　　三、改革方案评析 ……………………………………………… 117
第七节　WTO各主要成员改革方案的分析与比较 ………………… 121
　　一、WTO发展前景"大同小异" ……………………………… 122
　　二、WTO各主要成员方在改革的价值取向方面存在着巨大
　　　　分歧 …………………………………………………………… 122
　　三、WTO主要成员改革主张的基本特征 …………………… 123
　　四、欧盟和美国的WTO改革方案有相似但不尽相同 ……… 124
　　五、欧盟和日本合作势头明显 ………………………………… 125
　　六、WTO主要成员改革方案针对中国的倾向较为明显 …… 125

第三章　WTO争端解决机制改革概述 ……………………………… 131
第一节　WTO争端解决机制基本情况 ……………………………… 133
　　一、GATT-WTO争端解决机制的历史演进 ………………… 134
　　二、WTO争端解决机制的组织机构与主要内容 …………… 137
　　三、WTO争端解决机制的主要特点和优势 ………………… 148
第二节　WTO争端解决机制实践概况 ……………………………… 157
　　一、GATT-WTO争端解决机制实践基本情况 ……………… 157
　　二、WTO争端解决机制实践近十年基本情况 ……………… 163

第三节　WTO 争端解决机制改革 ················· 167
　一、WTO 争端解决机制陷入危机的主要原因 ········· 167
　二、WTO 争端解决机制改革的必要性 ············· 174
　三、WTO 争端解决机制改革谈判概况 ············· 176

第四章　WTO 争端解决机制之上诉机构危机与化解方案 ······ 181

第一节　WTO 上诉机构危机 ··················· 182
　一、WTO 上诉机构概述 ···················· 182
　二、WTO 上诉机构危机的起源 ················ 184
　三、WTO 上诉机构面临的挑战 ················ 186
　四、美国制造上诉机构危机的原因和后果 ··········· 200

第二节　WTO 上诉机构改革的相关提案 ············· 204
　一、WTO 主要成员上诉机构改革提案 ············· 204
　二、美国针对 WTO 上诉机构改革提案的态度 ········· 212
　三、WTO 上诉机构改革方案之沃克方案 ··········· 213

第三节　化解 WTO 上诉机构危机的方案 ············· 221
　一、化解 WTO 上诉机构危机的路径 ············· 222
　二、WTO 上诉仲裁机制设立的可行性 ············ 225
　三、WTO 上诉仲裁机制的具体安排 ·············· 229
　四、"多方临时上诉安排"（MPIA）的创新 ·········· 232
　五、"多方临时上诉安排"（MPIA）的评价 ·········· 235
　六、WTO 上诉仲裁机制的最新进展——"土耳其
　　　药品案" ························· 237
　七、中国与"多方临时上诉安排"（MPIA） ·········· 241

第五章　WTO争端解决机制的其他主要问题及改革方案 …… 245
第一节　WTO争端解决机制程序本身存在的主要问题 …… 247
一、专家组存在的主要问题 …… 247

二、WTO执行程序和监督机制存在的主要问题 …… 250

三、授权报复制度存在的主要问题 …… 255

四、WTO救济体系存在的主要问题 …… 261

五、秘书处存在的主要问题 …… 267

第二节　WTO争端解决机制存在的体制性和制度性问题 …… 268
一、体制性缺陷 …… 270

二、制度性不足 …… 278

第六章　WTO争端解决机制改革的中国方案 …… 283
第一节　中国参与WTO争端解决实践 …… 285
一、中国应积极支持经济全球化 …… 286

二、中国应积极推动WTO改革 …… 288

三、中国参与WTO改革具体方案 …… 294

四、WTO改革前景和中国对策 …… 297

五、结语 …… 299

第二节　中国参与WTO争端解决机制 …… 300

第三节　化解WTO上诉机构危机的中国方案 …… 319
一、中国提出化解WTO上诉机构危机方案的必要性和紧迫性 …… 320

二、化解WTO上诉机构危机的中国策略 …… 322

三、化解WTO上诉机构危机的中国具体方案 …… 324

第四节　处理WTO争端解决机制程序本身问题的中国方案 …… 333
一、专家组 …… 334

二、执行程序和监督机制 ………………………………………… 337
三、授权报复制度 ………………………………………………… 339
四、救济体系 ……………………………………………………… 346
五、秘书处 ………………………………………………………… 350

第五节 解决WTO争端解决机制体制性和制度性问题的中国
方案 ……………………………………………………… 351
一、加快启动立法解释 …………………………………………… 352
二、采用诸边模式的谈判机制 …………………………………… 353
三、提高WTO争端解决机制裁决效率 ………………………… 355
四、增加WTO争端解决机制的透明度 ………………………… 359
五、拓展WTO争端解决的方式和应用 ………………………… 361
六、关于WTO争端解决机制改革谈判模式的中国方案 ……… 365

结语 ……………………………………………………………… 368

主要参考文献 …………………………………………………… 372

缩略语表（Abbreviation）

缩略语	全　　称
CPTPP	《全面与进步跨太平洋伙伴关系协定》 Comprehensive Progressive Trans-Pacific Partnership
DSB	世界贸易组织争端解决机构 (Dispute Settlement Body)
DSM	WTO 争端解决机制 Dispute Settlement Mechanism
DSU	《关于争端解决规则与程序的谅解》 (Understanding on Rules and Procedures Governing the Settlement of Disputes)
GATS	《服务贸易总协定》 (General Agreement on Trade in Services)
GATT	《关税与贸易总协定》 (General Agreement on Tariffs and Trade)
ICJ	联合国国际法院 (International Court of Justice)
ILO	《国际劳工组织宪章》 (International Labour Organization Charter)
IMF	国际货币基金组织 International Monetary Fund
ITO	国际贸易组织 (International Trade Organization)

(续表)

缩略语	全称
MAS	双方同意的解决办法 (Mutually Agreed Solutions)
MPIA	《多边临时上诉仲裁安排》 Multi-Party Interim Appeal Arrangement
NAFTA	《北美自由贸易协定》 (North American Free Trade Agreement)
NGOs	非政府组织 Non-Governmental Organizations
OECD	经济合作与发展组织，简称经合组织 (Organization for Economic Co-operation and Development)
RPT	合理期限 (Reasonable Period of Time)
SCM	《补贴与反补贴措施协定》 (Agreement on Subsidies and Countervailing Measures)
TRIPs	《与贸易有关的知识产权协定》 (Agreement on Trade-Related Aspects of Intellectual Property Rights)
TPP	《跨太平洋伙伴关系协定》 (Trans-Pacific Partnership Agreement)
TTIP	《跨大西洋贸易与投资伙伴关系协定》 (Transatlantic Trade and Investment Partnership)
USMCA	《美国-墨西哥-加拿大协定》 US-Mexico-Canada Agreement
WTO	世界贸易组织 (World Trade Organization)

导 论

第一节　研究背景

本书探讨逆全球化背景下世界贸易组织争端解决机制的中国改革方案。在当今国际社会，国际法具有号令天下的道义力量。在国际贸易领域，作为国际社会最具代表性和最为重要的国际经济贸易组织，世界贸易组织（WTO）享有"经济联合国"的美称。WTO争端解决机制更是被高度评价为"WTO皇冠上的明珠"，是当前国际贸易领域最为成功的全球性贸易争端解决机制，为"全球治理""国际法治"的发展指明了方向。作为国际贸易争端解决机制的典范，WTO争端解决机制的地位不可动摇，其公信力和有效性毋庸置疑。但近些年来，由于其机制本身的不完善和国际环境的外在压力，使其面临一些严重的问题，WTO争端解决机制甚至处于"瘫痪"的边缘，严重威胁到WTO所代表的多边贸易体制的发展。WTO各成员包括美国、欧盟、加拿大、日本和中国等都密切关注WTO争端解决机制改革问题，纷纷提出改革方案，尤其是在逆全球化的大背景下，关于WTO争端解决机制的改革研究更是大家关注的热点和焦点问题。

一、国内外研究综述

WTO争端解决机制的改革问题一直是国际法学者的一个热点研究领域。国内外学者大多针对WTO争端解决机制中的某个特定问题进行研究并提出相应解决对策和改革方案，形成了大量研究成果。但是现有文献较少全面关注WTO争端解决机制整体的改革问题，特别是提出一套完整的WTO争端解决机制的改革方案。

关于WTO争端解决机制的改革问题，主要研究成果包括以下方面。

（1）国外的代表作有James Bacchus的"Might Unmakes Right — The American Assault on The Role of Law in World Trade"（2018），Joost Pauwelyn的"Minority Rules: Precedent and Particition Before the WTO

Appellate Body"（2016），Davey W J. 的"The WTO and Rules-Based Dispute Settlement：Historical Evolution，Operational Success，and Future Challenges"（2014），Sonia E. Rolland 的"Redesigning the Negotiation Process at the WTO"（2010），Sutherland P D. 的"Concluding the Uruguay Round — Creating the New Architecture of Trade for the Global Economy"（2000）等。这些文章提出："没有争端解决机制的有效运作，WTO 体制即意味着死亡""美国政府已多次阻止 WTO 上诉机构新任法官遴选程序，致使 WTO 上诉机构几乎陷入瘫痪境地，WTO 争端解决机制正面临空前危机""金融危机后出现了新的全球经济格局，但包括争端解决机制在内的 WTO 体制未得到及时的调整而不适应新的经济形势，导致发达国家和发展中国家都对此表示不满"等重要观点。简言之，尽管 WTO 争端解决机制面临生存危机，改革势在必行，但以规则导向解决贸易争端的基本原则和理念必须予以坚持并强化，并非推倒重来。

（2）国内专门研究以 WTO 争端解决机制改革为主题的文献比较少，代表作有赵宏的《世贸组织争端解决机制 25 年：辉煌、困境与出路》（2021）；张月姣的《WTO 争议解决的现状与未来》（2015）；杨国华的《WTO 上诉仲裁机制的建立》（2020）；石静霞的《WTO〈多方临时上诉仲裁安排〉：基于仲裁的上诉替代》（2020）；刘敬东的《WTO 改革的必要性及其议题设计》（2019）；屠新泉的《世界贸易组织改革的中国建议》（2019）和胡加祥的《上诉机构"停摆"之后的 WTO 争端解决机制何去何从》（2020）等，这些文章从不同角度，针对不同具体问题提出目前 WTO 争端解决机制中存在的主要问题及解决策略，但都比较片面，只针对特定的问题展开研究，没有全面查找和归纳现存问题并提出系统有效的解决方案。

综上所述，学术界已普遍认识到研究 WTO 争端解决机制改革问题的重要性。

（1）欧盟、日本、加拿大和中国为代表的主要成员方积极推进 WTO 争端解决机制改革，且提出了具体的改革方案；

（2）美国通过各种渠道释放有意改革的信号，但没有提出具体的建议和方案；

（3）以中国为代表的广大发展中成员提出的坚持WTO基本宗旨和原则、支持WTO多边贸易体制、反对保护主义和单边主义的改革取向。

关于现阶段改革WTO争端解决机制的必要性有哪些？在提出改革方案的过程中，应该遵循哪些基本原则？中国将会提出怎样的改革方案？这些都是前期文献没有涉及而又亟待解决的现实问题。本书研究一方面从逆全球化的大背景出发，深度挖掘WTO争端解决机制改革的背景和必要性，提出改革的价值取向和基本原则；另一方面，全面查找和归纳现行WTO争端解决机制本身和在实践应用过程中出现的主要问题，提出改革建议和方案，最终落实到我国，本着支持多边体制、捍卫自身核心利益、追求各方共赢的方针提出中国改革方案。

二、本书章节安排

本书共分为六章，具体安排如下。

第一章：逆全球化与世界贸易组织改革。介绍了经济全球化与逆全球化的内涵，通过逆全球化的典型案例——WTO争端解决机制危机的分析，提出应对逆全球化问题的对策。论述了WTO危机的主要表现、产生的主要原因并指出了WTO改革的相关问题，如改革的必要性、改革的基本原则、改革面临的困难与挑战、改革的主要议题和核心内容，最后提出WTO必要性改革的观点和结论。

第二章：世界贸易组织（争端解决机制）改革的全球方案。WTO主要成员方通过各种方式提出相关改革方案和建议，各方提出的改革方案和推进策略涉及内容广泛，表达了各自对WTO改革的立场与态度，尤其是关于WTO争端解决机制改革的建议和方案更加值得关注和研究。本书选取美国、欧盟、日本、美欧日、加拿大和中国5个WTO成员和1个三方联合的改革方案，主要原因在于这些主要成员方提出了众多的改革建议和方案，它们的改革方案对于促进和推动WTO（争端解决机制）改革具有举足轻重的作用，都有非常重大的参考和借鉴意义，值得重点研究。通过对它们的改革方案进程、主要内容和方案评析等方面的研究，并对各主要成员WTO改革方案的分析与比较，全面展示WTO（争端解决机制）改革的全球方案的基本情况，尤其突出介绍了中国方案。

第三章：**WTO 争端解决机制改革概述**。首先详细介绍了 WTO 争端解决机制的基本内容、主要特点和优势，随后深入探讨了 WTO 争端解决机制陷入危机的主要原因、改革的必要性以及改革谈判的基本情况。WTO 争端解决机制是在 GATT 争端解决机制的基础上产生和发展的，以解释 WTO 现有规则和解决各方经贸摩擦为基本职责，由 WTO 争端解决机构（DSB）、WTO 总干事和总干事领导的秘书处、上诉机构（AB）、非常设专家组（panel）和仲裁员（arbitrator）等构成。一般完整的争端解决程序主要包括磋商、专家组程序、上诉机构程序、裁决执行程序四个环节。由上诉机构危机引发了 WTO 争端解决机制的整体危机，并就此导致 WTO 的整体危机。因此，WTO 争端解决机制改革势在必行。

第四章：**WTO 争端解决机制之上诉机构危机与化解方案**。WTO 争端解决机制是 WTO 制度项下最核心、最独特的部分，上诉机构作为"皇冠上的明珠"最闪亮的部分却黯然失色。上诉机构开创的国际贸易争端机制遇到了自设立以来最严重的危机，陷入困境。鉴于上诉机构危机是争端解决机制危机的导火索和核心问题，因此，单列一章予以详细深入的探讨。本章通过介绍上诉机构危机的起源、上诉机构面临的挑战以及危机的原因和后果，详细展示上诉机构改革的相关提案，尤其是有针对性的"沃克方案"，提出化解 WTO 上诉机构危机的方案，重点探讨了 WTO 上诉仲裁机制替代方案。

第五章：**WTO 争端解决机制的其他主要问题及改革方案**。首先介绍了 WTO 争端解决机制实践的基本情况，全面梳理了司法实践的数据并进行了分析和总结，归纳和讨论了 WTO 争端解决机制程序本身存在的主要问题以及体制性和制度性问题，虽然不能做到事无巨细地罗列，但基本涵盖了大部分的问题，最起码是当前迫切需要解决的主要问题。

第六章：**WTO 争端解决机制改革的中国方案**。在前五章介绍和研究的基础上，第六章全面探讨了中国改革方案，是最为重要和核心的章节。基于规则改革需先程序、后实体；体制改革要由易到难，逐一突破的原则，本章首先介绍了中国与 WTO 争端解决机制的改革问题，指出中国已经成为 WTO 争端解决机制的积极运用者和重要参与者，深度参与 WTO 争端解决机制改革，对中国和WTO都意义非凡。然后，提出化解WTO上诉机构危机的中国方案，包括必要性和紧迫性、中国策略和具体方案。再次，提出处理WTO争端解决机制程序本身问题、体制性和制度性问题的中国方案。最后，还提出了WTO争端解决机制改革谈判模式的中国方案。

随着国家贸易实力的加强和经济优势的突显，中国参与的WTO争端解决案件必将越来越多，应充分认识到此次WTO争端解决机制改革的紧迫性和重要性，积极参与改革，坚持WTO基本原则和核心精神，优先化解危及WTO生存的上诉机构改革问题，兼顾平衡各方诉求，利用多渠道、多平台持续稳步推进WTO争端解决机制改革。现阶段，中国应面对现实、求同存异，在WTO争端解决机制改革中与时俱进、循序渐进、守正创新，在改革建议和方案方面行使更多的话语权，发挥更大的影响力和促进作用。

第二节　学术概述

一、理论意义与现实意义

被誉为"WTO皇冠上的明珠"的争端解决机制正处于"瘫痪"的边缘，其改革的必要性和急迫性已得到国际社会的充分认知。上诉机构"停摆"已超过3年，直接影响到WTO争端解决机制的公信力和有效性，因此现阶段，WTO争端解决机制改革势在必行。大家普遍关心的上诉机构成员遴选程序、审理期限、专家组权限、公众参与及透明度等问题亟待解决，为解决上述问题而开展本书的研究，其学术价值和实用价值不言而喻。

1. 理论价值

（1）有助于澄清WTO争端解决机制面临生死存亡危机的深层次原因。为此本书将重点研究下列问题：WTO争端解决机制面临危机的外部原因（逆全球化的背景、新的经济格局、单边主义和贸易保护主义困局等诸多外部因素）和内部原因（WTO主要成员包括以美国为代表的发达国家和一些发展中国家对WTO争端解决机制的不满等内部因素。）

（2）有助于深入开展 WTO 争端解决机制改革理论的研究。本书将结合美国、欧盟、加拿大、日本和中国等主要成员方的改革方案和 WTO 争端解决机制本身在实践应用中出现的问题，深入探讨其改革的必要性、紧迫性和基本原则，据此提出改革建议和方案。本书的研究成果有利于丰富我国参与国际体系变革、国际规则制定和提升国家软实力的理论，尤其对增强我国作为新兴发展中国家的代表在 WTO 体制中的话语权和规则制定权非常有益。

2. 实际应用价值

（1）在和平崛起的进程中，我们有必要重新寻找与校准中国在世界舞台上的定位。善于运用国际法，增强话语权和规则制定权，是塑造国家形象的重要一环，也是增强国家实力不可或缺的一部分。本书的研究，将为完善 WTO 争端解决机制提供理论和实践支持，为国际争端解决机制的发展作出贡献。欧盟于 2018 年 6 月发布题为"WTO 现代化"的报告，在重申欧盟对多边贸易体制坚定支持的同时，提出了旨在实现 WTO 现代化的改革方案；2018 年 10 月 24—25 日，在加拿大主持下，WTO 十二国（不包括中、美）和欧盟代表在加拿大渥太华召开关于 WTO 改革的部长会议，提出了改革方案；美国虽然还没有公开提出具体的建议和改革方案，但一直通过各种渠道释放有意改革的信号和信息，甚至有一部分是针对中国的改革措施。上述三个重要 WTO 成员都不同程度地认定了争端解决机制改革是重中之重。中国政府也一直关注 WTO 改革，尤其是 WTO 争端解决机制的改革，2018 年 10 月底，商务部有关部门已经起草了"中国关于世界贸易组织改革的相关报告"，其中改革焦点的第一个问题就是争端解决机制问题，但其作为提交政府的报告还只是框架，需要进一步完善和细化，最终形成官方文本提交 WTO。国际上普遍关心中国将提出的 WTO 改革方案，这一方案能否与其他 WTO 成员的建议相互协调并回应国际上的普遍期待，是 WTO 能否顺利开展改革谈判的前提。

（2）本书的研究，为我国进一步更好地利用 WTO 争端解决机制保护核心利益提供帮助。到目前为止，中国起诉案件 23 起，被诉案件 49 起，总涉案数 72 起，作为第三方参与案件 192 起，中国作为 WTO 成员方中的"后来者"有明显的"居上"态势，从作为当事方的角度，已经位居第 3 位，且成为除了美国和欧盟之外的第三大起诉方和被诉方,因此,中国已经成为WTO争端解决机制最频繁的参与者和利用者之一。历经二十多年的学习和实践,中国已经实现了从最初的作为消极被动的规则遵循者到现在的积极主动的规则践行者的角色转换,已经能够较为娴熟地运用WTO争端解决机制来维护自身的合法权益,完成了从学习理论、积累经验到实践应用的蜕变过程。接下来,中国应该更积极地利用WTO争端解决机制来保护自身核心利益,就需要更积极主动地参与到WTO争端解决机制的改革浪潮中来。

因此,本书研究的完成,可为我国在国际上增强话语权和规则制定权,通过WTO争端解决机制来保护自身核心利益,最终提升国家实力提供理论和实践上的参考。

二、本书的主要创新

1. 选题新

迄今为止,国内外学者大多关注WTO争端解决机制中某个特定问题的修改与完善,只有部分WTO成员对外公开了关于改革的方案,其中涉及WTO争端解决机制的具体改革方案的内容较少而且比较笼统。对于WTO争端解决机制改革的必要性、价值取向和基本原则,符合中国利益诉求的改革方案等问题,国内还未出现比较深入和系统的研究成果,因此本书的选题较新颖。

2. 观点新

本书提出如下新观点。

(1) WTO争端解决机制及其代表的国际贸易法律体制正面临空前危机,包括WTO以及国际上主要贸易体在内的国际社会对WTO争端解决机制改革的必要性及其急迫性已有充分认知。WTO争端解决机制改革的价值取向决定着多边贸易体制及其法律制度的发展方向,各主要贸易体之间在这方面存在着巨大争论,中国应提出WTO争端解决机制改革所遵循的基本原则。

(2) WTO争端解决机制改革是整个WTO体制改革的前提,是改革最终成功的基础,预示着WTO多边贸易体制的未来走向,中国应本着支持多边体制、捍卫自身核心贸易利益、追求各方共赢的方针尽快提出改革方案,寻求与大多数 WTO 成员方在改革方案方面的最大公约数。根据循序渐进的原则，使得 WTO 摆脱当前生存危机，适应 21 世纪国际经济法发展趋势，进而推动 WTO 成为全球经济治理的典范。

3. 结论新

一是从国际法基本理论角度审视 WTO 争端解决机制改革的背景和必要性问题，有可能得出新结论；二是通过研究 WTO 几个主要成员方包括美国、欧盟、加拿大等的关于 WTO 争端解决机制改革建议的方案，查找共识和分歧，有可能找到中国改革方案的切入点；三是在确立 WTO 争端解决机制的价值取向和基本原则的基础上，综合考虑中国核心利益和现实需求，提出一套有中国特色的 WTO 争端解决机制改革方案。

三、本书的研究方法

1. 比较研究法

比较研究的对象主要是美国、欧盟、日本和加拿大等。美国、欧盟、日本和加拿大作为 WTO 的主要成员方也是 WTO 争端解决机制的主要参与者，都积极参与了 WTO 改革，尤其是 WTO 争端解决机制的改革，都提出了各自的方案，值得深入研究。但由于这些成员与我国的经济体制不同，导致核心利益和立场需求有一定的差异，因此，在研究逆全球化背景下的世界贸易组织争端解决机制改革问题时，有必要熟悉美国、欧盟、日本和加拿大等成员关于改革的方案，查找共识和分歧，以提出既符合我国国情又保护国家核心利益的改革方案。

2. 实证研究法

自 1995 年成立以来，利用 WTO 争端解决机制涉及的案例已经有 616 起。这些判例为研究 WTO 争端解决机制提供了大量有价值的数据和信息。首先，本书主要选取一些典型案例，实证分析在解决案件过程中机制本身存在的一些问题，为后面提出解决对策和改革方案奠定基础；其次，对于中国参与的一些案件，为了保护中国的核心利益，也存在需要解决的 WTO 争端解决机制特定问题，本书针对性地选取与中国有关的 WTO 案件予以深入分析。通过与商务部具体负责 WTO 争端解决工作的一线同志以及立法部门同志的访谈,发现需要解决的问题,验证观察和研究结论,针对我国WTO争端解决机制改革方案的设想与他们充分交流。

3. 跨学科综合分析法

以经济、历史、政治和法律相结合的综合研究视角,采用将理论和实证研究相结合的方法对WTO争端解决机制的改革问题进行全面、系统和深入的分析及研究,以期使用多种方法、多重角度全面深入地剖析问题。

第一章

逆全球化与
世界贸易组织改革

经济全球化作为人类文明发展的必经阶段，给世界各国带来极大的发展和富足，带领众多国家进入经济发展的"快车道"，尤其是世界贸易组织（World Trade Organization，WTO）成员方更是受益明显。经济全球化带来的优惠和利益还未被所有国家和群体公平享受，逆全球化趋势已经悄然兴起，结合美国前总统特朗普政府的"美国优先"执政理念和"强硬"关税措施，对经济全球化造成了巨大冲击。

近年来，经济全球化向纵深发展的同时，逆全球化趋势逐渐抬头，单边主义和贸易保护主义上升，多边贸易治理机制面临各种挑战。逆全球化作为经济全球化的一种对立存在影响和破坏经济全球化进程的顺利发展。[1] 在此背景下，以WTO为核心的全球贸易制度体系遇到了前所未有的挑战，在争端解决、贸易谈判和贸易政策审议三个WTO多边贸易体制的功能方面出现了诸多问题，甚至导致WTO上诉机构"停摆"危机。除此之外，中美贸易摩擦和谈判以及国际投资争端解决机制改革等相关问题均引发全球性关注。[2]

国际经济法的形成和发展与战后的经济全球化同步进行，作为经济全球化、制度化、法律化最典型代表的世界贸易组织必然成为逆全球化背景下的美国单边主义和保护主义对经济全球化的重点攻击目标。以世界贸易组织体制为代表的国际经贸法治正遭遇前所未有的危机和挑战，这一危机处于贸易自由化与贸易保护主义的博弈漩涡中，源于保护主义的幽灵作祟，且具有国际背景复杂、现实根源深厚的时代特色。[3] 针对WTO发展进程中因规则不完善和环境背景改变而引发的危机和挑战，需要通过法治的思维和方法来寻找解决和治理的"药方"。

中国作为近年来经济快速发展的发展中国家代表，尤其在2001年加入世界贸易组织之后，通过对内改革、对外开放的经济发展策略，享受了经济全球化带来的"红利"，不断提升国家经济实力和综合国力，跻身于世界经济大国的行列。但同时也成为逆全球化代表——美国的重点攻击对象，美国利用其国内法中的"301条款"和"232条款"等违反世界贸易组织规则的措施对中国、欧盟等WTO成员方发动"贸易战"。迫使中国面临严峻挑战，对此，中国必须对逆全球化有清晰的认识并做好充分的应对准备，支持世界贸易组织发挥既定功能，使全球经济回归到正常发展的轨道中来。

第一节 逆全球化问题

一、经济全球化与逆全球化的内涵

在任何历史阶段,由经济发展所带来的全球经济、贸易和投资的自由化进程都不可能是一帆风顺的,也不可能一统江湖,由经济全球化所带来的优惠和利益也不可能完全均衡地惠及所有国家(地区)、企业和个体,这种不平衡必将导致逆全球化的出现,因此,逆全球化现象作为经济全球化的一种对立存在会偶尔发生,阻碍甚至破坏经济全球化趋势顺利向前发展。典型事例如从1999年在美国西雅图召开的WTO第三次部长级会议开始,逆全球化抗议者们都把每次WTO部长级会议作为抗议的重要场所。

对全球化(globalization)目前并无公认的含义,一般理解为打破国界的束缚,开展地球规模的相互联系与合作并相互依存,逐渐趋于一致和统一的发展态势,它既不是起点也不是终点,而是一个持续动态的发展过程。全球化作为一种现象,往往体现在政治、经济、文化和法制等方方面面。

经济全球化(economic globalization)作为全球化现象在其经济领域中的具体表现,特指跨越国境的经济活动,通过国际贸易、资本移动、技术转让和服务贸易等过程而构成的全球范围规模体系的一种发展趋势。

经济全球化一词最早是由美国的莱维教授在1985年提出来的。事实上,在此之前经济全球化现象已初见端倪,但尚未形成趋势和引发关注。直到20世纪80年代初期,全球范围内各国之间的经济联系越来越频繁且紧密,各国政府和跨国公司参与推动的国际经济合作越来越普遍,意味着全面经济全球化时代的到来。因此,当经济全球化的概念被提出来时,很快得到了国际社会的普遍共识,但是在经济全球化的具体内涵和侧重点方面仍存在分歧。比如,国际货币基金组织(International Monetary Fund,IMF)认为经济全球化是指跨国商品与服务贸易及资本流动规模和形式的增加,以及技术的广泛迅速传播,使世界各国经济的相互依赖性增强。经济合作与发展组织（Organization for Economic Co-operation and Development，OECD）则认为，经济全球化可以被看作一种过程，在这个过程中，经济、市场、技术与通信形式都具有全球特征，同时，民族性和地方性在减少。

经济全球化的发展趋势在涉及的领域和范围上往往表现在国际货物贸易、跨境服务贸易、国际金融、国际投资和国际物流等许多国际经济活动中。经济全球化在制度和规则上则体现在全球性或跨国性制度和规则的形成并普遍得到推广与实施，政府在国家主权下对国际经济活动的监管和控制趋于缓和。它既是伴随着人类科学技术和生产水平发展到一定阶段的产物，更是经过沉重的历史积淀而由主权国家主动做出的政治选择的共同成果。

经济全球化是在西方发达国家及其跨国公司推动下形成的，其本质是国际经济自由化追求的完全自由竞争和市场机制，而西方发达国家及其跨国公司是核心主导力量。在西方发达国家内的不同行业和不同群体也会在经济全球化的发展进程中分化为"赢家"和"输家"。对于那些不幸的"输家"来说，经济全球化给他们带来的不是利益和优惠，反而是经济收益或社会地位的绝对或相对下降，甚至是利益丧失和大量失业等更为严峻的现实问题。而相对应的众多发展中国家则因先天不足，或者大量非西方发达国家因社会经济体制问题而导致市场经济发展不平衡。因此，他们将自己认定为经济全球化中的弱势群体，对经济全球化表示不认同和不接受。

因此，逆全球化现象作为经济全球化的一种对立存在会偶尔出现，阻碍甚至破坏经济全球化趋势的顺利向前发展。

逆全球化（anti-globalization）与以资本、生产和市场在全球层面加速一体化的经济全球化发展进程背道而驰，重新对国家层面的社会思想和经济趋势赋权。"逆全球化"思潮产生的原因在于全球化进程导致西方国家产生一种新的结构性分歧。事实证明，逆全球化通常在经济全球化发展过程中呈现输家和赢家之间结构性的对立时发生。起源于美国而迅速席卷全球的 2008 年金融危机给了经济全球化重重一击，继而在 2010 年欧洲主权债务危机爆发，全球经济增长陷入了持续的结构性低迷，大量的人员失业、收入分配不均和社会两极分化等问题开始在西方国家内部持续发酵，以 WTO 为代表的多边贸易体制因"多哈回合谈判"未获得实质性进展而无法灵活应对这些新问题。个别西方国家甚至在相当大程度上将造成这些问题的根本原因归咎于经济全球化，因而表现出强烈情绪化的排外主义、保护主义、单边主义和本国优先主义等思想，直接导致贸易保护主义势力持续抬头并不断升级，区域经济合作也遭遇各种阻碍。

最终以2016年英国脱欧和美国大选中因"反建制"而出名的共和党总统候选人唐纳德·约翰·特朗普（Donald John Trump）意外当选为标志，逆全球化浪潮逐渐登上国际舞台，在西方社会发端并迅速蔓延到世界各国。逆全球化成为全球格局变化中的特有现象，伴随着全球价值链带来的贸易所得识别困难，更进一步催化了全球贸易保护主义再次抬头。

美国特朗普政府将经济全球化和自由贸易视为美国负经济增长、失业、收入分配不均等社会经济问题的主要根源，采取了逆全球化的贸易保护和美国单边利益至上的措施。在《2017美国总统贸易政策议程》中，特朗普政府指出，美国的优先任务之一是要捍卫其在贸易政策上的国家主权，同时考虑以双边方式推动新的贸易协定谈判，言外之意就是，美国要彻底抛弃多边主义的立场，回归双边共谋主义和单边主义的路径，这显然有悖于全球化治理的多边化协作。除此之外，近些年出现的英国脱欧、欧洲极右翼政党上台等事件都是逆全球化的结果。

经济全球化和逆全球化的博弈时代已经到来，国际经济发展态势已经开始发生转折，这将对国际经济法制和全球经济治理造成巨大的挑战和威胁。

美国一方面退出自己主导的《跨太平洋伙伴关系协定》（Trans-Pacific Partnership Agreement，TPP），并迫使加拿大、墨西哥重新谈判《北美自由贸易协定》（North American Free Trade Agreement，NAFTA），并签署《美国-墨西哥-加拿大协定》（US-Mexico-Canada Agreement，USMCA），还以对美国"不公平"为由多次扬言退出WTO等国际多边贸易组织，宣称将回归到与其他国家开展双边方式的贸易和投资谈判，利用美国的强大实力压制其他国家接受其单方面提出的协定谈判文本，以换取所谓的"公平"；另一方面，美国总统特朗普极力推崇"美国优先"原则，奉行单边主义政策，置WTO等多边贸易法律规则于不顾，持续频繁使用"201条款""301条款"等国内法实施"贸易救济"，采取提高关税等单边措施针对他国"不正当贸易行为"实施贸易制裁。[4] 对此，中国、欧盟、加拿大、日本等成员纷纷实施反制措施，全球"贸易战"就此打响，沉寂多年的贸易保护主义幽灵重新苏醒，预示着经济全球化和逆全球化的博弈时代已经到来。国际经济发展趋势迎来了最为关键的转折节点，应如何应对是目前摆在全球各国面前的一个棘手问题。

美国特朗普政府摒弃 WTO 多边贸易体制、拒绝承受 WTO 规范约束，频繁使用其国内法对其他 WTO 成员方实施单边贸易制裁措施，这是一个极其危险的信号。如果其他 WTO 成员方纷纷效仿美国这一做法而采取"损人利己"的单边措施，结果必将是，经过几代人奋斗、成功运行半个多世纪的 WTO 多边贸易体制及其法律制度的分崩离析，国际经贸法治进程将严重倒退，全球经济势必回到弱肉强食的"丛林"时代。

自 2006 年 WTO 多哈回合谈判被迫停滞，带有浓重保护主义色彩的歧视性贸易措施以及越演越烈的单边主义贸易行动频繁出现，预示着贸易自由化开始受到威胁，逆全球化趋势向以 WTO 为代表的多边贸易体制发出挑战。尤其是 WTO 未对美国采取的单边贸易措施以及由此引发的主要成员方之间的"贸易混战"作出及时反应，而是听之任之，引起了国际社会对其处理国际经贸危机能力的质疑，使得 WTO 处于风口浪尖、危机四伏。

第二次世界大战以来逐步建立起来的国际经贸法治正面临前所未有的危机。WTO 对于美国近年来采取的单边措施深表担忧，强烈呼吁各成员方支持 WTO 多边贸易体制，不应违反 WTO 规则采取单边贸易限制措施。[5]

二、逆全球化的典型案例——WTO 争端解决机制危机

始于 20 世纪 80 年代的以全面的经济全球化为代表的新自由主义把全球经济带到繁荣的顶峰之后，已经开始逐渐出现末期症状。一直以全球化开创者和推动者示人的西方各国却逐渐呈现出"逆全球化"的趋势，尤其是以美国总统特朗普推行的"美国优先""美国第一"政策为代表，不惜对中国、欧盟、加拿大等 WTO 成员开展"贸易战"，这让大家突然意识到沉寂多年的贸易保护主义幽灵重新苏醒，并迅速在全球蔓延，直接导致多边贸易谈判进程缓慢且艰难，多边贸易体制难以实现实质性突破，全球贸易治理体系遭

遇重创。由美国发动的"逆全球化浪潮"是经济全球化进程的重大障碍，并向国际经贸法律体制发起冲击和挑战，其主要矛头和最终目标直指 WTO。

（一）逆全球化与中美贸易摩擦

世界贸易组织是一个通过货物贸易关税减让、服务贸易开放承诺、非歧视待遇和争端解决机制而组成的全球性贸易自由化组织。其成立和运行的基础就是多边贸易体制，WTO 要求全体成员方毫无保留地适用统一的法律规则和制度，并通过 WTO 争端解决机制来确保适用规则不受国内法的干预和影响，成员方应当遵守规则、履行义务和承担责任，这是作为 WTO 成员的必备和基础条件。WTO 成立以来，包括美国在内的所有成员基本上均遵守了上述"承诺和准则"。但是美国这些年来的一系列表现打破了国际经贸的正常秩序，向多边贸易体制发出挑战，美国发起的"贸易战"就是典型事例。

1. "贸易战"概述

"贸易战"是指国家、政府采取关税或非关税措施限制别国商品或者服务进入本国市场，或者通过不正当竞争手段争夺外国市场，由此引起的若干报复和反报复的行为。WTO 作为国际贸易多边协定是需要普遍遵守的国际法规则，如果某个成员方对其他成员方采取超出协定规定的关税或非关税措施及服务贸易措施，那就公然违反了国际法及其条约义务，这是对国际社会和国际法制的重大挑战。WTO 协定及其争端解决机制事实上严格禁止在没有 WTO 及其争端解决机构（Dispute Settlement Body，DSB）授权下单方面对其他成员采取贸易限制措施，除了授权报复之外不得单方面对其他成员方实施任何形式的报复措施，这说明 WTO 协定在理论上是禁止"贸易战"的。

《关税及贸易总协定》（General Agreement on Tariffs and Trade，GATT）时期，鉴于其规则的弱法性质使其根本无法阻止"301 条款"的单方面调查和报复措施的适用，因而"301 条款"成为当时美国对其他国家的贸易措施实施打击报复的惯常手段，而日本则成为美国"301 条款"的重点打击对象。WTO 成立后，美国也曾试图适用"301 条款"来进行报复并发起"贸易战",但考虑到尊重WTO规则及其争端解决机制的权威,未曾成功适用这一手段。

自1995年WTO成立以来直至2017年的22年间,WTO成员之间从未爆发过真正意义上的"贸易战"。历史上美国曾试图通过适用"301条款"启动调查和发起"贸易战",但最终都经过WTO争端解决机制作出裁决,美国政府作出承诺不会采取与WTO争端解决机构裁决不符的措施。因此,美国政府一直做了一个很好的示范,即美国即便作为世界超级"强国"都无意减损WTO权威,那其他成员也就自然要尊重WTO权威了。这意味着WTO代表了超越各成员方个体的集体利益,个体利益应该服从这样的集体利益。

而特朗普政府执政后即提出了"美国优先""美国第一"等理念,多次采取单边措施,主动发动"贸易战",将美国国内法凌驾于WTO规则之上,试图抛弃以WTO为基础的多边贸易体制,这是极其危险和可怕的。

美国主动挑起"贸易战"并向WTO多边贸易体制发起挑战有其内在动因。近年来,中国逐步取代了美国世界第一贸易大国的地位,而欧盟作为一个整体,其总贸易量更是远远高于美国,美国成为了世界上最大的贸易逆差国。美国一个国家集中了全世界贸易逆差的较大比例,比贸易逆差额排名第二的英国多出好几倍。贸易逆差明显即意味着一个国家的国际收支状况不佳,这成为一个国家可以对其他国家发动"贸易战"的有利条件和强硬借口。所以,美国不顾经济全球化给世界各国带来的共同利益,并将其本国利益凌驾于其他国家的共同利益之上,那就具有了全球的效果和影响,会导致全球性贸易自由化的"急刹车",并扭转经济全球化的发展趋势,是逆全球化的最突出表现。

美国发起"贸易战"的法律依据就是美国《1974年贸易法》中的"301条款"和《1962年贸易扩展法》中的"232条款",其中"301条款"适用较多。

"301条款",即技术转让、知识产权和创新的立法、政策和做法,是美国20世纪八九十年代最著名的单边贸易措施,在美国和日本等贸易摩擦中用来对付别国,是逼迫他国在国际贸易方面向美国做出让步的强大武器,被称为"经济核威慑"。美国《1974 年贸易法》第 301 节规定，美国贸易代表（US Trade Representative，USTR）可以借其他国家对美国的出口行为实施不公平贸易措施为由，单方面对他国法律、政策或做法进行调查、磋商，甚至可以单方面决定是否采取提高关税、限制进口、停止执行有关协定等报复措施。"301 条款"还逐渐发展为"特殊 301 条款""超级 301 条款"，甚至延伸到知识产权领域，成为美国贸易保护主义的利器。

"301 条款"是美国在 WTO 之前建立的对美国实行不公正贸易行为的国家实行贸易报复的措施，具有浓厚的贸易保护主义色彩和单边主义的性质。它显然与 WTO 的多边贸易主义背道而驰，在 WTO 时代遭受了合规性挑战。但 WTO 的争端解决机构及其专家组在"欧盟诉美国'301 条款'"案中进行了妥协，以不对抗 WTO 及争端解决机构的规则为前提容忍了其继续存在，为"301 条款"的复活留下了隐患。特朗普当选美国总统后，这一隐患变为现实，中国成为其适用的对象。

美国《1962 年贸易扩展法》第 232 节规定，美国商务部（US Department of Commerce）可以就进口商品是否损害美国国家安全为由开展调查，并由总统决定是否采取单方面进口限制措施。[6]

2. 中美"贸易战"

中美经贸关系是两国关系的"压舱石"和"推进器"，事关两国人民根本利益，事关世界繁荣与稳定。两国建交以来，双边经贸关系持续发展，合作领域不断拓宽，合作水平不断提高，形成了高度互补、利益交融的互利共赢关系，不仅两国受益，而且惠及全球。

由于发展阶段、经济制度不同，两国在经贸合作中难免出现分歧和摩擦。在中美经贸关系发展历程中，也曾多次出现波折、面临困难局面。两国本着理性、合作的态度，通过对话协商解决问题，化解了矛盾、缩小了分歧，双边经贸关系更趋成熟。

2017 年特朗普政府执政后，以加征关税等手段相威胁，重新复活了"301 条款"和"232 条款"，频频挑起与主要贸易伙伴之间的经贸摩擦。

2017 年 8 月，美国贸易代表莱特希泽宣布正式对中国发起"301 调查"，审查中国的"不公平贸易行为",拉开了"中美'贸易战'"的序幕。[7]

2018 年 3 月 8 日,美国宣布即日起根据"232 条款"对来自欧盟、日本、韩国、加拿大以及中国等国家和组织的钢材和铝材加征关税,其理由是"危害国家安全"。对此,欧盟、中国等也适用了对等原则对美国商品实施了相应的报复。美国还准备根据"232 条款"针对欧盟、日本、韩国等国家和组织的汽车发动一场规模更大的"贸易战"。

2018 年 5 月 20 日,中美就经贸磋商发表联合声明,双方同意,将采取有效措施实质性减少美对华货物贸易逆差。为满足中国人民不断增长的消费需求和促进高质量经济发展,中方将大量增加自美购买商品和服务。这也有助于美国经济增长和就业,双方同意有意义地增加美国农产品和能源出口,美方将派团赴华讨论具体事项。双方就扩大制造业产品和服务贸易进行了讨论,就创造有利条件增加上述领域的贸易达成共识。双方高度重视知识产权保护,同意加强合作。中方将推进包括《专利法》在内的相关法律法规修订工作。双方同意鼓励双向投资,将努力创造公平竞争营商环境,双方同意继续就此保持高层沟通,积极寻求解决各自关注的经贸问题。

2018 年 7 月 6 日,由于中美贸易磋商没有达成协议,美国决定根据"301 条款"正式对 340 亿美元中国商品加征 25% 关税,以此为标志的中美贸易摩擦正式爆发,此后中美贸易争端不断升级。中国随即宣布对美国出口到中国的同额商品加征 25% 关税,实施对等报复。在此之后,又有了第二批价值 160 亿美元的商品加征关税和中国的对等报复措施。

2018 年 9 月 24 日,美国开始对来自中国的价值 2 000 亿美元的商品加征 10% 关税,并将在 2019 年 1 月 1 日开始将税率提高到 25%,而中国也于同日对美国价值 600 亿美元的产品加征 5%—25% 不等的关税,事实上此时已经到达贸易摩擦的巅峰并进入相持阶段,中美"贸易战"迅速扩大为世界贸易历史上最大规模的贸易摩擦。

这是中美历史上第一次真正意义上的"贸易战",中美之间虽然一直存在贸易摩擦,但是对巨额进出口产品加征关税的情况此前从未有过。早在 1983 年 1 月 19 日,由于美国对中国纺织品实行单方面进口限制,中国决定停止批准自美国进口棉花、大豆、化纤的新合同,并削减从美国进口其他农产品的计划。该措施涉及进口数额不大。1990—1991年和1994—1996年，中美双方因为知识产权和市场准入等问题进行谈判，曾经公布过报复清单，但是事实上并未实施。

这场中美"贸易战"共进行了3场"战斗"。

(1) 第一场可以称为"232之战"。

2018年3月23日，美国依据"232条款"对中国出口的钢铁和铝加征关税，涉及价值约30亿美元。中国认为美国所采取的措施，实质上是"保障措施"，因此根据WTO《保障措施协定》的规定，宣布自4月2日起对来自美国价值约30亿美元的水果和肉类等产品加征关税。4月5日，中国将美国的上述措施诉诸WTO争端解决机制（案件编号DS544）。4月13日，美国则向WTO提交文件（文件编号WT/DS544/2），声称其措施并非保障措施，而是基于"国家安全"，符合《关税与贸易总协定》第21条的"安全例外"条款。该事件发生之初，很多国家纷纷提出美国此举就是典型的贸易保护主义行为并对事态发展持续关注。

(2) 第二场可以称为"301之战"。

2017年8月18日，美国依据《1974年贸易法》对中国的知识产权和技术转让等措施发起调查，2018年3月22日，指出中国的相关法律、政策和做法损害了美国利益。4月3日，美国宣布准备对来自中国的工业机械、航空航天和信息通信等价值500亿美元的产品加征关税，同时将中国技术许可方面的法律法规诉诸WTO争端解决机制（案件编号DS542）。同日，中国宣布准备对来自美国的大豆、汽车和化工等价值500亿美元的产品加征关税，中国政府指出，这是"捍卫自身合法利益、维护多边贸易体制的正义行为，是符合国际法基本原则的正当举措"。同时，中国又将美国的上述措施诉诸WTO争端解决机制（案件编号DS543）。在此期间，中国声明，美国所采取的措施是单边主义行为，违反了WTO规则，即WTO《关于争端解决的规则和程序的谅解》（DSU）第23条，但是美国则辩称，该调查事项并非WTO管理事项，并且措施尚未实施，不属于WTO受案范围。

(3) 第三场可以称为"301+之战"。

2018年4月5日，中国宣布对等报复后，特朗普政府宣称，考虑再对中国价值1000亿美元的产品加征关税。同日,中国发表声明:"不惜付出任何代价,必定予以坚决回击,必定采取新的综合应对措施,坚决捍卫国家和人民的利益。"

至此为止,美国单方面启用了和WTO规则相冲突的"301条款"和"232条款"对中国实施了贸易限制措施,中国也毫不示弱地采取了同等报复行动,中美展开"贸易战"。

美国依据国内法发起"232"和"301"等一系列单边调查,并采取加征关税措施,严重违反WTO最基本最核心的最惠国待遇、关税约束等规则。这种单边主义、保护主义行为不仅损害中国和其他成员利益,更损害了WTO及其争端解决机制的权威性,使多边贸易体制和国际贸易秩序面临险境。

欧盟、中国、日本等成员方相继对美国的单方面贸易措施向WTO提出磋商并已立案。而美国也针对欧盟、中国等成员方的报复措施提出了磋商即反诉。各方都在援引WTO条款,并且希望通过WTO争端解决机制来解决问题。

从《保障措施协定》(Agreement on Safeguards)、GATT(第1条、第2条和第21条)、DSU(第23条)到《与贸易有关的知识产权协定》(Agreement on Trade-Related Aspects of Intellectual Property Rights,TRIPs),这些规则在"战争"的"硝烟"中时隐时现。这场"贸易战"不仅破坏了国际贸易法制,直击WTO规则,且引发的后续争议也触及WTO争端解决机制,这将对WTO体制和WTO争端解决机制提出前所未有的挑战。

WTO规则是国际法的组成部分,因此在中美"贸易战"过程中,以WTO为代表的国际法从未缺席。"贸易战"也彰显了国际法的重要性,对此我们发现,相关WTO规则有待澄清,国际法基本原则也有待论证,新的情况激发了国际法发展和改革的必要性来适应国际社会发展和变化的需要。

从某种意义上来说,"贸易战"是一场"国际法之战",涉及众多WTO规则和"国际法基本原则"的澄清与论证。"贸易战"更是对国际法提出的严峻挑战,不仅考验着各成员方是否遵守规则,也考验着规则的适用弹性。

特朗普政府的执政理念非常明确地体现在美国的对外贸易政策上,"美国优先"和"美国第一"的对外贸易政策与WTO互利共赢的多边贸易体制是截然对立的,逆全球化就是特朗普政府态度鲜明的特征。美国认为,中美之间的贸易摩擦是因为WTO无法提供必要的纪律或者救济,由此美国进行的自力救济并非是单边主义或贸易保护主义。[8] 对此观点,中国、欧盟和加拿大均持否定态度,但对于支持WTO改革进而改变逆全球化的现状和趋势已经达成共识。

经济全球化是不可阻挡的时代潮流,以邻为壑的单边主义、保护主义不得人心。美国采取的一系列贸易保护措施,违反WTO规则,损害多边贸易体制,严重干扰全球产业链和供应链,损害市场信心,给全球经济复苏带来严峻挑战,给经济全球化趋势造成重大威胁。

(二)逆全球化与WTO争端解决机制危机

当前,国际形势波谲云诡、单边主义盛行、逆全球化趋势明显,严重影响和破坏着全球经济的顺利发展。在此背景下,以世界贸易组织为核心的全球贸易体制和法律制度正在遭受前所未有的挑战,[9] WTO争端解决机制成为逆全球化引领者矛头直指的目标,甚至引发了因WTO上诉机构"停摆"而面临的生存危机。美国的强硬单边主义和贸易保护主义是引发各WTO成员要求尽快对WTO进行必要性改革的导火索,也推动着全球经贸法律体制的改革和发展。

WTO争端解决机制是世界贸易组织法律体系中最主要且具有独特性的组成部分,已经成功运行近30年,成熟规范的争端解决机制是WTO引以为傲的标签,因此被誉为WTO"皇冠上的明珠",一直高效地处理着成员间贸易争端,同时在维护多边贸易体制、促进世界经济稳定发展起到了至关重要的作用。

美国特朗普政府认为,WTO争端解决机制损害了美国国家主权,限制了美国的行动自由,特别是美国采取单边措施时,受到了机制的约束,为此,美国对WTO争端解决机制心存不满,质疑不断。

WTO争端解决机制是由争端解决机构任命的专家组(panel)审理办案,同时根据WTO争端解决机制的基础性文件——《关于争端解决规则和程序的谅解》（DSU）第 16.4 和第 17.1 的规定，WTO 首度创设了常设性上诉机构（Appellate Body，AB）以实现两审终审制。上诉机构由 7 名成员（非正式称呼为"WTO 大法官"）组成，大法官任期 4 年，可连任一次。大法官的任命、任期期满补选或连任程序通过协商一致的表决方式进行。协商一致就意味着提交表决之前应先行协商，协商过程中，只要有一个 WTO 成员提出异议，或者不参加表决，就构成了实质上的否决。在 WTO 及其争端解决机制 20 余年的实践中，协商一致的启动和进行一直都是顺理成章的，没有遇到过障碍，人们理所当然地认为在大法官补选程序的过程中不会有问题，也不应该有障碍，无非在具体人选上会有争议，但最后总能达成妥协的。但是恰恰这一程序上的节点被美国利用了。

特朗普政府认为 WTO 争端解决机制对美国不公平，以上诉机构超越自身权限，凌驾于美国法之上为由，从 2017 年 10 月开始，利用 WTO 大法官任期陆续期满的机会，无论连任也好，还是遴选新任大法官也好，美国都拒不启动遴选程序。最终导致在 2020 年 11 月 30 日，WTO 争端解决机制上诉机构由于最后一位成员正式期满卸任而陷入彻底瘫痪状态。虽然并不是所有的 WTO 争端解决机制处理的案件都必须上诉，但事实证明大部分案件都启动了上诉程序。因此上诉机构大法官的遴选成为 WTO 争端解决机制得以持续发挥作用的关键程序。

美国作为英美法系国家，非常擅长程序法律规则，但美国这次并没有利用 WTO 争端解决机制提起诉讼或应对诉讼，而是通过持续阻挠 WTO 上诉机构成员选任而迫使该机制陷入"停摆"危机，破坏其正常运转。随着经济全球化的快速发展，WTO 上诉案件数量急剧上升，但上诉机构却因"停摆"而使这一机制遭遇前所未有的危机。

WTO 争端解决机制在多边贸易体系中不可或缺，发挥着"确立并执行世界贸易法治"的重要作用。因此，在谈判停滞且基本失去前进动力，并因 WTO 争端解决机制上诉机构停摆而将可能失去稳定和平衡的情况下，WTO 多边贸易体制的"脚踏车"正处于倾覆的边缘。这将极大损害 WTO 机制，导致 WTO 有可能退化到 GATT 时代，再也无力阻止任何"贸易战"行为，全球也将倒退到无国际规则约束的国家间的"丛林状态"。

尽管中国、欧盟等对WTO争端解决机制的改革提出了很多提案，但因提案的核心内容只是针对美国的诉求进行了呼应，并未直接回应或解决美国提出的核心要求，因此，美国也没有对众多提案作出实质性的回应。

由于适用WTO争端解决机制的每个案件从磋商到执行往往需要历经很长的时间，所以就"贸易战"提交WTO争端解决机构裁决的案件，若按照正常的争端解决程序，基本上没有可能出现最终解决的前景，因为还没有到达上诉机构审理之前，上诉机构已经瘫痪了。这就意味着因逆全球化而引发的"贸易战"还未平息，又出现了WTO争端解决机制的"生存危机"，相应的"贸易战"案件审理也将受阻，无法实现预期的结果，这将导致连锁的恶性循环和无结果的待审案件不断出现。

目前WTO的这一危机深刻反映了近年来世界经济格局调整过程中所遭遇的多边贸易主义困境，是逆全球化趋势、世界贸易组织成员经济力量对比发生变化及WTO规则不适应新情况新问题等多重原因共同作用的结果。通过动摇WTO法制的基础，从而彻底改变WTO所体现的经济全球化的发展和未来前景，将多边自由贸易体制倒退至双边谈判机制，而且这个双边谈判也是通过单边贸易措施的威胁来实现，即"贸易战"的复燃。逆全球化推动事态在时隔20余年后重现，预示着国际法和国际经济法对国家的制约作用的减退。

三、应对逆全球化问题的对策

美国发起的"贸易战"和迫使WTO上诉机构"停摆"开启了一场经济全球化和逆全球化的博弈。但就目前国际经济趋势来看，还不能完全说因为美国一国的此番行为就能完全改变经济全球化的大趋势。

经济全球化和逆全球化各有利弊，本身并无善恶之分，每个国家都可以本着自身的国家利益而做出适合自己的政策选择，本也并不存在为了全人类共同利益而全然不顾本国根本利益的事情。经济全球化给世界带来好处的同时也存在很多不合理的要素。它自身也有周期性的起伏，在一定时期能让大多数国家受益，而在另一时期对一些国家则不一定都有好处。

对于世界上绝大多数国家而言，经济全球化仍然是利大于弊。即使是美国，从国家整体利益来看，经济全球化也是利远大于弊。美国具有强大的经济实力基础，尤其是在高科技、创新力、跨国公司和国际金融平台上的极大优势，使其在国际经济贸易法律规则上具有最大的话语权。美国所持的巨额贸易逆差使其可以在"贸易战"中对其他贸易对手施加巨大的压力。美国的所作所为固然恶化了国际经济及其法律环境，但还不足以用它的单边主义和双边谈判彻底改变国际经济游戏规则。美国在WTO规则的创建和运营中起着最大作用。WTO规则本来就能充分反映和表达美国的诉求。美国基于规则的优势从WTO体制中获取大量的隐性利益，其跨国公司主导了全球价值链，并自居高技术高附加值环节，居于国际供应链的顶端。在WTO服务贸易规则下，长期以来都是最大的服务贸易顺差国。

特别是对中国来说，经济全球化带来的利益和优惠更加明显。自2001年加入世界贸易组织后，中国即成为最大受益方之一，经济规模从世界第六跃进到第二，对外贸易总额则从第七跃升到第一，外汇储备也稳居世界第一。因此，经济全球化推动中国实现了改革开放的伟大成就，使得中国的国家利益与经济全球化紧密联系在一起。经济全球化符合中国的利益诉求，也符合世界上绝大多数国家的利益诉求。

基于这样的判断，可以确定，经济全球化并没有过时，目前美国发起的逆全球化下的单边主义和保护主义措施并不能代表未来发展的潮流，可以采取适时的对策有效应对逆全球化。因此，我们必须正确评估当前的经济全球化处于什么状态，并结合中国的国家利益之所在，来确定我们应该采取的对策。

第一，坚持运用国际经济法的规则和制度，运用法律手段对抗美国的贸易保护措施。

国际经济法的形成和发展本身就是经济全球化的产物，是经济全球化的法律化和制度化的表现形式。虽然很多国际经济法的规则和制度在很大程度上受到美国的影响，但一旦形成了以国际经济条约、国际经济组织及其规则、国际习惯法等组成的国际法规则，就具有了法律规范和制度的稳定性与不可逆性。国际经济法能够从第二次世界大战结束走到现在，既是人类文明的进步，也是国际法治的进步。战后大国间得以保持和平抗衡状态，各国间基本上不再为国际经济纠纷而诉诸武力，国际经济法的存在和发展功不可没。从某种意义上来看，可以将国际经济法称为通向世界和平的护身符。仅凭美国一时冲动的"美国至上"的政策是无法击垮国际法律制度和规则这道堡垒的。美国的"301条款""232条款"等贸易保护措施违反现有的国际经贸法规是非常明显的，能够和美国步调一致，一起破坏国际经济法权威和效力的国家几乎没有。甚至美国那些最亲密的盟国都不可能在"贸易战"问题上和美国完全站在一起，因为这场"贸易战"在损害国际经济法制度和规则的同时，也会深深地伤及这些国家的利益。在经济全球化时代，各国经济相互依赖，相互渗透，很多重要产品的产业链很少只在一个国家布局，必须通过各种国际投资、国际贸易、国际金融活动才能共同完成。相关的国际经济法制度和规则是全球产业链和供应链最好的法律保障。一旦破坏这样的法律制度和规则，各国政府和跨国公司的利益势必遭受重大损失，以至于这样的国际经济共存互利模式将无法存在。因此，在支持和保护国际经济法制度和规则的态度上，中国和世界上绝大多数国家的立场是几乎一致的。应对美国的保护主义抬头和逆全球化战略，并非中国一个国家的事情，而是一个全球性的问题。虽然由于美国的硬实力和软实力使得各国不得不寻求妥协，甚至做出某种程度上的让步，但认同美国改变国际经济法的游戏规则还是相当有难度的或者无法做到的。

第二，维护WTO多边贸易体制权威性的同时，积极推动WTO规则和制度的改革，使之更能适应当今国际经济贸易现实和未来发展的需要。

虽然WTO遭遇了逆全球化的严重挑战，短短几年间似乎从黄金宝座上跌落下来，但从目前的发展情况来看还不至于到崩溃的程度。尽管美国阻挠上诉机构成员更新的遴选，直接导致WTO上诉机构瘫痪，但专家小组审案等其他功能仍然存在并发挥着作用。美国针对上诉机构问题提出质疑并迫使其停摆本身就是小题大做。美国自身也还在WTO争端解决机构中提起新的案件，对被诉案件也在积极应诉中，并没有放弃WTO争端解决机制甚至还希望它解决现实问题。在这样的情况下，WTO其他成员方更有必要努力维护WTO的权威性。同时也要看到，国际经济法之所以能够走到今天，主要归功于妥协精神的体现。既然美国对WTO现状非常不满，中国及各成员方也要认真对待美国的诉求，积极参与到 WTO 规则和制度的改革之中。对于美国诉求的不合理之处应该进行抵制，但也要考虑具体情况，对于其合理的诉求还是要予以充分考虑，作出必要的妥协和让步。作为 WTO 最重要的成员之一，也是最大的贸易逆差国，如此巨大的贸易逆差固然有美国经济结构和储蓄率过低等本身的问题，但其不可持续性也是一个客观事实。不认真对待美国的巨额贸易逆差问题，"贸易战"的风险不但会持续加大，而且很可能出现常态化。中国和其他 WTO 成员方需要共同努力，适当而合理地减少美国的贸易逆差，从更深层次上完善和改革 WTO 多边贸易体制。在"贸易战"风起云涌的今天，单纯地满足于多哈回合谈判的议题已经不够。必须要从 WTO 整个制度设计上进行改革。如果美国仍然固执己见，拒绝妥协，甚至退出 WTO，那么中国和其他 WTO 成员方也要做好在没有美国的情况下继续推进和完善 WTO 的思想准备。当今的世界已经不是第二次世界大战结束的时候，没有美国的 WTO 仍然可以继续运作下去，虽然这是大家都不愿意看到的情况。美国单方面退出《跨太平洋伙伴关系协定》（Trans-Pacific Partnership Agreement，TPP）后，日本和剩余其他国家重建没有美国的《全面与进步跨太平洋伙伴关系协定》（Comprehensive Progressive Trans-Pacific Partnership，CPTTP）就是一个例证。更何况中国已经适应现今的 WTO 机制，并且能够熟练运用规则维护中国自身的利益。

第三，客观认识到逆全球化倾向下美国采用以单边主义为施加压力的手段进行双边主义谈判的事实，与美国展开贸易和投资谈判，在有可能达成协议的情况下做出必要的让步和妥协。

特朗普政府是美国历史上出现的第一个商人身份的总统，有自己的执政理念和谈判风格。尽管特朗普政府在主导贸易和投资谈判时基本上是强硬派，但其最终目标还是要达成合意，以双边协议的方式约束各方，把事情搞到无法收拾的局面也并非美国期望的结果。取代《北美自由贸易协定》的《美墨加协定》的谈判和签署就体现了这一点。尽管缔约方都是美国、墨西哥和加拿大，但前者是符合 GATT 第 24 条规定的区域性贸易协定，后者是在 WTO 体系之外的由三个缔约方各自面对其他两个缔约方的双边性质的协定。特朗普政府的目标是和美国所有主要贸易和投资对象都签署这种双边性质的协定。签署了协定，对包括美国一方在内的双方都有约束力，至少可以避免单边主义导致的最坏结果。更何况，美国国内对逆全球化的态度并非铁板一块。

事实上，美国在经济全球化中是最大受益国之一。经济全球化也符合美国大多数行业、阶层和地域的利益。如果美国能够解决经济全球化带来的利益在国内行业和群体的合理分配问题，正确运用《援助调整法》等法律手段，是能够避免发起让各方都受伤的"贸易战"这种程度的危机发生的。如果从更长远的观点看问题，特朗普执政在美国政治史上也只不过就是一段插曲。一个国家在政治上出现一定的摇摆本来也是难以避免的，是选举政治的规律所产生的正常现象。美国终将会认识到经济全球化与美国利益的关联性和一致性，经过一番折腾，相信最后还是会回到国际经济法规则下，回到认可 WTO 等全球治理组织的优越性的轨道上来。

在世界贸易组织和 WTO 争端解决机制遭遇危机的关键时刻，要充分意识到，发展和各国合作共赢的必然要求，是全球经济增长的重要推器。经济全球化是不可逆转的时代潮流，符合世界各国的共同利益。中美是全球两大经济体，经贸摩擦不仅影响两国的经济发展，也深刻影响着全球经济的预期与格局。在世界经济走向不明朗的关键时刻，我们有责任从国际法的角度对变动中的国际经济秩序提出应对之策，努力推动世界经济治理机制改革，建立国际经济新秩序。目前，世贸组织面临严峻的形势，也存在内部缺陷，多边贸易体制面临重重困难，推进世贸组织必要改革，已成为全球共识。改革的目的是与时俱进，使得世界贸易组织能够更加有效地践行开放市场、促进发展的宗旨，改革的结果应当有利于维护自由贸易和多边主义。构建符合时代特征、符合人类共同利益的 WTO 规则体系，推动全球治理体系变革是国际社会的共同责任，坚持共商、共建、共享的原则，将全球治理体系变革的主张转化为各方共识，形成一致行动。积极维护多边贸易体制，推动建设和完善区域合作机制。中国政府的经济力量在上升，中国政府在确定全球未来贸易体制地位方面应扮演重要的角色。作为强大的机构，WTO 应该能够继续生存，同时需要成熟发展国家和新兴发展国家共同努力，才会有大家希望看到的结果。

第二节　世界贸易组织面临的危机与挑战

作为二战后重塑全球经济秩序的三个"布雷顿森林机构"之一，美国及其合作伙伴成功地带领、组织、建立了一个旨在促进全球自由贸易的多边贸易体系——世界贸易组织（WTO）。1995年1月1日正式宣布成立的世界贸易组织至今已经发展成为拥有164个成员、占全球贸易总量98%的全球性国际经济组织，其规则涵盖国际贸易的各个方面，包括货物贸易、服务贸易和知识产权贸易，是当今全球经济治理体系中功能最完整、制度最完备、运作最规范、影响最广泛，也是最重要的国际经济组织。

WTO以规则为基础，通过实现贸易谈判、贸易政策审议、解决贸易争端等功能开创了全球贸易的治理模式并成为最核心的多边贸易机制，促进了国际经济的协调，维护开放、稳定、自由、公平和非歧视的全球贸易环境，支撑世界贸易增长和全球贸易治理，对促进新兴和发展中经济体的发展和贸易自由化发挥了至关重要的作用。

在当今的国际法治进程中，WTO堪称一种自成体系的法治模式，并在推进多边贸易法治进程中取得了令人欣喜的成就。但是，WTO法治并非完美无瑕，现行体制已逐渐老化，近年来对其批评和改革的呼声和建议从未间断过。

一、WTO危机概述

WTO是当前全球经济治理体系中制度最完备、运作最规范、影响最广泛的国际组织。其庞大的涵盖协定体系、鲜明的自由贸易体制、成熟的争端解决机制，为国际经贸活动提供了宝贵的规则供给和制度遵循，堪称全球经济治理的一个标杆，甚至被誉为"模范国际法"。

但在2008年全球金融危机之后，以WTO为核心的全球贸易制度体系遭遇了前所未有的挑战。最为典型的就是WTO"多哈回合贸易谈判"陷入僵局，充分反映了多边贸易协商机制的弊端，尤其是近年来凸显出很多问题，包括大范围单边主义、保护主义势力的抬头、美国极力阻挠 WTO 上诉机构法官的遴选，导致上诉机构遭遇停止运作的前所未有的生存危机，直接引发了 WTO 争端解决机制乃至整个多边贸易体系的危机，预示着 WTO 改革势在必行。

WTO 总干事阿泽维多（Roberto Azevedo）2020 年 1 月 1 日在 WTO 组织成立 25 周年之际表示担忧："尽管 WTO 取得了相当的成就，但是，可以毫不夸张地说，在其相对较短的历史上，如今的 WTO 面临着前所未有的挑战。在过去两年，成员政府所实施的贸易限制涵盖了相当部分的国际贸易，仅 2019 年就高达 7 470 亿美元。"

在经济全球化不断深化拓展以及全球金融危机的背景下，WTO 法治正面临着前所未有的一系列挑战。主要有（但不限于）：WTO 权力的扩大与各成员自主权之间的平衡；发展中国家实质性地融入多边贸易体制；区域贸易协定的迅速繁殖对最惠国待遇原则的侵蚀；WTO 决策的民主、透明和效率的强化；争端解决机制的进一步完善。当前，受单边主义、保护主义的强烈冲击，以 WTO 为核心、以规则为基础的多边贸易体制面临前所未有的严峻局面，正遭遇史无前例的生存危机，面临着一个具有挑战的历史性时刻。

WTO 法治面临的挑战及引发的危机一部分来源于 WTO 多边贸易体制本身，其中既有实质性领域的法治议题，也有程序性的法治考量，还有体制本身的运作方式。还有一部分来源于 WTO 外部，例如，经济全球化的不断深入和扩展必然要求多边贸易体制加速推进全球贸易自由化。以 1995 年 WTO 建立为分界点，世界经济格局发生了深刻变化，随着贸易保护主义、单边主义抬头，国际贸易摩擦持续升级，经济全球化遭遇波折，多边贸易体制的权威性和有效性受到严重挑战，但 WTO 没有作出有针对性的回应，导致以规则为基础的，以 WTO 为核心的多边贸易体制正面临自成立以来从未预料到的严峻局面。WTO 争端解决机制上诉机构已经停止运作，这对国际贸易体制改革提出了迫切需求。

再如全球金融危机，一方面严重影响着国际贸易的增长，另一方面又要求多边贸易体制能更加有效地限制贸易保护主义并扩大国际贸易，从而为全球早日走出金融危机的阴霾和经济复苏作出更大的贡献。在2008年全球金融危机后,以WTO为核心的全球贸易制度体系遇到了前所未有的挑战。一方面,新兴经济体国家的实力逐步壮大,欠发达地区经济环境日益改善,以往那种"由发达国家说了算、其他国家只能被动接受"的情况得以扭转。最为典型的就是WTO"多哈回合贸易谈判",发展中国家和欠发达国家希望能够更好地保障自己的利益,发达国家则要求其他国家照单全盘接受,双方历经了多轮谈判,一直无法签署最后协定,谈判陷入僵局,反映出多边贸易协商机制的不足,到了必须改革的地步。另一方面,美国对WTO贸易体制,尤其是争端解决机制的约束,表现得越来越不耐烦,深度改革或另起炉灶的想法日益明显。

在一系列法治问题上,WTO需要作出果断的抉择:是继续坚持现行组织框架,还是基本保持,但作适当调整?是增强WTO的规则取向,还是加强其政治或外交动力,抑或两者并进?继续维持协商一致的决策方式,还是补充加权表决制度?是坚守现有阵地并对其进行加固和提高,还是适当拓展至其他贸易有关的领域?是限制区域协定的迅猛发展势头,任其对最惠国待遇基石的侵蚀,还是适当限制并加强对区域贸易协定的监督,最大限度地维护最惠国待遇原则的空间效力?

二、WTO危机的主要表现

要推动WTO多边贸易体制改革,必须厘清多边贸易体制出现危机和面临挑战的现实表现和深层原因。

WTO"规则导向"的三大支柱——贸易谈判机制(规则制定)、贸易政策审议机制(规则实施及监督)和争端解决机制(规则适用)是WTO多边贸易体制的核心功能。[10] 这三大支柱存在着严重的结构性、功能性失衡,谈判停滞、监督不力、上诉机构停摆使WTO多边贸易体制的运行压力越来越大,直接传导并集中爆发于争端解决机制,影响到它的正常运作甚至面临瘫痪的危机。WTO"规则导向"体系链条中,贸易谈判机制是源头,即规则制定是体制供给的主要来源;政策审议机制则承担着保证体制正常运转的基本功能;而争端解决机制则提供非常态的贸易争端之救济手段,即所谓

"最后防线",因而位于体制末端,但价值巨大。

WTO危机不仅源于外部的全球经济问题,而且最主要受到来自其自身基本制度提出的挑战,这属于WTO危机产生的内在原因,即WTO多边贸易体制危机。当前WTO面临的危机主要表现在这三个方面。

(一) WTO贸易谈判功能停滞和决策效率低下日渐凸显

作为全球贸易的核心机构、全球经济治理的重要组织,提供多边贸易谈判平台是WTO的重要职能之一。近些年来,多边贸易谈判作为WTO的最核心职能仅在有限范围内取得部分进展,比如达成了《贸易便利化协定》《扩大信息技术产品协定》以及取消农业出口补贴等协议,却并没能在一些关键议题谈判上取得突破或令人满意的结果。

自1995年成立以来,WTO框架下未能完成一轮完整回合多边谈判。最为典型的就是自2001年11月WTO"多哈回合贸易谈判"启动以来,历时20多年未能取得有效进展,"多哈回合贸易谈判"屡陷困境,甚至被无限期拖延,目前已处于停滞状态。在2015年12月WTO内罗毕部长级会议上,由于难以在发达国家和发展中国家间达成共识,WTO成员未能就继续推进多哈回合达成一致,导致国际社会对于全球贸易体系的发展路径缺乏共识,严重影响了WTO的凝聚力和领导力。2017年12月在阿根廷布宜诺斯艾利斯召开的WTO第11届部长级会议上,美国的极力阻挠直接导致贸易谈判未取得实质性成果,"多哈回合贸易谈判"在事实上已经终止,只是在形式上缺少一份WTO官方的正式声明。

"多哈回合贸易谈判"包括农业、服务、非农业产品的市场准入、贸易相关的知识产权、贸易与投资的关系、贸易与竞争政策的互动、政府采购的透明度、贸易便利化、WTO规则、争端解决机制、贸易与环境、电子商务、小经济体、贸易与债务及金融、贸易与技术转让、技术合作与能力建设、最不发达国家、特殊与差别待遇等十八项主要议题。除了2013年已经达成的《贸易便利化协定》,其他议题均无所获。多哈回合贸易谈判与前8轮多边贸易谈判比较有许多差异和变化,议题覆盖面最广、成员数量众多、且面临国际经济格局发生巨大变化而导致成员方的利益分歧扩大,议题敏感性骤增。

除此之外，区域贸易协定的迅速崛起和快速发展对多边贸易统一规则的制定提出新的挑战等因素，最终导致 WTO 的多哈回合贸易谈判迟迟无实质性进展，事实上已经"夭折"。

世贸组织第 12 届部长级会议（MC12）于 2021 年 11 月 30 日—12 月 3 日在瑞士日内瓦举行。MC12 经过多轮密集谈判和成员各方激烈交锋，最终取得"1+4"成果。"1"即发布《MC12 成果文件》，各方重申加强以世贸组织为核心的多边贸易体制，推进世贸组织必要改革。"4"包括：(1)《关于〈与贸易有关的知识产权协定〉的部长决定》和《关于世贸组织新冠肺炎疫情应对和未来疫情应对准备的部长宣言》，帮助发展中成员提高新冠肺炎疫苗的可及性和可负担性，推动构建人类卫生健康共同体，推动疫后经济复苏。(2)《渔业补贴协定》，这是世贸组织过去 9 年达成的首份多边协定，为实现联合国 2030 年可持续发展议程作出重要贡献。(3)《关于紧急应对粮食安全问题的部长宣言》和《关于世界粮食计划署购粮免除出口禁止或限制的部长决定》，维护自由开放的农产品贸易环境，增强全球粮食和农业市场的韧性。(4)《关于电子商务的工作计划》，将电子传输临时免征关税的做法延续到下一届部长级会议。在全球动荡时期、多边贸易体制面临严峻挑战的困难时刻，MC12 的成功，标志着多边主义一次关键而重要的胜利，充分展示了世贸组织成员的团结协作和共克时艰的决心，进一步提振国际社会对多边贸易体制的信心，为应对全球挑战、世界经济复苏注入一股强劲暖流。

多哈回合贸易谈判的失败以及 WTO 谈判功能停滞的原因是多方面的，其主要和根本原因在于决策机制的失灵。首先，经济全球化的有力推动使得成员方之间利益的结构性差异出现明显变化，尤其是发达国家成员和发展中国家成员之间，矛盾冲突最为显著。对于不同的议题，成员方因发展水平不同而存在巨大利益差异，发展中国家成员非常重视发展议题，坚持先要完成既定议题的谈判，提出发达国家应承诺减少农产品的补贴，但发达国家成员的关注点更倾向于投资自由化和监管一致性等新兴议题，要求进一步开放非农产品市场，同时转战于将区域贸易协定作为规则谈判的主阵地。双方各持己见，矛盾冲突难以调和，这个问题不仅存在于发达国家成员与发展中国家成员间，也存在于发达成员内部和发展中成员内部。其次，谈判方式也限制了谈判进展和结果，即多哈回合贸易谈判采取的是"一揽子协议"的传统谈判方式，在各成员方之间发生较大分歧的情况下，依然秉承着WTO"协商一致"的基本原则，必然导致谈判的停滞乃至失败。再次，谈判议题的广泛性和敏感性问题突出，多数发达成员一致认为多哈回合贸易谈判的议题过于陈旧，需要增加一些新兴的它们感兴趣的议题，而发展中成员则普遍提出在没有解决与其利益密切相关的既定议题前，它们坚持不考虑新的议题。最后，区域贸易自由化快速发展，并快速受到发达成员的重视和青睐，在多哈回合贸易谈判举步维艰的情况下，区域贸易协定如雨后春笋般的出现更加削减了各成员方对多哈回合贸易谈判进程的信心。

"协商一致"的决策机制从程序角度来看是一个明显的客观障碍。尽管从WTO成立至今，"票决一致"的程序机制始终存在，但未有实际使用的记录。[11]"协商一致"原则是通常的做法。"协商一致"意味着任何成员方都能够行使否决权而影响WTO的重要决策，这就产生了任何一项重要决策都可能需要反复磋商的问题，这是导致WTO现有决策机制效率低下的重要原因之一。

WTO规则平等地适用于所有WTO成员方，经济全球化和国际贸易的迅猛发展激发了WTO成员数量的不断增长，同时各成员间利益出现了多样性，导致传统的"协商一致"原则的适用难度日益增加、谈判进程停滞不前，直接引发了谈判议题数量的大幅下降、因为谈判停滞而产生的政策时效性等问题，导致WTO贸易谈判功能和决策机制未能对贸易规则的完善和改革发挥预期作用。欧盟提出，"WTO遭遇的危机和持续被边缘化均源于现行决策机制缺乏效率"。这个紧迫而现实的问题使得WTO在重大决策和规则修订方面无法发挥效用，成员方对此表示大失所望。

多哈回合贸易谈判停滞不前的现实充分表明WTO"协商一致"原则适用的困境，WTO决策效率低下已导致多边贸易机制岌岌可危。经济全球化的发展需要一个高效、透明、有力的多边贸易体制，但谈判停滞、决策困难、效率低下的制度性缺陷使得WTO无法胜任，谈判功能和决策机制已经面临必须改革的境地。

(二) WTO 政策审议监督功能逐渐被弱化，贸易政策透明度问题引发热议。

贸易政策审议机制（trade policy review mechanism，TPRM）是世界贸易组织三大核心法律制度之一，其主要通过召开贸易政策定期审议会议针对 WTO 成员方的贸易政策及其通报情况进行审查，在多边贸易环境中公开检视成员方的贸易行为，加强 WTO 多边贸易体制透明度原则的建立和应用。但是，长期以来 TPRM 机制并没有得到充分的重视，直接导致其功能性价值没有发挥出来。

TPRM 机制中的透明度问题近年来受到 WTO 成员方的普遍关注，透明度是 WTO 法律体制中的一项基本原则，强调贸易措施的及时公开与可以获得。《建立世界贸易组织的马拉喀什协定》的附件三中明确规定了透明度原则，但在实践中，这一原则的适用并不如预期所料，这很大程度上是由于 TPRM 在实现其透明度功能时缺乏完备的制度供给、难以形成有力的法律约束而造成的。

WTO 的透明度原则明确要求各成员方需要通过 TPRM 机制将现行的与贸易有关的法律、政策和所采取的相关措施及时地通报 WTO，以便监督其贸易政策透明化水平。通报机制作为 WTO 多边贸易体制的一部分，要求 WTO 成员针对自己的贸易法律、政策等通知 WTO，以确保其他成员方能够及时获知在特定协定下的各成员方的贸易政策、措施等。WTO 各项协定和决议中包含的通报规定超过 200 项，在 WTO 体制中非常普遍，几乎渗透到了 WTO 协定的方方面面，通报所涉贸易议题相当广泛，切实反映了通报机制在 WTO 中的重要意义。为了实现其他 WTO 成员能够监督各成员方的贸易法律、政策等是否符合 WTO 规则的目标，确保贸易政策透明度功能的有效实现，要求 WTO 成员方应该积极全面地履行通报义务。

但现实情况是，在此方面 WTO 各成员均存在某些问题，成员方在履行通报义务方面远远没有达到世贸组织各项协定的要求和预期，部分成员的通报存在滞后，甚至不通报的现象尤为突出，一些成员提交的通报文件质量有待改进，导致这一问题长期受到各方诟病。究其原因，除了部分成员通报能力欠缺等原因外，其自身的制度性缺陷也是重要原因之一，由于 WTO 的贸易政策审议监督功能缺乏有力的约束机制,许多国家都不认真履行政策通报义务,WTO各委员会对各成员方贸易政策的监督职能逐渐被弱化。审议结果通告的延迟使得某些成员方不能及时了解和应对其他成员的新政策和贸易措施,而审议过程的透明度问题也使得这一监督机制受到诟病。现行WTO体制最大的缺陷之一就是各成员方对补贴通报义务的履行情况较差,截至目前有超过半数成员没有作出任何相关通报。[12]例如,在2018年10月23日举行的WTO补贴和反补贴措施委员会上,主席表示,在164个WTO成员中,78个成员仍未按要求对其2017年之前的补贴情况进行通报、63个成员仍未对其2015年之前的补贴情况进行通报、56个成员仍未对其2013年之前的补贴情况进行通报,并指出此情况"对相关协定的正确实施构成了严重的问题"。1995—2019年,通报补贴的成员方比例仅维持在37%—50%,而未作出任何通报的成员方所占比例大幅增加,从25%增加到60%。欧盟、加拿大等成员在其有关WTO改革的文件中均提出了此问题,欧盟甚至提出了对不通报行为进行惩罚的建议,例如一旦不通报即可被视为存在补贴的"有罪推定"等。

日常机构的监督是指成员充分利用WTO现有的理事会和委员会等机构,通过在这些机构的日常会议上阐述自己对其他成员贸易政策和措施的关注,由各成员展开讨论,通过协商解决具体关注和存在纠纷的问题。这是在争端解决和规则制定之外,一条更为便捷和温和的途径。WTO所有机构均有此项职能,且相关工作由来已久,但各机构之间的做法和成效大相径庭。其中,技术性贸易壁垒(Technical Barriers to Trade,TBT)委员会的做法和成效显著,仅2018年该委员会就讨论了178件"特定贸易关注",该机构成立以来提起的550件"特定贸易关注"中的绝大多数均得以协商解决,仅有16件被诉诸WTO争端解决机制。很多智库和WTO成员援引TBT委员会的工作,认为其相关做法应在其他WTO机构进行推广。另外,各方关于日常机构监督工作的建议也包括加强各机构之间的协调,以及取消一些无效机构等。

加强成员贸易政策透明度,有助于建设开放、稳定、可预见和公正透明的国际贸易环境,增加各方对多边贸易体制的信心。因此,WTO改革应更多地关注透明度机制,以进一步提升贸易政策审议机制的监督功效。

(三) WTO上诉机构"停摆"危机所引发的争端解决机制问题

WTO争端解决机制是WTO多边贸易体制中最核心、最独特的部分,通过对成员间的贸易争端做出裁决来实现WTO原则及其规则的有效实施和执行。成熟规范的争端解决机制是WTO引以为傲的标签,自WTO成立以来,一直发挥着确保WTO正常有效运转并保证其权威性的功能,因此被誉为WTO"皇冠上的明珠"。[13]

近年来,美国经常对WTO争端解决机制的工作表示不满,认为争端解决程序漫长拖沓,上诉机构存在一系列问题,如上诉机构大法官们在解释WTO规则过程中存在"司法越权"(judicial overreach)问题,并强加给成员新的义务;在对争端的解决不必要的问题上发表"咨询性意见"或"附带判决"(obiter dicta);指出上诉机构声称其报告有权作为先例等做法是上诉机构在创造规则;提出审查有关成员内法的含义是在滥用WTO规则中并未赋予他们的权力;反对授予上诉机构大法官更长任期,表示现有规则长期不符合上诉机构诉讼程序不得超过90天的限定性规定,严重影响裁决效率;甚至裁决过程干预了美国法律的实施和效力。在实践中,上诉机构还出现了裁决的不一致等问题。所以美国不承认WTO争端解决机制具有权威性,提出要对WTO争端解决机制进行彻底改革,要求恢复到WTO成立之前的争端解决机制。

2016年5月,美国首次以上诉机构"超越权限"对解决一项争端并非必要的问题发表"咨询意见"为由,强烈反对时任上诉机构成员张胜和(韩国籍)连任,在此之后,美国常常以上诉机构大法官发表"咨询意见"作为核心理由之一,不断阻挠上诉机构成员的遴选和连任工作,最终直接导致上诉机构出现"停摆"危机,造成WTO争端解决机制可能面临"瘫痪"的结果。2019年底,Ujal Singh Bhatia(印度籍)和Thomas R. Graham(美国籍)任期结束,当时上诉机构成员仅剩1人,WTO争端解决机制已实质性进入"停摆"阶段,这一事件的发生相当于全球贸易治理倒退了20年。

上诉机构"停摆"危机的出现实际上严重破坏了 WTO 争端解决机制的整体运行和功能实现，给以规则为基础和导向的多边贸易体制造成了重创，国际贸易秩序面临重新回到以权力为基础的"丛林时代"的巨大风险。一个典型例子是，上诉机构停摆后，欧盟迅速修改其法规，如果涉欧盟的 WTO 贸易争端裁决因上诉机构停摆而无法生效，那么尽管未经 WTO 争端解决机构授权，欧盟仍可采取单方的报复性关税措施，并拟在三年内将报复范围扩展到服务业和知识产权领域。

综上所述，WTO 的三个核心功能均已面临重大危机，部长级会议高频率地陷入僵局使多边贸易体制发展深陷困境，多哈回合贸易谈判停滞不前，多边谈判功能毫无作用；美国持续对 WTO 多边贸易体制表示不满，一方面阻碍 WTO 上诉机构新成员的选任和遴选，另一方面频繁以国家安全为由对其他成员方的产品提起调查甚至加征关税而引发"贸易战"。在美国积极破坏和持续阻挠下，以上诉机制为特色的 WTO 争端解决机制危在旦夕，导致 WTO 岌岌可危；发达经济体成员数千亿美元的农业补贴没有丝毫削减；电子商务等新兴业态在全球市场上风生水起，WTO 作为一个多边贸易规则谈判场所无所作为，甚至面对史无前例的贸易摩擦，WTO 争端解决机制却无能为力。面对猖狂的单边主义、保护主义狂潮，WTO 也束手无策，机制面临巨大危机、权威受到严重挑战。

当前的 WTO 多边贸易体制已不再适应新的国际形势和变化，其自身的制度性缺陷已阻碍其功能的实现，WTO 改革迫在眉睫。

三、WTO 危机产生的主要原因

从历史角度看，现行的国际经济秩序主要是由美国在二战后主导建立的，自 1944 年布雷顿森林体系开始，已经持续了半个多世纪。自 2008 年全球金融危机后，以 WTO 体制为核心代表的国际贸易法治遇到了第二次世界大战以来前所未有的挑战。由于国际经济贸易格局的变化，国际市场竞争日趋激烈，国际多边贸易规则不断受到冲击和挑战，致使 WTO 的权威性受到严重影响。尤其是受到强权国家态度急剧变化的影响，使得国际经济秩序和规则体系正在向另一个方向发展。英国"脱欧"、美国特朗普总统推行的

"美国优先"贸易政策、欧美等发达国家成员保护主义和单边主义抬头,尤其是随着经济全球化的退潮和逆全球化趋势的兴起,美国对多国挑起的"贸易战",发达国家对区域、跨区域自贸协定的青睐,促使WTO体制不进则退并被边缘化,面临的挑战也逐步危机化。WTO正在遭遇的严重危机具有深刻而复杂的国际背景及现实根源,国际法(WTO法)著名教授彼得斯曼(Petersmann)提出导致WTO现行危机的最主要原因是目前有四个相互竞争的贸易范式,包括美国的新自由主义、特朗普总统的重商主义、非常独特的中国制度和欧洲秩序自由主义。(1)美国新自由主义自布雷顿森林体系以来一直处于主导地位,其核心思想是自由化、私有化和放松管制。(2)特朗普总统的重商主义是在新自由主义思想的基础上,增加了重商主义、平衡中美贸易等新的元素,同时格外关注国家安全,实现国内政治目标,并尤为重视中国问题,除此之外,通过利用双边主义在很大程度上减弱了WTO的功能和效力。(3)中国制度的独特性主要表现在中国的经济制度和法律体系成功地通过40多年改革将一个国家转变成一个充满活力的现代经济体,但同时也受到了以美国为首的部分WTO成员的批评,如中国"过于重视政府权威",包括国有企业控制经济等问题,这会扭曲WTO规则。对于这些问题,美国特朗普总统更希望通过双边和重商主义的方式来解决,而不愿意通过WTO谈判的方式来处理,使得问题迟迟得不到有效解决而埋下了隐患的种子。(4)欧洲秩序自由主义,强调市场是法律的建构,如果要限制市场失灵,不管是金融监管、社会监管,还是其他方面,也要同时限制治理失灵,比如通过宪法、法治,否则这个市场就没办法正常运行。由此可见,贸易自由化与贸易保护主义的博弈从未消失,依然是国际贸易法发展中的永恒主题。当前WTO危机的根源依然是保护主义幽灵在作祟。

WTO危机爆发的原因归根结底可以归纳为外部原因和内部原因。

(一)外部原因

(1)美国经济结构性问题未得到有效解决,经济陷于"平庸增长"。

2008年金融危机后,美国经济复苏进程不理想,特朗普政府没有从国家自身的经济结构性问题查找原因,而是一味地指责国际贸易体制的不公平以及包括中国在内等国家的"非市场经济行为",其偏执的执政思想对全球经贸体系造成严重的现实冲击。美国奉行"美国优先"理念,大肆广泛适用单边主义和保护主义措施,给WTO带来了前所未有的挑战。特朗普政府一直公开质疑WTO多边贸易体制和规则的合理性,批评WTO"对美国不公平",提出WTO必须全面革新。特朗普政府多次扬言要"退出WTO",但实际上适用国内法对其他WTO成员实施贸易保护措施和启动"贸易战",直接针对WTO的权威性发起挑战。与此同时,美国持续阻挠WTO上诉机构法官的选任,使WTO争端解决机制陷入危机、濒临瓦解。

(2) WTO各成员方经济的相对实力发生巨大变化。

2008年的金融危机直接使国际经济发展趋势、经贸格局、经济关系、经济治理乃至经济秩序等发生了前所未有的变化,出现"东升西降"的发展态势,国际经济原有格局被打破。以金砖国家为代表的新兴经济体迅速崛起,美国等发达国家却因金融危机导致经济实力全面下滑,WTO内发达成员与发展中成员之间整体实力对比出现了明显变化。如20世纪90年代以前,西方七国集团(美国、日本、德国、法国、意大利、英国、加拿大,简称G7)主宰着全球贸易,但是G7国家货物贸易、GDP、出口总值占世界货物贸易、世界GDP、世界总出口的比例已分别由1990年的51.57%、65.53%、52.06%骤降到2020年的29.70%、45.67%、32.07%,而1948年以来占世界货物贸易比重显著提升的7个国家(中国、印度、韩国、土耳其、印度尼西亚、泰国、波兰,简称R7)[14]的货物贸易、GDP、出口总值占世界货物贸易、世界GDP、世界总出口的比例分别由1990年的6.32%、6.47%、5.94%激增到2020年的23.92%、25.84%、21.28%。[15]特别是中国不仅成长为新兴经济体的核心力量,更对整个世界经济体系产生举足轻重的作用和影响力。1978—2020年,中国经济总量占世界经济总量的比重从1.73%攀升至17.37%,面对全球金融危机和新冠肺炎疫情的巨大冲击,2009—2020年中国平均经济增长速度仍然高达7.38%,远超2.26%的世界平均水平,中国在全球经济体系中的影响力显著提升。基于比较优势的改变带来利益的重新分配,促使各成员对WTO现行体制的公正性和合理性提出质疑。一方面,美国等传统西方经济大国认为新兴经济体的崛起对WTO现行体制产生了冲击，造成利益分配不公平，而 WTO 现行规则并未对此进行有效的回应；另一方面，发展中国家对美欧等西方发达国家长期操控 WTO 决策以及对发展中国家不断加码施压早已怨声载道。国际经贸关系已经进入新一轮的调整期，以中国为代表的新兴国家对 WTO 现行体制提出挑战，但是 WTO 规则没办法即时给予反馈，以欧美为代表的发达国家成员认为 WTO 体制（尤其是争端解决机制）对其不公平，WTO 已丧失权威性。

（3）部分发达国家成员认为发展中国家成员利用 WTO 规则的"漏洞"获益极不公平。

以美国、欧盟和日本（简称美欧日）为首的发达国家成员认为一些成员，尤其是发展中国家成员并没有严格履行 WTO 义务，而且正在进行实质性的贸易保护措施，长期不及时通报贸易产业政策及其变化情况，提交的贸易政策报告不全面、不真实，指责中国是"世界上最具保护主义色彩的国家、重商主义的经济体"，严重损害了美国利益，甚至某种程度上影响了全球经济贸易有益发展。美欧日提出在 WTO 的 164 个成员中，有三分之二数量的成员都表示自己是发展中经济体。对它们提供无区别的"特殊和差别待遇"，导致众多成员对贸易谈判的信心严重不足。

（4）区域经济贸易协定的迅速崛起和快速发展，以 WTO 为代表的多边贸易体制危机四伏。

奥巴马执政期间，美国政府就想"另起炉灶"，利用《跨太平洋伙伴关系协定》（TPP）和《跨大西洋贸易与投资伙伴关系协定》（Trans-Atlantic Trade and Investment Partnership，TTIP）等区域经济贸易协定来加强贸易规则体系，最终实现取代 WTO 的目的。TPP 是重要的国际多边经济贸易谈判组织，前身是《跨太平洋战略经济伙伴关系协定》（Trans-Pacific Strategic Economic Partnership Agreement，P4），是由亚太经济合作组织成员中的新西兰、新加坡、智利和文莱四国发起，从 2002 年开始酝酿的一组多边关系的自由贸易协定。2009 年 11 月 14 日，奥巴马宣布美国将参与 TPP 谈判，与此同时，秘鲁、越南和澳大利亚也宣布加入谈判，由此实现了 P4 向 P8 的转变。美国特朗普政府上任后宣布退出《跨太平洋伙伴关系协定》（TPP）。

但 2017 年 11 月 11 日，由日本提出倡议，启动 TPP 谈判，11 个亚太国家共同达成《全面与进步跨太平洋伙伴关系协定》（Comprehensive Progressive Trans-Pacific Partnership，CPTPP）。2018 年 12 月 30 日，CPTPP 协定正式生效。而 TTIP 作为美欧双边自由贸易协定，于 2013 年 6 月启动。议题涉及服务贸易、政府采购、原产地规则、技术性贸易壁垒、农业、海关和贸易便利化等。从经济规模看，TTIP 一旦建成，将成为全球最大的自贸区，对全球政治经济格局演变、经贸规则制定带来重要影响。特朗普政府强行重新谈判《北美自贸协定》（NAFTA），2018 年 10 月 1 日，在美国设置的最后期限前，加拿大与美国政府宣布，两国已经就一项将墨西哥包括在内的，新自由贸易协定达成了一致，修订后的 NAFTA 更名为"USMCA"。WTO 多哈回合贸易谈判的停滞不前令 WTO 发展陷入窘境，区域贸易协定异军突起让 WTO 多边贸易体制面临被边缘化的风险。

（5）国际经济形势的快速发展对全球经济治理规则提出了更新和更高的要求。

数字贸易、电子商务和全球价值链（global value chains，GVCs）分工快速发展的新形势给 WTO 现有规则的适用提出了巨大挑战，传统的以管理货物贸易为主的 WTO 体制已不可能完全适应新的国际经济形态和贸易方式的发展。电子商务、数据保护、竞争政策及投资便利化等国际经贸新议题层出不穷，而 WTO 现行规则对此无所适从。从 WTO 成立至今，经济全球化发展进程导致经济贸易形势发生了根本性变化，而 WTO 现有的规则体系并没有及时更新，除了在 2015 年达成《贸易便利化协定》等少数新成果之外，几乎没有对新变化做出适当调整和有效回应。正如欧盟委员会在其《WTO 改革概念文件》中指出，"从本质上讲，自 1995 年以来，世界已经变化，但 WTO 却没有变化"。

（6）美国对 WTO 危机的爆发起到了关键性的推波助澜的作用。

美国作为外因之首，对 WTO 危机的爆发起到了关键性的推波助澜的作用，尤其是 WTO 上诉机构的停摆，美国是始作俑者，因此，美国因素是 WTO 危机产生的不可或缺的原因之一。美国是全球贸易体系的主要制定者和长期领导者，二战以来的各项全球贸易体制都蕴含着美国的意志，全球贸易体系的顺利运转也离不开美国的维护和推动。

以 2008 年全球金融危机为转折点，全球贸易陷入低谷，国际经济发展缓慢，发达经济体对经济全球化表示质疑，在众多 WTO 发达成员内部滋生了贸易保护主义和单边主义的土壤，逆全球化风潮悄然而起。美国特朗普政府执政后坚持"美国优先"和"美国第一"的领导理念，大肆实施单边主义措施，以邻为壑，以实力代替规则，打着保护本国利益的旗号，使得多边贸易体制的支柱——WTO 陷入危机。特朗普政府的很多举措引起了国际公愤，严重违反 WTO 最基本、最核心的最惠国待遇、关税约束等基本原则。美国的单边主义、保护主义行径一方面损害了其他 WTO 成员的基本利益，另一方面，也在实质上减损了 WTO 及其争端解决机制的权威性。尽管国际社会和 WTO 对美国实施的单边主义和贸易保护主义措施不断发出警告和指责，但收效甚微。欧盟、日本、加拿大等发达成员也对美国的贸易保护主义行为表示担忧，为了将美国限制在 WTO 体制内，欧盟、日本、加拿大等尽力迎合美国需求，加强与美国合作，并一致表示要共同努力全面改革 WTO。

（二）内部原因

作为国际贸易法治代表成果的 WTO 近年来未能承担起国际经贸组织应对挑战的责任是其危机爆发的主要原因之一。WTO 危机的内部原因主要是 WTO 体制自身存在制度性问题，其中既包括实质性领域的法治议题，也有程序性的法治考量，还有体制本身的运作方式等方面。

其一，WTO 贸易谈判机制问题，多哈回合贸易谈判停滞不前，新议题谈判无法取得实质性进展，贸易谈判和政策决策效率极为低下，WTO 贸易谈判功能亟须重振；其二，WTO 贸易政策审议问题，各成员延迟通告贸易政策使得其他成员不能及时了解和应对各成员的新贸易政策，使得 WTO 透明度原则广受诟病；其三，WTO 争端解决机制问题，WTO 上诉机构自主性太强，在实际运行中暴露出一些问题，削弱了美国的主权，直接损害美国经济利益。特别是由美国一手造成的 WTO 上诉机构法官的遴选问题，直接导致争端解决机制上诉机构停摆而面临严重危机。从 WTO 现实运作成效来看，其规则体系与国际贸易实际无法契合，未能达到各成员对 WTO 在全球经贸治理中应发挥重要作用的合理预期。面对因美国实施的单边措施引发的"贸易战",WTO 只能对听之任之,充分证明现行 WTO 体制严重缺乏管控国际经贸危机的能力,已经到了必须改革的地步。

综上所述,WTO 危机产生的深层次的原因包括(但不限于):WTO 权力的扩大与各成员自主权(成员主权)之间的平衡;发展中国家实质性地融入多边贸易体制;区域贸易协定的迅速繁殖对最惠国待遇原则的侵蚀;WTO 决策的民主、透明和效率的强化;WTO 争端解决机制的进一步完善。世界贸易组织正面临前所未有的生存危机,改革势在必行。

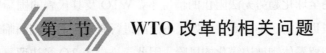

第三节　WTO 改革的相关问题

一、WTO 改革的必要性

国际贸易是促进全球经济增长的重要引擎,以 WTO 为核心的多边贸易体制是经济全球化和自由贸易的基石和核心。WTO 成员数量不断增加,目前涵盖全球 98% 的贸易额,充分显示了多边贸易体制的代表性和对成员的吸引力。作为全球经贸治理体系的重要支柱,WTO 成立以来,在推动全球贸易发展、保障充分就业、促进经济增长和提高生活水平等方面作出了卓越贡献。在贸易自由便利化方面,达成了《贸易便利化协定》,若相关条款全部实施将使全球贸易成本降低 14%,每年增长近 1 万亿美元出口[16]。全面取消农产品出口补贴和信息技术产品关税,创造更加公平的贸易环境。在贸易政策审议和监督方面,贸易政策审议机构进行了 430 多次贸易政策审议,覆盖 WTO 164 个成员中的 155 个,与 GATT 时期相比,提高了成员贸易政策透明度,增进了对彼此贸易政策的了解;在争端解决机制方面,截至目前,616 起案件提交争端解决机构,为解决国际贸易争端、平衡成员在 WTO 协定下的权利和义务、保障多边贸易体制的可靠性和可预见性发挥了重要作用。

近年来,逆全球化趋势越演越烈,WTO 面临多重挑战并陷入严重危机，WTO成员们要求对WTO进行改革的呼声不断高涨，对WTO进行必要改革已经是主要WTO成员的一致共识，上诉机构停摆事件的发生激发了WTO改革的进程，改革的紧迫性和必要性凸显。

(一) 逆全球化的经济大背景促使WTO多边贸易体制遭遇严重危机

在世界处于百年未有之大变局的背景下，国际经贸关系错综复杂，全球经济发展速度明显放缓、贸易保护主义、单边主义盛行、贸易自由化进程遭遇困境，以规则为基础的WTO表现出无所适从，并未对国际关系的历史性变化以及当前国际经济危机给出明确的解决方案，正面临日益被边缘化的严峻挑战。逆全球化趋势无法阻止的情况下，WTO及其代表的国际贸易法制的发展前景也充满了不确定性，如果不及时进行有效应对，则面临着功能被弱化和多边贸易体制被边缘化的风险，因此，推进WTO多边贸易体制的改革无疑是全体成员高度关注的话题和当前国际经济关系博弈的焦点。面对WTO已陷入自成立以来的最大危机，进行必要改革成为大势所趋，同时也将成为未来全球经济治理的优先议题和大国博弈的新战场。

(二) WTO现行规则体系已不能适应新的国际经济关系

WTO规则体系的前身是1947年诞生的GATT规则体系，美国在第二次世界大战之后就取得了世界经济霸权地位，各国原本拟就的推动国际贸易自由化的《国际贸易宪章》(即《哈瓦那宪章》)（Charter of International Trade Organization, ITO）由于美国国会的强烈反对而胎死腹中，各国代表不得不把关贸总协定内原有的、作为临时性文件的程序规则抽出来，单独搞一个《临时适用议定书》。《关税及贸易总协定》就是从这种变通办法开始"临时适用"了近半个世纪，直到1995年才被世界贸易组织所取代。GATT几乎完全照搬发达国家之间制定的协定条款，包括WTO规则在内的多边贸易体制的显著特点就是美国、欧盟等发达成员主导、广大发展中成员被动接受。GATT/WTO体制实行"协商一致"原则，似乎体现了成员方之间的平等，但实际却不尽然。所谓WTO"四极体制"（即由美国、欧盟、日本和加拿大四个发达成员构成的体制）长期操纵WTO决策。在作出重要决策时，以"绿屋谈判"（green house negotiation，有人又称之为"休息室谈判"）模式进行。绿屋会议是非正式的闭门会议，协商的内容不被公开，不参加绿屋会议的国家也无法知晓会议的内容。绿屋会议的本义是通过小范围磋商助推共识的形成，但是具体操作时演变为少部分大国成员借助其经济政治实力垄断WTO决策权的手段。即由少数发达成员方先行磋商决定、再强迫其他成员方接受，这导致广大发展中成员的利益未能得以充分体现，表现出明显的权力分配不公，他们对此早有怨言。[17] 随着全球经济格局的变化，国际经济发生翻天覆地变化，特别是广大发展中国家经济实力不断提升，WTO规则体系未能与时俱进，已不再适应当前发达国家与发展中国家力量对比发生历史性变化后的国际新形势，造成全球多边贸易治理严重滞后于国际经济贸易发展。遵循WTO规则所反映出来的不公正、不合理现象越发明显，多边贸易体制缺乏应有的管理权威和治理能力，甚至已导致其自身的"合法性"危机。为提高WTO的适应性并保持其有效性，焕发多边贸易体制活力，积极应对当前的挑战，有必要对WTO进行全面改革以推进多边贸易体系的现代化。[18]

（三）改革WTO多边贸易体制促使其与时俱进发展的呼声强烈

进入21世纪以来，改革WTO的呼声就已此起彼伏。1999年WTO西雅图部长会议的失败、2003年坎昆部长会议的无疾而终，都预示着WTO体制已经面临巨大挑战。多哈回合贸易谈判的停滞，导致除了2015年达成《贸易便利化协定》等少数几项新协定之外，在货物贸易、服务贸易、反倾销、反补贴以及贸易新议题等核心领域毫无进展，引发国际社会普遍不满。当前，WTO多边贸易体制最为重要的成员、WTO前身关税及贸易总协定（GATT）的缔造者——美国成为了WTO最主要的反对者和改革最积极的推动者。

（四）WTO缺乏作为一个国际组织应有的管理权威

深究其原因，主要有两个方面：第一个是历史原因，WTO的前身GATT体制本身就存在"先天不足"——GATT并非法律意义上的正式国际组织。GATT建立之初只能用"全体缔约方"的名义开展活动,GATT条文中只提到了"执行秘书"(executive secretary),到1965年悄悄改称为"总干事"(director general),连GATT条文都不作改动。这种"先天不足"令GATT无法像其他国际组织那样行使正常的管理职能。尽管WTO成立后,法律地位问题得以解决,但传统的观念并未完全消失。第二个是成员方对WTO的定位问题,WTO是一个典型的"成员方主导型"国际组织,全体成员方主导WTO,总干事和秘书处只是被动执行的角色,充当"协调人"和"发言人",权力非常有限。现实是,一方面,许多WTO成员方将秘书处仅仅视为一个为成员方提供支持的机构,通常不欢迎秘书处提出建议;另一方面,总干事和秘书处也不愿主动为成员方提出建议或方案。随着经济全球化的不断发展,国际社会对WTO的期望越来越高,但其管理功能和权威的缺失严重影响了其发挥多边贸易体制的功能。

综上所述,WTO主要成员方推动WTO改革的立场是一致和坚定的,WTO改革的紧迫性和必要性已广泛达成共识,即现行WTO体制已不适应目前的经济贸易现状,自身存在的制度性缺陷已严重阻碍WTO发挥多边贸易体制的功能,WTO必须全面改革以适应新的变化和情况,推动国际贸易的继续发展和经济繁荣。为了抑制逆全球化和贸易保护主义势头的蔓延,WTO改革势在必行。值得注意的是,对WTO进行改革是必要的,但并非将其推倒重来,更不是为了满足部分国家的关注和诉求,而应在维护其核心地位的基础上致力于解决存在的问题和完善相关规则。

二、WTO改革的基本原则

无论WTO面临的挑战有多大、遭遇的危机有多严重、WTO改革的议题有多复杂和敏感,也不论改革的压力来自何方,应对这些挑战和危机、促进WTO法治的完善必须坚持最基本的指导原则。

(一)坚持和维护WTO的根本宗旨和基本原则

非歧视原则、关税保护原则、透明度原则、公平贸易原则、互惠原则、市场准入原则和公平解决争端原则等均是 WTO 的基本原则。其中非歧视待遇原则作为国际贸易的基石和最高原则，无论如何改革都不能放弃。WTO 改革和完善的任何举措，一方面必须以维护 WTO 成员的整体利益为根本目标，另一方面必须在所有 WTO 成员的参与和同意下进行，坚决摒弃"强国"或"富国"俱乐部，或所谓的"核心集团"驱动 WTO 的各项改革议程。

(二) 维护发展中国家权益原则

对发展中国家的特殊与优惠待遇在原则上需要保留，这不仅是分配正义的要求，也是世界和平与发展的需要。WTO 的各项改革必须以"发展"为中心和主题；任何偏离"发展"的措施将不仅损害广大发展中国家的利益，而且也会损害发达国家的利益，可谓是"一荣俱荣、一损俱损"。

(三) 坚持发扬民主与提高权威与效率相结合的原则

WTO 的所有成员，不论大小、强弱、贫富，都应本着求同存异、平等互利、彼此包容的精神，在充分协商的前提下应对 WTO 所面临的各项挑战。一方面，"协商一致"原则不能动摇，这是 WTO 民主化的体现，也是 WTO 合法性的基础；另一方面，WTO 必须提高管理的权威与效率，以适应其由"契约性"组织向现代化的全球贸易治理组织的转变。坚持"协商一致"民主与提高管理权威和效率并不矛盾，在涉及 WTO 多边贸易体制根本性问题上坚持"协商一致"原则，充分发扬民主精神，保障广大发展中国家权益。

除此之外，在具体推进和实施 WTO 改革的过程中，中国应主动构建多层次、多议题朋友圈。在确保 WTO 稳定运行的基础上，中国应高度重视中欧双边对话机制，积极促成双方在具有共同利益的争端解决、上诉机构改革等议题上取得共识，推动欧盟在中美之间发挥桥梁作用；此外，中国应与发展中大国保持灵活的对话和合作，为 WTO 改革获得正式授权提供必要的政治动力，为国际贸易创造稳定和可预见的发展环境。

三、各成员方关注的 WTO 改革的主要议题

综观 WTO 主要成员方的改革方案，重点就以下议题进行讨论并提出改革的建议和方案。

（一）重点关注议题

国有企业、补贴和透明度问题（通报机制）这三个具有关联性的主要议题成为这次改革中 WTO 主要成员方所共同关注的核心问题。

美国提出强化透明度和履行通知要求程序即通报的必要性和紧迫性，建议如果有成员未在规定的合理期限内履行通报义务，将对其采取惩罚机制，例如限制其参加组织活动的权利。

欧盟指出，为了促使 WTO 多边贸易体制实现公平竞争并重获利益平衡，第一，WTO 应提高透明度和（补贴）通报机制。各成员懈怠或拒绝履行（补贴）通报义务是现行 WTO 体制的最大缺陷之一，截至目前，有超过半数的成员未能作出任何通报；第二，WTO 应进一步明确"公共机构"的内涵，将国有企业纳入"公共机构"的范畴；第三，为了有效解决最具贸易扭曲功能的补贴制度，WTO 应该制定更加严格和细致全面的规则，如通过在《补贴与反补贴措施协定》（Agreement on Subsidies and Countervailing Measures，SCM 协定）中增加禁止性补贴清单范围或者恢复第 6 条第 1 款对"严重损害"的适用。

加拿大认为，WTO 应首先处理好近期经常发生的竞争扭曲行为，比如成员通过国有企业采取的市场扭曲行为、产业补贴和违反透明度等问题。[19] 加拿大在发布的《渥太华部长会议关于 WTO 改革的联合公报》中明确指出，WTO 应加强对各成员贸易政策的监督和审议，提高透明度，以解决因补贴和其他工具所引发的市场扭曲现象。

《美欧日三方贸易部长联合申明》明确指出，第三国非市场经济导向政策和措施已经导致严重的生产力过剩和不公平竞争，阻碍了创新技术的发展与使用，破坏了国际贸易的正常进行。

中国也关注到了补贴问题的严重性并提出相关建议，指出部分发达国家

成员对农业实施过度补贴措施，造成了国际农产品市场长期扭曲的不利后果，并严重阻碍了国际贸易秩序的正常有序发展。[20]

（二）对经济全球化新规则的需求

为了适应经济的快速发展而更新规则并有效解决经济全球化的社会层面矛盾，WTO各主要成员方均提出了经济全球化背景下的新规则。

美国提出，数字经济和电子支付服务对促进全球数字贸易，强化市场开放和竞争，推动发展、创新、经济增长方面有重要作用，并且通过对中国发起"301"调查的行为间接表明当前WTO的规则无法解决强制技术转让的问题。

欧盟主要关注通过制定新纪律和完善现有纪律的方式，解决市场准入壁垒、外国投资者歧视性待遇、边境后贸易扭曲政策，例如强制性技术转让的问题，以及解决数字贸易壁垒和全球共同体的可持续性目标的问题。

在此基础上，《美欧日三方贸易部长联合申明》提出，在强制技术转让方面，部长们将在规则执行与制定、投资中国家安全审查以及出口管制等进行合作，并且达成共识将在WTO中加速启动电子商务和数字贸易的谈判。

加拿大认为应该对数字贸易、可持续发展、中小型企业、投资和国内管制等方面的规则进行改革。

中国也明确表示，应解决规则的公平问题，回应时代的需求。这表明，当前规则已无法反映WTO各成员多样化的现实需求、发展水平和能力。为防止WTO被边缘化，亟须尽快启动WTO多边谈判机制，对投资、跨境服务贸易、数字贸易、知识产权保护强化等经济全球化深入发展需要的新规则进行谈判。

（三）关于规则制订的谈判路径

欧盟和加拿大均提出应该通过改革解决当前WTO僵化的协商一致规则。由于利益分歧，协商一致规则的适用难度日益加大，目前WTO的谈判功能事实上已经停滞。

欧盟提出两种谈判路径：第一，继续支持在可能的领域维持全面多边谈判并取得成果；第二，在无法达成多边共识的领域，支持和推进多边谈判，对所有成员开放谈判且结果在最惠国待遇基础上适用，并探索修改WTO协定，增设一个新的附件4B，包含在最惠国待遇基础上实施的一套多边协定。除此之外，欧盟还进一步强调应加强秘书处对各谈判进程、实施、监督等方面的支持作用，增加政治支持和参与的可能途径。

加拿大对欧盟提出的上述谈判路径表示支持，提出短时间内想在WTO内达成具有拘束力的多边协议或者针对WTO进行重大机构改革的可能性不大，现阶段多边参与和谈判是最直接有效的解决办法。

中国认为，协商一致的精神不能丢。WTO改革触及各方切身利益，需要广泛、充分的协调，听取各方意见，特别是听取和尊重发展中国家意见。不搞"小圈子"和"一言堂"，希望各成员方能够保持耐心，循序渐进加以推进。

（四）关于发展中成员的待遇问题

美国和欧盟等发达国家成员对WTO规则中的发展中成员享受的"特殊和差别待遇"（special and differential treatment，SDT）颇为不满。

美国提出，WTO中有一些"自称"是发展中国家的成员，它们在履行协议义务时享受与那些小国、欠发达国一样的灵活度，导致在WTO谈判中难以达成有意义的成果。

欧盟一方面支持"发展中国家应被允许获得实现其发展目标所需要的援助和灵活性"的观点，另一方面认为，事实上为三分之二的成员提供这种不加区分的灵活性，削弱了那些对发展援助有明显需求的成员的呼声，导致WTO不仅出现了紧张局面，也严重限制了WTO贸易谈判的发展进程。欧盟就此提出了一系列改革建议：(1) 毕业机制，即为发展中国家成员设计"毕业"机制，鼓励其积极退出"特殊和差别待遇"；(2) 成员分类、权利义务分类，为加强特殊和差别待遇的针对性，除最不发达国家外，在未来的协定中将灵活性从开放式的集体豁免转变为基于需求和证据的具体豁免；(3) 宽限期，若成员请求在现有协定中获得额外的特殊和差别待遇，则需对个案情况进行分析，明确时间段和适用范围。

加拿大承认发展水平不同的国家成员在参与贸易和承担新的承诺或者义务时具有不同的能力，同时也提出，在 WTO 多边贸易体制下的协商过程中，如何在不同 WTO 成员间实现对等性和灵活度之间的一种平衡是最难克服的障碍。因此，加拿大提出可以借鉴《贸易便利化协定》中特殊的、区别的待遇机制，即将所有成员一致地、充分地执行所有义务作为长远目标的前提下，区别对待义务、国别和过渡期，并将国家能力与义务挂钩。

在《美欧日三方贸易部长联合申明》中，三方再次强调那些自称为发展中国家的 WTO 先进成员，在 WTO 正在进行的和未来的谈判中做出完全承诺。

中国认为，WTO 改革过程中发展中国家的正当合法权益不能丢。WTO 改革的目的应是使各成员更公平地分享全球化发展成果，而不是进一步扩大南北差距。WTO 应当继续支持发展中国家成员更快更好地融入全球价值链，继续保障发展中国家成员理应享有的"特殊和差别待遇"。

综上所述，美国、欧盟和加拿大等 WTO 发达国家成员虽然承认"特殊和差别待遇"机制存在的必要性和合理性，但提出了对发展中国家成员进行重新分类，建立毕业机制等改革建议，然而中国对此认为并没有太大的改革必要和空间。

(五) WTO 改革中的"中国"议题

中国是美国在 WTO 改革问题上抱怨的首要对象。美国驻 WTO 大使丹尼斯·谢伊认为，WTO 当前危机的主要"震源"是中国，它的贸易扭曲和非市场经济制度与开放、透明、可预测的 WTO 国际贸易体制不兼容。特朗普政府执政后发布的第一份《国家安全战略》，明确把中国作为直接威胁和竞争对手。特朗普政府认为，中美贸易长期处于不平衡状态，美国承担着巨额贸易逆差，中国特有的经济体制"冲击"并"破坏"了 WTO 原有的公平竞争的市场环境，而 WTO 现行规则却不能充分约束中国的非市场经济行为，反而限制了美国的行动，因此，美国政府着手摒弃 WTO 多边贸易体制及其争端解决机制，直接针对中国出口贸易行为采取单边贸易制裁措施，引起了国际社会的普遍关注。自 2018 年以来，中美"贸易战"及中美贸易谈判成为国际关注的焦点。在中美关系异常紧张的大背景下，中国成为部分国际矛盾的核心，中美经贸关系重大调整也是推动 WTO 改革的一个缘起，促使长期争论的 WTO 改革问题再次凸显。

美国欲借 WTO 改革之机，联手欧盟和日本再一次把矛头对准中国来解决"对中国的不满"。美国提出，中国没有充分履行入世承诺，表面标榜自己认同自由贸易的价值观，但行动上规避或违反 WTO 承诺，中国通过补贴打造国家"冠军企业"，采取强迫技术转让手段等扭曲市场行为来促使本国经济发展，严重威胁全球贸易公平发展，中国的"不公平贸易行为"让美国等 WTO 成员的利益长期受损。而 WTO 缺乏规制中国的办法，对上述行为束手无策，WTO 无法应对中国经济快速崛起所带来的问题，而中国正在挑战国际贸易规则，美国应与志同道合的贸易伙伴一起，通过 WTO 改革来应对中国挑战。上述观点得到了 WTO 部分发达国家成员的支持，但是这些成员方不支持美国放弃 WTO 规则的做法，而是更希望通过 WTO 改革实现其诉求和目标。

美国、欧盟和日本结成三方联盟发布《美欧日三方贸易部长联合申明》，提出的 WTO 改革建议的相关内容大多与中国经贸摩擦中的争议问题有关。他们提出，中国现行的产业补贴、国有企业、知识产权保护、强制技术转让等做法是"非市场经济导向的政策与做法"，构成了明显的歧视性，扭曲了市场竞争，属于不公平贸易行为。而 WTO 改革就是要解决他们与中国经贸关系中的焦点问题，约束中国的发展模式和经济体制，取消中国的发展中国家成员身份。

中国则认为，美国我行我素的做法势必侵蚀 WTO 多边自由贸易体系，对 WTO 造成前所未有的挑战和冲击，并引发了当前 WTO 的"生存和发展"的危机。国家间经贸博弈正从"双边"向"多边"蔓延，但美国"破局"的决心也是 WTO 改革的动力。虽然各成员方针对 WTO 改革的分歧很大，但挽救 WTO 生存危机确是主流共识，如果中美之间能够化解分歧或可助力 WTO 改革，实现多赢结果。

四、WTO 改革面临的困难与挑战

当前，国际经贸关系错综复杂，全球经济持续放缓、贸易保护主义回潮、贸易自由化进程危机不断，经济逆全球化趋势明显，以规则为导向的 WTO 正面临严峻的困难和极大的挑战而引发的严重危机。国际经贸的危机从本质上来讲，就是由于国际经贸法治发展的不充分、不完善所导致的，由法治引发的危机仍然需要通过法治的方式予以化解，因此，WTO 的危机必须运用法治的思维和方法才能彻底解决，只有通过法治之路才能找到克服当前国际经贸危机的正确路径。

仔细观察和研究现实和趋势，我们确定 WTO 改革势在必行，但问题在于，如何调和这些不同甚至严重对立的改革诉求？面临生存危机和巨大挑战的 WTO，应如何应对？或持续陷入僵局或迫于压力而被重塑或经过改革再创辉煌？因受多重因素影响且形势风云变幻，很难准确预测具体进程和发展态势，但可以看出，当前 WTO 改革面临诸多困难和挑战。

（一）WTO 改革在指导思想和基本方向上缺乏共识

WTO 改革首先要解决的问题是明确指导思想和基本方向，对此，发达国家成员和发展中国家成员之间存在巨大差异，明显缺乏国际法方面的协调性、团结性和一致性。WTO 何去何从？是基本保持原状不做改变，还是适度调整满足个别成员的私利或者进行必要性改革，解决当前面临的紧急而迫切的棘手问题？是继续维持协商一致的决策机制，还是在此基础上扩展加权表决制度？是强化 WTO 的规则导向，还是增强其政治或外交动力？是对发展中国家成员的利益保护坐视不理还是帮助它强大自身实力？针对上述种种问题，不同的 WTO 成员有不同的观点和主张，凸显各 WTO 成员方对改革的指导思政和基本方向缺乏共识且存在巨大差异，这必将严重影响 WTO 改革的谈判进程和最终结果。

（二）WTO 改革的力度或范围"小同大异"

WTO 各主要成员方在 WTO 改革的必要性问题上基本达成一致，但对

WTO改革的力度或范围大小,各成员方则表现出了明显的"小同大异"。

欧盟、加拿大、澳大利亚、日本、巴西、墨西哥等主要成员方均主张应该针对WTO进行大幅度的彻底改革。欧盟在《WTO现代化概念文件》中明确提出,"世界在变,而WTO未变",主张WTO迫切需要大规模和根本性的改革;加拿大在《渥太华联合公报》中明确表示,其将联合其他WTO成员方采取迅速并协调一致的行动,以应对WTO成立以来最严峻的危机和挑战并实现重振大家对WTO多边贸易体制信心的目标,进一步解决WTO改革的优先事项,即解除WTO争端解决机制危机、重启WTO谈判平台和加强对WTO成员贸易政策的监督和审议来提升透明度。而中国则主张,WTO绝非完美无瑕,需要进行必要性改革以增强其权威性和有效性,但必须坚持WTO的核心价值和基本原则不能变。由此可见,中国坚持的改革立场是"必要性"改革,WTO改革的力度或范围不能无限扩大,而应该量力而为、视现实的紧迫性和必要性需求而定。

(三) WTO改革议题的分歧无处不在

仔细观察和研究各主要成员方的WTO改革方案不难看出,改革分歧几乎存在于所有领域,特别是发展中国家成员与发达国家成员之间的分歧尤为严重。

1. WTO争端解决机制与上诉机构危机问题

美国是上诉机构危机的始作俑者,其借由上诉机构法官们在解释WTO规则时"越界"、审查有关成员方国内法的含义等,利用WTO的协商一致原则干扰上诉机构大法官的遴选,迫使上诉机构不得不处于停摆状态。这是当前最应迫切得以解决的上诉机构成员遴选问题,由此可以看出美国破坏上诉机构功能,实现其"摆脱束缚"的决心。虽然大多数WTO成员,无论是发达国家还是发展中国家,都希望保留这一有约束性的WTO争端解决机制,中国和欧盟也已经提交了联合提案,但目前仍无法精准预测事态的发展,如果想通过WTO改革将美国关进制度的笼子困难重重。

2. 提高WTO决策机制的效率问题

众多WTO成员对协商一致的决策机制提出质疑。有成员方提出借鉴联合国安理会设立世界贸易理事会，由代表性国家组成，或者改进投票决策方式，以三分之二多数票通过，但这样做往往会剥夺部分最不发达国家成员的权利并损害它们的利益。对此，中国提出，尊重WTO协商一致的决策机制，在相互尊重、平等对话、普遍参与的基础上，共同确定改革的具体议题、工作时间表和最终结果。

3. 贸易政策监督与透明度问题

欧盟、日本、加拿大等国家提出，为了确保WTO成员及时了解其合作伙伴采取的政策并在行动方面发挥重要作用，希望通过WTO改革加强贸易政策审议机制和通报制度，强化对各成员方贸易政策的监督，并提高政策和规则的透明度。美国、欧盟和众多国家均主张制定包括惩罚机制在内的新规则，如对于不遵守通报和透明度义务的成员适用惩罚手段，对于故意不履行义务的成员可以限制其参与WTO运作的权利，剥夺其担任各机构主席的资格，甚至开除WTO成员资格等。中国认为发达国家成员在履行通报义务和提升透明度方面应该发挥模范示范作用，努力帮助和支持发展中国家成员改进履行通报义务和提高透明度的能力。

4. 发展中国家享有特殊与差别待遇问题

这一直是WTO改革关注的重点问题，也是发展中国家成员与发达国家成员之间的核心分歧点。美国坚决主张取消发展中国家成员的特殊与差别待遇，美国为此向WTO提出了改革提案，为34个发展中成员的"毕业"设置了标准。中国则明确主张要求WTO保证发展中成员的特殊与差别待遇。对此，欧盟提出了对发展中国家成员重新分类、设置过渡期以及毕业机制的改革建议。欧盟指出，占大约WTO三分之二的成员要求享受特殊与差别待遇，使得那些迫切需要得到发展帮助的真正意义上的发展中国家成员无法得到有效的支持。为了缩减灵活性适用范围，欧盟建议在现有规则基础上适用毕业机制，支持和鼓励符合条件的成员积极退出发展中国家成员队伍，不再享受特殊与差别待遇；在改革后的协定中，除最不发达国家之外，其余国家享有的弹性条款将不再是集体豁免，而是基于具体需求和证据对发展中国家成员重新分类，加以区分；当成员对于现有协定要求额外的特殊待遇时，设置一个过渡期，即明确时间段和适用范围。

多哈回合谈判的一个核心议题就是要重点解决发展中国家普遍关注的利益保障和发展问题,新一轮WTO改革不但不应该讨论如何取消或缩减发展中国家成员的特殊与差别待遇问题,反而更应该加强关注发展中国家成员的诉求。显然美国的提案与WTO改革的大方向是背道而驰的,因此,这必将是WTO改革讨论中的一个热点也是一个难点。

5. 规则适用的公平问题

在WTO改革问题上,美国强调"公平与对等"原则,美国、欧盟和日本三方联盟要求在国有企业、工业补贴和技术转让等方面进行改革,美国和欧盟双方在新一轮全球贸易谈判问题中在农产品补贴、食品安全、社会条款、文化产品保护等方面也各持己见、互不相让。中国认为有必要解决一些发达国家成员农产品的过度补贴行为,导致发展中国家成员无法获得额外补贴的权利的问题。中国主张要求取消一些成员在投资安全审查和反垄断审查中对待特定国家企业的歧视,纠正发达成员滥用出口管制措施的行为。中国特别强调,美国、欧盟和日本在中国加入WTO十五年后仍然在中国反倾销问题上适用"替代国"方法的做法对中国显失公平。

6. 经济发展模式和非市场经济地位问题

这实质上就是各成员方普遍关注的有关国有企业和产业补贴问题。缘起于2017年底,特朗普政府发布了《中国非市场经济地位报告》,对中国的国有企业、产业补贴和政策等体制性问题提出系统化质疑。美国、欧盟和日本均一致认同WTO成员应该以市场经济为基础,坚决不支持WTO成员经济发展模式的多样性。它们联合提出中国违反公平竞争机制,对国有企业实施补贴,并声称针对不向WTO报告而持续实施本国产业优惠政策的成员,将设定新的惩罚条款。中国一贯主张和支持WTO应该尊重各成员方经济发展模式的多样性和灵活性,坚决反对借WTO改革之机对国有企业设立特殊的歧视性规则,违背WTO适用的所有制中立的一贯做法,确保WTO成员方的不同所有制企业在进行国际商业活动时的公平竞争环境。

7. 知识产权保护问题

2018年3月23日,美国政府针对中国发布了301调查报告,指责中国利用强制技术转让等技术创新政策严重损害了美国国内企业的利益,并单方面向中国提出对中国出口美国的产品实施加征关税的贸易措施而挑起中美"贸易战",由此引发"贸易战"。美国、欧盟和日本均提出,强迫技术转让的政策和做法已经造成第三方国家工人和企业的不公平竞争条件,阻碍了创新技术的开发和使用,并破坏国际贸易的正常运作。中国则认为,《与贸易有关的知识产权协定》(Agreement On Trade-related Aspects of Intellectual Property Rights,TRIPs)片面强调发达国家知识产权拥有者和提供方的权益,而明显缺乏对技术自由流动和引进方利益的关切。任何政府强迫和禁止技术转让、干预企业管理都是违背 WTO 基本原则的不正当行为,应切实鼓励企业实现技术的自由流动和转让,更要纠正一些成员滥用出口管制措施,阻碍国际正常技术交流与合作的做法。

8. 投资审查与国家安全问题

美国以国家安全为由采用"232 条款"对各国出口到美国的钢铝实施加征关税的单方面措施,遭到包括欧盟、加拿大和日本等成员的强烈反对。同时又以国家安全为由禁止中国企业——华为投资和收购美国企业。中方明确反对美国滥用国家安全例外原则,进而强调应该更加严格适用对滥用国家安全例外措施的规则,具体建议包括加强履行通报义务和针对措施开展多边审议机制。特别强化在外资安全审查过程中,采用公正监管制度,按照透明度原则和程序适当原则,对来自不同经济体制的国家成员中的具有差异化的所有制类型企业的同类投资适用非歧视待遇。

9. 电子商务与数据贸易等新兴问题

在扩展和深化 WTO 新兴问题的规则方面,美国、欧盟和日本三个成员方的诉求相对一致,均支持全球数字贸易市场全面开放、降低或消除数据跨境自由流动费用标准、反对强制技术转让、保护关键源代码、防止本地化壁垒等,这些方面的主张与发展中国家成员的想法分歧巨大。2017 年在 WTO 关于数字贸易规则的论坛上,印度、南非和 WTO 的非洲组成员们共同抵制新规则,他们强调如果开放全球数字贸易市场、鼓励数据自由流动,这将给未来数字贸易和经济发展带来不可预测的风险。一方面,WTO 一些发展中国家成员为了能够从数字经济贸易发展中获益,正在努力争取和保证本国的政策执行空间,但仍然需要一些时间。另一方面,有关如何协调新议题和多哈回合遗留的传统议题方面，WTO各成员间也依然存在分歧，并没有明确的解决办法。在无法处理好传统议题的情况下，WTO不可能在新议题上达成一致。

综上所述，WTO成员在新一轮改革问题上存在共同的利益诉求，但同时也凸显了明显的利益分歧，WTO各主要成员方的关注点、核心建议和方案均充分显示了大家对WTO改革诉求上的巨大差异。由此可见，WTO改革注定是一个相当复杂和异常艰难的过程，改革谈判将是一个漫长的历程，很难在短期内达成一致。

（四）WTO改革进程中缺乏发展中国家成员的广泛参与

WTO改革进程有可能会演变成WTO成员们长期博弈的舞台。目前WTO共有164个成员，其中除经济合作与发展组织（Organization for Economic Co-operation and Development，OECD）成员外，85%是发展中国家成员。截至目前，主流的有关WTO改革的方案大多是发达国家成员提出的，如美国、欧盟、日本和加拿大等，而印度、巴西、南非等重要的新兴经济体对WTO改革还没有提出有效建议和方案。有一点可以明确，缺少发展中国家成员参与的WTO改革是不可能成功并发挥效力的。虽然有关WTO改革的讨论非常广泛且热烈，但仍然没有进入正式的谈判议程，依然处于沟通和试探的初级阶段，未来的谈判之路将会是漫长而曲折的。

欧盟、日本和加拿大等成员的改革方案大多回应了美国对WTO改革的意见和诉求，但一方面未对导致WTO谈判效率低下的共识决策机制提出更多的改进建议，另一方面，也没有针对怎样实现广大发展中国家成员最为关注的多哈回合承诺给出解决办法，更未对如何在真正意义上提高发展中国家成员在WTO组织中的话语权地位、确保其发展诉求得到关注提出有效建议，现行的WTO改革进程对大多的发展中国家成员的吸引力明显不足。

（五）美国的WTO改革目标和建议模糊不清

美国作为当前WTO危机的始作俑者和针对WTO体制的最主要批评

者，到目前为止，除了单纯表达对 WTO 体制的不满以外，并未提出任何有建设性的改革目标和建议方案，改革立场模糊不清。

2018 年 9 月，美国贸易代表罗伯特·莱特希泽（Robert Lighthizer）明确表示其承认 WTO 的重要性和价值，但以批评中国是"非市场经济体"为由，表达对 WTO 现行体制的不满，认为其不符合 WTO 体制设计的初衷。[21] 由此，我们可以推断，如果 WTO 改革不能达到美国的期望值，美国可能要另起炉灶。尽管欧盟、加拿大等成员方的改革方案都对美国关注的上诉机制问题、"扭曲性"竞争行为和发展中国家待遇等问题给予积极的回应和充分的建议，但美国似乎仍然无动于衷，尤其关于上诉机制的改革建议，各方明显存在较大的分歧。美国驻 WTO 大使谢伊公开明确表示，美国不赞同欧盟关于上诉机制的改革建议，并提出可以考虑用仲裁来代替上诉机制。[22] 当时，为了快速化解美国的诟病，防止因上诉机构大法官的任命问题而导致 WTO 争端解决机制的生存危机，欧盟、加拿大等成员方都一致提出有必要加强 WTO 仲裁机制代替上诉机制的改革方案，但这一改革建议非常明显地与美国愿望背道而驰。事实上，在美国没有解决系统性问题、实现其预期目标前，即修复 WTO 谈判功能、及时有效更新规则和纠正其他成员方的不正当竞争做法，不要对美国配合上诉机制改革抱有太高的期望。在谈判《美国-墨西哥-加拿大协定》（United States-Mexico-Canada Agreement，USMCA），即"美墨加三国协定"过程中，美国坚持争端解决机制的立场及最终协议文本不能变，美国明确表示那些约束主权性质的争端解决机制不会阻止美国继续执行其国内贸易政策工具。由此可见，美国政府坚持确保国家经济主权不受国际法约束、强化国内贸易政策工具的意图。

由美国政府坚持通过利用 WTO 争端解决机制危机使 WTO 体制遭遇挑战来看，美国在奉行美国优先理念的同时，还采用实施单边贸易措施的手段，甚至是以退群来威胁，WTO 改革博弈之路必将十分崎岖。

除此之外，在 WTO 改革过程中提出的建议和方案中，美国在所谓导致市场扭曲的国有企业、产业政策、知识产权和强制技术转让等问题上明显是针对中国的。中国政府一直以进一步对内改革、对外开放的政府作为本国发展目标，随着中国经济的快速发展，承担 WTO 义务已是国家责任，但这并不会影响中国经济体制的正当性，更不可能受到外部力量的干预。美国对中国的部分批评显然是片面的，中国不可能全盘接受，尤其是制定一些经贸新规则，这是一个十分复杂的技术问题。如果美国坚持要求中国在短时间内在某些问题上作出实质改变，那么双方的谈判空间将异常狭窄，也将会是一个漫长而艰难的博弈过程。在坚持协商一致决策原则的 WTO 体制下进行谈判，中美双方的博弈过程就足以导致 WTO 改革陷入困境。

由此可见，WTO 的困境与挑战是长期积累的结果，未来的改革既要强化规则，又要体现包容，难度巨大。可以想象，WTO 改革的未来之路将是一个长期漫长的过程，不可一蹴而就，更是一项极具挑战性的工作，既要有耐心又要有信心，进展如何充满变数。

五、WTO 改革的主要议题和核心内容

在逆全球化的大背景下，WTO 各成员对改革的必要性已经形成广泛共识，美国、欧盟、日本、加拿大和中国等主要成员方围绕 WTO 改革纷纷提出自己的建议和方案。

仔细观察和研究各方建议和方案，可以看出，各方均一致认为当前国际经贸局势的巨大变化已导致 WTO 体制无法应对，出现的危机和挑战就是 WTO 对多边贸易秩序缺乏应有的管理权威和治理能力的实证，因此，应该尽快着手改革 WTO 争端解决机制上诉机构规则和程序、完善 WTO 的组织机构和决策方式、强化各成员贸易政策信息的通报义务、优化多边贸易监督和审议机制、提升 WTO 体制的透明度、细化 WTO 多边贸易体制的执行机制、调整发展中国家待遇和加强知识产权保护等相关的原则和规则。当前 WTO 的改革应以完善其机制为主，首先要处理的问题是如何尽快解决上诉机构工作机制瘫痪以及 WTO 争端解决机制的修改和完善。

WTO 改革绝非推倒重来，也不应采取颠覆性的改革方法，而是应该在坚持其行之有效的基本宗旨和原则的基础上，如协商一致原则、坚持公开、透明、公平公正的原则等，采用循序渐进的方式协调立场，达成各方都能接受的改革方案。

结合当前紧迫的危机形势以及改革必要性等方面的考虑，WTO 应当在

广泛征求各成员方建议和方案的基础上，围绕以下方面尽快开展必要的WTO体制改革。

（一）化解上诉机构危机、改革争端解决机制

自 2016 年 5 月开始，美国首次以"上诉机构'超越权限'对解决一项争端并无必要的问题发表'咨询意见'"为由，阻挠时任上诉机构成员张胜和（韩国籍）连任。自此以后，美国一直不惜运用成员权利持续反对上诉机构成员的遴选和连任工作。2017 年 11 月 22 日—2019 年 2 月 25 日，关于上诉机构成员的选任议题在 WTO 争端解决机构会议上被讨论多达 14 次，均因美国坚决反对而未能达成一致意见。直至 2019 年 12 月 1 日，Ujal Singh Bhatia（印度籍）和 Thomas R. Graham（美国籍）任期届满之后，上诉机构仅剩 1 名中国籍成员，根据 DSU 第 17 条的规定，上诉机构由 7 名成员组成，每个上诉案件由 3 名成员组成法庭审理；成员任期 4 年，可连任一次；遇有上诉机构成员空缺时，由所有 WTO 成员组成的争端解决机构通过协商一致的方式及时任命新成员。因此上诉机构被迫停止运作，WTO 争端解决的上诉机构已实质性进入"停摆阶段"。WTO 对于美国采取的单边措施深表担忧，强烈呼吁各成员支持多边贸易体制，不应违反 WTO 规则采取单边贸易限制措施。这种情况的发生相当于全球贸易治理倒退了 20 年，同时也向世界发出了一个极其危险的信号。[23] 美国的这一举动正是新一轮 WTO 改革浪潮的导火索，具体情况和解决方案等问题详见第四章。

（二）改革现有决策机制

多年以来，由于 WTO"协商一致"决策机制的效率低下直接导致 WTO 目前已陷入决策困难和上诉机构"停摆"的僵局，有人把 WTO 比喻成"清谈馆"，改革 WTO 现有决策机制的必要性已经非常显而易见了，必须通过改革摆脱"停摆"的命运。但改革无疑是一个触动成员各方根本利益的敏感话题，应在广泛征求意见的基础上谨慎行事，在时机成熟时，适度调整"协商一致原则"的决策机制。

尽管协商一致原则导致决策机制遭遇僵局，但大多数成员方提出的改革

方案并没有建议WTO放弃这一原则,关于"协商一致原则"的适度调整建议就是主张在坚持这一原则的基础上,增加权重投票的方式,且权重投票方式只能作为"协商一致"原则的例外。意思就是,一方面,对于那些涉及WTO基本原则和重要规则的重大决策,当全体成员方在相当长时间内无法达成共识的情况下,采用权重投票方式,即赞成的成员方必须达到绝对多数且已包含世界上的主要贸易体。另一方面,对那些事务性、程序性事项的决策,则全部采取权重投票的方式,对仅涉及部分成员方利益的某些决策则可由相关成员方协商一致,而不必征得全体成员方的同意。在改革决策体制过程中,应尊重少数持反对态度成员方的利益,特别是在采取权重投票方式作出重大决策时,对那些持反对立场的成员予以该项义务豁免。

除此之外,学界知名学者也经过深度研究提出了一些解决方案供参考。

(1) 约翰·杰克逊教授曾提议"临界数量(critical mass)"的改革方案,用来取代协商一致原则。他认为建立在协商一致原则基础上的WTO决策机制可能造成困难,导致谈判议题相持不下或半途而废。"临界数量"改革方案的主要内容是:当达到临界数量的成员方支持一项变革倡议时,议题无须按照协商一致原则,即全体成员方达成完全一致。"临界数量"成员方,可以是占压倒性多数的成员方和占压倒性数量的世界贸易权重,例如,这两个指标均达到90%。这一改革方案被2007年华威委员会的《多边贸易体制:路在何方?》报告所采纳。

(2) 托马斯·柯蒂尔教授曾提出,应当用一种权重投票机制来补充协商一致原则,当适用协商一致原则不能达成一致时,可采取权重投票方式。他建议,采用建立在使用若干变量的公式基础上的权重投票规则,这些变量包括对WTO的贡献、国内生产总值、市场开发程度、人口以及/或基本票数。

柯蒂尔教授进一步提出"双层次"方案,即在保持现有WTO原则和成员方基本权利义务的前提下,对WTO涵盖协定进行结构性分类,并辅之以不同的决策机制。这一方案将WTO涵盖协定区分为两大类:第一类为基本协议,即具有宪章性质的、规定成员方基本权利义务与责任的协定,对所有成员方都是根本性并具有拘束力的,包括GATT1994、GATS、TRIPS等,今后还可以增加关于组织结构、决策制定模式、基本的实质性义务与程序性义务、例外及透明度等方面的专门协定，这类"基本协议"对全体成员方应一视同仁。对于第一层次的基本协议，仍将严格按照"协商一致"原则或依据替代性的例外协商一致或达到法定人数的权重投票方式制定、修改；第二层次为从属性规则，即受制于第一层次基本协议的、属于具体政策工具的协定，并不需要对全体成员方具有相同的拘束力，目前包括成员方的日程表与复边协定，今后可拓展到其他具体的协定或谅解。对于第二层次的附属性规则，则可采取其他投票方法制定、修改，例如建立在"临界数量"基础上的一致或权重投票方式。这样既尊重了WTO成员方共同的基本原则，又着眼于成员方之间利益的特殊性，有助于WTO推动达成谈判结果。

（3）"绿屋会议"与主席案文两项WTO现行做法对谈判进程和决策机制影响较大，有必要重新进行制度构建，对其进行改革。

"绿屋会议"是非正式的闭门会议且协商的内容不对外公开，不参加绿屋会议的国家成员也无法知晓会议的内容。最早设立"绿屋会议"制度的本义是通过小范围磋商助推共识的形成，但是实际上的具体操作却演变成了为少部分大国成员借助其经济政治实力垄断WTO决策权的手段。"绿屋会议"改革的目的是让WTO全体成员方均能充分有效地参与WTO决策和参加WTO事务的管理，改革可采用如下方案：（1）为了增强其合法性，直接将"绿屋会议"正式纳入WTO决策机制；（2）同意非参会方对绿屋会议谈判成果进行修改或者因适用成果而导致的利益受损行使申请补偿的权利来解决代表性的问题；（3）提升"绿屋会议"谈判内容的透明度，保障其他非参会方的知情权以改善绿屋会议的透明度不足和公信力欠缺等问题。

根据现行WTO规则，多哈回合谈判由贸易谈判委员会监督其下设的谈判小组，分议题展开谈判。然而谈判缺乏明确具体的规则，目前依靠各谈判小组主席提出主席案文的方式凝聚共识，推动谈判前进。各谈判小组主席提出主席案文，反映成员间的共识与分歧，并作为下一步谈判的出发点或基础。然而由于缺乏对主席案文的控制机制，何时推出主席案文，主席案文的内容，对各成员意见的取舍，均由主席一手掌控。而主席的行为和WTO成员的行为都缺乏法律规则，这导致谈判各方在无规则的前提下基于实力展开博弈，主席案文的公正性无从保证，并进而直接导致了谈判僵局的产生。改革主席案文机制可以从以下两方面展开：（1）增加主席退出机制。现有WTO规则仅规定主席任职资格，但是没有明确主席的退出机制。WTO成员在谈判小组主席获得任命到下一次部长级会议的任期期间没有撤换机制。（2）加强对主席案文时间和内容的控制。目前主席撰写案文的过程缺乏透明度，由秘书处支持主席案文的进行，直到完成之后才提交给WTO成员。建议应当收集谈判成员的意见，并定期公布主席案文的制作进度。

（三）提升和扩大WTO体制的透明度

WTO各成员方的企业、普通民众以及非政府组织（non-governmental organizations，NGOs）经常批评现行WTO体制缺少WTO组织与它们之间的有效沟通机制，许多NGOs认为WTO未能给他们提供参与的机会，WTO争端解决机制也缺少必要的公开和透明程序，NGOs的意见和建议未被专家组、上诉机构所采纳，现行的WTO争端解决审理程序的保密机制有害于WTO的制度性建设，导致其决策及争端解决缺乏透明度。

大多数WTO成员方的改革方案均提出WTO应采取必要措施提升和扩大透明度，主要包括两方面。

1. 加强与WTO成员方议会之间的互动与沟通

WTO多边贸易谈判主要由成员方的政府代表参与，同时这些代表必须对自己的选民负责，这一特点决定了在维护WTO多边贸易体制与尊重本国选民意愿方面，各成员方的政府代表往往处于两难困境，结果往往是他们因顾及国内选民的意愿而不得不在多边贸易谈判中做出让步，这是WTO多边贸易谈判长期处于停滞状态无法进展的重要原因之一。议会议员是其国内选民的合法代表，因此，WTO应增强与各成员方议会之间的互动和沟通。[24]加强WTO与各成员方议会之间的联系与交流，有助于成员方的立法机构、企业乃至普通民众对WTO多边贸易谈判的理解和支持。近年来，WTO及其总干事不断地增加与各成员方议会议员间的交流和沟通机会，一些国际组织还召集了所谓的WTO议会会议，为议员间的沟通与交流提供了国际平台，WTO应鼓励和支持这种做法，并主动开展类似活动。例如，由22个国家的议员与4个国际组织官员组成的"后多哈回合指导委员会"决定每年召开一次有关WTO的议会会议,并在每次WTO部长级会议召开时举行会议。之后,WTO议会会议在2003—2008年每年均成功举行了议会会议,并发表了多项声明和决议。应该促使这一机制持续进行并有效推动WTO多边贸易谈判的开展。因此,建议总干事增加与各成员方议会之间的交流与沟通机会,秘书处也应安排定期向各成员方议会传送WTO信息和资料,及时回答来自议员们的各种疑问,WTO可举办由成员方议员参加的会议,就重大贸易决策和谈判议题征求意见和建议,争取他们的支持,这应成为WTO的一种常设机制。

2. 建立与非政府组织之间的有效沟通机制

近年来,NGOs对国际事务的影响越来越强大,已成为一支不可忽视的中坚力量,一些专业性NGOs拥有各自领域的专业优势。加强WTO组织与他们之间的沟通和交流并听取他们的意见和建议是非常必要的,就此可以赢得国际社会更多的支持和帮助。尽管WTO尚未允许任何一个NGOs成为正式观察员,但事实上已经不断加强了WTO组织与NGOs之间的互动和交流,尤其是在WTO案件审理过程中,WTO争端解决机制允许专家组和上诉机构听取来自NGOs的专业意见。例如,在"美国海龟案""美国铅铋案Ⅱ"等案件审理过程中,WTO上诉机构指出,它有权接受并考虑来自NGOs的顾问性简报,但是否采纳其中观点的权利在上诉机构本身。

华威委员会(Warwick Committee)在2007年的《多边贸易体制:路在何方?》报告中就曾督促上诉机构在对待由NGOs提交的顾问性简报问题上持更为开放的态度,这些顾问性简报具有"丰富专家组成员在考虑争端时获得信息的内容和质量的好处,并有助于争端解决程序的透明度。"[25] 因此,WTO应效仿国际货币基金组织(International Monetary Fund,IMF)等国际组织,制定专门适用于NGOs的规则,对NGOs的含义、标准、参与的范围和具体的方式等问题作出明确规定,以便NGOs更好地表达意见和建议。专家组和上诉机构在审理案件过程中如果遇到相关的专业性问题时,也可以主动征询相关NGOs的意见和建议。

但是有一点必须强调,WTO应充分考虑NGOs的合法性、公正性、代表性和权威性等问题。目前,活跃在国际上的 NGOs 大多是由来自发达国家成员的主体所控制,资金也主要是由发达国家成员的企业或民间组织所提供的,发展中国家成员经常对这些 NGOs 意见和建议的公正性和权威性提出质疑。因此,WTO 应首先建立一个由主要的发展中国家成员代表组成的资格认定机构,依据 WTO 制定的资格标准,确定哪些 NGOs 是合格的、是可以参与 WTO 事务的 NGOs。在设定 NGOs 的资格标准方面,WTO 可以学习和借鉴联合国经济及社会理事会(United Nations Economic and Social Council)、世界知识产权组织(World Intellectual Property Organization,WIPO)、国际货币基金组织(IMF)等国际组织多年来取得的成功经验,上述国际组织均有一套完整的 NGOs 认定标准。

(四)创新谈判模式——诸边谈判方式

对于有利于促进全球经济增长的新贸易和投资议题,各成员要对诸边谈判方式持开放态度,应积极参与所有诸边协议谈判,包括《国际服务贸易协定》(Trade in Service Agreement,TISA)简称服务贸易协定谈判。对于主要涉及市场准入的议题或部门,比如《环境产品协定》(Environmental Goods Agreement,EGA),要坚持尽可能多的成员参与谈判,实现关键多数并按照最惠国待遇原则适用最终成果。同时,发展中国家成员们应积极争取过渡性安排或差别待遇。对于主要涉及规则制定的议题或部门,应支持采取《政府采购协定》(Government procurement Agreement)的模式,即协定仅适用于签署的成员,对其他未准备好的成员则保留其选择自主权。同时,应开放诸边谈判进程,让其他成员更好地了解协定内容,从而为未来的扩展做好准备。

(五)强化总干事和秘书处的职权和职能

为了尽快脱离 WTO 体制及贸易谈判遭遇的困境,加强 WTO 的管理职能和权威性是非常必要的。几乎所有 WTO 成员方的改革方案均提出,应强化 WTO 总干事和秘书处的职权和职能,尽快改变其长期处于弱势和被动的地位,使其具备推动 WTO 多边贸易谈判的必要权能,WTO 改革方案应该将其纳入其中，作为重要的一部分进行商讨。

目前WTO总干事的权力十分有限，甚至已沦为一个发言人的角色，不能发挥推动WTO多边贸易谈判的实质性功能。早在GATT体制诞生之初，就有人曾提出建立一个管理委员会的设想，但最终因为种种原因未能实现。这次新一轮的WTO改革建议中，又有学者提出尽快建立一个具有咨询、监督和执行功能的管理委员会，对于其能力范围内的事务具有政策制定权和执行权，这是向更为有效、有力、透明的WTO治理迈出的重要一步。但也有学者认为，当前面临的复杂背景和情况，不宜在WTO组织框架内直接另设管理委员会、咨询委员会等类似机构，实践证明，这样做只会使情况变得更为复杂，反而不利于WTO改革的顺利推进。因此，当前WTO体制改革的着眼点应放在加强总干事和秘书处推动规则制定和贸易谈判的权能方面，即WTO总理事会应进一步明确总干事的职权和职能，并且需要调整WTO历任总干事主要来自发达成员的惯例，将优秀的专业技能及适当的工作经验作为先决条件，适时地从发展中成员中选拔新的总干事。此外，应建立一支强有力的秘书处管理队伍，可任命一名副总干事作为秘书处的首席执行官以加强管理职能，秘书处应作为WTO体制的维护者并提出更多的政策性分析建议。在确定秘书处人员时，也应注重包容与平衡，增加来自发展中成员的人员数量，强化秘书处代表的多样性。

（六）部分重点和核心议题

WTO各成员方关注的改革议题五花八门，侧重点不同且分歧较大，但是仍有部分议题受到普遍关注，是非常重要和核心的议题，需要在WTO改革中尽早完成。本书着重探讨两个核心议题。

1. 发展中国家待遇问题

WTO的"特殊和差别待遇"原则把所有成员方自动分成发达成员、发展中成员和最不发达国家成员三大阵营，即根据WTO现行规则，发展中成员和最不发达国家成员可以适用"特殊和差别待遇"原则。目前WTO对最不发达国家成员的认定标准是采用的联合国标准，并没有对发展中国家有明确的定义和确定的区分标准。因此，美国、欧盟等发达国家成员均认为

WTO发展中国家成员身份是采用"自我认定"的方式，这是产生发展中国家待遇问题的根本原因之一。

WTO改革可以尝试在WTO框架下建立贸易方面的认定标准，以审查各成员方是否有资格取得现行WTO体制内的"特殊和差别待遇"。可以考量的因素和确定的标准包括：（1）非歧视待遇原则依然应该是WTO多边贸易体系的基本原则和决策基础；（2）基于发展的理念，"特殊与优惠待遇"原则仍然应该适用于发展中国家成员，WTO改革的核心应该是如何界定"发展中国家"的身份和地位；（3）专门针对发展中国家待遇规则和实践中存在的不足进行修改和完善。

将授权性条款转化为义务性条款，将不具有约束力的条款变为有约束力的条款，明确规定发达国家成员所应承担的义务，比如在措辞上用shall代替should、用must代替may等。同时在认定特殊与差别待遇时，应采取客观的、确切的标准而非主观的、任意性的标准，改变目前特殊与差别待遇条款的"软法性"，使发展中国家成员的特殊和差别待遇条款能够得到有力的执行，而不是只停留在宣言或者建议性质的层面。

第二，完善发展中国家成员的认定标准和规则。为避免各方对认定结果的争议，应制定具体标准和规则对"发展中国家成员"这一身份和地位进行定义和划分，在宏观上可以参考世界银行（The World Bank）体系下对国家进行划分的标准，同时应考虑不同发展中国家成员之间的经济发展水平所存在的差异，在具体的协定中对发展中国家成员进行比较细致的区分。对发展中国家成员的认定同时关联着"毕业"条款的认定标准和规则，有必要对毕业的门槛、条件以及过渡期等问题做出明确的规定，不可由发达国家成员对发展中国家成员的身份和地位进行任意认定和判断，避免发达国家成员任意取消对发展中国家成员的优惠待遇而致使其国内产业受到严重影响和利益损失。

第三，注重设计"发展中国家"身份地位认定标准和规则的实际效果。要时刻关注认定标准和规则设计本身的公平性与合理性，在遵守规则的基础上，应考虑到发展中国家实力和发展水平的特殊情况，在具体认定标准和制度设计的时候要对国家实力、产业优势等实际情况进行有针对性的、必要的考虑，避免不加区分地统一适用。在进行认定标准和规则设计的时候，也要重视机制的创新性和灵活性。关于这一问题，可以借鉴《贸易便利化协定》（Trade Facilitation Agreement，TFA）中的做法，即根据发展中成员和最不发达成员实施措施的难易程度以及是否需要技术和资金援助将承诺分为A、B、C三类，不同类型的成员可结合自己的实际情况自行决定采取哪个类别的规定，使得《贸易便利化协定》中的措施具有更强的针对性和更高的灵活度，非常便于实施并获得预期效果。

第四，逐渐加强发展中国家成员与发达国家成员之间的交流与合作。发展中国家成员与发达国家成员本身并不是天然对立的矛盾体，应努力寻求共同的利益点，如在环境问题、气候变化、人权保护、文化交流等共同关切的领域加强合作以增强互信，为WTO多边贸易体制的交流与合作奠定坚实的基础。发达国家成员也应积极向发展中国家成员提供援助，比如发展中国家成员普遍缺乏熟悉WTO规则的法律人才，发达国家成员可定期提供人员和技术援助，如开展WTO法律人才培训课程等。在WTO多边贸易体制框架下，通过区域贸易安排，充分利用经济合作组织、经济贸易峰会等对话协商平台，促进发达国家成员与发展中国家成员之间的沟通与交流。例如，可充分发挥和利用中国主导的"一带一路"倡议的优势，加强与沿线其他发展中国家成员之间的互联互通与交流合作，并积极带动其他发展中国家成员主动参与到全球经济治理体系和WTO体制改革中来。[26]

2. 国有企业问题

国有企业问题一直是美国、欧盟等发达国家成员关注的WTO改革问题。在设计层面上，有关国有企业的规定存在定义模糊和规则不清等情况，直接引发了认识冲突和贸易争端，那就意味着必须对规则进行重新设计或者改革现有规则，或者明确对规则的具体适用；在特定用词方面，尽量规避在规则中直接出现"国有企业"这一用词，一方面是为了避免美国、欧盟等WTO成员借"公共机构"的定义来规范国有企业，另一方面也是考虑到相关规则将来的适用范围。"国有企业"一词随着历史和制度的发展而发生演进，不同的国家可以用不同的方式和不同的名字来表述"国有企业"，如果规则仅仅适用在"国有企业"，甚至是"中国国有企业"这个事实语境下，那么将来出现其他虽然有国家或者政府参与但其核心目标仍然是商业性质的主体或制度，现有规则在适用上会出现较大的问题，引发更大的冲突和矛盾。因此，首先建议删除"公共机构"和"私营机构"等相关概念，仅区分政府和非政府两类性质的主体，然后对于非政府主体的特定行为可以施加与政府主体一样的法定义务和责任。关于针对哪些非政府主体应该承担和政府主体一样的义务和责任，可以在后期展开进一步的探讨。

从当前实际情况和发展趋势来看，WTO正遭遇前所未有的生存危机和巨大挑战，改革已成共识且进程势不可挡。

当前，美国贸易保护主义、单边贸易措施和"美国优先""美国第一"的对外经贸理念给经济全球化和WTO多边贸易机制带来重大危机和异常困境。作为世界上最大的多边贸易合作机制，WTO在功能、作用和运行实施等方面均受到了巨大冲击和严重挑战，这是全球经济治理机制失效的实证。WTO目前正处于改革进退的十字路口，开启新一轮改革是WTO多年来所积累的多重矛盾的叠加爆发。主要成员方之间的经济实力的变化和博弈为WTO改革和规则的优化提供了绝好机遇，更新、完善WTO多边贸易体制的机会再次出现。WTO改革是当前全球经济治理机制变革的重要议题。在新兴经济体快速发展的背景下，具有164个成员的WTO进行改革，成员越多，利益冲突就越多；发展越快，利益冲突就越大。因此，在现行共识决策的制度框架下，其难度之大、情况之复杂不言而喻。在世界政治经济大变局的背景下，新一轮WTO改革将面临前所未有的困难和挑战，但同时也必定蕴含着与时俱进变革的重大机遇。WTO各成员方应对新一轮改革的艰巨性和长期性保持清醒的、理性的认知，积极推动改革相关的各种安排，其中的世界经贸大国应该肩负起推动WTO必要性改革的重大责任。虽然到目前为止，对WTO须进行改革已达成共识，但关于改革的基本原则、具体内容和优先顺序，各成员方的立场和想法则不尽相同。各阵营内成员也难以一概而论。就WTO成员方整体而言，对改革方案"没有共识"可能仍是目前唯一的共识。改革目前尚未获得正式授权，改革议程也未纳入WTO任何机构的正式议程，相关改革诉求还只是处于提出建议和方案以及初步讨论阶段。未来WTO改革的推进和改革议程设置（包括改革的原则、议题、路径、举措等）仍需要各成员方深入交换意见，缩小分歧，扩大共识。但可以明确的是，WTO 成立以来最重要的一次改革即将展开。必须强调的是，WTO 改革不可能一蹴而就、一劳永逸，也不是要推倒重来，而是在现有原则基础上逐步进行修改和完善，当务之急是汇聚各种智慧和力量，实现 WTO 多边贸易体制法治进步的阶段性突破。因此，WTO 应进行渐进性的改革，加强其权威性和领导力，增强多边贸易体制的核心功能和作用，更好地促进全球经济和贸易的稳定快速发展。

作为 WTO 发展中国家的代表，中国应充分认识到 WTO 改革的重要性和紧迫性，积极主动地参与改革，坚决维护 WTO 的基本宗旨和核心原则，优先解决危及 WTO 生存的关键问题——上诉机构以及 WTO 争端解决机制改革，兼顾平衡各方主张和诉求，利用多种渠道和平台推进改革，对于美国、欧盟、日本和加拿大等主要成员方提出的建议和方案，中国政府应认真对待和仔细研究，对其不合理的建议应予以主动批驳，并提出对应的可行性改革建议，特别是明确针对中国的举措和行动应及时制定解决方案、化解危机和矛盾，在 WTO 改革上为发展中国家成员争取更多的合理生存空间和更大的正当合法权益。

注释：

［1］ 何力：《逆全球化下中美"贸易战"与国际经济法的走向》，载《政法论丛》2019 年第 5 期第 3—14 页。

［2］ 石静霞：《"变动中的国际经济秩序及国际法应对"国际学术研讨会观点撷萃》，载《经贸法律评论》2019 年第 5 期第 144—158 页。

［3］ 刘敬东：《国际贸易法治的危机及克服路径》，载《法学杂志》2020 年第 1 期第 18—29 页。

［4］ Pillar 2: Promote American Prosperity, National Security Strategy of The United States of America, Published on December 2017, visited on 30th, July, 2022.

［5］ Directo-General Roberto Azevêdo Speech, https://www.wto.org/english/news_e/spra_e/spra206_e.htm, visited on 30th, July, 2022.

［6］ 李洁：《美国贸易 232 调查及中国的应对》，载《人民法治》2018 年第 10 期第 59—62 页。

［7］ 参见《关于中美经贸磋商的中方立场》白皮书，中华人民共和国国务院新闻办公室 2019 年 6 月 2 日，http://www.scio.gov.cn/zfbps/32832/Document/1655898/1655898.htm。

[8] 贺小勇、陈瑶:《"求同存异": WTO改革方案评析与中国对策建议》,载《上海对外经贸大学学报》2019年第2期第24—38页。

[9] 2017年特朗普就任美国总统之后一直奉行"美国优先"政策,在国际经贸领域奉行单边主义政策,置WTO等多边法律规则于不顾,对WTO多边贸易体制及其法律制度横加指责,坚持以其国内法对他国实施贸易制裁措施。参见 The White House of the United States, Pillar 2: Promote American Prosperity, National Security Strategy of The United States of America, Published in December 2017, http://nssarchive.us/wp-content/uploads/2017/12/2017.pdf,访问日期:2022年8月6日。

[10] Jackson J H. International Law Status of WTO Dispute Settlement Reports: Obligation to Comply or Option to 'Buyout'. American Journal of International Law, 2004, 98 (1): 109-125.

[11] Jackson J H. The WTO 'Constitution' and Proposed Reforms: Seven 'Mantras' Revisited. Journal of International Economic Law, 2001 (1): 67-78.

[12] 参见《WTO改革(补贴)》,载中国法学会世界贸易组织法研究会网2020年11月5日, http://wto.chinalaw.org.cn/portal/article/index/id/65.html,访问日期:2022年11月25日。

[13] Jackson J H. Sovereignty, the WTO, and Changing Fundamentals of International Law. Cambridge Books, 2006: 82-84.

[14] R7国家的界定源于 Baldwin Richard. WTO 2.0: Global Governance of Supply-Chain Trade. CEPR Policy Insight No. 64, 2012.

[15] 根据UNCTAD数据库计算所得。

[16] http://www.wto.org/english/tratop_e/tradfa_e/tradfa_e.htm, visited on 30th, July, 2022.

[17] [加]黛布拉·斯蒂格:《世界贸易组织的制度再设计》,汤蓓译,上海人民出版社2011年版,第18—23页。

[18] [美]罗伯特·O.基欧汉:《局部全球化世界中的自由主义、权力与治理》,门洪华译,北京大学出版社2004年版,第5—6页。

[19] Strengthening and Modernizing the WTO: Discussion Paper, Nigerian Office for Trade Negotiations Website (21 Sept. 21, 2018), https://docs.wto.org/dol2fe/Pages/SS/directdoc.aspx?filename=q:/Jobs/GC/201.pdf&Open=True

[20] 参见《中国关于世贸组织改革的立场文件》,载商务部世界贸易组织司网站,http://www.mofcom.gov.cn/article/jiguanzx/201812/20181202817611.shtml.,访问日期:2022年

12月17日。

[21] Isabelle H. Eyeing October summit in Ottawa, Canada Prepares WTO Reform Pitch, Inside U. S. Trade, 2018, 36 (39): 16-17.

[22] Monicken H. Wolff. Members must Take Action On 'Large' Issues so WTO can Deliver, Inside U. S. Trade, 2021 (39): 6-7.

[23] Director-General Roberto Azevêdo's speech, World Trade Organization, (Aug. 6, 2021), https: //www.wto.org/english/news_e/spra_e/spra_e.htm, visited on 30th, July, 2022.

[24] Philip Alston. Resisting the Merger and Acquisition of Human Rights by Treaty Law: A Replay to Petersmann, European Journal of International Law, 2002 (4): 815-819.

[25] Higgott R, Pettigrew P Albin C, et al. The Multilateral Trade Regime: Which Way Forward? The Report of the First Warwick Commission, 2007: 33, visited 30th, August, 2022.

[26] 朱绵茂、陈卫东、陈咏梅,等:《WTO改革的中国学者方案笔谈》,载《南海法学》2019年第1期第1—16页。

第二章
世界贸易组织（争端解决机制）改革的全球方案

WTO体制源于1948年1月1日开始临时适用的关税及贸易总协定（GATT），发展至今已有七十余年的历史。WTO继承了GATT的很多成就，在其成立之初几乎是全球贸易制度的集大成者。WTO是国际多边贸易体制的核心，其多边贸易体制改革从来不是一个新话题。自1995年成立，WTO规则就一直为成员方所质疑，以1999年西雅图部长级会议为分界点，WTO需要进行必要改革已在全球达成广泛共识，改革的呼声日益高涨，改革建议和方案层出不穷。以2001年多哈回合贸易谈判为转折点，世界经济政治格局发生巨大变化，WTO面临多重挑战和危机，部长级会议频频失败和陷入僵局。WTO成员未能在2015年12月内罗毕部长级会议上达成决议，致使多哈回合贸易谈判被迫中止，WTO成员因此无法对全球贸易体系的未来发展方向达成共同议程。2017年12月在布宜诺斯艾利斯部长级会议上，WTO成员仍未就此达成任何实质性成果。尤其是2017年以后，美国实施了多种背离WTO多边贸易规则的贸易政策和行为，以贸易保护主义单边措施挑起"贸易战"，将国际贸易秩序和规则置于危难之中，对此WTO束手无策，其适应能力和功能实现遭受成员方的质疑。WTO第12届部长级会议（MC12）于2021年11月30日—12月3日在瑞士日内瓦举行，最终取得"1+4"成果，为提振国际社会对多边贸易体制的信心注入一股强劲暖流。

讨论WTO改革方案的起源，可以追溯到第一任WTO总干事——素帕猜·巴尼巴滴（Supachai Panitchpakdi）临卸任时委托8位专家留下的报告《WTO的未来》（又称"八贤人报告"）。2005年1月17日，WTO时任总干事素帕猜即将任职满十周年，他委托前总干事彼得·萨瑟兰（Peter Sutherland）牵头，由美国乔治城大学终身教授杰克逊、美国哥伦比亚大学著名经济学家贾格迪什·巴格瓦蒂（Jagdish Bhagwati）等八位著名学者共同参与撰写了题为《WTO的未来》的报告。该报告从9个方面深刻剖析了WTO在过去十年中存在的体制性问题，并提出多项改革建议。这是WTO机构本身首次比较全面地讨论有关改革的话题。素帕猜强调此项报告只是为了促进WTO的改革，对成员没有约束力。这篇仅有83页的报告一经面世便犹如一石激起千层浪。事实上，在此之前即1983年就有过一次较早的尝试，那时任总干事的亚瑟·邓克尔（Arthur Dunkel）成立了一个由七位杰出人士组成的专家小组，就国际贸易体制面临的问题作出报告，即后来广为人知的《卢特维勒报告》（Leut Wiler Report）（又称"七贤人报告"）。该报告提出了 15 条建议，作为针对当时贸易体制危机蔓延的一项应对措施，这些建议支持建立一个更为开放的多边贸易体制。这份报告的撰写目的在于打破乌拉圭回合谈判过程中的僵局，同时以期影响谈判进程。

对于 WTO 改革影响比较大的另一份文件是 2007 年由美国华威委员会（Warwick Committee）发表的题为《多边贸易体制：路在何方?》的报告。该报告指出了 WTO 自身存在的制度性缺陷以及对新形势的不适应，提出 WTO 当前面临的五项挑战，并达成两项共识：一是 WTO 自身存在制度性缺陷，缺乏权威性；二是 WTO 已不适应新的国际关系，不能适应国际贸易中出现的新情况。这份报告引发各成员对 WTO 改革的热烈讨论，但是各国之间的改革意愿和观点仍存在巨大分歧。

自此，WTO 改革成为各主要成员方重点讨论的中心话题之一，美国和欧盟的一些学术机构为此多次举行专题研讨，为 WTO 改革建言献策。但由于缺乏强有力的成员推动，WTO 改革一直未能取得重大进展，仅仅是停留在纸面上。

伴随着经济全球化的深入发展，全球经济进入复苏发展阶段，国际经济政治形势发生了巨大变化，在美国贸易保护主义和单边主义政策的压力及欧盟等其他西方力量的推动下，WTO 改革呼声日益高涨。2017 年 7 月，美国政府向 WTO 货物贸易理事会提交了《加强透明度和通报制度的改革》（The Reform of Strengthening Transparency and Notification System），开启了 WTO 新一轮改革的序幕，WTO 成立以来最大的一次体制性和规则方面的改革就此展开。自此，新一轮 WTO 改革的话题再次持续升温，上升为全球优先议题。WTO 的重大改革事关国际经贸秩序的发展和未来，将对全球贸易和国际经济格局的走向产生广泛深远的影响。

WTO 改革呼声在沉寂多年后迅速蔓延的主要原因，一方面来自 WTO 自身体制急需改革创新的内在动因，另一方面来自美国单边主义、贸易保护主义对全球贸易体系破坏性的外在冲击。美国特朗普总统上任之后，对多边贸易体制的担忧与日俱增并从根本上调整了美国对外贸易政策，他在多个场合直接表达了对WTO体制的不满和担心,认为WTO对美国来说是最糟糕的国际贸易协定,对美国"不公平",甚至让美国"吃亏",提出要彻底改革WTO,否则将可能退出WTO。特朗普政府意图通过WTO的现代化改革重塑"美国优先"的国际贸易体系的目的路人皆知,旨在对WTO进行一场史无前例的"不破不立"的颠覆性改革,以退为进的战略掀开了WTO新一轮改革的大幕。欧盟、加拿大和日本等主要成员方纷纷提出了自己的WTO改革方案,中国也明确表示支持对WTO进行必要性改革,同时特别强调坚持开放合作,坚决维护多边贸易体制。国际货币基金组织、世界银行等国际组织对WTO改革也表示深切关注,呼吁各成员方积极参与并推动改革,应对当前多边贸易体制面临的挑战和危机。

为应对全球经济贸易发展问题、维护多边贸易体制、保障国际经济秩序的正常运行,WTO改革势在必行。在世界处于百年未有之大变局的背景下,WTO改革面临前所未有的挑战,但也蕴含着与时俱进变革的机遇。

WTO主要成员方通过各种方式提出相关改革方案和建议,各方提出的改革方案和推进策略涉及内容广泛,表达了各自对WTO改革的立场与态度。各主要成员方针对WTO改革的态度和认识不完全相同,虽然对WTO进行必要改革已是各方共识,但关于改革的原则、内容和优先顺序,各方则在偏好和关注点上有一些分歧。因此,各方关于WTO改革的立场与诉求是共识与分歧并存,利益碰撞与博弈加剧。美国、欧盟、日本、加拿大和中国等主要成员纷纷提出改革方案和具体建议,但各成员在改革思路和方案内容方面表现为"小同大异"。

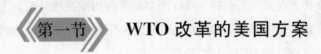

第一节　WTO改革的美国方案

2016年特朗普在美国总统竞选时,曾多次提出美国签署的多个贸易协定已经过时,需要使之现代化。2017年1月20日,特朗普在国会山正式宣誓就职,成为美国第45任总统。2018年11月30日,美国、墨西哥、加拿

第二章 世界贸易组织（争端解决机制）改革的全球方案

大三国领导人在阿根廷首都布宜诺斯艾利斯签署了《美国-墨西哥-加拿大协定》（USMCA）以替代《北美自由贸易协定》（NAFTA）。这一举措就是特朗普推动贸易规则现代化的标志性成果。特朗普政府执政后，美国贸易政策发生根本性变化。美国总统特朗普多次抱怨WTO对美国不公平，导致美国在国际贸易领域长期处于逆差状态，WTO在争端解决机制、推进贸易谈判、发展中国家定位、规则透明度以及应对中国"不公平"贸易行为等方面均存在问题，需要进行颠覆性的破局改革，这一决心成为推动WTO改革的原动力。美国作为二战后多边贸易体系的缔造者，把推动WTO改革作为其最重要的多边贸易政策议程。

为此，美国通过多种途径，以公平替代自由，依据国内法实施极端贸易保护措施，挑起"贸易战"，重塑美国在全球多边贸易体系的霸权地位，积极践行"美国优先"的对外贸易政策，强势推动WTO改革。

一、改革方案进程

2017年7月，美国政府向WTO货物贸易理事会提交了《加强透明度和通报制度的改革》开启了WTO改革的序幕。在此之后，美国并没有进一步提出系统的WTO改革方案，而是通过各种渠道释放信号，包括通过挑起"贸易战"、WTO上诉机构停摆和威胁退出WTO等方式来施加压力，以此表达部分诉求。

2017年12月，WTO第11届贸易部长级会议上，美国贸易谈判代表罗伯特·莱特希泽（Robert Lighthizer）第一次在公开场合提出关于WTO改革的方向性意见，美国提出WTO在争端解决机制、国有企业标准、监督决策机制以及中国问题等方面均无所作为。此后在WTO理事会又多次提出针对发展中国家享受差别优惠待遇的改革意见。

2018年7月25日，特朗普总统和欧盟委员会主席容克（Jean-Claude Juncker）在白宫发表了一份联合声明，提出了WTO改革的倡议。[1]

2019年1月16日，美国向WTO总理事会提交了名为《一个无差别的世贸组织——自我指定的发展状态导致体制的边缘化》的文件，要求取消部分发展中成员享受"特殊和差别待遇"（special and differential treatment，

SDT）的权利。

2019 年 3 月 1 日，美国贸易代表办公室（United States Trade Representative，USTR）对外发布《2019 年贸易政策议程和 2018 年年度报告》，第一次较为系统地提出了美国对 WTO 改革的具体建议。

2019 年 7 月 26 日，美国政府发布《改革世界贸易组织发展中国家地位备忘录》（以下简称《备忘录》），为达到阻止主要发展中国家在 WTO 规则和谈判中享受"特殊与差别待遇"的目的，强令不惜采用任何方法推进 WTO 改革，并设定 90 天为截止期限，否则美国将采取单边措施。特朗普总统扬言如果不合其意便选择"退群"。

2020 年 2 月 28 日，美国贸易代表办公室（USTR）对外发布《2020 年贸易政策议程和 2019 年年度报告》，报告中提出更新成员的特殊和差别待遇的界定；带头努力提高透明度和在与贸易有关的义务的通知方面的合规性；与其他 WTO 成员一起致力于电子商务和数字贸易计划。

2021 年 3 月 1 日，USTR 向国会提交了《2021 年贸易政策议程和 2020 年年度报告》，报告中表明，美国将与 WTO 新任总干事恩戈齐·奥孔乔·伊韦阿拉（Ngozi Okonjo-Iweala）博士合作，对 WTO 规则进行必要改革，并在此过程中重塑美国世界领导的地位；同时，美国提出将联合盟友向中国施压，要求中国停止"不公平贸易"行为。

此后，拜登政府虽然多次宣称拥护多边贸易体制，但并未在化解 WTO 上诉机构困境等议题上发挥预期的领导力，同时重启了美欧日"三方工作机制"，增加了 G7 贸易部长会议议程以加强和盟友之间的对话渠道。

二、改革方案主要内容

美国在《2019 年贸易政策议程及 2018 年度报告》中首次提出对 WTO 改革的具体建议，包括非市场经济导向成员的影响、争端解决机制、政策透明度及发展中国家待遇等四个方面内容。

（一）WTO 争端解决必须充分尊重成员的政策选择主权

WTO 争端解决机制，尤其是上诉机构规则的适用，已经偏离了预期功能,侵害了成员的主权,大大削弱了现行制度的政治可持续性。美国一直多次强调WTO争端解决机制应回归到原始谅解,必须按照所谓"公平"和"对等"原则对现行包括争端解决机制在内的WTO体制进行彻底改革。美国关于WTO争端解决机制改革的主旨是加强各成员方对WTO争端解决机制的有效控制权,增强各方对裁决机构的监督,其改革意图非常明显,就是试图将WTO争端解决机制拉到"权力导向"的丛林时代。在实践中,WTO争端解决机构(上诉机构)越权裁判,对美国不公平,破坏了美国的政策选择权。美国一直多次提醒WTO争端解决机制应该不忘初心、遵守承诺。美国提出WTO现行上诉机构制度长期违反诉讼程序不得超过90天的规定,严重影响裁决效率和执行,案件审理和裁决明显干预了美国国内法律和政策的实施和效力,因此,反对授予上诉机构法官更长任期,阻挠上诉机构法官遴选。

美国在提案中指出,WTO争端解决机制的主要问题在于缺乏透明度和裁判越权行为,导致裁决不公而对美国不利。因此,美国提出的改革诉求主要集中在提高透明度和加强裁决过程监督两个方面。具体改革方案包括:第一,更加开放和透明WTO争端解决过程,建议将专家组、上诉机构和仲裁阶段的实质性会议对公众全面开放(涉及商业机密信息的除外),争端方提交的书面文件和口头陈述的书面版本及时向公众提供,在向当事方发送专家组最终报告的同时也应及时向社会公众发布,制定程序性指南指导法庭之友的陈述,等等。第二,争端解决报告的推理和调查结果有时超出解决争议所必需的范围,即存在"越权行为"。例如,裁决机构的某些解释擅自"填补"了DSU中规则的空白,因此增加或减少而不是澄清了协定项下的权利和义务,同时在WTO争端解决过程中适用一些协定之外的国际公法规则来做出裁决。第三,当事方应加强控制WTO争端解决过程,对整个裁决审判过程进行有效监督,限制争端解决机构的权力,适用更具灵活性和可控制性的争端解决程序。第四,WTO争端解决机制,特别是上诉机构程序和机制已经严重偏离了初衷,大大削弱了现行体制的政治可持续性。WTO争端解决机构尤其是上诉机构越权裁判,对美国有失公平,导致成员方没有足够的武器来保护自己的权益,没有有效的工具来化解争端,上述问题的侵蚀性迅速蔓延。对此美国提出改革建议：（1）要求专家组成员具备与纠纷所涉问题相关的专业知识；（2）当事方有权中止专家组和上诉机构程序；（3）上诉机构应在审理过程中额外提供中期报告并供各方审查和监督；（4）争端解决机构可以"部分采纳"上诉机构报告；（5）WTO成员向裁决机构提供某种形式的额外指导等。

美国的意见和诉求一直未能得到其他WTO成员方的广泛支持和回应。其主要原因在于：一方面，大多数WTO成员均认为在争端解决机制中深入推行透明度原则不可行。现行的专家组和上诉机构报告公开程度和程序已经基本满足了透明度的实际需求，如果将听证会过程进一步公开将会影响有关机构对案件的审理，对实现迅速解决成员方间的贸易争端的目标非常不利。欧盟对WTO争端解决机制的透明度改革的观点则是在继续保持专家组和上诉机构程序机密性的基础上，可以提供更加充分的灵活机制，例如，当事方可以决定是否将特定的审理程序在多大程度和范围内向社会公众公开发布。另一方面，成员方对于加强过程控制一事有不同意见。欧盟明确反对增加上诉机构中期报告制度，提出上诉机构主要审查法律问题，没必要增加中期报告制度，这种做法既不利于保持上诉机构的独立性，又会进一步为上诉机构的工作增加负担。由于观点严重分歧，美国的诉求长时间没有得到关注和解决，导致WTO争端解决机制改革进程趋于停滞，美国政府扬言"WTO再不改进，美国将退出WTO"。

由于对WTO上诉机构改革的关键诉求没有得到有效而满意的回应，美国在《2019年贸易政策议程和2018年年度报告》中指出，2019年美国仍将"坚持改革WTO争端解决机制的立场"，[2] 就此说明美国会继续以阻挠上诉法官任命的方式实现其目的。

美国不承认WTO争端解决机制的权威性，提出必须对现行包括争端解决机制在内的WTO体制进行彻底改革，以实现"公平"和"对等"。但针对WTO争端解决机制的改革问题，美国既不同意其他成员提出的改革建议，也不明确提出改革的详细具体建议和方案，给WTO争端解决机制的改革造成了巨大的困难和障碍。

(二) WTO 必须改革以应对非市场经济的挑战

美国认为包括 WTO 上诉机构规则在内的 WTO 现行体制存在严重缺陷，当成员面对这些问题的侵蚀性蔓延时，没有有效的工具来应对和解决问题。美国、欧盟和日本正在进行三方合作形成联盟，通过制定新的多边贸易规则和采用一些措施来解决这些问题。美国提出 WTO 改革的重心应放在非市场经济导向及发展中国家待遇问题。报告中特别强调，当初同意中国成为世界贸易组织成员是一个严重错误，中国作为"国家驱动型经济体制"国家与 WTO 制度不匹配，WTO 规则的设定没有充分考虑到由国家主导经济发展的 WTO 成员对全球贸易造成的破坏性影响。因此，美国提出需要通过 WTO 改革重新设定一个制度"笼子"，在补贴、国有企业和优惠待遇等方面严格约束中国。

(三) WTO 成员必须遵守通知义务提高政策透明度

美国认为部分 WTO 成员懈怠履行通知义务造成其他成员无法及时获得重要的政策信息，也是造成贸易谈判停滞不前的原因之一。美国提出针对未能及时有效履行通知义务的 WTO 增加惩治措施的建议，并得到其他共同提案成员方的支持。除此之外，美国还指出有效发挥 WTO 常设委员会的作用有利于提高 WTO 规则透明度。

(四) 必须改革 WTO 发展中国家待遇规则

WTO 参考联合国标准界定了"最不发达国家"（least developed country，LDC）范围，但没有明确"发展中国家"（developing country，DC）的界定标准。美国认为 WTO 成员可以自己认定发展中国家身份并适用 WTO 协定赋予发展中国家的"特殊和差别待遇"，还可以享受目前或即将开展的贸易谈判中给予发展中国家的新的优惠和待遇。而以巴西、中国、印度和南非为代表的新兴经济体发展迅速，却自称"发展中国家"，与最不发达国家一样享受着"特殊和差别待遇"。当被某些机构归类为高收入或中高收入国家的成员希望获得与低收入或中低收入国家相同的灵活性时，在现有义务的适用和达成新承诺中找到平衡更是难上加难。[3] 基于当前的全球贸易现状，考虑到这些"新兴"发展中国家对全球经济的巨大影响，特朗普政府认为现行WTO规则中对"发展""发展中国家"等基本定义必须重新确定。

综上所述，美国明确反对WTO各成员自称"发展中成员"的做法，单方面施压要求修订WTO"特殊和差别待遇"规则；提出强化WTO协定通知义务以提升透明度，并设置惩罚措施；美国反对WTO上诉机构法官遴选，直接导致WTO上诉机构停摆，影响WTO争端解决机制的正常运作。美国表明了对WTO改革的态度和意向，对关注议题提出具体诉求，却没有提交完整的改革方案和具体建议。但可以明确的一点是美国对WTO改革的态度是坚决的，意在颠覆现行规则制度，重构国际经贸体系。

三、改革方案评析

美国声称WTO是历史上最糟糕的贸易规则，必须进行现代化改革，并提出颠覆性的改革方案，目的是推倒重建。美国坚持WTO必须进行改革的主要原因是其认为现行WTO规则损害了美国利益和主权，有失不公平，特别是在国有企业补贴、知识产权保护和特殊与差别待遇等问题上，WTO无法有效约束部分成员，不能保证公平贸易，基于"对等原则"实施改革。美国对WTO改革问题表现出一种自相矛盾、异常扭曲的心态和做法，一方面对WTO规则极度不满，质疑WTO裁决和执法机制的有效性和合理性，采取单边主义和保护主义措施并阻挠上诉机构成员遴选迫使其停摆来严重破坏其权威性；另一方面又想通过WTO改革来实现自身诉求，提出制定新规则来实现成员间的公平和对待。究其根本原因是基于"美国优先"和"美国第一"的霸权主义，妄想将WTO改造成其可以随意操纵实现自身利益的工具。

美国持续阻挠上诉机构成员遴选迫使其停摆和瘫痪的做法实际上已经摒弃WTO规则，意图在于以其国内法作为依据，针对中国、欧盟、加拿大以及日本等WTO成员实施单边贸易措施，试图通过破坏争端解决机制而不受WTO的裁决的约束，与其他WTO成员坚持自由贸易、维护多边贸易体制改革的立场存在巨大分歧。

关于 WTO 改革，美国主要采取的做法是与欧盟、日本结成改革联盟，通过"美欧日联合声明"的方式表达其对 WTO 改革的诉求和建议。三方联盟在非市场经济地位、国有企业补贴、技术转让等方面达成一致，并在一些新议题上与其他 WTO 成员保持统一，希望通过 WTO 改革在这些新议题上有所突破来适应新时代的发展需求。特别需要强调的是，三方联盟在针对中国提出的协商一致原则和特殊与差别待遇等问题上始终保持统一战线。

作为 WTO 规则的主要倡导者和推动者之一，美国在多边贸易体制中所扮演的角色主要取决于其国家利益，国家利益至上的理念导致美国对待 GATT 及 WTO 的态度和立场始终是以国家利益和价值判断为出发点。[4] 美国通过贸易霸凌行为、击垮 WTO 上诉机构和退出 WTO 等威胁手段施加压力，以达到其真正目的。特朗普上任后，在多种场合表达了对 WTO 的不满，但一直没有提出有效方案，由于美国将更大的精力放在区域贸易协定的推动上，实际上美国在 WTO 改革中的作用十分有限。

第二节　WTO 改革的欧盟方案

欧盟是经济全球化和贸易自由化的受益者和维护者，也是创立和推动现行多边贸易体制——WTO 发展的倡导者，对外贸易在拉动欧盟经济增长的"三驾马车"中扮演重要角色，所以欧盟无论如何都不会轻易放弃 WTO 体制。WTO 改革事关欧盟切身利益，因此，在推动 WTO 改革的进程中，欧盟的表现最为积极，发挥着调和的作用，希望在改革进程中充当"中间人"的身份，从而抓住 WTO 改革的主导权。纵观欧盟在 WTO 改革中的实际表现可以看出，欧盟确实是 WTO 改革事实上的领导者。虽然美国是 WTO 规则的创立者与控制者，但美国针对 WTO 改革的思路偏激且无所作为，而欧盟表现得最为活跃，指向性非常明确。欧盟和美国作为 WTO 的共同创始者,但相比较而言,欧盟更尊重并维护WTO体制的权威,更强调规则的重要性。欧盟的大多学者均认为"捍卫WTO规则才符合欧盟的长远利益。"[5] 截至目前,只有欧盟已经提出了相对完整的WTO改革方案。分析欧盟关于改革的具体主张和推进举措,有助于理解欧盟立场及其思维逻辑,可以试图寻找中国与欧盟合作共同推动WTO改革的方向和侧重点。

一、改革方案进程

2018年5月,美国向欧盟发起第一轮"贸易战"后的两个多月,仍未给予欧盟在加征钢铝关税上的永久豁免权,欧盟委员会(European Commission)主席容克表示,欧盟"除了发起WTO争端解决诉讼已别无选择"。欧盟委员会贸易委员马尔姆斯特伦(Cecilia Malmström)则表示,"欧盟的回应将遵守WTO规则",但"不会在WTO发起争端解决诉讼,因为美国的做法明显与各方认同的WTO规则背道而驰"。口径的不一致体现出欧盟对WTO机制有效性的担心,同时,"上诉机构危机"引发WTO面临的困境更令欧盟担忧。在美国威胁加征关税的压力下,欧盟一方面与美国进行双边试探和磋商,另一方面也担忧并酝酿挽救WTO的机制。欧盟委员会意识到美国正在背弃现有的WTO体制和规则,曾质疑依靠WTO争端解决机制化解美国和欧盟之间贸易争端的可能性和有效性。

2018年6月28—29日,欧洲理事会(European Council)通过决议,面对贸易摩擦升级,为维护WTO多边贸易规则体系,授权欧盟委员会针对WTO的几大关键职能领域提出综合性改革方案,并提出相关建议,使WTO更加贴近现实并且适应不断变化的世界贸易格局,提高WTO的有效性和灵活性,自此预示着欧盟改革WTO的序幕已经缓缓拉开。

2018年7月底,美国总统特朗普和欧洲联盟委员会主席容克在华盛顿达成共识并发表欧美联合声明,宣布将共同推动WTO改革。虽然这个声明被认为是欧盟向美国的让步,但美国政府同意支持欧盟推进的WTO改革是欧盟最需要的。

2018年9月18日,欧洲理事会做出决议并正式公布了WTO现代化改革建议的概念性文件,即《WTO现代化:欧盟未来方案》或《WTO的现代化概念文件》(Council of the European Union, "WTO-EU's Proposals on WTO Modernization")（以下简称"欧盟方案"），这充分说明欧盟三大机构（欧洲理事会、欧盟委员会、欧洲议会）关于WTO改革的立场完全一致，标志着欧盟成员国对WTO改革的意义及方向达成一致。欧洲议会（European Parliament）表示，以WTO为载体的多边贸易体系是国际贸易的最佳选择，呼吁欧盟委员会和其他WTO成员共同努力摆脱上诉机构所处困境，主张美欧日三边合作解决"不公平贸易行为"问题，并推进多边贸易议程。[6] 这份"欧盟方案"详细阐述了欧盟关于WTO改革的主要主张。

2018年10月24—25日，欧盟与日本、加拿大、澳大利亚等WTO成员发表了联合声明，声明中只是共同倡议改革WTO争端解决机制，但并无具体措施。

2018年11月26日，欧盟与加拿大、澳大利亚、中国等WTO成员提交的针对上诉机构运行改革的建议文件，基本覆盖到美方提出的有关上诉机构问题的方方面面，但美国认为这些建议并没有彻底解决上诉机构的"越权解释"问题，尤其是涉及"建设性模糊"(constructive ambiguity)的案件。而且建立WTO成员与上诉法官的定期交流机制顶多使涉及"建设性模糊"的案件可以被送回立法机关（legislative remand），而不太可能就解决立法不确定性而开启谈判。

2018年12月，欧盟与中国、印度提交的改革建议文件，主要针对上诉法官数量及任期问题提出建议，文件指出美国可能以更难制衡上诉机构的权力而否决"更长任期"的建议。[7]

2021年2月18日，欧盟发布了一份名为《贸易政策审议——开放、可持续、坚定自信的贸易政策》的报告。该报告的核心是WTO需要改革对"特殊和差别待遇"采用前瞻性的新做法，并着重提出中国应以身作则，不在任何正在进行的谈判中声称要求特殊与差别待遇；同时，报告还特别强调要对上诉机构进行改革，尽快恢复WTO争端解决机制，并加强WTO谈判职能。

二、改革方案主要内容

欧盟在推动WTO改革上表现出主动性、灵活性和领导力，非常积极和活跃，最早全面而系统地提出WTO改革方案。"欧盟方案"中指出，"世界已经变了，但是WTO现在的危机和WTO持续被边缘化均源于现行体制缺乏效率"。[8] 其意指自1995年以来世界贸易格局发生了重大变化，但WTO没有作出有针对性的调整和改变，导致以规则为基础的多边贸易体系正面临自建立以来最严重的危机。

欧盟提出WTO改革就是世贸组织现代化的观点，内容主要包括三个方面，基本上与WTO的三项功能相对应，与其强调的"公平竞争、市场准入和可持续发展"三项对外贸易政策融为一体。欧盟的改革方案主要集中在三个方面：第一，遏制"不公平贸易行为"和"发展中国家"身份带来的贸易优势，完善WTO规则，使其更符合变化中的全球贸易态势；第二，强化WTO的监督审议功能，提高日常工作的透明度；第三，修改和完善WTO争端解决机制，化解美国的不满情绪，处理对规则产生质疑的问题，改变上诉机构停摆的现状，打破WTO争端解决机制现实中趋于瘫痪的困局，促使其更有效率地发挥预期功能。

"欧盟方案"包括以下五项主张[9]。

第一，规则制定要与时俱进，重点打击"不公平贸易行为"。

WTO的监督审议机制失效，部分成员未能及时有效地通报政策和补贴情况，导致产业补贴、"扭曲公平竞争"和国有企业等问题无法彻底解决，建议创造条件来修改和完善WTO规则。WTO需要更新规则以达到体制重获平衡和实现公平竞争的目的；强化政策和补贴通报义务，加强监督审议机制和提高透明度；约束国有企业行为，更有效地处理最具贸易扭曲作用的补贴政策；制定新规则以解决服务和投资壁垒，包括强制性技术转让问题，即解决市场准入壁垒、外国投资者的歧视性待遇以及边境后扭曲，包括与强制性技术转让和其他贸易扭曲政策的相互关联；解决数字贸易壁垒，呼吁解决国际社会的可持续发展目标问题，尤其是取消渔业补贴。[10] 即欧盟提出了公平竞争、消除服务和投资障碍以及可持续发展三方面的建议。

第二，制定和实施发展中国家"毕业"条款。

欧盟认为伴随经济全球化的深入发展，一些发展中国家成员的经济快速增长，已经成为国际上的贸易大国甚至强国，它们的实际经济发展水平区别于普通的发展中国家成员，甚至超过了部分发达国家成员，但是它们依然能够以发展中国家身份自居而享受特殊和差别待遇，这是极不公平的，也是导致WTO系统矛盾和谈判进展缓慢的主要原因之一，所以现行WTO规则所确定的发达国家和发展中国家成员的标准已经过时，需要更新和改革WTO规则。欧盟提出了灵活又有建设性的处理方法：（1）发展中国家"毕业"条款：鼓励享受WTO规则中特殊和差别待遇的发展中国家成员"毕业"，符合条件的成员不再享受特殊和差别待遇，提供能够全面履行WTO所有义务的未来详细路线图，并将此纳入对该成员贸易政策的审议进程；（2）应该对发展中国家成员的特殊和差别待遇规定"时限"，并考虑成员数量控制和WTO的自由化水平；（3）要依据一系列的详细分析来决定是否在现行WTO中给予额外特殊和差别待遇。

第三，以"灵活的多边主义"推进诸边谈判（plurilateral negotiations）。

WTO协商一致原则是导致多边贸易谈判受阻、谈判成果无法达成的重要原因之一，因此需要修改WTO规则，调整协商一致原则，突破共识决策原则的窘境。建议在协商一致原则无法实现的问题上，可以增加谈判方式的灵活度，积极支持并推动以最惠国待遇原则为基础的、开放的诸边协定谈判，谈判应对所有成员开放，谈判成果适用于WTO所有成员。这项工作需要WTO秘书处的支持和帮助，充分发挥其协调功能，也必须得到成员方的政治支持。

第四，强化WTO的政策审议和监督职能，提高透明度。

为了确保WTO的适应性和有效性，提高成员方国内贸易政策透明度，欧盟提出应该强化各成员方严格履行产业补贴的通报义务，以切实执行WTO规则。建议提升委员会层面监督的有效性，并通过实施相应的激励和制裁措施、反通报措施，强化贸易政策审议机制（TRIM），促使成员方积极通报相关情况。通过提高对刺激贸易方法的识别和监督来解决市场准入问题,同时逐步调整 WTO 规则手册,并使无效的委员会瘦身。

第五,化解 WTO 上诉机构停摆危机来挽救争端解决机制。

以欧盟为代表的发达国家成员想通过 WTO 争端解决机制改革将其司法性特征延续并发展。欧盟提出,友好、迅速、及时和有效地解决贸易争端是 WTO 争端解决机制的目标,在此基础上进一步提高贸易争端解决方案的一致性和可预测性是它的宗旨,任何改革都应围绕这一目标和宗旨予以开展。欧盟提出上诉机构停摆危机的化解需要分三步:首先解决美国一直关注的程序性问题,比如 90 天诉讼程序期限等,然后要求美国尽快停止继续阻止上诉机构法官的选任,最后再解决上诉机构成员裁决可能引起的"增减涵盖协议权利义务"的问题。为此,欧盟提出改革提案,包括:(1) 设立常设专家组替代临时专家组;(2) 以实用主义方法灵活对待透明度和法庭之友问题;(3) 使贸易补偿成为中止减让或其他义务的现实替代方案等。欧盟认为 WTO 争端解决机制改革问题是当前 WTO 面临的最迫切的挑战和危机,是首先要解决的现实紧迫问题。为此,在这种情况下,有关 WTO 争端解决机制的改革方案中的第一步应是首先要全面修订与 WTO 上诉机构运行有关的争端解决机制的规定,确保上诉机构能够继续维持正常运转,在破解这一僵局、解除这一危机之后,第二步才是处理 WTO 争端解决机制规则适用方面的实质性问题。为了回应美国对 WTO 上诉机构的不满。欧盟建议,"应提出一个综合性方案来打消某个阻挠上诉机构遴选成员的顾虑,既能增强争端解决机制的功能,又可保留并进一步加强 WTO 争端解决机制的主要特征和原则"。[11] 美国对 WTO 上诉机构的不满主要包括忽略 90 天诉讼程序期限、超越审理范围、裁决报告被视为先例等,欧盟方案的重点是解决美国阻挠 WTO 上诉机构法官选任导致机构停摆问题,希望能够加强上诉机构独立性、提高程序运作效率。

欧盟专门针对美国关于上诉机构工作方式和程序的特别关切提出化解危机的具体建议,倡议对 WTO 争端解决机制和上诉机构启动两阶段的改革(如表 2-1 所示)。其中,第一阶段为全面修订 WTO 争端解决机制中的上诉机构职能,化解上诉机构的路径和模式问题,包括并不限于美国对 WTO 争端解决机制和上诉机构的五大质疑；第二阶段着力解决 WTO 上诉机构的"长臂管辖"等实质性问题。主要内容包括以下方面。

表 2-1　美国对 WTO 争端解决机制和上诉机构的五大质疑与欧盟改革方案对照

美方质疑	欧盟倡议对 WTO 争端解决机制进行第一阶段改革	第二阶段改革
WTO 争端解决机制未充分执行"在 90 天内作出裁决"的承诺	提高上诉机构透明度和协商义务，修订 DSU 第 17 条第 5 款，规定"在任何情况下，诉讼均不得超过 90 天，除非当事人另有约定"；将上诉机构法官的数量从 7 个增加到 9 个；上诉机构法官的工作性质由兼职转为全职；扩大上诉机构秘书处对上诉机构法官的资源池	
WTO 上诉机构法官在任期满后仍继续服务于未结束案件	在 DSU 中增加第 15 条规则，如以法律条文的形式规定"即将离任的上诉机构法官应完成对该法官任期内所有已进行过听证的待决上诉案件"	
专家组咨询意见冗余	修改 DSU 第 17 条第 12 款，将其修订为"WTO 上诉机构对争端案件中所提出各项分歧的解释权仅限于对解决争端案件有'必要'的分歧"	
WTO 上诉机构的事实审查范围过宽（包括成员方国内法）且审查标准不一	应澄清 WTO 专家组报告和专家组的法律解释不应涉及对政府措施的解释	启动对上诉机构"长臂管辖"的实质性改革
专家组报告是否可被视为判例	建立 WTO 上诉机构和成员方的定期沟通渠道（如年会模式），就与上诉机构相关的关切议题进行磋商与交流	
修订上诉机构法官的任期为一期（6—8 年）以保证上诉机构的独立性、稳定性和高效性		

（1）修改上诉机构审结期限，确保上诉程序的审限在 90 天内完成。DSU 第 17 条第 5 款原文为："诉讼程序自一争端方正式通知其上诉决定之日起至上诉机构散发其报告之日止通常不得超过 60 天。在决定其时间表时，上诉机构应考虑第 4 条第 9 款的规定（如有关）。当上诉机构认为不能在 60 天内提交报告时，应书面通知 DSB 迟延的原因及提交报告的估计期限。但该诉讼程序决不能超过 90 天。"规则可修改为"在任何情况下，诉讼均不得超过 90 天，除非当事人另有规定"。

（2）增加对即将离任的上诉机构成员的新规定，即过渡规则，建议：即将离任的上诉机构成员应完成审理其任期内已召开过一次听证会且未决的上诉案件，限制已卸任的成员继续参与上诉机构案件的审理。

（3）增强上诉机构的稳定性和上诉法官的独立性，建议规定：上诉法官的任期只有一届，不可连任，这是因为如果可以连任两届的话，上诉法官在任期届满之前可能因为顾虑自己能否连任，从而影响裁决立场，但每届任期时间可由现在规定的 4 年增加至 6 至 8 年。将上诉机构人员由现在规定的 7 名增加至 9 名，由兼职转为全职。

（4）建立上诉机构和 WTO 成员定期交流制度，定期召开年度会议，以开放的态度和方式对 WTO 争端解决机制中的系统性问题或法理发展趋势交换意见。

（5）针对"上诉机构作出对解决争端不必要的、冗长的咨询性意见或附带判决"的问题，DSU 第 17 条第 12 款原文为："上诉机构应在上诉程序中处理依照第 6 款提出的每一问题。"第 6 款原文为："上诉应限于专家组报告涉及的法律问题和专家组所作的法律解释。"建议在 DSU 这一条款表述的基础上增加一句"在解决争端的必要限度内"，明确上诉机构应该只解决与案件争端本身有关的法律问题，限制上诉机构做出对争端解决没有必要的裁决。

（6）针对"上诉机构对于事实的审查和对成员国国内法的重新审查"问题，建议明确作为事实问题的国内法的含义，明确应限于"专家组报告中所涉及的法律问题和专家组所作的法律解释"，限定作为事实问题的国内法不包括国内措施。

（7）关于上诉机构报告具有事实上的先例作用的问题，通过限制上诉机构成员连任以及建立上诉机构和 WTO 成员定期交流制度来弱化此功能和效果。

三、改革方案评析

欧盟在逆全球化趋势盛行，WTO 多边贸易体制在保护主义和单边主义双重压力的关键时刻，率先提出 WTO 改革方案，力图在改革问题上保持领

第二章 世界贸易组织（争端解决机制）改革的全球方案

先地位，并表现出主动性、灵活性和领导力。

"欧盟方案"的核心内容包括三大目标和五项主张。三大目标分别是：消除美国对WTO的不满情绪，推动争端解决机制继续运行；制定规则，规范不公平贸易措施和发展中国家优势地位；持续推进贸易自由化谈判进程和发展。五项主张包括：坚决打击不公平贸易措施；重新制定发展中国家标准和待遇方案；以灵活的多边主义推进诸边谈判；强化WTO的政策审议和监督职能，提高透明度；挽救争端解决机制，化解其停摆危机。欧盟的核心关注是WTO规则的修改和新议题的谈判问题，提高透明度是完善规则体系的必要事项，而当前最为重要和紧要的事情是WTO争端解决机制的修改和完善。

欧盟的方案与其近年来的对外贸易政策协调统一，推动WTO改革的思路体现出先内部改革、再积极开拓双边和灵活协调多边的三位一体特征，试图将WTO各方从"贸易战"的前线拉回到理性的"贸易谈判"中来。为此，欧盟积极参与美国-欧盟和中国-欧盟等双边协调，美欧日三边协调，同加拿大、日本等中等贸易国家成员广泛共同协调，一方面提高了行动效率，另一方面务实、灵活地解决问题。针对WTO具体问题提出改革方案和建议，指向性和目标明确，不仅要维护WTO多边贸易机制的稳定有序，更是着眼于通过维护"基于规则"的国际经贸秩序来实现其利益最大化。

但"欧盟方案"也存在很大的局限性，其本质上立足于对自身利益的考量，是欧盟贸易政策的延伸，自身利益的出发点与WTO多边贸易体制的终极目标仍有差距，难以解决当下WTO和贸易自由化的困境，甚至加剧了一些分歧。"欧盟方案"也未能弥合与美国在WTO改革问题上的根本分歧，例如，欧盟推动WTO争端解决机制改革的努力没有解决美国的核心诉求——本质上是想减少WTO争端解决机构的裁决权，以享有更多的贸易自主权和更少的国际规则的约束，这与欧盟依靠国际规则和制度来保障"公平"并防止"霸凌"的主张是存在根本性分歧的。由此可见，归根结底在于美国和欧盟对于以何种路径建立国际贸易秩序有根本分歧。

凭借在WTO的地位和影响力，欧盟提出的WTO改革方案有助于缓解

"贸易战"升级的态势,化解各方矛盾,为改革提供平台,促进 WTO 多边贸易体制的存续和发展。但欧盟改革方案也不是完美的,究其实质会发现,它本身就是欧盟多边贸易规则的扩张,并未解决与美国在 WTO 改革问题上的根本分歧,甚至在某些方面越发加深了发达国家与发展中国家之间的鸿沟,其推动 WTO 改革的出发点与多边贸易体制的终极目标仍有差距,很难化解现实危机,更无法消除 WTO 的根本矛盾。

第三节 WTO 改革的日本方案

在逆全球化趋势盛行之时,2019 年 2 月 1 日,日本和欧盟之间签订的《经济伙伴关系协定》(Economic Partnership Agreement,EPA)正式生效。这是日本有史以来经过谈判达成的最大贸易协定,双方将建立一个覆盖 6 亿人口的自贸区,其 GDP 总量几乎占到全球的三分之一。就此,占世界贸易总量的 36.9% 的全球最大自贸区诞生。日本一直采取以多边贸易体制为轴心、以双边和区域自由贸易协定为轮辐的自由贸易政策,可以称之为"一轴双辐"自由贸易政策,其战略路径是先利用双边或区域贸易谈判达成协议,等待实现全球贸易自由化的条件成熟时,再在更广泛的地区乃至多边体系内实现自由贸易,最终实现日本在全球自由贸易体系中利益最大化的终极目标。之所以采取"先易后难"的策略是因为达成双边或区域贸易谈判协议较为容易,先在有条件的国家和地区间实现 WTO 框架下难以达成协议的贸易规则,为在多边贸易框架下达成多边协议积累经验,最后在多边贸易体制具备实现全球贸易自由化时,再一举攻克难关,实现全球贸易自由化。

因此,维护多边贸易体制一直是日本自由贸易政策的基石。这是日本维护自身根本经济利益的战略考量,也是日本试图在 WTO 改革中发挥影响力的重要动因,更是分析日本 WTO 改革战略的前提和基础。作为世界第三大经济体和多边自由贸易体制的最大受益者之一,日本对 WTO 改革的立场和主张值得关注。日本应对 WTO 改革政策动向的研究对于研判改革的前景具有重要的现实意义。

一、改革方案进程

2017年5月,WTO总干事阿泽维多访问日本期间,日本和WTO联合发表了"推进自由贸易的三个基础"的共同声明。声明指出日本政府作为自由贸易的旗手,一定与各方协力,持续推进自由贸易,强化多边贸易体制。

2018年11月,WTO总干事阿泽维多再次造访日本,日本外务省同样强调:"以WTO为中心的多边贸易体制是WTO的基石,也是日本贸易政策的重要支柱。因此,要与WTO一起,推进自由贸易,维护和强化多边贸易体制。"

2019年2月,日本首相安倍晋三表示,日本"将在保护主义疑念高悬的世界里,高举自由贸易的旗帜,做新时代公正规则的制定者和领导者"。其发言主要是回应美国特朗普政府贸易保护主义的措施,表达日本政府坚持维护全球自由贸易体系,反对保护贸易。

2019年6月8—9日,在日本筑波举行的G20贸易部长会议上,日本政府表示维护自由公平的贸易环境非常重要,G20应致力于推进WTO改革。部长会议声明强调,G20有必要采取行动,积极推动WTO端解决机制改革。

2019年6月28—29日,在日本大阪举行的G20领导人峰会上,会议宣言表示,G20将致力于实现一个自由、公平、非歧视、透明、可预见和稳定的贸易和投资环境,并保持市场开放。宣言明确,支持对WTO进行必要改革,以改善其效率和功能。

二、改革方案主要内容

自2017年7月开始,国际社会和WTO各成员方主张WTO改革的呼声日渐高涨。日本是WTO改革的积极支持者和参与者。除受加拿大之邀参与少数成员的共同讨论外,日本还与美国和欧盟举行了多次对话,并八次发表WTO改革的共同声明。在此进程中,日本的WTO改革构想日渐清晰。日本虽然在很多场合表明了其坚持自由贸易的立场和改革 WTO 的决心，但并未像欧盟那样提出一套完整的改革方案。归纳总结，日本的 WTO 改革方案构想主要集中在以下九个方面。

第一，维护及强化 WTO 争端解决机制。由于美国对 WTO 上诉机构不满，直接导致其"停摆"，无法正常受理和解决成员之间的贸易争端上诉问题。以规则为导向的 WTO 争端解决机制是多边自由贸易体制的支柱，这已融入日本的战略思想。[12] 日本表示支持以快速恢复 WTO 争端解决机制为目标的改革进程，全面提升其效率和公平性。

第二，激活 WTO 谈判功能。近年来，WTO 成员数量不断增加，164个 WTO 成员难以在其框架下协商一致达成完全共识，使得贸易谈判功能无法实现，新议题新规则的谈判更是停滞不前，大大降低了谈判效率，导致 WTO 成员的信心受挫。因此，日本强烈推进新议题和新规则的谈判，恢复 WTO 的谈判功能。

第三，强化 WTO 的监督审议功能和提高透明度。产生 WTO 危机的原因之一就是各成员包括几个主要经济体在内未能充分履行通知义务，导致各方最为关切的问题之一即透明度问题越发严重。为了提高 WTO 的审议和监督职能，日本倡议 WTO 成员可以考虑每年进行两次行政级别的磋商，以使各成员方能联合提出强化 WTO 监督审议功能和透明度的方案，甚至不惜对不履行通过义务的成员方实施惩罚措施。

第四，减少补贴等扭曲市场的不公平行为。由于一些成员对各自国内的补贴未予或大部分未予告知，使得其他成员难以评估其对贸易的影响。这势必会给第三国的工人和企业带来不公平竞争环境，阻碍新技术的开发和应用，影响国际贸易体系正常运行。日本提议全体成员建设性地参与相关讨论，努力应对因补贴而导致的市场扭曲问题。

第五，规范第三国的非市场政策和措施。日本与欧盟和美国的意见基本一致，它们认为非市场政策和措施带来了产能过剩，使劳动力和企业在不公平的条件下参与竞争，阻碍了新技术的开发和使用，弱化了国际贸易的功能，必须采取有力的应对措施。日本同意与欧美共同强化对第三国非市场政策和措施的信息共享机制，并进一步深入探讨解决此类不公正贸易行为的路径和新规则的制定。

第六，制定新规则以应对产业补贴及制约国有企业的"不公平"竞争行为。日本提出，一些新兴国家采取的产业补贴措施及国有企业的竞争行为，扭曲了多边自由贸易体制的竞争基础和市场功能。为此，日本与欧美持相同立场，同意加强对产业补贴及国有企业不公平竞争等信息的沟通，提高透明度，并将针对不向WTO报告而持续实施本国产业优惠政策的国家设定新的惩罚条款。

第七，采取有效措施制止第三国的强制技术转移政策及措施。日本愿意与欧美共同深入调查和分析强制技术转移的危害，并探讨阻止这种行为的有效措施。

第八，制定新标准以界定"发展中国家"成员身份。GATT/WTO没有界定"发展中国家"成员身份的标准，使发展中国家成为一个较为宽泛的概念。WTO对发展中国家的身份认定一般采取成员自己选择的方式决定，这在一定程度上限制了WTO的协商功能，也引发了"不公平"现象的产生。为此，日本和欧美共同主张在WTO改革中，制定出界定"发展中国家"成员的新标准。

第九，制定数字贸易和电子商务新规则，促进数字经济的发展。数字贸易规则与诸多议题相关，因此日美欧主张把跨境数据自由流动作为解决诸多问题的重要突破口，制定统一的跨境流通规则，构筑数字经济的统一大市场，以促进世界数字经济的大发展。

三、改革方案评析

日本试图在WTO改革中发挥重要影响作用，主要表现在以下几个方面。

第一，从日本WTO改革的主张和立场上来看，在WTO改革的路径上，日本积极扮演"协调人"角色，即在遵守WTO多边贸易规则的前提下，以相对温和的方式，通过各方谈判达成妥协，最终实现改革。反对美国利用"国内法"，以国家安全等为由，采取提高关税、极限施压，甚至以退出WTO相威胁的单边主义和贸易保护主义做法。究其背后深层次的原因，日本一方面是自由贸易的受益者，另一方面是美国单边主义的"受害者"，因为其在美国贸易伙伴"逆差排行榜"上位列第三。2018年3月，美国以国家安全为由，宣布对进口钢铝产品加征25%和10%的关税，日本不仅位列其中，而且一直没有获得其"盟友"的豁免，使其不得不提出相当于4.09亿美元的报复清单，这与美国对其钢铝产品加征关税的额度相当。2018年5月，特朗普政府又称会对进口汽车征收25%的关税。由此可知，日本和美国的利益诉求存在相当差异。

第二，在WTO改革方向上，日本主要以追随美国和欧盟为主，希望在实现共同利益中更多兼顾自身利益。一方面，日本积极参加与美国和欧盟的"三方合作"，协调WTO改革方案；另一方面，受邀参加加拿大渥太华会议，与中国就WTO改革加强沟通，提出要与中国就WTO改革建立磋商平台。日本更想利用2019年担任二十国集团（G20）轮值主席国的机会，寻求G20就WTO改革进行"具有建设性意义"的讨论，期望在G20框架下为WTO改革确定优先次序，明确方向，推动WTO全面改革。同时，为在WTO改革进程受阻的情况下确保自身利益，日本强力推进双边和区域自贸协定，特别是打造"超级FTA航母"，不断扩大朋友圈。

第三，日本在多边贸易体制改革上的立场更接近欧盟，但又有所差异。一方面，日本与欧盟同样反对美国对其汽车、钢铝产品加征关税的做法，主张维护多边贸易体制的权威性和既有规则，对农产品补贴与农产品市场开放进行谈判，倡导自由贸易；另一方面，差异体现在2018年12月生效的《全面与进步跨太平洋伙伴关系协定》（Comprehensive and Progressive Agreement for Trans-Pacific Partnership，CPTPP）中，反对美国对知识产权的超高保护程度，在劳工保护、环境保护和国企竞争中立等问题的保护谈判上也持有相对的灵活性和开放性。

第四，在WTO改革的具体诉求上，日本改革WTO的构想与欧美国家有很大重合，针对中国的意图十分明显。从日本与美国、欧盟三方的联合声明上看，在关于"对等贸易"的追求上，包括寻求竞争中立、保护知识产权、反对非市场政策和措施、界定发展中国家地位等，日本服从了欧美国家的改革意愿。

由此可见，日本多次尝试在 WTO 改革中发挥重要影响力。在 WTO 改革问题上，日本主要以追随美国和欧盟为主，希望在实现共同利益的基础上索取更多利益，一方面参加由加拿大、欧盟等 13 个 WTO 成员在加拿大渥太华召开的专门讨论如何改革加强世贸组织的部长会议，另一方面提出与中国有效沟通并共建磋商机制。

第四节　WTO 改革的美国、欧盟、日本（美欧日）三方联合方案

美国、欧盟和日本（简称美欧日）三方在主导 WTO 改革问题上始终保持着密切合作关系，尽管三方在 WTO 的功能、多边贸易体系的未来及上诉法官遴选等问题上存有分歧。从 2017 年年底截至目前，美欧日建立三方部长级联合机制，就 WTO 改革问题进行了八次会晤并发表联合声明，所涉及的改革目标层层递进。美欧日三方是此次 WTO 改革的大力推动者，其所提方案可能会成为此次改革的重要参考依据，对此次改革的最终框架会有重要影响，其中大量内容与中国相关，必须引起高度重视。深入分析美欧日 WTO 改革方案，充分了解其核心诉求和动因，对于我们采取正确的策略和措施，妥善应对此次 WTO 改革十分必要。

一、改革方案进程

2017 年 12 月 12 日，在阿根廷布宜诺斯艾利斯召开的 WTO 第十一次部长级会议期间，欧盟与美国、日本三方举行小型会议，并于会后发表关于维护"公平竞争"的联合声明，针对"政府支持"造成的"严重产能过剩"问题，要求"加强三方在 WTO 的合作"，并共同应对"政府补贴、国有企业、强制技术转让、本地含量与优先"等影响公平竞争的"市场扭曲行为"。共同提出将在 WTO 及其他论坛上通力合作，消除其他国家"扭曲市场"和"保护主义"的行为。这标志着三方正式就 WTO 改革问题联手并对表，拉

开了多边层面推动 WTO 改革的序幕。

2018 年 3 月 10 日，欧盟与美国、日本三方在布鲁塞尔会议期间就加强针对产业补贴的规则、WTO 的通报要求和贸易扭曲行为的信息共享等三个议题达成一致。三方还协调了下一步推进安排，如商定在 2018 年年底之前完成有关制定更加严格产业补贴规则的内部咨询程序。

2018 年 5 月 31 日，经济合作与发展组织（OECD）巴黎会议期间，美国贸易代表罗伯特·莱特希泽（Robert E. Lighthizer）、日本经济产业大臣世耕弘成（Hiroshige Seko）及欧盟贸易专员塞西莉亚·马姆斯特罗姆（Cecilia Malmström）发表联合声明，联合声明包含三个附件：附件一《欧盟-日本-美国制定更为严格产业补贴规则的基础界定文件》，厘定针对产业补贴和国有企业更强规则的基础；附件二《关于技术转让政策和做法的联合声明》，同意各方共同努力，寻找有效途径制止有害的强制技术转让政策和做法；附件三《关于市场导向条件的联合声明》，强调市场导向条件对一个公平、互利的全球贸易环境具有根本意义。三份文件中多处表达出对 WTO 规则进行完善与改革的意愿，强调将坚决致力于推动未来与 WTO 相关的讨论。[13]

2018 年 9 月 25 日，这次会议是在欧盟发布《WTO 现代化：欧盟未来方案》一周之后，美欧日三方的经济主管官员在美国纽约再次会谈，就非市场导向、国有企业、产业补贴、强制性技术转让及 WTO 改革等问题再次发表联合声明，三方一致同意推动 WTO 改革，将提出 WTO 审议和监督职能改革的共同方案，供 WTO 货物贸易理事会下次会议审议。三方还要求加强常规委员会的活动，指示专家就三方可能提出的潜在联合提案进行讨论，以及促进最佳实践和提高各委员会的效率。三方认为过于宽泛的分类以及发展地位的自行认定，阻碍了 WTO 谈判新的贸易扩展协议，且损害其有效性，呼吁 WTO 中声称拥有发展中国家地位的"发达成员"在 WTO 谈判中作出全面承诺。本次三方联合提交的 WTO 改革提案中协调针对中国的经济体制意图十分明显。对此，中国商务部也做出积极回应。商务部新闻发言人高峰于 2018 年 9 月 27 日表示，WTO 不能改变最惠国待遇、关税约束等基本原则，不能改变贸易自由化的总体方向，另起炉灶，推倒重来。

| 第二章　世界贸易组织（争端解决机制）改革的全球方案 |

2019年1月9日，美欧日三方在华盛顿再次举行会晤，联合声明"重申了其呼吁，希望声称具有发展中国家地位的发达的WTO成员在WTO正在进行和未来的谈判中做出完全承诺"，并计划在2019年春季前完成工业补贴领域的三边文本工作，以便之后与其他关键的WTO成员进行接触。

2019年5月23日，联合声明"再次呼吁声称具有发展中国家地位的发达的WTO成员方在WTO正在进行和未来的谈判中做出完全承诺，并称赞一些WTO成员方已经表明意图这样做"。据悉，2019年3月9日，巴西已同意在WTO谈判中放弃特殊和差别待遇，要求加强通报和不履行透明度义务的惩罚措施；7月29日，新加坡承诺在贸易便利化协定生效后立即实施而不寻求过渡期；10月24日，韩国宣布放弃农业以外的特殊与差别待遇。另外，在WTO自身体制机制改革上，美欧日也提出了具体诉求。美欧日联合声明提到，"解决一些政府违反WTO透明度义务的问题是提高WTO监督职能的有效性和效率的工作中的优先事项"。

2020年1月14日，在之前六次联合声明的基础上，三方通过不断对表，将相关诉求从最初的原则性表态提升为具体清单，进而形成目标性文件和声明。声明进一步提出WTO《补贴与反补贴措施协定》的规则改革：第3条第1款补贴的禁止规则、第6条第3款造成严重侵害的补贴规则、第25条的通知义务、第14条关于计算补贴受益的外部基准和第1条有关公共机构的认定规则。[14]

2021年11月30日，美欧日发布2017年以来的第八次联合声明，同意重启三方工作进程，共同应对第三国非市场政策和做法带来的全球性挑战，包括确定非市场政策和做法引发的具体问题，现有应对工具存在哪些不足，以及需要在哪些领域制定相应规则等。此次联合声明达成如下共识：第一，将继续合作，共同应对第三国非市场政策和做法对三方的工人和企业造成的损害和不利影响，以及由此带来的全球性挑战。第二，将致力于如下工作：（1）确定非市场政策和做法引发的具体问题；（2）确定现有应对工具存在的不足、需要在哪些领域开发新工具，并探讨如何就现有工具开展合作；（3）确定在哪些领域需要制定相应规则，以应对非市场政策和做法。各方将在上述三个方面并行推进，并定期审查工作进度。第三，WTO改革对于建立自由、公平和以规则为导向的多边贸易体制具有重要意义，它可以惠及所有成员并确保所有成员共同繁荣。三方将共同推动 WTO 在适当时机召开第十二届部长会议，并使其取得改革成效。[15]

除上述八次美欧日三方联合改革方案外，2018 年 11 月 1 日，欧盟、美国、日本、阿根廷和哥斯达黎加向 WTO 联合提交了关于提高透明度和加强通报要求的改革方案[16]，名为《增强 WTO 协定下透明度和通报要求的程序》。其中引发争议的是加入了严苛的"惩罚条款"，即如果成员国在未通报 WTO 的情况下持续对本国产业采取优惠措施，将可能面临"被除名"的处罚。WTO 规定，引入可能影响贸易的补贴和制度时，成员国有义务向 WTO 通报。然而，美国等不满"有成员长期对钢铁等产业提供过度补贴，却几乎从未提交过报告"，要求改变即使不报告也不会遭受惩罚的现状。因此，该"惩罚条款"建议，若未报告的国家在 2 年之内不改正，则该国无法担任 WTO 理事会主席等职务，并被要求向 WTO 缴纳更多的会费；若 1 年之后仍不改正，则将被认定为"停止活动国"，限制该国的发言机会，"实际上接近于停止活动资格"。[17]

二、改革方案主要内容

美欧日提出的上述 WTO 改革联合声明，从内容上大体可以分为三部分。

第一，美欧日认为现有的 WTO 规则内容，如反补贴和强制性技术转让、发展中国家差别待遇等，没有得到很好的遵守，或者相关规定不合理，削弱了美欧日企业的竞争力。

第二，针对 WTO 运行体制机制的改革诉求，包括对 WTO 争端解决机制中的大法官权力范围问题，是否要继续采用一致同意的决策原则等。

第三，针对新的经济形态或新的经济模式，原有的 WTO 规则主要是针对货物贸易的边境线上的措施，随着新经济新业态的出现，如数字经济和服务贸易的大幅度增长，需要制定新的国际贸易规则予以规制。要求将数字贸易与电子商务纳入 WTO 新议题，减少数字贸易保护主义，促进数字贸易和数字经济发展，并通过促进数据安全来改善商业环境。

美欧日 WTO 改革联合声明重申了他们对于美国、欧盟和日本以外"第三国非市场导向政策"的关切,表示应就窃取知识产权、强制技术转让、国有企业(经济)对市场的扭曲、大规模的产业补贴和产能过剩问题设置规则。围绕规则制定和执行等方面,欧盟、美国和日本就WTO改革的目标和路径取得共识。在产业补贴方面,三方推动提高"透明性和通报"违约的政治成本,要求规定违约经济体不能寻求从其他成员获得贸易政策审议的答复;通过反向通报等,加强获得补贴信息的能力。

但令人意外的是,三方联合声明回避了WTO改革中最紧迫的上诉机构成员遴选问题。

三、改革方案评析

美国与欧盟、日本已经先后分八次发布了三方联合声明,强烈要求加快WTO改革,提出了改革的方向性意见。美欧日联合改革方案提出的主要建议包括:一是加强关于非市场导向的政策和措施;二是有效解决国有企业问题;三是关注强制技术转让和投资审查等问题;四是重视透明度原则和发展中国家"特殊与差别待遇"等问题。三方联合方案是WTO改革的重要参考,其中包含大量与中国有关的内容,须引起高度重视。通过联合声明可以看出其态度之坚决、所提方案改革力度之大,并且得到了世界银行、国际货币基金组织、G20等重要国际经济治理组织的响应。

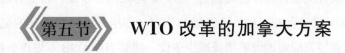

第五节 WTO改革的加拿大方案

一、改革方案进程

2018年9月21日,加拿大向WTO提交了《加强WTO使之现代化交流讨论稿》(以下简称《讨论稿》),文件中提到,重点关切通过国有企业、产业补贴、技术与商业秘密转让以及透明度等方式造成的市场扭曲效果。

2018年10月24—25日,加拿大、欧盟、日本、澳大利亚、新西兰、挪威、瑞士、韩国、新加坡、巴西、墨西哥、智利和肯尼亚等13个WTO成员（不包括中国和美国在内）的国际贸易部长齐聚加拿大渥太华，专门讨论如何对WTO进行改革使之现代化的议题。在渥太华部长会议后发布了《渥太华部长会议关于WTO改革的联合公报》（以下简称《联合公报》），其内容与"欧盟方案"的内容高度一致。

二、改革方案主要内容

《联合公报》表示明确和坚决支持以规则为基础的WTO多边贸易体制，强调争端解决机制是WTO的中心支柱，提出必须重振WTO的谈判职能，加强对成员方贸易政策的监督和透明度，并从下述几个方面对新一轮WTO改革提出建议主张。[18]

（一）加强WTO争端解决机制功能的有效发挥

《联合公报》对上诉机构继续出现空缺深表关切，强调迫切需要排除任命上诉机构成员的障碍。对此，在正面回应并支持美国对上诉机构不满理由的同时，强调存在一个具有强制性、约束力和公正的争端解决机制的必要性，为此主张应确保上诉机制得以存续。其建议的核心是应将贸易救济领域等方面的敏感争议排除在外，先缓解当前WTO争端解决机制不堪重负的情况，然后针对现在的争议制定一个特定的争端解决程序，解决程序性问题后再解决实质性问题。具体建议包括：第一，排除部分争议，将部分敏感争议排除在DSB之外，如贸易救济领域的争议，使用其他自我克制的机制予以替代，如通过调解或调停解决或减少争议，缓解当前DSB不堪重负的现状；第二，为特定争议制定专门解决程序，其认为成员之所以使用短期的贸易扭曲措施和反制措施，主要是由于DSB的程序复杂且冗长；第三，对实体性问题，建议在成员与DSB之间建立起沟通与交流机制，如举行主题研讨会，通过成员的协商一致，对所争议的WTO涵盖协议下的权利义务作出"权威解释"；第四，建议减少"咨询意见"的范围，限定上诉机构的审查范围为法律问题等。[19]

(二) 加强对成员贸易政策的监督和提高透明度

《联合公报》强调要"加强对成员贸易政策的监督和透明度,在确保WTO成员及时了解其合作伙伴采取的政策行动方面发挥中心作用"。建议通过反通报等方式提升成员方国内措施透明度,强化贸易政策审议机制,改善解决特殊贸易关切问题的机制效用。

(三) 重振WTO谈判功能

《联合公报》提出,必须解决补贴和其他手段造成的市场扭曲。虽然没有明确"市场扭曲"的具体内涵以及补贴之外的手段,但其背后剑指中国的意向却十分明显。《联合公报》建议:其一,应继续多哈回合贸易谈判中未完成的重点议题,尤其涉及最不发达国家的农业补贴和发展等问题;其二,须逐渐填补数字贸易等新型贸易形态、中小企业等领域的规则空白,促使WTO规则现代化;其三,须解决国有企业、工业补贴、技术转让等扭曲性竞争问题。

(四) 解决发展议程中的核心问题

《联合公报》肯定了WTO成员享有"特殊和差别待遇",表示需要探讨如何在规则制定工作中最好地追求发展层面,包括"特殊和差别待遇",同时表示"将审查和发展具体的参与方式"。《联合公报》支持推动诸边协定谈判并建议改革当前WTO体系中为发展中国家提供普遍意义上的特殊与差别待遇,使之基于差异化的新方法。

三、改革方案评析

加拿大主办的关于WTO改革的渥太华贸易部长会议,基本囊括了除中国和美国以外的世界主要经济体,与会WTO成员在地域分布和经济发展水平方面可以说具有相当程度的代表性,反映了WTO成员改革机制、推进规则完善的迫切愿望。《联合公报》表示"明确和坚决支持以规则为导向的WTO多边贸易体制",强调争端解决制度是WTO的中心支柱,是WTO不可或缺的组成部分,强调WTO谈判功能的重要价值。《联合公报》的核心是要在政治上致力于紧迫地推进 WTO 透明度、争端解决机制和发展 21 世纪贸易规则。通过《联合公报》的内容分析，可以看出各参与方对特朗普政府某些贸易政策和做法表示质疑和抵制，指出贸易保护主义的抬头是对多边贸易体制的威胁，从加强 WTO 争端解决机制、重振 WTO 谈判职能、加强贸易政策透明度和解决发展议程中的核心问题四个方面对新一轮 WTO 改革提出建议主张。从《联合公报》内容上来看，加拿大的方案同样覆盖 WTO 监督、WTO 争端解决机制、谈判功能三大职能，各方有关 WTO 改革的共识，在大的原则方面与欧盟提出的 WTO 现代化提案内容基本一致，但与欧盟方案相比，内容较少。但显示其改革方案与美国立场有明显差异。从这个意义上来说，在 WTO 改革问题上，加拿大和欧盟不仅与其他发达经济体理念和主张相通，而且与一些发展中经济体也形成了某些共识。渥太华部长级会议并未涉及具体改革细节，主要目的在于抛出改革动议，寻求尽快行动以解决当前危机的共识。

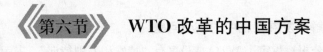 第六节　WTO 改革的中国方案

中国是 WTO 重要成员和主要受益者之一，并且多边贸易体制对于中国的重要性超过对于美国、欧盟、日本和加拿大等成员方的重要性。中国对 WTO 规则的依赖性大于美国、欧盟等成员对 WTO 规则的依赖性，因为这些成员的市场更加开放，并且主导谈判双边和区域规则的能力较强，比较容易形成以自己为核心的规则体系。与此同时，美国、欧盟等部分 WTO 成员对中国给 WTO 带来的影响产生了一些负面看法，认为 WTO 的现行体制无法有效应对由中国经济发展带来的挑战，进而采取漠视乃至破坏 WTO 体制的单边主义措施打压中国，以超出现有规则的理由指责中国，这构成了当前 WTO 改革讨论的核心关注点之一。中国一方面应客观分析不同成员的改革诉求，尽最大努力寻求合作空间；另一方面要针对具体议题制定灵活的谈判策略，努力满足全球治理的新需求。

第二章 世界贸易组织（争端解决机制）改革的全球方案

当前，世界经济格局深刻调整，单边主义、保护主义抬头，经济全球化遭遇波折，逆全球化趋势日益盛行，多边贸易体制的权威性和有效性受到严重挑战。在此背景下，中国支持对 WTO 进行必要改革，帮助 WTO 解决当前危机、回应时代发展需要，维护多边贸易体制，推动建设开放型世界经济。中国作为负责任的 WTO 发展中成员的代表坚持的改革立场是"必要性"改革，并对改革提出了主张，在坚持 WTO 宗旨和基本精神的基础上，积极推进 WTO 改革。WTO 改革将会是一个长期的过程，也是一个中国重塑国际角色、承担与其增强的实力相称的更多责任的过程，WTO 改革对中国带来的影响将是全方位的。

一、改革方案进程

2018 年 6 月，中国和欧盟第七次经贸高层对话就双方加强在 WTO 改革问题上的合作达成共识，中国和欧盟的联合会谈开启了中国 WTO 改革进程。

2018 年 6 月，中国政府发表《中国与世界贸易组织》白皮书，全面阐述了中方对世贸组织和多边贸易体制的立场主张，介绍中国对世界经济贸易发展的积极贡献。

2018 年 7 月，第 20 次中欧领导人峰会上，中欧双方发表"联合声明"，"承诺就世贸组织改革开展合作，并为此建立世贸组织改革副部级联合工作组"（"WTO 改革副部级联合工作组"），即中欧 WTO 改革磋商机制，中欧联合声明中指出，双方坚定致力于打造开放型世界经济，推动更加开放、平衡、包容和普惠的全球化。强调要以 WTO 为核心，以 WTO 规则为基础，打造更加开放和包容的多边贸易体制，并将遵守现行世贸规则作为核心内容。

由此可见，欧盟希望将中国纳入其主导的 WTO 改革进程中，一直在努力寻求中国对 WTO 改革的支持。这一联合声明标志着欧盟与中国正式开启 WTO 改革的合作机制。从时间上推算，欧盟在其内部流转《WTO 现代化：欧盟未来方案》之后，就着手与中国共同推进 WTO 改革事宜。

2018 年 9 月 24 日，中国政府发布了《关于中美经贸摩擦的事实与中方立场》白皮书，表明坚持 WTO 宗旨和基本精神，坚定维护多边贸易体制的决心。优先解决危及 WTO 生存的关键问题，兼顾平衡各方诉求，利用多种渠道、多种平台推进 WTO 改革。

2018 年 10 月 10 日，中欧 WTO 改革副部级联合工作组第一次正式会议在北京举行，双方就推进 WTO 改革交换了意见。

2018 年 11 月 23 日，商务部召开的 WTO 改革有关问题新闻吹风会中，商务部副部长兼国际贸易谈判副代表王受文表示，中方支持对 WTO 进行必要改革，发布《中国关于世贸组织改革的立场文件》（以下简称《中国立场文件》），以增强其权威性和有效性，并提出 WTO 改革的三个基本原则、五点主张和五项建议。[20]

2018 年 11 月 26 日，中国在上海举办 WTO 小型部长级会议，欧盟、中国、墨西哥、韩国、印度、冰岛、加拿大、澳大利亚、新西兰、挪威、瑞士、新加坡等共 12 个 WTO 成员向世界贸易组织提交了一份《关于争端解决上诉程序改革的联合提案》（以下简称《中欧加印等联合提案》）[21]，意在打破目前上诉机构法官遴选僵局。该提案体现了中方基本立场中优先处理危及世贸组织生存的关键问题的主张。

2018 年 12 月，欧盟、中国和印度三方联合提交了另一份方案（简称《欧中印方案》）。[22] 该方案旨在敦促尽快启动上诉机构成员遴选程序，维护岌岌可危的多边贸易体系。一方面，为应对上诉机构迫在眉睫的停摆危机，该提案除同样主张即将离任的法官应完成其任期内已进行听证程序的上诉案件审理过程外，还提议待离任法官可继续履行其职务直至新法官上任，但最长不得超过其本应离任日期后的两年。因考虑上诉案件的复杂性和积压现状，建议经上诉各方同意，可延长规定的 90 天上诉期限。另一方面，针对美国所提出的关切，主张限制上诉机构对成员方国内法含义的解释，并规定仅在解决争议必要范围内处理上诉各方所提出的问题。此外，建议上诉机构与 WTO 成员举行年度会议，以解决有关上诉裁决过程中的方法、系统性问题或趋势的关切。[23] 该提案的意义不仅在于其内容，更在于欧盟、中国和印度三方在 WTO 争端解决机制改革立场上的趋于一致。

2018 年 12 月 12 日，中国和欧盟向 WTO 总理事会提交《关于世贸组织改革的联合提案》，即《中欧联合提案》，强调 WTO 争端解决机制的核心地位和重要作用，提出了 WTO 争端解决上诉程序的具体改革措施，并对美国提出的关切予以回应，[24] 表示必须说服美国不再阻挠上诉机构法官遴选程序，要尽快启动遴选程序，填补上诉机构空缺。

截至 2018 年 12 月，中欧 WTO 改革副部级联合工作组举行了两次正式会议和两次非正式会议，就上诉机构成员遴选等问题达成共识。下一步，欧盟希望在 WTO 争端解决机制改革达成共识的基础上，缩小与中方在"发展"和"透明度"等其他问题上的差距，共同推进世贸组织改革。

2019 年 2 月 15 日，中国、印度、南非和委内瑞拉联合向 WTO 提交了分析文件《惠及发展中成员的特殊和差别待遇对于促进发展和确保包容的持续相关性》，之后又有 6 个发展中成员联合签署了该文件。该文件提出，发展中成员特殊和差别待遇原则不容否定。2019 年 5 月 13 日，中国正式向 WTO 提交了《中国关于世贸组织改革的建议文件》（以下简称《中国建议文件》），[25] 在《中国立场文件》的基础上指出 WTO 改革的重点行动领域。

2019 年 5 月 13—14 日，WTO 发展中成员小型部长级会议在印度新德里举行，中国、印度、巴西、南非等 23 个 WTO 成员出席会议。会议发表了题为《共同努力加强世界贸易组织，推动发展和包容》的成果文件，重申 WTO 在全球贸易规则制订和治理中的优先地位，维护 WTO 的核心价值和基本原则，并确保 WTO 改革进程反映发展中成员的诉求。

2019 年 11 月 15 日，52 个 WTO 成员，其中非洲集团 43 个，还有中国、玻利维亚、柬埔寨、古巴、印度、老挝、阿曼、巴基斯坦、委内瑞拉，向 WTO 总理事会提交了《关于"促进发展的特殊与差别待遇"联合声明》，强调了 WTO 谈判必须保留"特殊和差别待遇规则"（special and differential treatment rules，SDT 规则），而且还要允许发展中成员自我评估以决定其身份。这是 WTO 发展中成员们在关于"发展中国家的特殊与差别待遇问题"上表达了与美国不同的立场。但发展中国家成员并非声音一致，出于种种利益的考虑，少数发展中成员接受了美国的立场，如巴西、新加坡和韩国。

二、改革方案主要内容

以 WTO 为核心、以规则为基础的多边贸易体制是经济全球化和自由贸易的基石，为推动全球贸易发展、促进经济增长和可持续发展作出了重要贡献。中国是多边贸易体制的积极参与者、坚定维护者和重要贡献者，加入 WTO 以来，中国全面参与 WTO 各项工作，积极推进贸易投资自由化、便利化，尊重和全面履行 WTO 争端解决裁决，深度参与贸易政策审议，全力支持发展中成员融入多边贸易体制。中国始终坚定支持多边贸易体制，旗帜鲜明地反对保护主义，推动 WTO 在全球经济治理中发挥更大作用。在 WTO 改革问题上，中国的原则立场非常鲜明。

（一）《中国关于世贸组织改革的立场文件》

2018 年 11 月 23 日，中国商务部发布《中国关于世贸组织改革的立场文件》，坚定表明中方支持 WTO 进行必要改革，解决其面临的生存危机，增强其权威性和有效性，增加其在全球经济治理中的相关性。对 WTO 改革提出了三个基本原则、五点主张和五项建议。[26]

1. 中国提出 WTO 改革应坚持三项基本原则

第一，维护非歧视、开放等多边贸易体制的核心价值，为国际贸易创造稳定和可预见的竞争环境。

非歧视和开放是 WTO 最重要的核心价值，也是 WTO 各成员在多边规则体系框架下处理与其他成员经贸关系应该遵循的基本原则。非歧视原则包括最惠国待遇和国民待遇，核心是确保任何 WTO 成员不得在进出口方面针对其他成员采取歧视性做法；开放原则包括关税约束和禁止数量限制，核心是确保任何 WTO 成员不得随意将进口关税提高到超过其约束的水平，不得随意对其他成员产品设立数量限制。改革应维护多边贸易体制的规则基础，为国际经济贸易创造稳定和可预见的竞争环境。

第二，保障发展中成员的发展利益，纠正 WTO 规则中的"发展赤字"，解决发展中成员在融入经济全球化方面的困难，帮助实现联合国 2030 年可持续发展目标。

发展是 WTO 组织工作的核心。WTO 规则明确规定发展中成员可以享受特殊与差别待遇，包括比发达成员更小的市场开放程度、更长的开放过渡期、保留政策空间的灵活性以及接受技术援助等。中国提出，改革应解决发展中成员在融入经济全球化方面的困难，赋予发展中成员实现其经济发展所需的灵活性和政策空间，帮助达成联合国 2030 年可持续发展目标，缩小南北差距。

第三，遵循协商一致的决策机制，在相互尊重、平等对话、普遍参与的基础上，共同确定改革的具体议题、工作时间表和最终结果。

WTO 规则应该由 WTO 全体成员共同制定。改革关系到多边贸易体制的未来发展方向，改革的议题选择、工作时间表和最终结果都应由 WTO 广大成员在相互尊重、平等对话的基础上，通过协商一致的方式作出。磋商进程应保证所有成员特别是发展中成员的共同参与，不能由少数成员说了算，也不能搞小圈子。

WTO 必要改革的核心是非歧视原则，改革方案不应该针对任何特定成员。多边进程是推动贸易投资自由化、便利化的最佳渠道。与此同时，面对新一轮科技革命和数字经济变革带来的机遇和要求，也应以开放、透明、包容、务实、灵活的方式，建立回应时代发展和业界需求、充分考虑成员发展阶段和能力水平的国际贸易投资规则。

2. 中国提出 WTO 改革的五点主张

第一，WTO 改革应优先处理危及世贸组织生存的关键问题。目前，个别成员阻挠启动上诉机构成员遴选程序，滥用"国家安全"例外条款采取征税措施，并以国内法为由采取单边主义措施，冲击多边贸易体制的规则基础。中国提出，改革应尽快解决上诉机构成员遴选问题，并将违反 WTO 规则的单边主义和保护主义措施关进制度的笼子，确保 WTO 各项功能的正常运转。

第二，WTO 改革应维护多边贸易体制的主渠道地位。中方反对个别成员以新概念和新表述"偷换概念""另起炉灶"，混淆并否定多边贸易体制的权威性。改革应维护多边贸易体制在全球贸易自由化和便利化进程中的主渠道地位。

第三，WTO改革应解决贸易规则的公平问题并回应时代需要。中方反对有些成员滥用现有规则漏洞行贸易保护主义之实。改革应解决发达成员过度农业补贴对国际农产品贸易造成的长期严重扭曲，纠正贸易救济措施滥用特别是反倾销调查中的"替代国"做法对正常国际贸易秩序的严重干扰。同时，改革应推动世贸组织规则与时俱进，涵盖反映21世纪经济现实的议题，例如投资便利化、中小微企业等议题。

第四，WTO改革应保证发展中成员的特殊与差别待遇。发展中成员在经济社会发展阶段、产业结构和竞争力、区域发展层次、教育文化水平、社会保障体系、参与国际治理能力等方面与发达成员存在全方位差距，不能简单地用经济总量来衡量。中方反对有些成员借WTO改革质疑甚至剥夺一些发展中成员享受特殊与差别待遇的权利。中国是世界上最大的发展中国家，愿意在WTO中承担与自身发展水平和能力相适应的义务，但绝不允许任何成员剥夺中国理应享受的发展中成员特殊和差别待遇。

第五，WTO改革应尊重成员各自的发展模式。目前，有些成员否认发展模式的多样性，一方面指责其他成员的国有企业、产业补贴等正常的发展模式和政策措施，另一方面限制正常的科技创新成果交流，实际上就是希望维护自身的垄断地位，限制其他成员的发展空间，中方对此坚决反对。改革应取消一些成员在投资安全审查和反垄断审查中对特定国家企业的歧视，纠正发达成员滥用出口管制措施、阻挠正常技术合作的做法。中方反对借WTO改革对国有企业设立特殊的、歧视性纪律，也不同意将没有事实依据的指责列为WTO改革议题。

3. 中国提出WTO改革的五项建议

第一，加强对WTO现有特殊与差别待遇条款的执行和监督力度，特别是最不发达国家关注的"免关税、免配额"待遇和服务豁免机制的实施；

第二，增加技术援助的针对性和具体性，确保其有助于发展中成员融入多边贸易体制和全球价值链；

第三，根据《多哈部长宣言》要求，继续推进特殊与差别待遇条款的谈判；

第四，在未来贸易投资规则制定中，为发展中国家提供充分有效的特殊和差别待遇；

第五，鼓励发展中成员积极承担与其发展水平和经济能力相符的义务。

(二)《中国关于世贸组织改革的建议文件》

2019年5月提交的《中国建议文件》在《中国立场文件》的基础上指出WTO改革的四个重点行动领域。

一是解决危及世贸组织生存的关键和紧迫性问题，尽快讨论关于世贸组织争端解决上诉程序改革的联合提案，包括打破上诉机构成员遴选僵局、对滥用国家安全例外的措施和不符合世贸组织规则的单边措施行为进行惩戒。

1. 打破上诉机构成员遴选僵局

【问题和表现】世贸组织争端解决机制是世贸组织的核心支柱，在为多边贸易体制提供可靠性和可预测性保障方面发挥了关键作用。当前上诉机构成员遴选持续受阻，到2019年12月将仅剩1名成员。2020年11月30日，世贸组织上诉机构最后一位成员赵宏（中国籍）四年任期届满，正式离任。遴选程序的停摆严重威胁世贸组织争端解决机制的正常运行，给整个世贸组织带来迫在眉睫的体制性风险。

【目标和任务】为维护以规则为基础的多边贸易体制，保障世贸组织争端解决机制的有效运行，需要尽早启动上诉机构遴选程序并填补空缺。

【做法和建议】中方已与多个世贸组织成员提交了关于世贸组织争端解决上诉程序改革的联合提案，建议成员积极参与总理事会下的非正式进程，以案文为基础开展实质性讨论，回应和解决个别成员就离任上诉机构成员过渡规则、上诉审查90天审理期限、国内法律含义、对解决争端非必要裁决、先例等问题提出的关注，并维护和加强世贸组织上诉机构的独立性和公正性，尽快启动上诉机构遴选程序。

2. 加强对滥用"国家安全"例外的措施的纪律

【问题和表现】当前，个别成员为保护国内产业，以"国家安全"为借口对钢铁、铝加征关税，并威胁对汽车及零部件加征关税；在实施出口管制时，不恰当地扩大相关措施范围，并以不透明或不公正方式实施。这些做法扰乱国际贸易和市场秩序，干扰正常技术交流和应用，损害成员利益，破坏世贸组织规则。

【目标和任务】应秉承善意和克制原则援引安全例外条款，并应在世贸组织框架下对援引国家安全例外条款予以进一步澄清和规范。

【做法和建议】有必要加强对以国家安全为由加征进口关税等做法的通报纪律，并对措施开展多边审议；同时，为利益受影响成员提供更多快速且有力的救济权利，以保障其在世贸组织项下权利和义务的平衡。

3. 加强对不符合世贸组织规则的单边措施的纪律

【问题和表现】个别成员采取单边主义措施，任意提高进口关税，擅自增加贸易壁垒，在没有联合国授权或其他国际条约支持的情况下对他国实施经济制裁，连带对第三国国民或公司在海外的商业活动实施"次级制裁"，严重违反国际承诺和世贸组织规则。然而，现有世贸组织规则对个别成员实施的明显违反世贸组织规则并造成严重影响的单边主义措施，并没有提供及时、有效的监督和救济方式。

【目标和任务】有必要对单边主义措施进行有效遏制，重振世贸组织的权威性和有效性，维护以规则为基础的多边贸易体制，保障世贸组织成员的合法权益。

【做法和建议】建议考虑从以下方面对单边主义做法加以约束：

一是加强多边监督机制；增加紧急情况下受影响方快速获得临时有力救济的权利；加快争端案件诉讼程序。

二是增加世贸组织在全球治理中的相关性，包括解决农业领域规则的不公平问题、完善贸易救济领域的相关规则、完成渔业补贴议题的谈判、推进电子商务议题谈判开放、包容发展以及推动监管一致性等新议题的多边讨论；

三是提高世贸组织的运行效率，包括加强成员贸易政策通报义务的履行、提高贸易政策的透明度及改进审议机制和改进世贸组织机构的工作；

四是增强多边贸易体制的包容性，包括尊重发展中成员享受特殊和差别待遇的权利以及坚持贸易和投资的公平竞争原则，反对对国有企业设立额外的透明度和纪律，以及在投资安全审查中歧视国有企业，确保不同所有制在进行商业活动时的公平竞争环境。

《中国建议文件》不仅关注了WTO运行机制的改革，强调解决WTO

谈判进展慢、运行效率低、透明度低，监管和监督不利等问题的重要性，以增强WTO的有效性和权威性；也关注了公平和发展的问题，争取发展中国家实现经济发展所需要的灵活性和政策空间，促进发展中国家融入经济全球化。把WTO自身的可持续发展放在全球治理体系的改革框架之中，关注WTO自身运行机制的改革和发展议题，促进多边贸易体制的可持续性。

三、改革方案评析

中国应充分认识WTO改革的紧迫性和重要性，积极参与改革，对此中国有官方立场。中国的立场是优先处理危及世贸组织生存的关键问题，主要是解决上诉机构成员遴选受阻问题。WTO争端解决机制是WTO得以运转的核心所在，因此需要优先解决上诉机构法官遴选这一迫切问题。各成员应积极展开实质性讨论，维护和加强上诉机构的独立性和公正性，尽快启动上诉机构遴选程序。中国WTO改革方案的总体目标是：有利于推动形成我国全面开放新格局、有利于推动建设开放型世界经济、有利于推动经济全球化朝着更加开放、包容、普惠、平衡、共赢的方向发展。主导思想是"以发展为主导"，即始终紧扣发展这个主题，坚持WTO的各项改革须以"发展"为中心。重点领域包括坚持发展中国家"特殊和差别待遇"不动摇、遏制保护主义和单边主义、促成WTO与区域贸易协定的协调共进、引领促进经济增长的多边谈判新议题、推进WTO运行机制改革、积极回应国有企业规则和产业补贴规制问题等。

中国已经发布了关于世贸组织改革的立场文件和建议文件，相应的具体改革方案呼之欲出（见表2-2）。在支持中国官方原则、立场和方案的基础上，如何进一步完善和细化相应的方案或建议是值得思考和讨论的问题。从上述公布的官方文件中可以发现，在诸多议题上，中国和美国、欧盟等存在较大分歧。中国应当在维护以WTO为核心的多边贸易体制、维持中国发展模式不变的前提下，展现更大的灵活性，以"求同存异、趋近欧加方案"，"面向问题、回应关切议题"的合作姿态，参与乃至引领WTO改革，不断完善改革方案，防止在WTO改革进程中被边缘化（见表2-3）。

表 2-2　WTO 各主要成员关于 WTO 改革的文件和声明

WTO 成员	文件名称	时　间	主　要　内　容
美国欧盟日本	美欧日三方贸易部长会议联合声明	2017 年 12 月 12 日 2018 年 03 月 10 日 2018 年 05 月 31 日 2018 年 09 月 25 日 2019 年 01 月 09 日 2019 年 05 月 23 日 2020 年 01 月 14 日	主要谈判内容聚焦于第三国（重点指中国）的非市场导向政策，其中重点关注了产业补贴、国有企业、强制技术转让、投资审查等话题。第四次三方会议联合声明中明确了 WTO 须进行必要性改革的看法
美国	2019 年贸易政策议程及 2018 年年度报告	2019 年 03 月 01 日	深入阐述全球贸易体制，使美国的贸易政策更好地为美国工人服务，推动新的贸易交易和更强有力的执行继续重振美国的贸易关系
美国	关于改革世界贸易组织发展中国家地位备忘录	2019 年 07 月 26 日	出台关于发展中国家认定的政策；改变 WTO 与发展中国家地位相关的灵活性；结束不公平贸易利益等
美国	2020 年贸易政策议程和 2019 年年度报告	2020 年 02 月 28 日	更新成员的特殊和差别待遇的界定；带头努力提高透明度和在与贸易有关的义务的通知方面的合规性；与其他 WTO 成员一起致力于电子商务和数字贸易计划
美国	2021 年贸易政策议程和 2020 年年度报告	2021 年 03 月 01 日	对 WTO 规则进行必要改革，并在此过程中重塑美国世界领导的地位；将联合盟友向中国施压，要求中国停止"不公平贸易"行为
欧盟	WTO 现代化：欧盟未来方案	2018 年 09 月 18 日	强化对"不公平贸易行为"的打击；重新制定"发展中国家"标准和待遇方案；以"灵活的多边主义"推进诸边谈判；挽救争端解决机制
欧盟	贸易政策审议——开放、可持续、坚定自信的贸易政策	2021 年 02 月 18 日	WTO 需要改革对"特殊和差别待遇"采用前瞻性的新做法，并着重提出中国应以身作则，不在任何正在进行的谈判中声称要求特殊与差别待遇；要对上诉机构进行改革，尽快恢复 WTO 争端解决机制，并加强 WTO 谈判职能

(续表)

WTO 成员	文件名称	时间	主要内容
加拿大	"加强 WTO"使之现代化交流讨论稿	2018 年 09 月 21 日	关注非市场导向政策,包括:通过国有企业、产业补贴、技术与商业秘密以及透明度等方式造成的市场扭曲效果
加拿大等	渥太华部长会议关于 WTO 改革的联合公报	2018 年 10 月 25 日	强调争端解决机制是 WTO 的中心支柱;重振 WTO 的谈判职能;加强贸易政策的监督和透明度
中国	《中国与世界贸易组织》白皮书	2018 年 06 月 28 日	全面阐述了中方对世贸组织和多边贸易体制的立场主张,介绍中国对世界经济贸易发展的积极贡献
中国	《关于中美经贸摩擦的事实与中方立场》白皮书	2018 年 09 月 24 日	表明坚持 WTO 宗旨和基本精神,坚定维护多边贸易体制的决心。优先解决危及 WTO 生存的关键问题,兼顾平衡各方诉求,利用多种渠道、多种平台推进 WTO 改革
中国	中国关于 WTO 改革的立场文件	2018 年 11 月 23 日	表达了中方对于 WTO 改革的立场,并总结为三项基本原则、五点主张
中国等 12 成员方	"关于争端解决上诉程序改革的联合提案",(简称《中欧加印等联合提案》)	2018 年 11 月 26 日	打破目前上诉机构法官遴选僵局。该提案体现了中方基本立场中的优先处理危及世界贸易组织生存的关键问题的主张
欧盟、中国、印度	《欧中印方案》	2018 年 11 月 26 日	以敦促尽快启动上诉机构成员遴选程序,维护岌岌可危的多边贸易体系
中国欧盟	"关于世贸组织改革的联合提案",即《中欧联合提案》	2018 年 12 月 12 日	强调 WTO 争端解决机制的核心地位和重要作用,提出了 WTO 争端解决上诉程序的具体改革措施,并对美国提出的关切予以回应
中国、印度、南非、委内瑞拉	惠及发展中成员的特殊和差别待遇对于促进发展和确保包容的持续相关性	2019 年 02 月 15 日	发展中成员特殊和差别待遇原则不容否定

(续表)

WTO 成员	文件名称	时 间	主 要 内 容
中国	中国关于 WTO 改革的建议文件	2019 年 05 月 13 日	中方支持对 WTO 进行必要改革，积极推进贸易投资自由化、便利化，尊重和全面履行争端解决裁决，深度参与贸易政策审议，全力支持发展中成员融入多边贸易体制
中国、印度、巴西、南非等 23 个 WTO 成员	共同努力加强世界贸易组织，推动发展和包容	2019 年 05 月 14 日	重申 WTO 在全球贸易规则制订和治理中的优先地位，维护 WTO 的核心价值和基本原则，并确保 WTO 改革进程反映发展中成员的诉求
中国等 52 个 WTO 发展中成员	关于"促进发展的特殊与差别待遇"联合声明	2019 年 11 月 15 日	强调了 WTO 谈判必须保留"特殊与差别待遇规则"（special and differential treatment rules，简称 SDT 规则），而且还要允许发展中成员自我评估决定其身份

表 2-3 WTO 改革方案及改革议题清单

主 题	议 题	中国	美欧日	欧盟	渥太华集团
解决危及 WTO 生存的关键和紧迫性问题	争端解决机制		√	√	√
	加严对滥用国家安全例外的措施的纪律	√			
	加严对不符合世贸组织规则的单边措施的纪律	√			
增加 WTO 在全球经济治理中的相关性	农业领域纪律的不公平问题		√	√	√
	完善贸易救济领域的相关规则	√			
	市场准入议题跨理事会中的协调解决	√			
	国有企业和产业补贴	√	√	√	√
	渔业补贴	√		√	√
	贸易和卫生倡议			√	√
	贸易和环境			√	
	电子商务议题	√		√	
	投资便利化	√		√	
	中小微企业	√			
	《贸易便利化协定》的执行				√

（续表）

主 题	议 题	中国	美欧日	欧盟	渥太华集团
提高WTO运行效率	加强成员通报义务履行				
	加强WTO监督和审查职能		✓	✓	✓
	提高透明度和通知义务		✓		✓
	对故意和多次不履行通报义务的惩罚机制	✓			
	发达国家在履行通报义务上的示范作用	✓			
	反向通报		✓	✓	
	最佳实践分享		✓		
	更新通报技术手册		✓		
	改进WTO工作效率				
	对发展中国家的技术援助	✓	✓	✓	
	加强常任理事会和秘书处的能力	✓		✓	
	加强与其他国际组织的合作	✓			
	WTO的机构"瘦身"			✓	
	复边谈判模式			✓	✓
	加强企业和私营机构等利益相关者的参与			✓	
发展议题	发展中国家地位、特殊和差别待遇	✓	✓	✓	✓
其他议题	强制性技术转让		✓		
	非市场经济		✓		
	外资安全审查	✓	✓		

第七节 WTO各主要成员改革方案的分析与比较

2017年以来，美国、欧盟、日本、加拿大和中国等诸多WTO成员以不同方式发布或提交了对WTO的改革立场、改革设想或系统性方案，表达了各自的方向性诉求，所涉及的WTO改革内容非常广泛，其核心内容主要涉及争端解决机制、贸易政策监督和审议机制、透明度原则问题以及发展中国家身份和待遇等一系列体制性和实体性问题。通过对上述WTO改革的各成员方案进行分析和比较，可以得出以下结论。

一、WTO发展前景"大同小异"

WTO各成员方都对世贸组织的重要性给予了不同程度的肯定。比如欧盟认为其经济发展迫切需要可预期和以规则为导向的WTO体制；加拿大对WTO体系予以充分和高度的肯定，中国更是坚定不移地支持以WTO为核心的多边贸易体系。即便是特朗普政府，也说"WTO若不改革，美国或退出"，并未直接断言退出WTO，而其主导的USMCA更是明确其制定的依据就是WTO。对WTO困境的判断则是"大同小异"，例如中国认为，WTO并非完美无缺，需要进行必要的改革；而欧盟则认为"世界已变，而WTO未变"；加拿大却认为"WTO规则权利与义务不平衡的现象需要改革"，显然欧盟和加拿大认为WTO需要较大程度的改革。对WTO的发展前景是"大同小异"，WTO各主要成员均为WTO改革建言献策，不遗余力地支持WTO改革，认为WTO体制通过改革依然能够发挥其原有功能和作用。

二、WTO各主要成员方在改革的价值取向方面存在着巨大分歧

第一种是美国提出的"互惠"或"对等"贸易原则，美国政府认为WTO现行体制对美国而言是不公平的，导致美国在国际贸易领域长期处于巨额逆差状态，而对于国有企业补贴、知识产权保护、社会倾销（即劳工保护标准问题）等问题，WTO规则不能做出有效规制，WTO争端解决机构越权裁判，对美国有失公允，包括争端解决机制在内的WTO体制必须按照所谓"互惠"或对等原则进行彻底改革，以满足美国的要求。为此，美国不惜多次动用成员方权利干扰WTO上诉机构成员遴选程序，致使该机构运作几近瘫痪。

第二种是以中国为代表的广大发展中成员提出的坚持WTO基本宗旨和原则、支持WTO多边贸易体制、反对保护主义和单边主义的改革取向。中国始终认为，面对21世纪国际形势的新变化以及出现的大量新问题，WTO应当做出与时俱进的回应，因此，改革是完全必要的，但WTO体制所奉行的基本宗旨和原则不能改变，WTO规则体系及争端解决机制需要在改革中

强化，使其对贸易保护主义、单边主义形成更为有效的制约，而不是另起炉灶、推倒重来，更不能成为某些国家为一己之利而设计的陷阱。当然，还有相当多的占据WTO多数的发展中国家成员没有就WTO改革明确表态，也没有参与讨论，而如果一旦这个进程正式启动，他们肯定会表达出自己的观点和诉求，从目前来看，中国的主张还是代表了广大发展中国家的利益。

第三种是以欧洲、加拿大、日本等主要经济体为代表的折中派成员所奉行的"中间路线"。这些国家一方面对美国有意见，反对美国的贸易保护主义、单边主义做法，比如美国随意动用"301条款""232条款"挑起"贸易战"、破坏WTO争端解决机制，它们主张维护WTO多边贸易体制；另一方面又寄希望于在改革中维护自己的利益，在国有企业补贴、知识产权保护等方面与美国的立场相似，在很大程度上追随和附和美国，主张WTO应以此为改革的重点。尽管他们不同意美国阻挠WTO上诉机构法官遴选的做法，但又提出应事先满足美国要求的WTO争端解决机制的具体方案。批评美国的目的就是为了留住美国。而为了实现这个目的，中间派便说那中国也得改，换言之，他们让中国改正、向中国施压就是为了留住美国。所以在加拿大渥太华召开的WTO改革会议既不邀请中国也不邀请美国，其实也算两边各打五十大板。

由于利益牵扯错综复杂，核心诉求分歧大，成员方之间也难以笼统地划分"派系"或"阵营"。例如，在制定新规则来约束国有企业和消除投资障碍以及强化WTO的政策审议和监督功能方面，以美国、欧盟和日本为代表的发达经济体的立场高度一致，其改革方案对中国的指向性也相当明显；但在打破WTO争端解决机制僵局方面，欧盟却同中国、印度等国联手，与一意孤行的美国针锋相对。

三、WTO主要成员改革主张的基本特征

具体分析主要成员在WTO改革主张上的异同，大致可以概括出一致性、差异性和极端性三个特征。

（一）一致性

从当前WTO各主要成员方的态度来看，对于WTO的生存和发展问题

存在共识，即均承认以 WTO 为核心的多边贸易体系的重要性并希望继续维持。即便是执意要让上诉机构"停摆"的美国，也并未全面否定 WTO 的存在价值，而且其在 WTO 争端解决机制方面的强硬态度没有将之作为谈判筹码，迫使贸易伙伴在实体规则领域作出更多让步的考虑。WTO 各主要成员方的改革方案都涉及补贴通知的透明度、WTO 上诉机构成员任命的破局、实体规则的谈判等方面。美国、欧盟和日本将中国经济贸易政策模式作为其 WTO 改革的方向和目标上的标靶，以《欧日经济伙伴关系协定》(EPA) 和《美墨加协定》(USMCA) 的新议题、新规则为基础，力图在重构多边贸易体制和发展新经济形态进程中解决中国的"非市场经济""国企扭曲""强制性技术转让"等问题。

（二）差异性

在 WTO 的发展问题上，成员方的态度和认识则不尽相同：一方面，WTO 各主要成员方均赞同对 WTO 进行改革，以期打破僵局重拾活力；另一方面，对于改革的原则、改革内容和优先顺序，则各有偏好和侧重。美国、欧盟和日本对汽车、钢铝、农产品等传统产业贸易领域的关税、非关税壁垒与政府补贴削减等问题各执一词，并尝试在全球化与逆全球化、自由贸易与对等贸易之间取得新的妥协平衡。

（三）极端性

WTO 主要成员中的个别成员——美国一意孤行地倡导"美国优先"和在多边贸易体制改革中"另起炉灶"，推行其"对等贸易"的极端主张。可以看出，美国的立场出于发达国家与发展中国家尤其是新兴经济体之间"再平衡"的利益需要，切合了在维护世界经济中优势地位的利益诉求，欧盟、日本对美国的立场存在较大的妥协性。

四、欧盟和美国的 WTO 改革方案有相似但不尽相同

欧盟虽然在 WTO 上诉机构危机及其处理上对美不满，但其核心主张与美国的核心主张具有相似性和兼容性，即反对"非市场导向的经济体"在多

边贸易体制内"搭便车"和推行"不公平贸易"行为，并获得对欧盟和美国贸易的巨大优势等。但是，欧盟推进的 WTO 改革与美国的 WTO 改革需求又不完全一致，特朗普政府是想取消 WTO 中的发展中国家条款，从而放弃 WTO 最为重要的以共识为基础的决策原则。一旦如此改革，势必会引起 WTO 的根本性颠覆。而欧盟的改革诉求则要温和得多，其改革方案是以坚持 WTO 正当性与有效性为基础的，是希望能够在此条件下对 WTO 规则进行改革、修正。虽然美国和欧盟都提出要改革 WTO，但想要取得令人满意的进展还不太容易。比如，欧盟与美国对待中国等新兴经济体的态度截然不同，如何说服美国作出让步，满足广大发展中国家成员维护和加强 WTO 包容性的要求也不容易。以现在 WTO 的决策机制，要想将这些改革内容落到实处，得到大多数的 WTO 成员的支持，绝非易事。

五、欧盟和日本合作势头明显

目前来看，欧盟和日本两大经济体依旧想要支持自由贸易，但目前美国的策略发生了转向或者说似乎在放弃自由贸易的领导权，所以欧盟和日本之间有了更多的合作。欧盟和日本寄希望于在改革中维护自己的利益，在很大程度上追随和附和美国。其实，在美国、欧盟和日本三方联合贸易部长会议中，大部分时候也是欧盟和日本联合起来和美国讨论问题。对现在的 WTO 来讲，这还是一件很积极的事，因为总得有人带头来做，既然美国现在不想带了，那么从体量上来讲，欧盟应该是比较合适的。然而，欧盟的主要问题是内部分歧很大，所以日本表现得相当积极，但现实情况是日本也很难带动其他各方共同推进 WTO 改革。

六、WTO 主要成员改革方案针对中国的倾向较为明显

一方面，在针对 WTO 机制本身的改革问题上，如 WTO 上诉机构改革，这些 WTO 主要成员方普遍反对美国的贸易保护主义行为和美国阻挠上诉机构人员遴选的做法；但另一方面，在 WTO 内发展中国家"特殊和差别待遇"、中国"非市场经济"地位、国有企业改革、产业补贴、强制技术转让和知识产权保护等议题上，这些经济体又和美国立场相似。甚至在加拿大

召开的没有美国和中国参加的WTO改革会议上提出的方案也相当程度上指向中国。《WTO12国和欧盟联合声明：WTO现状已不可持续》称，12国和欧盟对WTO成员遵守其通知义务的总体记录表示关注，被认为是针对中国的。[27]

综上所述，对WTO进行必要改革已经是WTO主要成员方的一致共识。但针对WTO改革问题中的改什么、怎么改都还有待各成员方的进一步协商，这可能也只是WTO改革万里长征的第一小步，未来进展如何，仍然充满变数，不可能一蹴而就。涉及成员利益的WTO改革提案，共同寻求合适解决方案，需要在WTO改革的具体方案和路径上"求同存异"，化解多边贸易体制面临的系统性危机。在未来WTO改革及多边谈判中，成员间通常会形成各种利益集团或机制，在具体议题上共同提出提案，我们要区别对待，以我为主，善加利用。

截至目前，WTO主要成员方纷纷抛出改革建议和方案，各成员方发布的声明、公告和方案所涉及的WTO改革内容非常广泛，其核心内容主要涉及争端解决机制、贸易政策监督和审议机制、透明度原则问题以及发展中国家身份和待遇等一系列体制性和实体性问题。研究现有的主要成员方的WTO改革方案，大体可以归纳为四个方面的问题：第一，在WTO争端解决机制问题上，各方均建议尽快修改相关协定，打破上诉机构法官遴选僵局，停止当前上诉机构"停摆"现状，确保WTO争端解决机制正常运转；第二，在贸易谈判机制问题上，建议增加谈判机制的灵活性，打破完全适用"协商一致原则"所造成的多边贸易谈判僵局；第三，在规则纪律约束问题上，建议更好地发挥WTO的审查机制和监督功能，加强对成员方通报义务的约束，进一步提升透明度；第四，在实体规则更新和制定问题上，建议制定贸易新规则，强化贸易公平、消除投资障碍，实现贸易规则现代化。

从以美国、欧盟为代表的发达国家成员和以中国、巴西为代表的新兴国家成员提出的WTO改革方案来看，集中反映了两大阵营之间在理念和关注点方面的分歧，导致双方之间不对称的博弈态势，使WTO改革成为全球经济治理机制改革的国际博弈场。WTO改革将是各成员通过利益博弈和沟通互动来实现国际经贸规则重构的重大进程，也将是今后全球经济治理的优先议题和大国博弈的新战场。发展中国家成员更关注 WTO 能否促进其经济发展和有效维护其正当权益，而发达国家成员则普遍关注 WTO 的稳定性、权威性、透明度和可预知性。WTO 各成员提出的改革方案在内容上不尽相同，对 WTO 体制改革的期待和目标也不相同。

注释：

[1] Remarks by President Trump and President Juncker of the European Commission in Joint Press Statements，https：//www. whitehouse. gov/briefings-statements/remarks-president-trump-president- juncker-european-commission-joint-press-statements/，visited on 27 November 2022.

[2] Office of the United States Trade Representative. "2019 Trade Policy Agenda and 2018 Annual Report"，https：//ustr. gov/about-us/policy-offices/press-office/reports-and-publications/2019/2019-trade-policy-agenda-and-2018，visited on 25 November 2022.

[3] http：//www. ccpit. org/Contents/Channel _ 3589/2019/0307/1136339/content _ 1136339. htm，visited on 25 November 2022.

[4] 孟琪：《中国执行 WTO 裁决策略研究——以"美国-棉花案"为例》，载《国际经济合作》2018 年第 9 期第 27—30 页。

[5] Sabastin Dullien. "Trade Conflict with US is the Only Way to Protect Free Trade，" European Council on Foreign Relations，February 23，2018，visited on 25 July 2022.

[6] European Parliament. "Multilateralism in International Trade-Reforming the WTO，" October 2018，http：//www. europarl. europa. eu/RegData/etudes/BRIE/2017/603919/ EPRS _ BRI（2017）603919 _ EN. pdf，visited on 20 November 2022.

[7] Tetyana Payosova，Gary Clyde Hufbauer and Jeffrey J. Schott. "EU Proposals to Resolve the WTO Appellate Body Crisis Represent Partial Progress，" Peterson Institute for International Economics（PIIE），December 10，2018，https：//piie. com/blogs/trade-investment-policy-watch/eu-proposals-resolve-wto-appellate-body-crisis-represent-partial，visited on 20 November 2022.

[8] See WTO Modernisantion Introduction to Future EU Proposals，http：//trade. ec. europa. eu/doclib/docs/2018/september/tradoc _ 157331. pdf，visited on 21 November 2022.

[9] Council of the European Union. "WTO-EU's proposals on WTO modernization"，05，July，2018，Wk 8329/2018 INIT，visited on 21 November 2022.

[10] European Commission. "WTO Modernization-Introduction to Future EU Proposals，

Concept Paper," September 18, 2018, http：//trade. ec. europa. eu/doclib/docs/2018/september/tradoc_157331. pdf, visited on 21 November 2022.

[11] European Commission. "WTO Reform：EU Proposes Way Forward on the Functioning of the Appellate Body," November 26, 2018, http：//trade. ec. europa. eu/doclib/press/index. cfm? id = 1945&title = WTO-reform-EU-proposes-way-forward-on-the-functioning-of-the-Appellate-Body, visited on 26 November 2022.

[12] Shiro Armstrong. "Time for Global Leadership, Japan-style," February 3, 2019, http：//www. eastasiaforum. org/2019/02/03/time-for-global-leadership-japan-style/, visited on 27 November 2022.

[13] European Commission. "Malmström Met Japanese Minister and US Trade Representative in Paris," May 31, 2018, http：//trade. ec. europa. eu/doclib/press/index. cfm? id = 1850&title = Malmstr%C3%B6m- met-Japanese-Minister-and-US-Trade-Representative-in-Paris, visited on 27 December 2022.

[14] USTR. Joint Statement of the Trilateral Meeting of Trade Ministers of Japan, the United States and the European Union, 14 January 2020, visited on 28 December 2022.

[15] https：//ustr. gov/about-us/policy-offices/press-office/press-releases/2021/november/joint-statement-trade-ministers-united-states-japan-and-european-union-after-trilateral-meeting, visited on 8 December 2022.

[16] Procedures to Enhance Transparency and Strengthen Notification Requirements under WTO Agreements, https：//docs. wto. org/dol2fe/Pages/FE_Search/FE_S_S009-DP. aspx? language = E&CatalogeIdList = 249449, visited on 8 December 2022.

[17] Communication from the United States：Procedures to Enhance Transparency and Strengthen Notification Requirements under WTO Agreements (JOB/CTG/10/REV. 1), November 1, 2018.

[18] Joint Communique of the Ottawa Ministerial on WTO Reform, Published By Media Relations Office, Global Affairs Canada, 1st, November, 2018, visited on 8 December 2022.

[19] Strengthening and Modernizing the WTO：Discussion Paper. Nigerian Office for Trade Negotiations Website, 30 August, 2018, http：//www. notn. gov. ng/bundles/notn/docs/Strengthening-and-Modernizing-the-WTO. pdf, visited on 7 December 2022.

[20] 参见商务部网站，http：//www. mofcom. gov. cn/xwfbh/20181123. shtml，访问日期：2022年12月8日。

[21] 参见商务部：《中国、欧盟等成员向世贸组织提交联合提案推动尽快启动上诉机构成员遴选》，http：//www.mofcom.gov.cn/article/ae/ai/201811/20181102810497.shtml；WTO，General Council，http：//trade.ec.europa.eu/doclib/docs/2018/november/tradoc_157514.pdf，访问日期：2022年12月8日。

[22] "Communication from the European Union, China, Canada, India, Norway, New Zealand, Switzerland, Australia, Republic of Korea, Iceland, Singapore and Mexico to the General Council; Communication from The European Union, China and India to the General Council", http：//trade.ec.europa.eu/doclib/docs/2018/november/tradoc_157514.pdf，visited on 7 December 2022.

[23] "WT/GC/W/752", World Trade Organization, Nov. 26 2018, http：//trade.ec.europa.eu/doclib/docs/2018/november/tradoc_157514.pdf，visited on 7 December 2022.

[24] Amendments of the Dispute Settlement Understanding, Communication from the European Union, China, Canada, India, Norway, New Zealand, Switzerland, Australia, Republic of Korea, Iceland, Singapore, Mexico, Costa Rica and Montenegro. WT/GC/W/752/Rev.2，12 December, 2018，visited on 7 December 2022.

[25] 《中国关于世贸组织改革的建议文件》，2019年5月14日，http：//sms.mofcom.gov.cn/article/cbw/201905/20190502862614.shtml，访问日期：2022年12月18日。

[26] 商务部：《中国关于世贸组织改革的立场文件》，2018年11月23日，http：//sms.mofcom.gov.cn/article/cbw/201812/20181202817611.shtm，访问日期：2022年12月18日。

[27] http：//wemedia.ifeng.com/84243925/wemedia.shtml，访问日期：2022年12月18日。

第三章
WTO 争端解决机制改革概述

从 1947 年到 1994 年，从日内瓦谈判到乌拉圭回合，最终缔结了《马拉喀什建立世界贸易组织协定》（Marrakesh Agreement Establishing the World Trade Organization，以下简称《建立 WTO 协定》）。代表"一个完整的、更可行的和持久的多边贸易体制"的 WTO 应运而生，"为进行国际贸易而通过的更有力和更明确的法律体制，包括更有效和更可靠的争端解决机制"[1] 也宣告设立并于 1995 年 1 月 1 日正式运行。自成立以来，WTO 已经获得了许多赞誉和非凡的成就，当它从 123 个创始成员发展到 2016 年 7 月 29 日阿富汗作为当前最后一个成员加入时，包括中国、俄罗斯等在内的 164 个成员方的 WTO 已经在真正意义上成为了公认的世界贸易"联合国"。WTO 已经发展成名副其实的占全球贸易总量 98%的全球性国际经贸组织，是目前全球经济治理体系中制度最完备、运作最规范、影响最广泛的国际贸易组织。[2]

国际贸易是促进全球经济增长的重要引擎，以 WTO 为核心的多边贸易体制是经济全球化和贸易自由化的基石。WTO 争端解决、贸易谈判和政策审议是 WTO 多边贸易体系的三大核心功能，而 WTO 争端解决机制（dispute settlement mechanism，DSM）则是 WTO 体制中最核心、最独特、最有成效的部分。多边贸易体制的作用既得益于其明确的规则体系，也得益于运转良好的争端解决机制，它是 WTO 国际贸易法律体制最为突出的一项功能，是国际和平解决贸易争端的重要制度创新，为增强多边贸易体制的权威性、可靠性、稳定性和可预见性及其正常、有效的运转提供了制度保证，为国际贸易秩序的稳定发展、和平繁荣做出了巨大努力，也取得了卓越成效，成熟规范的争端解决机制是 WTO 引以为傲的标签。

WTO 争端解决机制的主要功能在于以 WTO 规则为依据，协助解决 WTO 成员之间的争端，通过一次次的纠纷处理，在具体案件中澄清 WTO 规则，确保成员的权利得到切实保障、承诺得到切实履行，有利于维护多边贸易体制的权威性和有效性，维护全球贸易畅通高效运转。"规则导向"是 WTO 多边贸易体制最突出的特质之一，也是国际经济秩序法治化发展的重要表征。它是人类法律制度文明进步的重大成果，值得支持和推广。WTO 争端解决机制运行至今已经近 30 年，作为 WTO 的"牙齿"一直高效地处理着成员间的贸易争端，同时在维护多边贸易体制、促进世界经济稳定发展起到了至关重要的作用。

第一节　WTO 争端解决机制基本情况

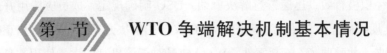

WTO 争端解决机制是在 GATT 争端解决机制的基础上产生和发展的，其中最重要的文件是第八轮谈判即乌拉圭回合通过的《关于争端解决规则与程序的谅解》（Understanding on Rules and Procedures Governing the Settlement of Disputes，DSU，简称《谅解》），是 WTO 争端解决机制赖以运转的法律依据。WTO 争端解决机制以解释 WTO 现有规则和解决各方经贸摩擦为基本职责，由 WTO 争端解决机构（dispute settlement body，DSB）、WTO 总干事和总干事领导的秘书处、上诉机构（appellate body，AB）、非常设专家组（panel）和仲裁员（arbitrator）等构成。WTO 争端解决机构负责 WTO 争端解决机制的运作，由专家组对案件进行全面审查，由上诉机构对专家组报告涉及的法律问题和法律解释进行上诉审查。

从和平解决国际争端法律制度的历史发展来看，WTO 独特的争端解决机制，尤其是专司复审法律程序和法律解释的上诉机制两项制度是独一无二的。WTO 争端解决机制与其他国际争端解决机制相比较有两大突出特点：（1）包含上诉机制的两审终审；（2）WTO 裁决具有约束力和强制执行力。美国著名 WTO 专家杰克逊教授（John H. Jackson）高度评价 WTO 争端解决机制：包含上诉审议的两审终审制确保 WTO 裁决结果的稳定性（security）、一致性（uniformity）、可预见性（predictability），而 WTO 争端解决报告的准自动通过机制赋予了 WTO 裁决约束力并辅以强有力的执行监督程序。因此，WTO 争端解决机制也实现了从 GATT 时期的"外交导向"到 WTO 时代的"规则导向"的实质性转变，与多边贸易谈判和贸易政策审议并列成为 WTO 的三大支柱功能。

WTO 争端解决机制是 WTO 最核心的支柱功能之一，其将 WTO 法治化水平提高到了一个前所未有的高度，在国际争端解决机制体系中，它的司法性、授权性、明确性和强制性等方面均堪称典范，为 WTO 多边贸易体制实现权威性、可靠性和可预见性保驾护航。WTO 争端解决机制鼓励通过多边途径积极有效、迅速善意解决争端。DSU 明确规定，成员应援用并遵守 DSU 规则和程序来寻求纠正违反 WTO 义务的解决方案。[3] WTO 自正式成立以来，共受理了 616 起案件，WTO 成员对于该机制的大量使用本身即表明成员对于争端解决机制的信任，普遍认可该机制是维护成员贸易利益及多边贸易体制的有效手段。它支持通过多边途径积极有效、迅速善意地解决各方之间的贸易纠纷，为保障 WTO 多边贸易体制的高效运转发挥了巨大作用。

在受理案件数量、审理效率、裁决质量等方面，WTO 争端解决机制领先于其他国际司法机构。WTO 平均结案时间比国际法院和国际投资争端解决中心的结案时间短。WTO 争端案件执行率很高，尤其是中国，在执行 WTO 裁决的实践中维持了良好的纪录。WTO 争端解决机制是为多边贸易体制提供可靠性和可预测性的一个重要因素，是维护多边贸易规则，包括无条件最惠国待遇基石条款、关税减让消除关税壁垒原则、反倾销和反补贴的公平贸易原则、透明度原则、多边解决争端原则和对发展中国家的特殊和差别待遇原则的执法机制。WTO 的 60 个涵盖协定是权利与义务的一揽子协定，对所有成员具有约束力，没有保留条款。

一、GATT - WTO 争端解决机制的历史演进

现行 WTO 体制是 GATT 时期第八轮乌拉圭回合多边贸易谈判结果一揽子协定的产物。关税及贸易总协定（GATT），简称《关贸总协定》，由 23 个国家（区域）经协商于 1947 年 10 月 30 日在日内瓦签定，并于 1948 年 1 月 1 日开始临时适用。GATT 是一个政府间缔结的有关关税和贸易规则的多边国际协定，它的宗旨是通过削减关税和其他贸易壁垒，消除国际贸易中的差别待遇，促进国际贸易自由化，以充分利用世界资源，扩大商品的生产与流通。GATT 多边贸易体制是一个涵盖货物贸易、服务贸易和与贸易有关的知识产权三个实体法协定，争端解决程序规则和贸易政策审议机制两项程序法协定的一整套条约法体系，对于调整经济全球一体化的各国或地区之间经

贸关系，解决相互间经贸摩擦引起的各类争端，具有不可或缺的作用。

在 GATT 时期，有关争端解决的条款非常少，仅有的也非常薄弱（GATT 第 22、23 条），直至 20 世纪 50 年代，才引入"专家小组"的做法。GATT 第 22 条和第 23 条规定了在解决贸易争端时，各缔约方（parties）应适用的规则和程序，具体包括磋商、申诉、专家组建议及执行建议等方面的规定。

GATT 第 22 条"磋商"和第 23 条"抵销或损伤"是 GATT 体制争端解决的核心规则。据其规定，如果一缔约方与另一缔约方就某项措施发生争议，则大致依循以下程序解决：（1）任一缔约方对于另一缔约方就影响 GATT 运用的任何事项可能提出的交涉，应予积极考虑并提供充分的磋商机会；（2）如经前述磋商争端未能满意解决，可将争端提交缔约方全体；（3）在缔约方全体作出有利于某缔约方的情况下，另一缔约方将被要求调整其措施以履行其 GATT 下的义务；（4）如果另一缔约方不作出调整，缔约方全体可授权提出申诉的缔约方中止履行其减让或其他义务。

GATT 时期争端解决的成功之处主要表现为两个方面：一是从结果来看，1948—1994 年，专家组共作出 127 份报告，96 份经理事会通过，通过率达 75.6%，而且，90% 的案件中败诉方最终接受了于己不利的专家组报告。由此表明，争端解决机制的成效和权威得到了应有的体现。[4] 二是从运行过程来看，GATT 初期的运行良好，缔约方愿意将争端提交 GATT 并获得满意的结果。在 GATT 不同的发展阶段，缔约方全体或者每半年举行一次会议来处理争端，或者通过非会议期间委员会处理，或者通过各成员方指派代表组成的工作组处理，但更多的是通过 3 人或 5 人组成的专家组处理。但无论采取哪种方式，处理的最后决定权都属于缔约方全体。纵观整个 GATT 历程，授权中止减让的案例只发生过一起。因美国对荷兰奶制品实施进口限制，荷兰被授权可以对美国实施报复，即可以对从美国进口的 6 万公斤小麦面粉中止减让，但荷兰最终未实施这一授权。

GATT 进入 20 世纪 60—80 年代，由于新成员数量的增加以及经济社会的发展所导致的利益需求的变化，其利用率呈明显下降之势。1979 年之后，GATT 争端解决的"先天不足"问题越来越明显地暴露出来，首先是条款语言十分空泛，对于目标或程序几乎没有详细的规定。由此在争端实践中引发了诸多纠缠不清的问题。更为关键的问题是，专家组成员的选任和报告最终由缔约方全体采用"协商一致"的决策原则决定是否通过，因而专家组并不算一个正式的争端解决机构，只是 GATT 缔约方全体的辅助机构。

败诉方经常滥用协商一致原则而采用一票否决权来恶意阻挠裁决建议报告的通过、无故拖延争端解决程序的进程，从而避免不利裁决的后果，这样极大地损害了各缔约方对于 GATT 争端解决机制有效性的信心，造成了 GATT 争端解决机制的根本缺陷。因此，建立一个更加完善的争端解决机制成为各缔约方的共同期待。

20 世纪 90 年代，经济全球化兴起，多边主义广泛盛行，美国拥有全球范围内最强的经济实力和竞争力，希望打开他国大门却无法使用 GATT 争端解决机制有效约束他国尤其是部分欧洲国家。因此，在美国的力主下，更有约束力的 WTO 争端解决机制应运而生。经过八年的乌拉圭回合谈判，1995 年 1 月 1 日在 WTO 成立的同时，《关于争端解决规则与程序的谅解》（DSU）开始生效并实施，它包括 27 条规定和 4 个附件，主要内容涉及 WTO 争端解决机制的适用范围、管理机构、一般原则、基本程序和特殊程序。DSU 是对多边贸易体制 40 多年来在 GATT 框架内形成的争端解决安排的全面修改和更新。DSU 规定了适用于 WTO 各项协定下可能产生的争端的一套统一规则，涉及 GATT、《建立 WTO 协定》本身及其后所附全部货物贸易协定、《服务贸易总协定》（General Agreement on Trade in Services，GATS）和《与贸易有关的知识产权协定》（Agreement on Trade-Related Aspects of Intellectual Property Rights，简称《TRIPs 协定》）。

DSU 项下的争端解决机制致力于帮助成员方解决贸易争端，做出具有约束力和强制执行力的 WTO 裁决，不断促进以规则为导向的 WTO 争端解决机制的有效运作。与 GATT 相比，WTO 中的争端解决新规则详细得多，不仅在 DSU 中规定了完整的争端解决程序，更重要的是，WTO 是具有法律人格的国际组织，DSB 作出的裁决对当事方具有强制约束力。DSU 一系列具有司法性的内容和措施的引入，极大地增强了 WTO 争端解决机制的强制性和权威性，WTO 也因此被形象地称作"有牙齿的老虎"。

二、WTO争端解决机制的组织机构与主要内容

WTO争端解决机制由WTO争端解决机构（DSB）、WTO总干事和总干事领导的秘书处、上诉机构（AB）、非常设专家组（panel）和仲裁员（arbitrator）等构成。

WTO争端解决机构由WTO总理事会组成，即由所有成员方的代表组成，并向部长级会议报告工作。在部长级会议休会期间，总理事会负责行使部长级会议的职能。DSB是WTO争端解决机制的管理和监督机构，有权设立专家组、通过专家组和上诉机构报告、监督裁决和建议的执行以及授权报复等，负责监督WTO争端解决机制的顺利运行。除了争端案件的流程管理外，DSB的另外一个重要职能是提供一个平台，使WTO成员能够表达他们的意见，并就专家组和上诉机构的法律解释和理由进行评论。各成员也可以自由提出与DSU运作有关的任何程序问题，以保持其对程序的影响，并对专家组和上诉机构正在做的工作行使一定的控制权。由于反向一致在争端解决程序中的适用，使DSB对争端案件最终的结果影响有限，因而其在争端解决中的参与在本质上更具有外交和政治性而非司法性色彩。

总干事主要在斡旋、调解和调停程序中发挥作用。秘书处作为辅助机构，主要履行协助专家组工作、提供法律帮助或法律咨询和培训等职责。

WTO争端解决机制的司法性机构是专家组和上诉机构。专家组是非常设机构，由资深专业人士3人或5人组成，根据争端方援引的WTO规则，对争议事项作出客观评估并作出可协助DSB提出建议或作出裁决的其他认定。上诉机构是DSB的常设机构，由7名在法律、国际贸易和WTO各协定方面公认的权威专家组成。每一案件由其中的3人组成裁判庭任职审理，范围"应限于专家组报告涉及的法律问题和专家组所作的法律解释"和"上诉机构可维持、修改或撤销专家组的法律调查结果和结论"。

《关于争端解决规则与程序的谅解》（DSU）是WTO关于争端解决机制的主要核心法律文件。DSU共27条和4个附录，主要内容包括WTO争端解决机制的适用与范围、基本方法和程序、建议与裁决的实施和监督、贸易报复程序等，并对相关程序和具体操作均作了较为详细的规定，而最为核心

的内容就是对磋商机制,专家组组成、职责和工作程序,上诉机构组成、程序以及执行机制的规定。在 WTO 争端解决机制框架下解决经贸争端,一般完整的争端解决程序主要包括磋商、专家组程序、上诉机构程序、裁决执行程序四个环节。

本部分以"DS397 中国诉欧盟紧固件反倾销案"(简称"中欧紧固件案")为例,介绍 WTO 争端解决机制的主要内容和核心程序。

"中欧紧固件案"基本案情:本案的全称为"中国诉欧盟对中国部分钢铁紧固件的最终反倾销措施案"。《欧盟反倾销基本法》第 9 条第 5 款规定如下:"如对任何产品征收反倾销税,则应对已被认定倾销和造成损害的所有来源的进口产品根据每一案件的情况在非歧视的基础上收取适当金额的反倾销税,来自根据本法条款提出的价格承诺已被接受的来源国的进口产品除外。本法确定反倾销税时应当列出每一供应商的反倾销税,或如果这样做不可行且 2(7)(a) 条款基本适用时,列出所涉供应国的反倾销税。"上述是关于非市场经济地位确认的问题,对非市场经济国家出口企业能否获得单独税率进行"有罪推定",举证责任倒置,要求被调查企业反过来证明自己"无罪"。这一规定明显违反了 WTO 有关调查机关应对每一个企业确定各自单独倾销幅度的基本义务要求。作为核心诉求,中国起诉欧盟《反倾销基本法》中有关非市场经济主体适用单独税率的规定滥用了 WTO 在非市场经济问题上的模糊规定,构成歧视性条款。根据欧盟《反倾销基本法》的规定,对于涉及非市场经济主体的反倾销调查,生产商首先要进行市场经济测试,即生产商必须证明自己具备市场经济条件,否则这些生产商的国内价格就不能作为确定正常价值的基础,而必须采用替代国方法来确定。如果市场经济条件没有获得欧委会的认可,只有必须证明符合单独待遇条件来获得单独税率,否则就只能被征收适用于中国所有出口商的统一反倾销税。欧盟《反倾销基本法》对证明符合市场经济条件以及通过单独待遇测试条件都做了明确的规定。

(一)WTO 争端解决机制中的磋商程序

DSU 第 3 条第 7 款对 WTO 争端解决机制中的四种救济方式给出了比较

清晰的含义。其规定:"在提出一案件前,一成员应就根据这些程序采取的措施是否有效做出判断。争端解决机制的目的在于保证使争端得到积极解决。争端各方均可接受且与适用协定相一致的解决办法无疑是首选办法。如不能达成双方同意的解决办法,则争端解决机制的首要目标通常是保证撤销被认为与任何适用协定的规定不一致的有关措施。提供补偿的办法只能在立即撤销措施不可行时方可采取,且应作为在撤销与适用协定不一致的措施前采取的临时措施。本谅解为援引争端解决程序的成员规定的最后手段是可以在歧视性的基础上针对另一成员中止实施适用协定项下的减让或其他义务,但需经 DSB 授权采取此类措施。"

磋商(consultations)是指经贸争端各方进行谈判,寻求各方均可以接受的解决问题的和解方案。"如果一个成员认为另一个成员的措施不符合 WTO 规则,就可以提出磋商请求。"根据 DSU 的规定,磋商是 WTO 争端解决机制中的一项必经程序和前置程序,并贯穿于 WTO 争端解决的全过程中,与国内的"和解"程序极为相似。磋商更是目前最为优选的救济形式。如果在解决争端的磋商阶段中,争端各方就能够达成各方均可接受的解决方案那是最好不过的,因此,磋商是 WTO 比较推荐的解决成员间经贸争端的最优救济措施。

WTO 磋商程序与一般意义上的普通谈判有很大区别。在磋商程序中,起诉方第一步是要向 DSB 提交一份书面文件,即"磋商请求",要求说明争议事项和法律依据,这与国内司法程序中的"起诉书"类似,"磋商请求"要通报 WTO 并公开,据此产生一个案件名称和号码。例如,中欧紧固件案的名称是:European Communities-Definitive Anti-Dumping Measures on Certain Iron or Steel Fasteners from China,编号为 DS397。这就表示 WTO 的一个成员向另一个成员提出了磋商请求,案件涉及哪些措施和违反了哪些协议条款,公开就是通知所有其他成员方对案件进行关注。如果其他成员认为该磋商涉及的争议事项与自己的贸易利益有密切关系,磋商结果与自己利益相关,那么,这种情况下其他成员可以申请"加入磋商"。例如,在中欧紧固件案中,磋商过程中就有其他成员主动申请加入。磋商如果顺利达成一致,需要通报 WTO。这样操作的结果表面上看是两个成员之间的贸易争端，后面逐渐演变为"众所周知"，受到全体成员的广泛关注和共同监督。当然，磋商程序是有60天的时间限制的，如果磋商双方不能在60天内达成一致，就必须进入下一个程序。

磋商是WTO争端解决的必经程序和前置程序，磋商意味着WTO争端解决机制已经启动但也只是一个开始。虽然磋商是WTO争端解决的第一步程序，但争端双方最初大多都是希望能够通过磋商的方式快速有效地将争端解决好。DSU第4条第1款规定："各成员确认决心，加强和提高各成员使用的磋商程序的有效性。"第4条第2款规定："每一成员承诺对另一成员提出的有关在前者领土内采取的、影响任何适用协定运用的措施的交涉给予积极考虑，并提供充分的磋商机会。"事实上，磋商程序也并不是所有WTO争端解决案件必经的一道程序，因为，根据DSU第4条第3款规定："如磋商请求是按照一适用协定提出的，则请求所针对的成员应在收到请求之日起10天内对该请求做出答复，并应在收到请求之日起不超过30天的期限内真诚地进行磋商，以达成双方满意的解决办法，除非双方另有议定。如该成员未在收到请求之日起10天内做出答复，或未在收到请求之日起不超过30天的期限内或双方同意的其他时间内进行磋商，则请求进行磋商的成员可直接开始请求设立专家组。"

1. 磋商的具体要求

根据DSU第4条第4款规定："所有此类磋商请求应由请求磋商的成员通知DSB及有关理事会和委员会。任何磋商请求应以书面形式提交，并应说明提出请求的理由，包括确认所争论的措施，并指出起诉的法律根据。"在实践中，请求磋商的成员应该将磋商请求通知DSB及有关理事会和委员会。例如，若磋商请求涉及对进口钢铁采取保障措施的问题，则请求磋商的成员应将磋商请求分别通知DSB及货物贸易理事会和保障措施委员会的主席。同时，该条涉及两个十分重要的概念，即"涉案措施"和"法律依据"。涉案措施，可能包括一成员的国内立法、方针政策、决定等，范围比较广泛。而法律依据则包括所有WTO涵盖协定，以及一成员自己作出的承诺等。在WTO争端解决过程中，需要列明涉案措施和法律规则违反了WTO协定，保证其磋商请求中所述内容充实有效，申辩也有比较明确的法律依据。此外，DSU第4条第6款规定："磋商应保密，并不得损害任何一方在任何进一步诉讼中的权利。"磋商的保密是为了保障双方能够尽量在一种宽松的环境中，善意地解决争端，不必担心相关信息外泄，但是对于磋商中所获事实的使用，专家组和上诉机构则持肯定态度。在韩国酒类案中，专家组认为，如果在磋商过程中获得的此类信息不能被任何当事方使用，将严重阻碍WTO争端解决程序。

2. 磋商的时间以及磋商不成的结果

关于磋商的时间要求，DSU第4条第7款作了详细的规定："如在收到磋商请求之日起60天内，磋商未能解决争端，则起诉方可请求设立专家组。如磋商各方共同认为磋商已不能解决争端，则起诉方可在60天期限内请求设立专家组。"DSU第4条第8款规定："在紧急案件中，包括涉及易腐货物的案件，各成员应在收到请求之日起不超过10天的期限内进行磋商。如在收到请求之日起20天的期限内，磋商未能解决争端，则起诉方可请求设立专家组。"此外，磋商程序中也关注到了发展中国家的特殊和差别待遇问题，具体而言，DSU第4条第10款规定："在磋商中，各成员应特别注意发展中国家成员的特殊问题和利益。"不过由于其表述的高度概括性，实践中发展中国家能够享受的实际待遇并不明确。

（二）WTO争端解决机制中的专家组

专家组审查属于前文提及的磋商不成时的"下一步程序"，即起诉方可以申请设立专家组审理此案。WTO秘书处会从其专家库和相关领域专家中推荐专家组成员，征求争端双方意见，并在双方不能达成一致意见时由WTO总干事指定。每个案件由3名专家组成专家组进行审理。例如，中欧紧固件案的专家组成员分别是Luiz O. Baptista、Michael Mulgrew和Arie Reich。专家组成立后，与双方商定工作程序，随后就开始了提交书面材料和开庭审理的程序，专家组需要在6个月内作出裁决。

专家组裁决虽然看似与一般法院判决类似，主要是对案件事实和适用法律作出认定，最后作出裁决，但是其法律推理部分非常充分和详尽，就当事方提出的每一个法律主张和问题都会给予一一回应，并且对某个协议条款如何理解和适用都会给出详细解释。例如,中欧紧固件案专家组裁决正文就长达 236 页。

若协商不能达成一致的情况下,WTO 争端解决程序的下一阶段,即所谓的专家组审理阶段就会启动。根据 DSU 第 6 条第 2 款的规定,在这个阶段,起诉方需要提交第二份极其重要的文件——要求设立专家组,而在这份文件中将会明确载明起诉范围。

与普通仲裁庭的组成方式不同,DSB 专家组在通常情况下,是分别由起诉方与被诉方将其选择专家组的标准告知秘书处,由秘书处选择 6 人,然后由起诉方和被诉方确认是否同意由其审理。如果双方未对审理人员达成合意,则由 WTO 总干事指定 3 人组成专家组。专家组组成后将会召开组织会议,讨论专家组的时间表,并根据案件情况确定审理期限。

1. 专家组的设立条件和职权

DSU 第 6 条第 2 款规定:"设立专家组的请求应以书面形式提出。请求应指出是否已进行磋商、确认争论中的措施并提供一份足以明确陈述问题的起诉的法律根据概要。在申请方请求设立的专家组不具有标准职权范围的情况下,书面请求中应包括特殊职权范围的拟议案文。"根据 DSU 的规定,可以明确申请设立专家组需要满足 4 个条件:(1) 书面提出申请;(2) 指出磋商是否举行;(3) 确认争论中的措施;(4) 提供一份法律依据概要。专家组一般由三名成员组成,其中一名担任主席。特别设置了对发展中国家成员的特殊安排,即如果争端发生在发展中国家成员和发达国家成员之间,如果发展中国家成员提出要求,专家组应至少有一名成员来自发展中国家。

DSU 第 7 条规定了专家组的职权范围,即"按照(争端各方引用的适用协定名称)的有关规定,审查(争端方名)文件中提交争端解决机构的事项,并提出调查结果以协助争端解决机构提出建议或作出该协定规定的裁决"。实践中,起诉方可能提出该事项没有提请磋商程序,鉴于磋商请求对后续程序的重要性,加之在磋商之前很难准确描述有关措施和法律依据,应尽可能把磋商请求写得更周全,尽量涵盖所有可能的问题,在提出磋商时考虑更加全面一些。关于专家组成员的来源,DSU 第 8 条第 1 款规定"专家组应由资深政府和/或非政府个人组成,包括曾在专家组任职或曾向专家组陈述案件的人员、曾任成员代表或GATT1947缔约方代表，或任何适用协定或其先前协定的理事会或委员会的代表的人员、秘书处人员、曾讲授或出版国际贸易法或政策著作的人员，以及曾任一成员高级贸易政策官员的人员"。

2. 专家组的审理程序

根据DSU的规定，专家组有两项基本职能，即认定事实和适用法律。案件一旦被上诉后，上诉机构不再审议事实问题，仅对法律问题进行裁定。因此，专家组认定事实的职能尤为重要。专家组应当对有关事项进行客观评估，包括客观评估案件事实，以及相关协议的适用性及一致性。上诉机构多次对专家组审查标准的问题作出过解释。在"欧共体-荷尔蒙牛肉和牛肉制品措施案"（简称"欧共体-荷尔蒙案"）中，上诉机构认为，就专家组查明事实而言，其采用的标准既不是"重新审查"，也不是"完全采纳"，而是对事实的客观评估。事实上，虽然上诉机构明确表示专家组不应对有关事项进行重新审查，但有时候自己也会寻找证据。例如，在"欧共体—荷尔蒙案"中，专家组就召开了科学专家的会议，寻求科学意见。

DSU第12条和附录3中对专家组审理案件的具体程序作了明确规定。DSU第12条总结规定了专家组制订工作程序的要求：(1)专家组应尽可能在专家组组成及职权范围议定后一周内，确定专家组程序和时间表，但在紧急案件中，包括易腐货物的案件，时间表应加快；(2)在确定专家组程序的时间表时，专家组应为争端各方提供充分的时间准备陈述；(3)专家组应明确设定各方提供书面陈述的最后期限，各方应遵守此最后期限；(4)专家组的程序应具有充分的灵活性，以保证提出高质量的专家组报告，同时不应不适当地延误专家组程序。

自专家组组成和职权范围确定，到最终报告提交争端各方，专家组报告一般应当在6个月之内作出。对于紧急案件，审期则为3个月。但自专家组审理到报告散发WTO成员，最长的审期期限不得超过9个月。另外，应起诉方请求，专家组可以随时中止其工作。如果专家组中止工作12个月以上，则设立专家组的授权应当结束。另外，DSU第14条还规定，专家组的审议情况应保密，并且专家组报告中专家个人发表的意见应匿名。

3. 专家组中期报告与最终报告的通过

DSU 第 15 条规定了专家组中期审议事项，根据该条规定，"专家组应向各方提交一份中期报告，既包括描述部分也包括专家组的调查结果和结论。在专家组设定的期限内，一方可提出书面请求，请专家组在最终报告散发各成员之前，审议中期报告中的具体方面。应一方请求，专家组应就书面意见中所确认的问题，与各方再次召开会议"。关于专家组报告的通过，DSU 第 16 条第 4 款规定："在专家组报告散发各成员之日起 60 天内，该报告应在争端解决机构会议上通过，除非一争端方正式通知争端解决机构其上诉决定，或争端解决机构经协商一致决定不通过该报告。如一方已通知其上诉决定，则在上诉完成之前，争端解决机构将不审议通过该专家组报告、该通过程序不损害各成员就专家组报告发表意见的权利。"此外，第 16 条第 1 款、第 16 条第 2 款规定：为向各成员提供充足的时间审议专家组报告，在报告散发各成员之日 20 天后，DSB 方可审议通过此报告。对专家组报告有反对意见的成员应至少在审议该报告的 DSB 会议召开前 10 天，提交供散发的解释其反对意见的书面理由。

（三）WTO 争端解决机制中的上诉机构

争端任何一方或多方对专家组裁决不服，可以提起上诉。上诉机构是 7 人常设机构，上诉案件由其中 3 人负责具体案件审理。例如，负责中欧紧固件案审理的上诉机构成员分别是 Shotaro Oshima，Jennifer Hillman 和 David Unterhalter。

上诉审属于"法律审"，只审查专家组裁决中的法律适用和法律解释是否存在错误。经审查书面材料和开庭审理后，上诉机构在 90 日内作出裁决。这个裁决是终局的，经 WTO 争端解决机构通过后生效。上诉机构的裁决，基本上使用"国际公法的习惯解释规则"，特别是《维也纳条约法公约》第 31、32 条所提出的文本、上下文和宗旨目的等方法，上诉机构审理案件时对协议条款字斟句酌，试图得出令人心服口服的结论。例如，在中欧紧固件案中，上诉机构裁决正文就长达 254 页。

专家组的报告发布之后将会有一个比较复杂的规定来确定双方的上诉期

限,通常情况下这个上诉期限一般为 60 天左右。上诉阶段的审理由 WTO 常设的上诉机构完成,审理有关专家组报告中的法律问题的上诉。上诉机构的裁决是终审判决,各方必须执行。

上诉裁决通常会有如下几种结果:(1)上诉机构完全支持专家组意见;(2)对于专家组作出裁决的原因上述机构表示不同意,但对他们的结论却表示同意;(3)对于专家组的结论上述机构表示不赞同,即可将专家组的结论推翻,另作裁决。

1. 上诉机构的设置

DSU 第 17 条规定,由 WTO 上诉机构审理专家组案件的上诉,只有争端各方而非第三方,可以对专家组报告进行上诉。该机构应由 7 人组成,任何一个案件应由其中 3 人任职。上诉机构人员任职应实行轮换制。上诉机构任职的人员,任期 4 年,每人可连任一次,空额一经出现即应补足。如一人被任命接替一任期未满人员。则此人的任期即为前任余下的任期。上诉机构的成员应由具有公认权威并在法律、国际贸易和各适用协定所涉主题方面具有公认专门知识的人员组成。他们不得附属于任何政府。上诉机构的成员资格应广泛代表世贸组织的成员资格。上诉机构成员不得参与审议任何可产生直接或间接利益冲突的争端。

2. 上诉机构人员的权限和裁判依据

上诉审应限于专家组报告涉及的法律问题和专家组所作的法律解释,上诉机构可维持、修改或撤销专家组的法律调查结果和结论。上诉机构的程序应保密,报告中由任职于上诉机构的个人发表的意见应匿名。由于 WTO 协定是一个自给自足的法律体系,专家组和上诉机构唯一正式适用的法律就是 WTO 协定的条文。先前的专家组和上诉机构报告、一般国际法、权威学者的学说可成为专家组和上诉机构解释 WTO 协定的辅助资料。

3. 诉机构的审理期限和裁决报告的通过

DSU 第 17 条第 5 款规定:"诉讼程序自一争端方正式通知其上诉决定之日起至上诉机构散发其报告之日止通常不得超过 60 天。当上诉机构认为不能在 60 天内提交报告时,应书面通知争端解决机构迟延的原因及提交报告的估计期限。但该诉讼程序不能超过 90 天。"上诉机构报告除非协商一致不通过,否则争端各方应无条件接受。根据DSU第17条第14款规定,"上诉机构报告应由争端解决机构通过,争端各方应无条件接受,除非在报告散发各成员后30天内,争端解决机构经协商一致决定不通过该报告",各成员可就上诉机构的报告发表意见,目前相关成员对上诉机构审理延期表现出一定程度上的不满。当前上诉机构成员不足导致上诉机构停摆,也正成为目前WTO运行最大的危机。

(四) WTO争端解决机制中的执行程序

执行裁决,主要是指被诉方修改或取消被WTO认定为不符合协议的措施,同时还有两项临时执行措施,即补偿和"中止减让",就是在立即修改或取消措施不可行的情况下,经与起诉方协商,或经WTO授权,可以提供一定的补偿或暂停给其他国家的优惠。从实际情况来看,截至2022年12月31日,WTO争端解决机构共受理成员方提起的争端案件615件,作出了376项专家组裁决。在诉诸争端解决机制的案件中,有超过90%的案件最终被裁定违反了WTO规则,涉及执行的案件有197件,在几乎所有作出裁决的案件中,败诉方均声明愿意执行裁决,且裁决执行的情况和效果都不错,只有在极个别案件中出现了执行不力的问题,诉诸报复的案件更是屈指可数。良好的执行状况,也许说明了该机制以及整个WTO规则的可信度和有效性。也就是说,各成员尊重WTO规则,相信WTO争端解决机制,所以才会认真执行对己不利的裁决。

以中欧紧固件案为例,欧盟先后修改立法和取消措施的行为,就是执行裁决的行为。但这些违法规则的修改和调整从表面上来看似乎是在执行WTO裁决,但从实际执行效果上并未减少反倾销措施对中国的出口贸易及相关产业的负面影响,也未对欧盟紧固件产品的进口产生实质性影响。并且从长远来看,该反倾销税措施将至少维持到2014年,到时欧洲紧固件制造商可提出期满复审,该复审可能会产生另一段为期5年的延长适用,不利影响将持续存在。中国不认同轻微降低税率的执行结果,希望寻求本质问题的解决。于2013年10月向DSB提起了DSU第21条第5款的执行复审程序,即"执行之诉"。"执行之诉"是DSU明确允许的,其制度设计所针对的就是类似中欧紧固件案这种复杂的情况。2016年1月18日，WTO公布了此案执行之诉的上诉机构报告。该报告指出，欧盟针对中国制造的钢铁紧固件反倾销税所进行的修改并未使其违法措施与WTO规则相符。

一般为期15个月的执行阶段届满，如果胜诉方对败诉方的执行结果不满意，那么胜诉方可以重新提起执行程序，然后快速进行专家组程序或者上诉程序。对于败诉方没有执行裁决的结果，根据第22条的规定，胜诉方拥有申请授权报复的权利进行救济。报复制度是一项十分有效的制度，其产生的法律效果就是赋予胜诉方权力直接限制败诉方的贸易。

1. WTO争端解决执行程序的法律依据

WTO执行机制建立在WTO争端解决的裁决基础上，当争端解决机构通过了专家组或上诉机构的裁决后，则意味着接下来该裁决必须得到执行。WTO裁决执行的法律依据主要是DSU第21条"对执行建议和裁决的监督"、第22条"补偿和中止减让"以及第23条"多边体制的加强"的法律规定。WTO执行机制涉及众多的法律问题，其中主要包括：通报执行裁决的意向、对执行裁决的监督、执行裁决的合理期限、对执行裁决的异议复审、执行中的补偿以及报复机制、对补偿和报复的仲裁机制等。对此，DSU都有较为详细的规定。

2. 执行建议和裁决的监督

关于执行的期限，根据第21条第3款规定，如立即遵守建议和裁决不可行，则应确立一个合理期限，这包括：(1) 有关成员提议的期限，只要该期限获争端解决机构批准即可适用；(2) 如未获批准，则为争端各方在通过建议和裁决之日起45天内双方同意的期限；(3) 如未同意则为，在通过建议和裁决之日起90天内通过有约束力的仲裁确定的期限，该合理期限一般不超过专家组或上诉机构报告通过之日起15个月。关于执行过程中的分歧，根据第21条第5款规定，如在是否存在为遵守建议和裁决所采取的措施或此类措施是否与适用协定相一致的问题上存在分歧，则此争端也应通过援用这些争端解决程序加以解决，包括只要可能即求助于原专家组，专家组应在此事项提交其后90天内散发报告。

3. "仲裁"作为解决争议的方式之一

DSU 第 25 条第 1 款规定："世贸组织中的迅速仲裁作为争端解决的一个替代手段,能够便利解决涉及有关双方已明确界定问题的争端。"考虑到当前上诉机构的停摆危机,目前欧盟和中国倡导的《多边临时上诉仲裁安排》(Multi-Party Interim Appeal Arrangement,MPIA)正是依据该条而设立的,不过后续实践运行效果如何,还有待观察。

三、WTO 争端解决机制的主要特点和优势

WTO 有一套完善而有效的争端解决机制,该机制自 1995 年 1 月 1 日成立起运行至今已近 30 年,在增强多边贸易体制的可预见性、保障该体制的有效运作和遏制贸易保护主义盛行等方面发挥了巨大作用。WTO 首任总干事雷纳托·鲁杰罗(Renato Ruggiero)曾称赞:"WTO 争端解决机制作为多边贸易体制的重要支柱,是 WTO 对全球经济稳定最独特的贡献。"WTO 争端解决机制的运行成效是非常显著的,事实证明它是非常好用的法律规则。

(一) WTO 争端解决机制的主要特点

WTO 争端解决机制是在 GATT 争端解决规则的基础上形成的具有司法功能的机制,其克服了 GATT 体制中存在的弊端并加以完善,使现行的 WTO 争端解决机制在实现促进各国发展目标时表现更为有效和突出,被誉为"WTO 皇冠上的一颗明珠"。与 GATT 争端解决机制相比较,WTO 争端解决机制最大的特点主要体现在三个方面。

1. WTO 争端解决机制具有强制性

WTO 争端解决机制的强制性在批准设立专家组的申请,适用"反向协商一致"原则实现专家组报告,上诉机构报告的通过和授权报复这三个方面表现最为直接和明显,即强制管辖、强制裁决和强制执行。这意味着只要有成员方提起诉讼,WTO 就必须受理,WTO 成员不可随意逃避其管辖,相关专家组和上诉机构裁决经 DSB 通过后即具有约束力,被裁决违规的成员如果不执行需承受贸易报复后果。

这种规定明显避免了在 GATT 时期出现的被诉方利用"正向协商一致"原则直接阻挠专家组设立以及专家组和上诉机构报告的通过，而导致争端最终无法得到有效解决的现实问题。GATT 时期，成员方之间的争端只能依赖谈判协商，却难以在"法律性"层面得以解决，由此导致 GATT 法纪松弛，相应地，自由贸易规则与争端解决机制的实效均十分有限。WTO 争端解决机制放弃了传统的"正向协商一致"的决策机制，适用"反向协商一致"原则，即"除非一致不同意，否则视为一致同意"的原则，这一原则实质上就是"一票通过制"。WTO 适用的"反向协商一致"原则与 GATT 时期采取的"正向协商一致"原则构成本质上的区别，这是 WTO 的重大改革和创新并因此产生了与 GATT 时期截然不同的适用效果。一方面，大大减小了专家组成立的阻力，另一方面，专家组报告几乎实现了自动通过的目标。

就此，WTO 争端解决机制也就具有了约束力、排他性和强制执行力。任何成员不得以其国内法对抗 WTO 法，任何成员的贸易措施不得违反 WTO 涵盖协定。经过 WTO 专家组和上诉机构两级审理的最终裁决对于争端当事方具有法律约束力，DSU 第 17 条第 14 款规定，"上诉机构报告应由 DSB 通过，争端各方应无条件接受"，败诉方必须执行裁决。如果败诉方在合理期限内未执行裁决，申诉方可以申请启动执行程序并依据申诉方的损失通过仲裁确定向败诉方执行的报复金额，裁决经过 DSB 发布执行。从实践情况来看，WTO 成员基本上都遵守和执行了这些 WTO 裁决，败诉方在绝大多数案件中均通过修改了违规措施的方式执行了 WTO 裁决；当然也有败诉方在极少数案件中以 WTO 争端解决机制所允许的其他方式处理争端：暂时提供补偿，例如 DS160 "美国-美国版权法第 110（5）节案"；由胜诉方得到授权，暂时中止减让（即授权报复，例如 DS26/DS48 "欧盟—影响肉及肉制品措施案"等）。WTO 争端解决机制据此被外界誉为"有牙齿"，对于违反 WTO 涵盖协定的措施具有"杀伤力"。争端解决是 WTO 三项功能（即多边贸易谈判、贸易政策审议、多边解决争端）中最成功的，被誉为"皇冠上的明珠"。

2. WTO 创新设立了上诉机构，实现两审终审制

国家间争端解决的模式走过了从战争到外交、从双边解决到第三方裁

决，又从个案裁决到机构仲裁，从一裁终裁到两级裁决的发展历程。

WTO创新建立的由专家组和上诉机构共同组成的争端解决机制是国际经贸制度中的两级裁决制度的首创和典范，类似于国内的二审法院，它可以作出维持、修改或撤销专家组报告中的结论或裁决。基于常设的上诉机构创立的两审终审制是全球正在运行的多边贸易裁决机制中唯一具有上诉职能的争端解决机制。因此，WTO争端解决机制是国际经贸争端裁决机制的一次重大的制度革新，具有跨时代的进步意义。任何争端方对专家组报告不满意均可以提起上诉审，由上诉机构对案件进行审议。根据DSU的相关规定，上诉机构在WTO中具有准司法职能，由7人组成上诉机构，3人组成上诉庭，处理争端方提起的对专家组报告不满的上诉，上诉机构可以维持、修改或推翻专家组报告，不仅创新了国际社会贸易争端解决机制的新模式，而且有效地规避了专家组报告可能出现的错误，发挥准司法机构和监督机构的双重作用。

3. WTO建立了强而有力的裁决执行和监督机制

对（拒绝、拖延）执行WTO裁决的败诉方，WTO可以授权当事方实施贸易报复，进一步加强了WTO争端解决机制的威力和执行力。WTO争端解决机制使得发达国家成员尤其是美国无法再以GATT效力和强制性不足为借口实施单边措施。除非根据DSU诉诸WTO争端解决机制，各成员不得作出效果上认定等同于违反有关协议、致使利益丧失或损害，阻碍取得有关协议目标的决定。相关成员应遵守DSU的规定，确定有关成员执行裁决的合理期限，确定中止减让或中止其他义务的程度，并获得相应授权。通过鼓励并要求成员通过多边贸易体制解决成员间的贸易争端，WTO旨在阻止成员通过单边措施解决贸易争端。同时增强了WTO的确定性和可预见性，这一方面对于发展中国家成员尤为重要。

除此之外，WTO争端解决机制也是一个"讲理"的法律规范。专家组和上诉机构的裁决报告中有非常详尽的法律解释和充分的法律论证，这对WTO争端解决机制的权威性和有效性是相当必要的。一般专家组报告长达400多页，上诉机构报告也长达150多页，两份报告均对"涉案措施是否符合相关协定"这一核心基本问题进行了详细的解释和充分的论证，因此，

WTO 裁决是通过"以理服人"来实现其执行目标的。

综上所述，WTO 在尊重国家主权的同时，建立起一套因其理由令人信服而使成员决定遵守的裁判程序。事实上，WTO 争端解决机制能否有效运作取决于争端解决裁判的公信力。为此，如前所述，在制度设计上，相对独立的司法机构、不受外方干预的独立裁判都使 WTO 争端解决机制在确保 WTO 多边贸易体制安全性和可预测性方面发挥着一定的司法性功能。体制的安全和可预测性在激励决策者在经济上将资源从保护性用途转移到生产性用途的同时，也获得了成员方的信任。"反向一致"规则的引入，极大地强化了 WTO 规则的有效性，由于专家组和上诉机构裁判在澄清和执行 WTO 各项协定所包含的法律义务方面发挥了核心作用，从而在体制功能上维护着 WTO 体制的权威，使之不再是一个简单地建立在一致意见、互惠与让步平衡基础上的体系了。相反，它是建立在反映行政国家（administrative state）现实规则基础上的体系。作为政府间定分止争的制度安排，WTO 争端解决机制是以和平手段解决贸易争端，避免争端政治化并升级为更大冲突；更是澄清多边贸易规则的重要平台，通过澄清规则，增强多边贸易体制的可预见性，有效抑制违规行为。以规则为基础的世贸组织争端解决机制，已成为世贸组织成员间解决纠纷的重要手段，使世贸组织虽历经规则谈判停滞的挑战和区域经贸合作体系"碎片化"的冲击，仍然持续发挥国际贸易领域定分止争的主平台作用。

（二）WTO 争端解决机制的优势

《建立世界贸易组织的马拉喀什协定》（简称 WTO 协定）强调 WTO 体制是一个"更有力和更明确的法律体制，包括更有效和更可靠的争端解决机制"，具有司法化特质的 WTO 争端解决机制恰恰为维护 WTO "规则导向"之法治核心价值提供了强有力的制度支撑，得到了 WTO 绝大多数成员的积极肯定与坚定维护。

1. WTO 争端解决机制的制衡关系

WTO 争端解决机制在许多方面存在制衡关系，保证机制的有效运作。

第一，WTO 最高权力机构——部长级会议与争端解决机构（DSB）之间存在制衡关系。从某种意义上来说，DSB对专家组和上诉机构存在赋权和被赋权的关系，专家组和上诉机构隶属于DSB并对其负责。WTO争端解决机制都是部长级会议以及代行部长级会议职能的总理事会下的三大职能之一，即通常所称的WTO的三大支柱之一。根据WTO协定，部长级会议（包括部长级会议闭会期间代行部长级会议职能的总理事会）有权对DSB运行的规则进行修改，并对WTO争端解决机制执行中出现的问题进行讨论并做出决定。负责WTO争端解决机制的最高权力和决策机构是DSB，它由全体WTO成员组成，每个月召开一次例会。个案专家组由DSB设立，上诉机构成员的遴选和任命由DSB进行。专家组和上诉机构关于争端案件的裁决报告旨在为DSB解决WTO贸易争端提供裁决和建议（ruling and recommendation），专家组与上诉机构报告须经DSB通过方能生效。同时，由于常设上诉机构是DSU设立的专门负责上诉事务的机构，其具有条约赋予的一定的独立性。因此，部长级会议对DSB具有制衡效力。

第二，DSB内部的决策机制也存在制衡机制。DSB针对不同的争端解决事项实行自动性（反向协商一致）和非自动性（正向协商一致）两种决策程序。对于专家组和上诉机构做出的关于争端案件的裁决报告，DSB是通过反向协商一致原则通过的，即如果不是全体成员都反对，则报告将直接通过，这就是通常所说的WTO裁决报告的自动通过机制。对于DSB的会议日程、上诉机构成员的遴选和任命、专家组成员名单库的提名和增补等程序性事项，DSB则是通过正向协商一致原则予以通过的，即需要全体成员达成一致意见才能通过并生效。正是由于上诉机构成员的遴选和任命程序的"正向协商一致"决策机制直接导致当前的上诉机构停摆危机的发生。WTO成员对上诉机构成员的遴选和任命必须通过正向协商一致决策程序具有控制力，对专家组名单的通过、DSB会议议程也具有同样的控制力。因此，乌拉圭回合以后，虽然专家组和上诉机构报告通过反向协商一致具有自动通过的效力，即通常所说的准司法效力，但DSB仍保留了对于其他WTO争端解决事项的最高决策力，即WTO成员对除通过专家组和上诉机构报告以外的争端解决机制事项享有控制力。现实的情况就是如果在对上述事项经过协商不能达成一致时，WTO成员可以行使一票否决权。

第三，专家组、上诉机构两级审理机制之间也存在着审议和被审议以及相互影响和制衡的关系。上诉机构对专家组报告中被上诉的法律事项具有纠错的职能。在相同法律问题上，后续专家组是否能够参照上诉机构在以往案件中所做出的裁决，也是WTO成员和国际贸易界普遍关注的问题。因此，上诉机构与专家组构成的两级审理机构之间存在着一定的相互影响和制衡的关系。

第四，在上诉机构、专家组与WTO秘书处的法律团队之间也存在着指导与被指导以及相互制衡和约束的关系。按照DSU的相关规定，WTO上诉机构秘书处的法律团队对上诉机构的工作提供法律协助，上诉机构对秘书处的法律团队的工作给予总的指导，在个案中给予具体的指示。WTO秘书处的规则司和法律司的法律团队对专家组的工作提供法律协助，专家组仅对协助他们工作的法律团队的个案工作给予指示。因此，上诉机构和专家组与协助他们工作的法律和秘书团队之间存在着指导、协作和相互监督，乃至相互制衡和约束的关系。

综上所述，WTO争端解决机制的制度设计和实际运作存在着多重制衡机制，团队工作及其所具有的内部制衡关系，对保障案件的公正裁决是非常有利的。

2. WTO争端解决机制运转的高效性和裁决的稳定性

WTO争端解决机制因其高效的运转而闻名，在解决WTO成员之间贸易争端的贡献方面成效突出。GATT争端解决机制与WTO争端解决机制之间最重要的区别是对裁决程序的修改。协商一致是关贸总协定决策规则的指导原则，而WTO争端解决机制则采用"反向协商一致"的方式，除非所有各方一致反对，否则可以作出决定，因此，这一规定有效地消除了阻碍GATT规则下的多边争端解决程序的可能性，使争端解决更快、更有效率。

从受理案件数量、争端类别、案件执行效率等方面，与其他争端解决机制相比，更是脱颖而出。首先，从受理争端案件的数量来看，截至2022年年底总计615起争端案件，不仅远远超越GATT时代，在当今所有国际组织的争端解决中也屈指可数。WTO成员方对于WTO争端解决机制的信赖与依靠可见一斑。其次，从争端类别来看，尽管各协定的援引与适用频率、案件分布存在明显落差，但 WTO 多边体制下所有涵盖协定已为 WTO 争端解决机制全面覆盖。再次，WTO 规则及其所涉概念内涵通过争端解决中的反复适用和解释得以澄清、明确，从而使国际贸易法律体制的确定性、一致性和有效性不断增强。最后，从案件裁决的遵守情况来看，到目前为止，没有一个 WTO 成员在争端解决会议上表示不执行专家组或上诉机构的裁决报告。在司法实践中，除个别案件外，绝大部分案件得到了成员的全面履行或部分履行，DSB 裁决的执行率高达 83.8%，这意味着，即便争端成员对专家组和上诉机构的裁决存有质疑，但仍然接受并普遍自觉遵守及执行这些不利裁决。由此可见，专家组和上诉机构成员高超的司法能力使多边贸易体制基本实现了公平、有效和可预测性，WTO 争端解决机制以及 WTO 体制的权威性均由此得到了成员方的广泛认可和积极维护。

WTO 争端解决机制之所以运行成功并获得如此高的赞誉，与 WTO 争端解决机制基本保持了在相同法律问题上裁决的一致性和稳定性是密不可分的。DSU 第 3 条第 2 款明确规定，WTO 争端解决机制处于为多边贸易体制提供稳定性和可预见性的核心地位。WTO 成员认为，争端解决的目的是维护 WTO 成员在多边贸易协议下的权利与义务，依据国际公法的习惯解释规则澄清这些协议条款。DSU 第 3 条第 3 款指出，迅速解决争端对于有效发挥 WTO 的功能和平衡各成员之间的权利与义务至关重要。尽管专家组和上诉机构对案件的裁决是针对个案的，但同案同裁是 WTO 争端解决机制维护其稳定性、一致性和可预见性的重要保障。

3. WTO 争端解决机制制度设计的司法性和政治性

WTO 争端解决机制的重要贡献主要源于其制度设计，既表现出司法性，正如成立之时美国强调的对成员施加较强的约束力，又表现出政治性，即保留了一定的政治余地。

（1）WTO 争端解决机制的司法性。

与 GATT 机制的妥协性相比，WTO 争端解决机制最常见的方法是，如果一方违反协议，另一方可以要求撤销与 WTO 协议不一致的措施，如果因其他原因不能取消，违规方也可以选择赔偿作为替代补救措施。如果违约方拒绝提供赔偿，受害国可以在争端解决机构的授权下，暂停适用针对违约成员的贸易优惠或承诺。除了进一步约束争端各方的权利和义务外，这种具有强制性的司法裁定也有利于解决各方之间的争端。

① WTO争端解决机制的独立性。根据DSU，专家组和上诉机构作为WTO争端解决机制司法裁判机构均具独立的裁判地位。首先，就专家组和上诉机构的组成而言，专家组和上诉机构的成员必须是"完全合格的政府和/或非政府个人"，并且以个人身份接受任命，不代表任何成员方政府，也不属于WTO争端案件中的任何一方。这一原则决定专家组和上诉机构的成员组成不受争端相关成员的影响而独立于争端之外，这也是WTO争端解决机制成立之初各成员为保证独立性而专门制定的规则。专家组成员的选择应以保证各成员的独立性、完全不同的背景和丰富的经验为目的进行，除非争端各方另有议定，争端当事方和第三方的公民不得在与该争端有关的专家组中任职，争端各方不得反对秘书处建议的专家组成员提名，除非由于无法控制的原因，专家组成员应以其个人身份任职，各成员不得就专家组审议的事项向他们作出指示或试图影响他们个人，上诉机构成员不附属于任何政府，不得参与审议任何可产生直接或间接利益冲突的争端。其次，就审议活动而言，专家组和上诉机构的审议情况均应保密，裁决报告在争端各方不在场的情况下起草，报告中个人发表的意见应匿名，而且，所有成员方均不得就专家组和上诉机构审议的事项与其进行单方面联系。最后，就裁决结果而言，除有上诉或一致否决情形，裁决报告即获通过并为各当事方无条件接受。[5]

② WTO争端解决机制的程序规定和裁决的约束力。DSU明确规定了WTO争端解决机制的程序，并且其裁决和执行都是适用的反向协商一致原则，即各成员无法影响和改变裁决的通过及其结果，更无法阻挠和拒绝其执行，这事实上赋予了WTO争端解决机制有超主权国家之上的权力。除此之外，如果败诉方未能全部履行WTO裁决，DSU规定，胜诉方可以申请适用平行报复、跨领域报复或者跨协议报复等方式实施不同程度的报复措施，这对裁决的执行施加了巨大的压力。

③ WTO争端解决机制的强制管辖权。DSU第6条第1款规定，如果有成员发起设立专家组的请求，将适用反向协商一致原则，即除非经过协商一

致决定不成立专家组，否则必须成立专家组对此争端进行审理，并且被诉方必须配合应诉。即便是国际法院等类似国际机构也需要征求被诉国的意愿才进入审理程序。

④ WTO 争端解决机制审理的强制性。DSU 第 17 条第 6 款规定，上诉机构的权限仅限于对专家组报告中存在的法律问题和解释进行审理，并未赋予其拒绝审理的权力，即争端解决机构法官不得以政治原因或者其他任何原因拒绝成员的申请，同时必须按照规定对各方进行调查审理，这种审理的强制性充分体现了其司法性。

（2）WTO 争端解决机制的政治性。

尽管在 WTO 成立时接受了美国的提法，强化了 WTO 争端解决机制的司法性，但其还是不可避免地需要政治权力的支持和配合。

① WTO 争端解决机制的磋商程序。WTO 审理案件过程中必须先进行磋商是强制的必经过程，旨在为各方提供一个沟通平台，为在协商基础上解决争端提供一个机会。如果经过磋商能够达成解决方案，则不会进入专家组审理程序。据统计，1995 年 1 月 1 日—2022 年 12 月 31 日，发起争端请求的案件共 615 件，有 406 起案件进入设立专家组的程序，也就是有 209 起案件未进入专家组程序。在磋商的过程中，各方根据自己的利益需求进行判断协调，政治力量在其中发挥了不可忽视的重要作用。

② WTO 争端解决机制的裁决执行。虽然 WTO 对执行程序做出了明确的规定，也采取了反向协商一致的原则，使其在执行过程中不受各成员的影响，但在执行的策略和方式选择上却并未施加强约束。在很大程度上，政府对 WTO 裁决的服从与否是其利益衡量的结果，即在 WTO 体系中，可对长期获得的收益与不执行裁决时的收益进行比较。这表明各成员对 WTO 争端解决机制裁决结果的执行建立在可以接受的范围内，如果一旦裁决结果的执行严重损害了自身利益，导致不执行的收益更高，那么此时，成员方政府可能选择不执行 WTO 裁决而获取更大的利益。

③ WTO 争端解决机制裁决的约束力。DSU 规定在不执行 WTO 裁决的情况下可申请授权报复，虽然在一定程度上给败诉方施加了巨大的压力，但它并非强制要求败诉方给予胜诉方相应的补偿，而是胜诉方可以歧视性地对

败诉方暂停 WTO 协议下的减让或其他义务，但是授权报复措施的实际使用未必能给胜诉方带来利益或产生有利作用，反而极有可能造成一损俱损、两败俱伤的不利后果。这就导致成员方政府可以根据成本高低来衡量自身的利益得失，决定是否执行 WTO 裁决。但由于现实中存在各个成员实力不均的情况，这可能会出现恃强凌弱等现象的出现。

综上所述，在 WTO 争端解决机制框架内，存在着国际组织权力与成员权力之间的微妙制衡，即 WTO 争端解决机制首先给予成员方通过磋商的方式协商谈判的余地，只有在谈判不成的情况下，再以第三方（专家组和上诉机构）的形式介入，通过强制参与审理以及裁决结果近乎自动通过的方式保持其权威性。最后在案件裁决上，各方根据自身利益平衡选择是否执行，即使不执行裁决的情况下，也不会出现强制执行的后果。在整个过程中，存在国际组织与成员权力之间的互相补充和配合。如果 WTO 的司法性过大，则可能挫伤成员对国际组织的信心，转而寻找其他的解决方式；如果成员权力过大，可以任意对国际组织发起质疑，那么国际组织就会出现屡屡受阻的情况，无法保证正常程序的执行。当前美国对 WTO 争端解决机制发起的挑战，实际是意图打破这一旧的平衡，试图建立某种新的平衡。即为了维护美国利益，希望回归到一个约束力不强的 WTO 争端解决机制，建立一种新的权力平衡。

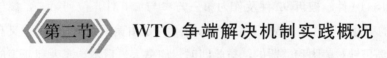 WTO 争端解决机制实践概况

一、GATT‑WTO 争端解决机制实践基本情况

WTO 争端解决机制自开始运行以来，已经成为世界上最为繁忙的国际司法机制之一，在确保多边贸易体制可靠性和可预测性方面发挥了巨大的作用。从 WTO 争端解决实践中可以发现，WTO 是和平解决成员之间经贸争端的必要场所。受成员方们广泛信任的 WTO 争端解决机制，通过其繁重而高效的工作卓有成效地保证了多边贸易体系的正常运作。

从案件数量上看，1948—1995 年的 48 年间，GATT 运行期间共发生贸易争端 316 起，平均每年不到 7 起。而根据 WTO 统计，1995—2022 年的 28 年间，WTO 争端解决机制共受理争端案件 615 件，平均每年 23 起。这一数据充分体现了 WTO 成员方对 WTO 争端解决机制的信任、需求与依赖，其成效及权威亦有目共睹，为全球经济发展提供了强有力的支持，是全球经济治理体系的重要支柱之一，而且是非常有效的支柱，各成员通过这一机制投诉违规行为，维护自身利益，防止贸易摩擦升级为严重的对抗，许多贸易争端在还未升级到诉讼阶段之前就已经解决，即使真的到了诉讼阶段，DSB 裁决的执行率高达 86.3%，因而即使 WTO 争端解决机制存在缺失，甚至是目前面临极大的危机，仍为绝大多数成员所需要。

从成员参与度的情况来看，WTO 现有 164 个成员。截至 2022 年 12 月 31 日，109 个成员参与过争端案件，参与率约为 66.5%。到目前为止，成员的总参与度约为 2/3，但除有 1/3 成员从未参与争端解决外，参与成员本身的参与度存在悬殊，仅作为第三方参与的又有 1/3，其中仅参与过一次的占 26%，既提出申诉又曾被诉的活跃成员也仅约 1/3。而且，即使同属活跃成员，美国作为最活跃成员，是 124 个案件的申诉方、157 个案件的被诉方和 174 个案件的第三方，参与了 73% 的争端案件。总体来看，成员参与程度与其贸易水平成正比关系，最活跃的成员集中于贸易大国，特别是其中的发达经济体和新兴经济体。一方面，发达经济体中，除占居首位的美国之外，欧盟申诉 110 件、被诉 92 件及作为第三方参与 216 件，位列第二，参与了 67% 的案件。换言之，WTO 争端案件的 40% 是由美国和欧盟提起，又有超过 40% 是针对美国和欧盟的，与此同时，加拿大、日本、澳大利亚等成员也处于最活跃的梯队。另一方面，新兴经济体虽然作为当事方的案件总数与美欧差距较大，但其积极程度不容忽视，中国、印度、巴西以及后来居上的俄罗斯都有引人注目的作为。特别值得注意的是，联合国确定的 47 个最不发达国家中的 36 个已成为 WTO 成员方。但截至目前，只有孟加拉国提起过一起诉讼，换言之，约七成最不发达国家作为 WTO 成员方，似乎具有的仅仅是参与案件的名义资格，却并不具有实质参与的能力和兴趣。

从争端解决的结果动态方面来看，WTO 争端解决机制的功效很大程度上是由争端解决的结果状况所反映出来的。针对当前案件的处理情况和基本进展统计分析，可以发现，已结案数量与正在经历争端解决机制的案件数量相当，说明当前WTO争端解决机制运行良好，成效显著，见表3-1。

表3-1　1995—2022年WTO争端解决的结果状况

单位：件

已结案：287件（47%）		程序进展：328件（53%）			
		审　理		执　行	
双方和解	104	磋商	182	执行异议	8
专家组/上诉机构报告通过，无须进一步行动	37	专家组设立但尚未组成	27	裁决执行不符	6
已执行/执行和解	118	专家组已组成	23	请求授权报复	12
授权报复	9	专家组报告上诉中	22		
授权专家组终止	17	专家组/上诉机构报告通过，有建议措施	48		
裁决执行相符	2				

综合起来，截至目前，WTO争端解决机制结案率已近50%，其中经由专家组或上诉机构依裁决方式了结的超过一半，其他案件均以非裁决方式处理为主，包括启动专家组程序之前的磋商、当事方自行和解结案、授权专家组终止和执行和解等。由此表明，争端解决并不是完全需要通过强制性来发挥作用的。以磋商为例，1995年至今，仅2014年没有留存"磋商"案件，而且至今尚有1995—2014年前20年累计的141件。有406起案件成立了专家组，事实上，并不是所有成立了专家组的案件都会发布专家组报告，因为专家组成立后也可以由当事方通过其他途径解决争端，例如达成和解方案或双方都同意的解决方案（mutually agreed solutions，MAS）等，有些被诉事项相同的争端只需要通过一份裁决报告。所以，WTO对外发布了376份专家组报告，即作出了专家组裁决，裁决率高达92.6%，涉及执行的案件有197件，未全部执行案件26件，裁决执行率达86.8%，即大多数案件得到了较好的执行，最终授权报复的只有8个案件，其中美国为被诉方的有6

个，剩余 2 件的被诉方是加拿大和欧盟。通过 WTO 争端解决机制解决成员间的经贸争端，对成员间关系的健康发展极为有利，中国运用 WTO 争端解决机制的 20 多年的实践活动验证了这一点。自 2018 年开始，随着逆全球化趋势的出现和发展，美国单边贸易措施的肆意适用，WTO 争端案件的数量骤然增加，2018 年的立案数达 26 起。从历年的立案情况来看，在经历了 1997 年的一个小高峰后，21 世纪的案件数量有所回落且较为平稳，但仅从立案数可能无法全面考察 WTO 争端解决机构的工作强度和实际状态。详情见图 3-1、图 3-2、图 3-3、图 3-4。

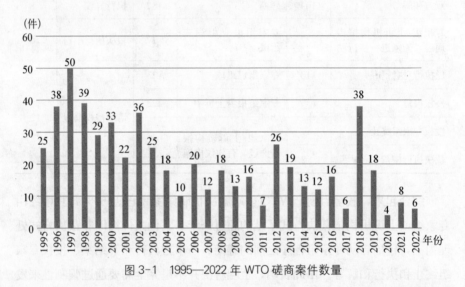

图 3-1　1995—2022 年 WTO 磋商案件数量

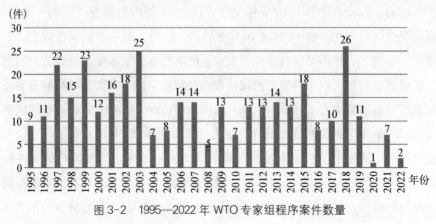

图 3-2　1995—2022 年 WTO 专家组程序案件数量

第三章 WTO争端解决机制改革概述

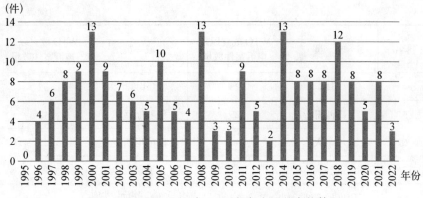

图 3-3 1995—2022 年 WTO 提起上诉的案件数量

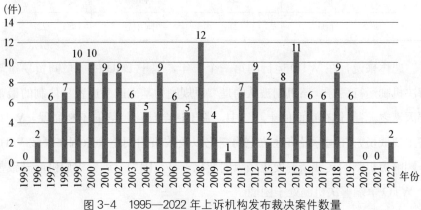

图 3-4 1995—2022 年上诉机构发布裁决案件数量

根据国别参与 WTO 争端解决案件的数量的统计分析,见表 3-2,可以发现美国、欧盟和中国稳居前三位,且基本态势保持不变。

表 3-2 1995—2022 年 WTO 争端解决案件数量(前十位成员)

单位:件

排名	成员	WTO成立以来申诉案件数量	成员	WTO成立以来被诉案件数量
1	美国	124	美国	157
2	欧盟	110	欧盟	92
3	中国	23	中国	49

161

(续表)

排名	成员	WTO 成立以来申诉案件数量	成员	WTO 成立以来被诉案件数量
4	日本	28	印度	32
5	墨西哥	25	俄罗斯联邦	11
6	加拿大	40	印度尼西亚	15
7	巴西	36	加拿大	23
8	印度尼西亚	13	澳大利亚	17
9	阿根廷	23	韩国	19
10	韩国	21	阿根廷	22

总体来说，在 WTO 运行的第一个十年，基于 DSU 的成员间贸易争端解决机制运行良好，该机制被认为是"以规则为基础的多边贸易体制的最重要因素之一"。但在后面的十几年中，鉴于逆全球化趋势的不断显现，WTO 各主要成员方在国际经济地位上的变化以及政策的调整等原因，导致 WTO 争端解决机制的实践情况发生较大的变化，甚至因为上诉机构危机而导致整个 WTO 争端解决机制处于困境。

2023 年 1 月 27 日，在 WTO 会议的现场，中美官员进行了一场激烈交锋，中国常驻世贸组织代表李成钢在发言中痛批美国是"单边主义霸凌行径实施者、多边贸易体制的破坏者和全球产业链供应链扰乱者"；中方表示，中国原本希望美国表现出应有的"自我克制"，不要对每一个不利于它的案件都提出上诉，但美方依旧罔顾事实，导致裁决无效"完全是美国自己制造出来的问题"。美国常驻世贸组织副代表帕根则一再强调，美国不会就关键问题向世贸组织屈服，美国将始终坚持自己的立场。这场激烈论战发生的背景是美国这一时期在 WTO 连续败诉，美方对此表示不服并提起上诉。当时，美国贸易代表办公室发言人霍奇声称，美国绝不会因此就取消加征的金属关税，并表示有必要对 WTO 的争端解决机制进行改革。可以说，美方的表态再次将其对国际规则"合则用，不合则弃"的霸权主义行径展现得淋漓尽致。

美国在 WTO 上诉机构已陷入"停摆"的情况下，仍坚持提起上诉，表明其别有用心。一方面，它想借机向 WTO 施压、出难题，暗示 WTO "应借助美国的力量"恢复上诉机构正常功能。另一方面，美国也想借此营造其"回归多边"的假象。

二、WTO 争端解决机制实践近十年基本情况

近十年，WTO 争端解决机制实践过程中的有些变化是延续性的，比如高上诉率问题；有些变化是新出现的，比如亚洲取代拉美成为个案焦点；还有些变化是突发性的，比如上诉机构停摆。这些"变"和"不变"共同构成了 2012—2022 年 WTO 争端解决机制的总体图景，见表 3-3 和表 3-4。

表 3-3　2012—2022 年 WTO 争端解决机制参与方中起诉成员的排名情况

排　名	成　员	2012 年以来起诉	WTO 成立以来起诉
1	美国	41	124
2	欧盟	32	110
3	中国	21	23
4	日本	17	28
5	墨西哥	12	25
6	加拿大	11	40
7	巴西	11	36
8	印度尼西亚	9	13
9	阿根廷	8	23
10	韩国	8	21

表 3-4 2012—2022 年 WTO 争端解决机制参与方中被诉成员的排名情况

排名	成员	2012年以来被诉	WTO成立以来被诉
1	美国	62	157
2	欧盟	48	92
3	中国	34	49
4	印度	12	32
5	俄罗斯联邦	11	11
6	印度尼西亚	10	15
7	加拿大	8	23
8	澳大利亚	8	17
9	韩国	6	19
10	阿根廷	5	22

通过统计分析，可以总结 WTO 争端解决机制近十年实践的主要特点。

（一）案件持续高发，WTO 争端解决机制长期超负荷运转

过去十年，WTO 争端解决机制继续保持高效运作，共受理 181 起新发案件，处理 40 余起既有案件，发布了 101 份原审专家组报告和 58 份上诉机构报告。针对裁决执行过程中发生的争议，WTO 还受理了 24 起执行案件，发布了 17 份执行之诉专家组报告和 8 份执行之诉上诉机构报告。此外，WTO 还做出了 6 份报复水平仲裁裁决、10 份合理执行期仲裁决定。除极少数进入报复程序的案件外，其他案件的已生效裁决基本得到全面执行。这使得 WTO 争端解决机制继续成为最有效率的国际司法机制。

与此同时，WTO 争端解决机制超负荷运转的情况也日益突出。主要表现在：第一，每月活跃案件数量大幅增加。2012—2022 年平均每月处于法律审理程序中的活跃案件数量达 32.5 起，是 2004—2022 年月均值 19 起的 1.7 倍。尤其 2016—2020 年每月活跃案件数量大幅增加，从 2016 年历史高点 32

起开始屡创新高，分别达39起（2017年）、44起（2018年）、54起（2019年）、37起（2020年），每月均值41起，是前面所有年份均值的两倍。第二，超期审理情况严重。以专家组阶段为例，2012—2022年专家组平均审案时间长达730天，较之前均值458天增加60%，是DSU规定的最长审限的2.7倍，在101份专家组报告中只有1份符合强制性审限规定。相比而言，备受美国指责的上诉机构虽也有超过审限的问题，但在2011—2017年上诉机构危机出现之前，其平均审理时间为158天。无论是绝对值还是相对值均明显好于专家组阶段情况。第三，争端上诉率居高不下。自WTO成立以来，案件上诉率始终居高不下，原审案件上诉率为68%，执行之诉上诉率高达74%。这与本就超限的审案时间叠加作用，导致近年来WTO"快速解决争端"的效率明显下降。

面对沉重的工作负荷，近年WTO争端解决机制不仅没有在对秘书处支持等方面增加资源，还遭受美国打压，甚至有些人还将多边谈判停滞不前的责任强加于争端解决机制。长此以往，WTO争端解决机制恐将不堪重负。

（二）单边主义和贸易保护主义抬头，WTO争端解决机制展现坚强韧性

由于多边贸易谈判长期停滞不前、单边主义和贸易保护主义日益抬头，WTO争端解决机制日益成为各方维护核心利益、推动规则发展，甚至引导规则走向的关键阵地。在关键时刻展现出多边贸易体制的坚强韧性。与此同时，在输掉一系列贸易救济案件后，美国不仅拒不执行裁决，还单方逼停上诉机构，同时施压后续案件专家组，要求进行翻案。WTO争端解决机制的"拆弹"任务可谓任重道远。

（三）美国仍是主要被诉对象，亚洲取代拉美成为新焦点

近十年，WTO争端解决机制持续聚焦主要成员的贸易措施。到目前为止，世贸组织164个成员中有三分之二成员作为起诉方、被诉方或第三方参与了具体案件的审理。由于各方在贸易实力、重视程度、参与能力及投入等方面的巨大差别，不同成员利用WTO争端解决机制的情况仍有明显差距。

从起诉角度看，美国、欧盟、加拿大、巴西、印度、中国等仍是 WTO 争端解决机制的主要运用方。发展中成员作为起诉方发起的案件约占案件总数的一半；从被诉角度看，主要 WTO 成员仍是各方重点关注对象。美国继续领跑被诉榜，2012—2022 年被诉 62 起，占比近 1/4，逼近第二名欧盟（48 起）和第三名中国（34 起）之和。从争端双方看，绝大多数争端发生在十余个主要成员之间，其他成员主要作为第三方参与法律进程、提供评论意见。

值得注意的是，近十年来，亚洲成员明显取代拉美成员成为争端案件的新焦点。与之前相比，在被诉榜中一度占据前列的阿根廷（17 起）、巴西（14 起）、墨西哥（14 起）等三个拉美国家已经从榜单中消失或排名靠后。三国近十年被诉案件屈指可数，阿根廷自 2012 年被诉 5 起之后再无新案，巴西近十年被诉仅 3 起，墨西哥仅 1 起。与此形成鲜明对比的是，近十年来，中国、印度、印尼、韩国等亚洲国家被诉案件明显增多，分别以 34 起、12 起、10 起和 6 起列入被诉榜前十位。这与近十年来亚洲国家的持续快速崛起和拉美地区的相对衰落状况相吻合。

（四）两审机制面临重构，具体走向尚不明朗

自 WTO 成立以来，美国始终占据被诉榜榜首，输掉了 75% 的被诉案件，其中涉及美国贸易救济做法等领域的部分案件被上诉机构逆转裁决违规，美国因此长期不满，指责上诉机构通过司法造法增加美国义务、减损美国权利。2016 年奥巴马政府执政后期，美国以"司法越权"为由阻止韩国籍上诉机构成员连任，借此敲打上诉机构。2017 年特朗普政府上台后，一方面任意征收单边关税，另一方面破坏 WTO 争端解决机制。2017 年 6 月—2020 年 11 月持续阻挠七名上诉机构成员的连任或遴选程序，导致上诉机构彻底瘫痪。同时，美国还通过卡住 WTO 相关预算，事实上解散了上诉机构秘书处。面对美国的单边破坏，墨西哥牵头 120 多个成员连续三年提交提案要求启动上诉机构成员遴选程序，欧盟与中国等成员组建"多方临时上诉仲裁安排"（MPIA），作为上诉机构瘫痪期间的临时替代方案。时任 WTO 争端解决机构（DSB）主席戴维·沃克（David Walker）积极斡旋，提出改革上诉机构的妥协方案。但美国始终不为所动，反而不断炮制和强化所谓中国经济体制与世贸组织"不兼容论"、世贸规则对中国"无效论"和中国经济模式"有害论"等话语体系,要求先改革WTO以解决中国政府干预扭曲市场竞争问题。曾一手制造上诉机构危机的前美国贸易代表莱特希泽公开宣称"阻挠上诉机构是推动WTO改革的唯一筹码",并在离任前发文表示要将现行专家组和上诉机构的两审机制改为类似商业仲裁的一裁终局机制。拜登政府上台至今未对是否及如何恢复上诉机构表态。WTO两审机制的最终走向如何,有待各方博弈。

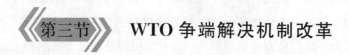

第三节 WTO争端解决机制改革

一、WTO争端解决机制陷入危机的主要原因

当前在国际贸易形势不断演变、国际政治经济权力格局发生巨大转变的大背景下,逆全球化趋势来势汹汹、浪潮迅速蔓延,多边主义陷入困局,双边和区域贸易协定如雨后春笋般出现,WTO自身遭遇挑战和改革困境,与此同时,美国在全球的经济实力和影响力也在逐步减弱,美国对多边主义和经济全球化表现出来诸多不满。鉴于WTO争端解决机制的相对公正、高效,越来越多的成员选择使用WTO争端解决尤其是上诉机制打通美国市场渠道、纠正美国贸易违规做法。世界上不存在完美的争端解决机制,WTO争端解决机制对全球贸易发展做出巨大贡献的同时,在实践中也暴露出自身的缺陷。正因为上诉机构在审理和裁决案件中在许多重大事项上没有偏向美国,使美国产生了WTO争端解决机制"不公正和不合法"的感觉。

WTO争端解决机制当前遭遇的危机既是近年来逆全球化和单边主义抬头、WTO多边贸易体制面临困境的体现,也是WTO体制内部存在缺陷、WTO各成员政治经济利益和力量变化博弈等内外多种因素合力导致上诉机构成员的任命越来越趋向政治化的结果。WTO争端解决机制困境的主要原因可以从内部和外部两方面进行分析。

(一) 内部原因

WTO 争端解决机制遭遇危机、陷入困境有诸多的内因，其中最为重要的是其自身的规则本身存在弊端。

1. WTO 争端解决机制的合法性受到质疑

由此引发了上诉机构危机，引起了各方对 WTO 争端解决机制改革的重视和关注。GATT 时期采取"正向一致"原则成立专家组以及通过专家组报告的做法实现了任何一成员方（通常是被诉方）能够行使一票否决权，借此阻碍专家组成立及其报告的通过，导致争端解决机制无法解决某些被否定权适用的贸易争端。因此，GATT 时期的争端解决机制具有很强的成员控制性，在很大程度上无法实现通过争端解决机制去追求效率和公平。而 WTO 采取"反向一致"原则来实现自动成立专家组以及通过专家组和上诉机构报告的结果。这种创新保证了争端解决的效率，但却牺牲了 WTO 成员对争端解决过程和结果的绝对控制权。

在 DSU 的框架下，理论上上诉机构隶属于争端解决机构（DSB），在争端解机构会议上 WTO 各成员可以表达其对上诉机构报告的意见和建议，并能够影响上诉机构成员的遴选和聘任，在某些特殊情况下甚至可以拒绝执行上诉机构报告中所作出的裁决。但由于上诉机构报告是通过"反向一致"原则而准自动通过的，因此，WTO 成员对上诉机构法官和报告的影响受到很大程度上的限制。自 WTO 争端解决机制适用至今，上诉机构在争端解决事宜方面享有广泛的自由和自治，上诉机构报告直接或间接影响着 WTO 成员的权利和义务。WTO 上诉机制作为一项史无前例的创新机制一开始即广受关注和争议，但以美国为代表的 WTO 成员对上诉机构制度设计的利弊和影响没有特别充分的认识。随着逆全球化趋势的越发明显，WTO 多哈回合谈判的停滞，外加 WTO 贸易谈判功能的逐渐衰弱，上诉机构作为 WTO 的审判机构，而且是上位机构和终局裁判机构，它的权力以及报告结果和裁决效力对 WTO 成员的权利、义务产生了巨大的影响。WTO 争端解决机制中成员控制与独立裁判之间的矛盾在 20 多年的发展进化过程中逐渐突显出来并越发激化，而这一矛盾被美国打上了质疑上诉机构"合法性"的标签，成为其反对上诉机构成员选任的借口并引发了 WTO 争端解决机构的生存危机。

根据 DSU 第 3 条的规定，WTO 争端解决机制旨在提供迅速、满意和积极的争端解决办法，从而维持贸易权利与义务的平衡，体现多边贸易体制的安全性和可预见性。但在达到这些目标的同时，争端解决机构的建议和裁决（WTO 裁决）不能增加或缩减涵盖协定项下的权利和义务，并须遵从 WTO 成员对各项协定的排他性权威解释权。在实践操作过程中，上诉机构法官在审理案件时受到这些目标和限制的影响，这就会产生一个问题，专家组和上诉机构作为"WTO 争端裁判者"经常按照习惯国际法解释规则，判断 WTO 成员实施的措施与其在 WTO 涵盖协定项下的义务是否保持一致。但 WTO 涵盖协定的文本或用语和诸多国际条约一样在一些方面会出现重复、矛盾、冲突或不明确。DSU 要求争端裁判者"澄清"这些条约中的模糊规定。但在具体个案中上诉机构法官根据特定情况对协定文本或用语进行解释和适用时，他们的行为到底是在"澄清"条约还是越权解释，甚至是"扩张性规则制定"从而侵蚀了专属于 WTO 成员对涵盖协定的排他性权威解释权，其实很难分辨。

2. WTO 成员驱动的特点受到限制

成员驱动是 GATT/WTO 在框架上的一个重要特色，成员的政治监督是成员驱动的重要表现之一，事实上就是 WTO 成员对所有重要事项进行控制，确保通过谈判各成员达成的贸易义务和承诺得到正确有效的解释。虽然合法性和司法性是 WTO 争端解决机制的制度设计所体现出来的特点，但从乌拉圭回合谈判的历史进程、DSU 的制度安排和文本表述等角度来看，WTO 创始成员的本意并不是想创设一个完全独立的司法体系，因为 DSU 并未赋予专家组和上诉机构对案件的专属管辖权，而这一专属权力属于争端解决机构。同时，DSU 规定上诉机构的权力主要集中在为争端解决机构提供调查结果，调查内容是根据涵盖协定判断 WTO 成员实施的措施是否违反其贸易义务或承诺，并作出相关建议的报告供争端解决机构参考，上诉机构报告如果想要具有相应的法律约束力，必须经争端解决机构通过。此外，上诉机构的从属性地位也被 DSU 文本中的许多用语予以证实，如用"机构"替代"法庭"、"上诉机构成员"替代"法官"、"报告"替代"裁决"等，但为了更方便地说明问题，学者们经常采用大家更容易理解的一些用语，如

"法庭""法官""裁决"等。

但实践中，上诉机构想通过争端解决机制使用造法或立法权力明显受到了WTO成员驱动这一特点的限制。在特定案件审理过程中，将上诉机构"澄清"协定规定的做法和越权行使保留给WTO成员的排他性权威解释权是极难区分的。下面的一些问题无论从技术还是法律层面都很难解决，例如：如何调节WTO成员的控制权和从属于争端解决机构的上诉机构裁判案件权之间的平衡？上诉机构是完全独立于WTO成员控制的司法裁判机构吗？在具体的争端解决案件中，上诉机构成员行使的权力到底是澄清当事方的权利和义务，还是越权行使本来只保留给WTO成员的对协定义务的权威性解释？美国作为WTO争端解决机制的创始者和支持者，近年来一直因为上述原因公开表达对WTO争端解决机制运作方面的质疑和诟病，尤其是在一些贸易救济案件中特别针对上诉机构成员的所谓"越权"解释行为，并明确提出建议要求对《谅解》进行改革以加强WTO成员的控制权。美国针对WTO争端解决机制尤其是以上诉机构为突破口的改革从根本上是针对WTO成员在涵盖协定项下义务和承诺的解释问题，美国的目标是在上诉机构自主权和WTO成员控制权之间达成新的平衡，尤其是针对某些在乌拉圭谈判过程中可能被模糊处理或刻意空白的规定。但美国关于WTO争端解决机制改革的倡议并没有迅速得到其他WTO成员的积极回应，主要原因在于其他成员一方面并不认同美国提出的所谓上诉机构"越权"的批评，另一方面担心对WTO争端解决机制的改革可能导致WTO多边贸易体制回归到以权力为导向的"丛林原始"状态，如果确真如此，美国将利用自己的强势地位充分运用WTO争端解决机制来获得更多的支持性裁决以实现其作为WTO成员的控制权。

3. "协商一致"规则的适用形成无形的障碍

再如"协商一致"规则的适用，《WTO协定》第10条第8款规定，DSU的修改需要经过WTO全体成员协商一致通过。《WTO协定》注解1对"协商一致"的解释为：在表决的场合没有一个成员正式表示反对的，决议被视为协商一致通过。在一个拥有164个成员的国际组织，修改涉及每一个成员利益的程序规则，其难度不亚于启动一轮新的贸易谈判。因此，走过近 30 年辉煌历程之后，WTO 连同它的争端解决机制已经凸显些许僵硬和颓势。但上诉机构的"停摆"危机并不意味 DSU 的绝对失灵，WTO 争端解决机制的命运将由全体成员来共同决定。

除此之外，WTO 众多成员的经济政治状况差异较大。各方之间利益关系错综复杂，而 WTO 规则谈判功能的衰退与争端解决机制功能的增强形成了较大的反差。谈判过程中各国协商一致并达成一揽子承诺极为困难，难以取得实质性成果和突破。此外，现有的 WTO 争端解决机制难以满足现今的贸易争端解决需求，程序复杂，接收案件繁多，诉讼压力沉重，影响了成员方救济权利的实现。

（二）外部原因

1. 基于历史背景和全球经济实力变更的原因

从历史背景的角度来看，包括 DSU 在内的乌拉圭回合一揽子协议谈判及 WTO 成立均出现在 20 世纪 80—90 年代，在全世界范围内广泛流行多边贸易主义。美国、欧盟和日本等发达国家缔约方急需有约束力且可强制执行的 WTO 争端解决机制来处理它们之间的贸易争端。尽管当时在美国国会内部关于 WTO 争端解决机制的设立有不同的声音，但鉴于乌拉圭回合谈判促使美国在市场准入和包括服务贸易、知识产权及贸易投资等新领域的贸易规则方面取得大量成果，反对设立 WTO 争端解决机制的声音未得到及时响应而逐渐被淹没。现行的逆全球化浪潮和贸易保护主义趋势与当时的历史背景完全不同。一方面，WTO 发起的多边贸易谈判即多哈发展回合谈判从 2001 年开始截至目前未取得预期成果，而已经处于停滞状态，使得 1995 年签订的《WTO 协定》文本和运行机制要面对 21 世纪的各种变化和挑战，WTO 因为明显的不适应甚至是在某些方面的无能为力而受到各成员方的广泛质疑。另一方面，近年来国际经贸领域的多边主义和区域主义之间的抗争一直未曾停歇，还出现了此消彼长的发展态势。

美国原总统特朗普曾多次公开表示对 WTO 的不满并扬言要退出，美国贸易代表莱特希泽也提出，GATT 时期缔约方的一票否决权制度优于 WTO 的"反向协商一致"原则，尤其是关于成立专家组和通过争端解决报告等制度。美国国家安全顾问保尔顿更表示出无视美国的 WTO 义务，将所谓"国家安全"等因素凌驾于多边贸易纪律之上。上述一些言论和行为均表明美国近年来经贸政策发展变化的新特点：即美国在必要时为维护其自身利益需要，可不接受国际贸易纪律的约束。以"美国优先"为执行理念，美国政府频繁实施歧视性的单边进口限制等措施，发动中美"贸易战"，与欧盟、日本等 WTO 成员的经贸摩擦也时有发生。但是，在经济全球化的大背景之下，WTO 对美国还是极具吸引力的，特朗普政府在强烈批评 WTO 的同时，也表示会支持 WTO 继续开展谈判并继续提起新的争端解决案件。[6] 由此可见，美国对 WTO 及其上诉机构的批评可以理解为是国内政治生态的临时需要或是实现其改革目标的谈判筹码。

中国经过改革开放 40 余年的奋斗而实现了经济上的稳步上升，并逐渐增强在国际事务中的影响力，导致美国政府错误地将中国作为其强有力的战略竞争对手，不断指责中国对外贸易的各种行为。在这种情况下，中国的 WTO 成员资格备受关注。中国经济的迅速发展在相当程度上打破了 WTO 重要成员间的实力平衡，改变了乌拉圭回合谈判时的利益形态。对此，美国提出现行 WTO 规则（包括争端解决机制在内）对中国开展的所谓"不公平贸易行为"极为有利，反而降低了美国能够自由适用贸易救济措施的空间，使其难以向中国对国有企业补贴等做法发出有效挑战，而中美两国关于《中国入世议定书》第 15 条规定的"市场经济地位问题"的争议使得这种状态更加严重。美国指责中国从 WTO 成员资格中取得了极不匹配的过多的经济利益，其将采取中止 WTO 争端解决机制的运作等手段全方位遏制中国发展，不让更多所谓"有利于中国"的 WTO 裁决产生，并以此为其重要战略来实现 WTO 成员权利、义务再平衡的目标。美国向 WTO 提交的文件中指出，允许成员自行宣称其发展地位（即界定"发展中成员"和"发达成员"）将导致一个不公平的 WTO。2019 年 3 月 1 日，美国对外发布《2019 年贸易政策议程和 2018 年年度报告》中提出美国对 WTO 改革的四项重点关注，其一明确指出必须通过 WTO 改革解决非市场经济的挑战、改革对发展中国家的待遇问题以解决当前的全球贸易现状。近年来中美之间的实力变化和矛盾摩擦都说明了因美国国际经济竞争地位的下滑而导致其采取"美国优先"贸易政策的调整，也从经济和政治等方面解释了多边贸易主义的挑战和WTO上诉机构的生存危机出现的原因。

WTO成员从全球经贸体制中获得优惠和利益的数量和程序不同，导致各成员之间的经济发展水平出现了较大的差距，利益两极分化逐渐加剧，部分成员的经济实力出现下滑，国际经济地位受到影响，因此这些成员借此掀起了逆全球化的浪潮，直接抵触经济全球化，较为明显的表现是当前中美政治竞争和贸易纠纷。[7] 这些矛盾和冲突也加剧了WTO的举步维艰，到了不得不改革的边缘。

2. WTO争端解决机制饱受美国的单边挑战

WTO争端解决机制是确保成员方遵守WTO规则，促进全球贸易稳定增长的重要机制，是多边贸易体制的核心支柱。美国特朗普政府执政以来所实施的一系列"美国优先"的超贸易投资保护主义措施充分说明，美国贸易政策已发生重大调整与转变，WTO争端解决机制已受到美国单边主义的严峻挑战。

（1）WTO的平等性与美国的优先性。WTO争端解决机制一直秉持着平等、迅速、有效的基本原则，而美国《2017贸易政策议程及2016年年度报告》中明确提出"美国优先"政策，提出这一政策的主旨是：促进对美国更加自由和公平的贸易；贸易行动旨在推动美国经济增长、创造美国就业、加强美国制造业基础、扩大美国农业和服务出口；利用一切资源和手段促使其他国家为美国生产者开放公平互惠的市场等。上述文件中提出的公平理念、贸易措施、市场互惠的判断标准是以"美国优先"原则为前提的，即是否有利于经济增长、提升就业和美国竞争力，但"美国优先"原则很明显严重侵蚀了WTO平等性的基本原则。

（2）WTO的强制性与美国的自主性。强制性是WTO贸易争端解决机制的重要特点之一。所谓"强调性"主要体现在违反协议的一方（败诉方）要么撤销不符合WTO协议的措施，要么提供补偿，否则就可能接受授权报复，即暂停实施贸易减让或履行义务。WTO的强制性保证了该机制的约束性、有效性和威慑力。而《2017贸易政策议程及2016年年度报告》中特别强调维护美国的国家主权是美国贸易政策要优先考虑的问题，美国在决定是否执行 WTO 裁决时，如果认为 WTO 裁决对美国明显不利，则有权优先适用国内法而选择不执行 WTO 裁决。这种"美国第一"的理念所引发的自主性，甚至是有权选择是否执行 WTO 裁决的做法，严重损害了 WTO 的约束性、有效性和威慑力，干扰了国际贸易正常秩序。[8]

（3）WTO 的多边性与美国的单边性。WTO 现有 164 个成员方，WTO 争端解决机构专家组和上诉机构成员来自世界各国。而《2017 贸易政策议程及 2016 年年度报告》和《2018 贸易政策议程及 2017 年年度报告》均明确提出要严格适用美国的贸易法，如《1930 年美国关税法》《1974 年贸易法》（"201 条款"、"301 条款"）、1962 年《贸易扩张法》（"232 条款"）等。同时强调在符合条件的情况下，美国商务部有权针对特定案件自行发起贸易救济措施。美国这一做法明显将国内法凌驾于国际法之上，严重侵害了以规则为导向的 WTO 多边贸易体制并打破了国际经济贸易发展的稳定秩序。

美国特朗普政府无视 WTO 多边贸易体制，以"美国优先"政策对抗 WTO 的平等性、以"美国自主"对抗 WTO 的强制性、以"单边主义措施"对抗 WTO 多边贸易体制，严重破坏了国际贸易经济良好秩序，引发国际经济市场波动，加强了世界经济增长的不稳定性和不确定性。对此，WTO 前总干事帕斯卡尔·拉米曾提出警告："向贸易保护主义低头会让所有人受害"。国际货币基金组织总裁拉加德也强烈谴责："各国政府应摒除一切形式的保护主义，历史证明进口限制将损害所有人的利益，特别是那些贫困的消费者，它不仅将导致商品更昂贵，选择更有限，还会妨碍贸易在促进生产和传播新技术上发挥应有的作用。"美国政府更肆意地向 WTO 争端解决机制发出挑战，尤其是针对上诉机构成员遴选的一些做法直接导致上诉机构停摆而使得 WTO 争端解决机制处于严重危机当中。

二、WTO 争端解决机制改革的必要性

任何事物都不可能是完美无缺的，事实上，WTO 争端解决机制改革并不是刚刚提出的事项，早在 WTO 设立之初，即有此动议，众多成员就意识到 WTO 争端解决机制存在一些问题和不足，需要通过改革加以补充、修改和完善。

第三章　WTO争端解决机制改革概述

WTO争端解决机制，是人类历史上较完善的国际贸易争端解决机制，但该机制仍存在各种不足之处。争端解决机制面临的困境和危机是不容回避的问题。要走出困境，走向"希望之日"，WTO成员必须正视和面对这场危机。对其不足之处进行改革，是顺应经济全球化、自由贸易蓬勃发展的时代需要，是为构建人类命运共同体伟大尝试所做的努力之一。

从历史发展进程来看，WTO争端解决机制的改革从成立之初就被提上了议程，当时的小问题之所以会演变成现在的大危机，正是WTO成员贸易政策变化的必然结果。20世纪80年代，WTO争端解决机制的产生恰恰是因为规则扩大到服务贸易和知识产权领域，因此需要一个更有约束力的机制来保障规则的运行。当今国际社会相当于又来到了一轮新的80年代，当年单边主义也是呈上升趋势，但当时通过乌拉圭回合一揽子协议解决了危机。现在接近30年过去了，又是需要做出关键改变的时候，历史又到了一个新的关口，人类更需要和平解决国际争端。面对上诉机构"停摆"危机，对WTO争端解决机制的改革看来是不可避免的。

首先，这是WTO争端解决机制的整体危机，并不仅限于上诉机构。尽管目前专家组受理案件的数量还在继续增加，似乎表明一审的争端裁决机制仍在维系，但自2019年12月10日上诉机构停摆后，上诉机构依然接到WTO成员提交的新的上诉申请。估计未来会有更多的新的上诉案件。如果情况延续下去，那么，意味着更多的专家组报告不能得到解决。这导致WTO争端解决机制事实上回到GATT时代，也就是众所周知的一个没有约束力的争端解决机制、一个被告可以一票否决的时代。这将极大地削弱WTO逐步建立的反向协商一致，及所具有的准司法裁决效力。这是当前WTO争端解决机制危机的实质。

其次，WTO争端解决机制危机将导致WTO的整体危机，而不仅限于WTO争端解决机制。争端解决机制的危机将危及WTO的谈判功能以及成员对以规则为导向的多边贸易体制的信心。尽管目前已经有了临时上诉机制的安排，但毕竟是一个诸边的而不是多边的解决方法。最佳方案仍然是通过多边途径来找到恢复上诉机构运转的方案。

关于针对上诉机构的改革将是此轮改革的重点之一，我们应认真对待争端解决机制改革问题。改革 WTO 争端解决机制的目的在于维护世界贸易的发展与良好运行,在于维护世界贸易的开放、包容、非歧视等核心价值和基本原则。

三、WTO 争端解决机制改革谈判概况

(一) 多哈回合之前的改革情况

自 20 世纪 90 年代开始,作为解决 WTO 成员间贸易争端的"规则指引"的 DSU 就饱受争议和诟病。GATT 缔约方在 1994 年的摩洛哥马拉喀什举行的部长级会议上,全体成员方通过一项重要决议——"关于实施和审议 DSU 的决定",决议提出将在《建立 WTO 协定》生效后四年内,即 1998 年底前完成对新的 WTO 争端解决规则和程序的全面审议,并针对是否继续、修改或终止新的 WTO 争端解决规则和程序做出最终决定。自 1997 年年底开始,WTO 争端解决机构启动全面审议争端解决规则和程序,但因为成员方之间对此审议的意见分歧过大而最终无法达成一致,全面审议工作被迫停止而没有如期完成,在 1999 年的西雅图部长级会议之后,此项针对 WTO 争端解决规则和程序的审议工作也没有继续开展,截至多哈回合谈判之前也未取得任何进展。

(二) 多哈回合之后的改革情况

多哈回合是 WTO 争端解决机制改革的一个分界点,使得停止谈判的 WTO 争端解决规则和程序改革又继续下去。成员方在 2001 年 11 月召开的多哈部长级会议上一致同意由争端解决机构特别会议就修改和完善 WTO 争端解决机制继续开展具体的谈判工作,并确定于 2003 年 5 月之前结束谈判。特别强调 WTO 争端解决机制改革问题的谈判与多哈回合其他议题的谈判不挂钩,不作为"单一"承诺而是一项独立的议题进行商讨,与《多哈宣言》规定的其他谈判的成败没有法律联系,DSU 改革独立于一揽子承诺进行谈判有利于 WTO 争端解决机制改革方案尽早达成一致,在短期内修改程序以解决机制本身所带来的问题。贸易谈判委员会在 2002 年 2 月专门召开了负责 DSU 修改事宜的争端解决机构特别会议。此次会议一开始虽然取得了较

多进展，但由于各成员方的分歧较大，在多哈回合规定的截止期限（2003年5月）之前未能谈判达成一致。自此以后，关于WTO争端解决机制改革的谈判步伐逐渐放缓，谈判期限一拖再拖。2003年7月4日，WTO总理事会将谈判期限延至2004年5月31日，并于2004年8月同意继续延长，但没有设定新的最后期限，这就意味着谈判期限有可能无限期延长。

从2002年2月贸易谈判委员会建立争端解决机构特别会议至2003年6月，争端解决机构特别会议召开了13次处理DSU问题的会议。虽然与会成员普遍认为DSU迄今为止运行良好，但仍提交了42份具体提案以澄清和改进DSU。这42份提案代表了WTO大部分成员的意见，几乎涉及DSU的所有条款。在谈判过程中，与会者强调，该争端解决制度作为整个多边贸易体系的支柱发挥了重大作用。尽管如此，该制度仍存在一些有待改进的领域，并于2003年7月公布了作为之前讨论总结的主席案文。主席案文主要是在各成员方提交的修改方案的基础上进行完善的成果，涉及WTO争端解决机制文本中27个条款中的24个条款以及4个附件中的2个条款，同时也包括成员方提出的一些新增条款。讨论所涉的问题包括：第三方权利、专家组组成、案件的发回、双方合意解决、严格保密信息、适用顺序、报复、透明度和法庭之友意见、时间表，包括SDT在内的发展中国家利益、灵活性和成员控制，以及有效遵守等。但是最终也未能针对WTO争端解决机制的修改问题形成一个统一的文本性成果。

截至目前，争端解决机构共召开了40余次正式特别会议。从会议讨论的内容和召开的频次情况来看，2002—2006年是大规模谈判的爆发期，各年分别召开会议的次数是7次、8次、9次、8次和5次。自此之后，在多哈发展议题的众多议题中，有关WTO争端解决机制的改革问题再也不是优先讨论的议题，通过会议讨论和谈判的进展异常缓慢甚至停滞，这就说明已经错过了WTO争端解决机制改革方案达成一致的最佳时机。截至目前，关于WTO争端解决机制的改革磋商仍在进行中，谈判工作一直步履维艰。

WTO争端解决机制改革谈判工作进展缓慢的主要原因就是各成员方对改革意见众说纷纭、无法协调统一，成员方之间的利益分歧日益扩大。只有在一些技术性或程序性问题上各成员间可能达成一致，但在具体问题上尤其是具有实质性内容的体制制度性问题上分歧相当严重,甚至是无法调和的,反映出各成员方之间立场、原则和理念上的差异,甚至是对立。这一现实情况背后深层次的原因是:一方面,WTO 成员日益增多,各方利益呈现多元化趋势;另一方面,发达国家成员与发展中国家成员的利益冲突和理念分歧更加明显,导致谈判难度逐渐增大。除此之外,很多发展中国家成员还提出,WTO 表面上虽然采取"一成员一票"的民主原则,但在实际谈判过程中仍突显发达国家成员的优势地位,WTO 规则中关于发展中国家的差别和优惠待遇部分明显是空洞无力的,现实中也是很难执行的,对于维护发展中国家成员利益是非常不利的,必须通过改革加以完善。

(三)WTO 争端解决机制改革谈判的最新进展

上诉机构的"停摆"使 WTO 争端解决机制陷入危机,改革是其必然选择,也是 WTO 成员的共识。2022 年 6 月召开的 WTO 第十二届部长级会议达成的《第十二届部长级会议成果文件》中,各成员承诺了对 WTO 进行必要改革,[9] 且特别提及对 WTO 争端解决机制进行改革。

我们承认有必要利用现有机会,应对 WTO 所面临的挑战,并保证 WTO 正常运转。我们承诺致力于 WTO 的必要改革,在重申 WTO 基本原则的同时,设想进行改革以改善其所有职能。这一工作应为成员驱动、公开、透明、包容,且必须处理所有成员的利益,包括发展问题。总理事会及其附属机构将开展这一工作,审议进展情况,并酌情审议将提交下届部长级会议的决定。我们承认争端解决机制方面的挑战和关注,包括与上诉机构有关的挑战和关注,认识到处理这些挑战和关注的重要性和紧迫性,并承诺进行讨论,以期尽早拥有一个所有成员均可使用的、完整的和运转良好的争端解决机制。

注释:

[1] 张乃根:《关于 WTO 未来的若干国际法问题》,载《国际法研究》2020 年第 5 期第 3—19 页。

[2] 屠新泉、石晓婧:《世贸组织改革:必要而艰巨的任务》,载《当代世界》2019 年第 8 期第

30—36页。

［3］苏华：《特朗普政府对多边贸易体制的冲击及WTO的角色变化》，载《国际经济合作》2018年第4期第4—10页。

［4］于鹏：《WTO争端解决机制危机：原因、进展及前景》，载《国际贸易》2019年第5期第10—18页。

［5］肖冰：《国际法治、国际法律秩序变革与中国的角色——兼及世界贸易组织的危机与改革》，载《外交评论（外交学院学报）》2021年第2期第95—124页。

［6］石静霞：《世界贸易组织上诉机构的危机与改革》，载《法商研究》2019年第3期第150—163页。

［7］沈伟：《WTO失灵：困局和分歧》，载《上海商学院学报》，2019年第5期第58—74页。

［8］蒋泽宇：《论倒签提单的法律性质与法律责任》，载《企业导报》2012年第22期第141—142页。

［9］梁意：《论上诉机构存废背景下的WTO争端解决机制改革》，载《法学》2022年第12期第175—192页。

第四章

WTO争端解决机制之上诉机构危机与化解方案

被誉为WTO"皇冠上的明珠"的WTO争端解决机制是WTO制度项下最核心、最独特的部分。当前单边主义盛行、逆全球化趋势明显的国际大背景下[1]却严重影响和破坏了全球经济的顺利发展。以WTO为核心的全球贸易体制和法律制度正在遭受前所未有的挑战，WTO争端解决机制的重要组成部分，素有国际贸易"最高法院"之称的WTO上诉机构面临生存危机。事实上，美国对上诉机构的批评和质疑由来已久，多年来一直试图说服其他WTO成员积极启动针对上诉机构的彻底改革，但都没有[2]得到有效的回应和令人满意的方案。特朗普政府这一次是借逆全球化浪潮之势强硬提出反对意见，并强烈要求WTO根据21世纪全球贸易的新情况和新态势实施全面改革。"明珠"最闪亮的部分黯然失色，上诉机构开创的国际贸易机制遭遇设立以来最严重的危机，全球贸易秩序面临重新回到以权力为基础的丛林时代，WTO争端解决机制陷入困境。

第一节　WTO上诉机构危机

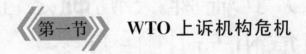

1995年1月1日，国际贸易组织（ITO）"关税与贸易总协定"（GATT）结束了第八轮谈判——"乌拉圭回合"谈判，达成了一项重要的谈判成果，即成立了"世界贸易组织"（WTO），其中包括一套完整的WTO争端解决机制。WTO争端解决机制是在GATT文本中原来仅有的两个条款（第22条和第23条）的基础上通过补充和完善形成的一个单独协议，即WTO争端解决机制的基础性文件——《关于争端解决规则与程序的谅解》（以下简称DSU），DSU创设了人类历史上国际司法体系中国家间争端解决机制中的第一个也是唯一一个"二审终审"的上诉机制。

一、WTO上诉机构概述

DSU第17条第1款规定："DSB应设立一常设上诉机构。上诉机构应审理专家组案件的上诉。该机构应由7人组成，任何一个案件应由其中3人任职。上诉机构人员任职应实行轮换。此轮换应在上诉机构的工作程序中予以确定。"以此为依据,WTO首次创立了常设性上诉机构,主要负责审理专家组报告中的法律问题,上诉机构的裁决是终局裁决,实现两审终审制,案件当事方必须接受并执行裁决;如果争端任何一方对专家组报告不服,均可通过提起申请的方式上诉,上诉期内原专家组报告不生效。与GATT争端解决机制相比,WTO适用"反向一致"原则设立专家组和通过专家组报告(实质为"准自动通过制"),这种做法在某些特殊情况下可能对败诉方产生负面影响,而上诉机构的设立有助于降低这种负面影响发生的几率。因此,WTO争端解决机制创立上诉机制的目的是"改进并加强争端解决的规则和程序",尤其是为了纠正专家组裁决中可能发生的错误。

WTO上诉机制被称为"国际法治的典范",是国际贸易争端解决的终极判决者。在解决贸易争端和解释国际公约等方面取得了非凡的成就。WTO虽然仅仅成立了29年,据WTO官网统计,已经受理了616起案件,"裁决"的数量、质量和执行比率收获了广泛赞誉。争端当事方针对约70%的专家组裁决提起了上诉,上诉机构成为WTO"安全性、稳定性、可靠性和可预见性的核心因素"。WTO争端解决机制的良好声誉的制胜法宝就是上诉机制的成功运行。

上诉机制的成功运行主要归功于主观和客观两个重要原因:从主观原因来看,上诉机构成员是勤勉的"贤人"。[3]DSU第17条第3款规定:"上诉机构应由具有公认权威并在法律、国际贸易和各适用协定所涉主题方面具有公认专门知识的人员组成。他们不得附属于任何政府。上诉机构的成员资格应广泛代表WTO的成员资格。上诉机构任职的所有人员应随时待命,并应随时了解争端解决活动和WTO的其他有关活动。他们不得参与审议任何可产生直接或间接利益冲突的争端。"这为上诉机构成员选任提供了基本标准,即上诉机构成员必须具有公认的权威,同时应该是在法律、国际贸易以及各WTO涵盖的协议方面的具有专门知识的专家,DSU第17条和《设立上诉机构的决定》(WT/DSB/1)规定了上诉机构成员的遴选程序;从客观原因来看,首先,上诉机构拥有一套良好的工作机制,《上诉机构审议工作程序》和《DSU行为准则》等文件主要规定了上诉机构成员的工作程序,其次,上诉审议属于"法律审",即上诉审查内容仅限于专家组报告中涉及的法律问题和法律解释。使得上诉机构成员可以集中精力处理几个"法律适用"和"法律解释"问题,而不必分心关注较为复杂的事实问题。虽然与WTO体系中其他协定的规定相比较,有关上诉机制的规则并不多,但事实证明,上诉机构在解决贸易争端、促进贸易发展等方面发挥了巨大的作用。

WTO争端解决机制创新设立了上诉机构,因此在设立之初没有任何可供参考的经验,属于"摸着石头过河"。DSU中仅有第17条共计14个条款规定了上诉机构规则,且规定较为简单。后续《设立上诉机构的建议》(PC/IPL/13)、《设立上诉机构的决定》(WT/DSB/1)、《上诉机构审议工作程序》和《DSU行为准则》等作为DSU第17条的补充对上诉机构的运作等内容做出稍加详细的规定,但对上诉机构实际工作中遇到的许多问题仍没有明确规定也无法有效处理,更无从化解一些矛盾和分歧,众多原因合力引发了当前WTO争端解决机制的最大挑战——上诉机构危机。WTO上诉机制作为当今世界首创的唯一的解决国家间贸易争端的二审机制在国际法治方面起到了示范引领作用。但在当前逆全球化的大背景下,WTO上诉案件数量急剧上升,上诉机构面临重重危机,已经因"停摆"而遭遇前所未有的危机,确实到了不得不改革完善其理论、制度和运行机制的关键时刻。

WTO上诉机制为解决国家间贸易争端提供了一条更加法治化的路径,通过提供几乎涉及每个协议的充分而统一的规则解释,上诉机制为多边贸易体制提供了"安全性与可预见性"。事实证明,尽管存在一些潜在的问题,上诉机制仍是成功的,是人类社会国际法治道路上的一场伟大实践。我们相信,国际法治的进程,不会由于某些极端做法而受到影响。

二、WTO上诉机构危机的起源

当前,国际形势波谲云诡、单边主义盛行、逆全球化趋势明显,严重影响和破坏着全球经济的顺利发展。在此背景下,以WTO为核心的全球贸易体制和法律制度正在遭受前所未有的挑战。

2016年5月—2019年12月,WTO上诉机构的发展状态急转直下,从"众星捧月"到"生命垂危"。事件起因源于DSU第17条第1款的规定,即

第四章 WTO争端解决机制之上诉机构危机与化解方案

上诉机构由7名成员组成，每个上诉案件由3名成员组成合议庭审理；成员任期4年，可连任一次；遇有上诉机构成员空缺时，由所有WTO成员组成的DSB通过协商一致方式及时选任新成员。因此，根据上述规定，WTO上诉机构若要任命新法官，需要得到WTO的164个成员的一致同意，这意味着，任何一个WTO成员都可以对上诉机构成员的选任事宜行使"一票否决权"。

2016年5月，美国首次以上诉机构"超越权限"对解决一项争端并无必要的问题发表"咨询意见"为由，阻挠时任上诉机构成员张胜和（韩国籍）连任。自此以后，美国一直不惜运用成员权利持续反对上诉机构成员的遴选和连任工作，尤其到了2017年初，特朗普政府上台，上诉机构成员选任形势发生了急剧变化。在美国的持续阻挠下，原上诉机构成员担任大法官相继任期届满却得不到及时选任。现任大法官到2019年只剩下3人，勉强组成一个3人合议庭，失去了上诉合议庭多种组合的可能性，这种现实情况严重影响了WTO争端解决机制的权威性和公信力。[4] 直至2019年12月1日，Ujal Singh Bhatia（印度籍）和Thomas R. Graham（美国籍）任期届满之后，当时上诉机构仅剩1名中国籍成员——赵宏女士，上诉机构工作因成员数量不足3人而被迫停止运作，至此，上诉机构事实上已经不能继续审案，只能维持一个法定机构日常运转所必需的工作，就此进入实质性"停摆阶段"，这就意味着WTO争端解决机制完全失去其应有的功能和作用。这种情况的发生相当于全球贸易治理倒退了20年，同时也向世界发出了一个极其危险的信号。

上诉机构停摆事实上破坏了整体WTO争端解决机制的顺利运行，严重损害了以规则为导向的多边贸易体制，导致国际贸易秩序面临重回以权力为导向的丛林时代的巨大风险。欧盟对上诉机构停摆的迅速反应就是一个典型案例：欧盟在上诉机构停摆后即刻提出议案，即如果WTO贸易争端裁决涉及欧盟利益，但因上诉机构停摆而无法生效，则尽管未经WTO争端解决机构授权，欧盟仍可适用单方报复关税，并拟在三年内将报复范围扩及服务业和知识产权领域。2020年10月28日，欧盟委员会、欧洲议会和欧洲理事会已采纳上述议案并已达成政治协议进行规则修订。据此协议，在WTO争端解决机制陷入瘫痪的情况下，如果其他WTO成员向停摆的上诉机构提出上诉，或不接受通过DSU第25条仲裁解决上诉争议，从而使相关案件陷入僵局涉及欧盟利益，则欧盟可以实施单方面报复措施，且措施范围扩展至服务贸易及与贸易相关的知识产权领域。2020年11月30日，因最后一位成员正式期满卸任而导致WTO争端解决机制上诉机构彻底陷入瘫痪状态。

上诉机构危机至今仍未得到解决。拜登政府上台伊始已任命美籍华人凯瑟琳·戴担任美国贸易代表，目前美国仍未同意120多个WTO成员近三年来连续在DSB例会上提出的启动上诉机构成员遴选程序的动议。WTO上诉机构当前面临的持续危机既是近年来逆全球化趋势和单边主义抬头、WTO多边贸易体制遭遇挑战的缩影，更是WTO争端解决机制内部缺陷、WTO各成员间政治经济利益和力量变化博弈等内忧外患多种因素混合发力而导致上诉机构成员的选任事宜越来越趋向政治化的结果。

三、WTO上诉机构面临的挑战

美国坚持阻碍上诉机构成员的选聘工作直接造成WTO上诉机构"停摆"危机。作为WTO多边贸易体制的核心机构，上诉机构正面临严重的生存危机。尽管美国是WTO争端解决机制强有力的最早支持者，但近年来对WTO争端解决机制的不满和质疑之声不绝于耳。自2016年5月起，美国针对上诉机构的问题向WTO提交的报告多达170多页。主要针对上诉机构审议程序中的一些技术性问题，另外，涉及美国的某些案件的上诉机构报告也被重点关注。

（一）美国对上诉机构的批评

美国贸易代表办公室于2018年2月对外发布的《2018年贸易政策议程和2017年年度报告》和2020年2月11日发布的一份有关上诉机构违反WTO规则的报告（下称《美国上诉机构报告》）中较为全面地概括了美国对上诉机构的批评，简称为"七宗罪"，即五个实质问题和两个程序问题。

1. 越权裁判

所谓越权裁判（overreaching）是指美国提出的专家组和上诉机构在审

理案件和作出裁决过程中增加或减少了 WTO 协定项下成员的权利和义务问题。美国认为上诉机构在某些案件中对 WTO 规则的实体性解释有越权嫌疑，WTO 争端解决机构的建议或裁决（简称"WTO 裁决"）不能扩大或减少 WTO 规则授予的权利或义务。美国通过列举一系列案件提出上诉机构成员存在越权解释行为，尤其在贸易救济案件中更为突出，如关于公共机构、非歧视义务等的解释，在补贴、反倾销税、反补贴税等方面超越了其法定权限予以过度解释，对此其明确提出对 DSU 进行修订以加强 WTO 成员控制权的建议。

美国提出的越权裁判主要指的是上诉机构的条文解释问题和部分裁决事项不符合美国利益，特别是针对救济类案件，即反倾销、反补贴和保障措施类案件，具体涉及以下几个实体性问题。

第一，美国提出上诉机构错误地解释"公共机构"。上诉机构对《补贴与反补贴协定》中的"公共机构"进行了错误的解释，使得非市场经济体可以通过国有企业来提供补贴却不受制裁。在上诉机构看来，除非一个实体拥有或实施政府的职能，否则它不得被视为一个公共机构。此解释既缺乏条约的明确规定，也不符合"公共机构"的通常含义。正确的解释应该是，当政府有权控制某一实体，或对该实体的行为进行了利益的传输，那么该实体就是公共机构。上述狭义的解释排除了大量受到政府控制的实体（如国有企业），削弱了成员方抵制进口产品之补贴的能力，同时也动摇了 WTO 所坚持的市场经济原则。

第二，错误地禁止"归零法"的使用。"归零法"将没有倾销（即出口价格高于正常价值）的交易活动排除在倾销幅度的认定过程之外。美国认为，无论是《反倾销协定》的条约文本、谈判历史，还是 WTO 成员方的行动，都表明，成员方并没有明确主张应禁止归零法。但是，上诉机构通过禁止归零法，向成员方施加了 WTO 条约所没有规定的义务，同时还违反了《反倾销协定》第 17 条第 6 款所规定的评审标准。即在审查第 5 款所指的事项时：（1）在评估该事项的事实时，专家组应确定主管机关对事实的确定是否适当，及他们对事实的评估是否是无偏见和客观的。如事实确定是适当的，且评估是无偏见和客观的，则即使专家组可能得出不同的结论，该评估也不得被推翻。(2)专家组应依照关于解释国际公法的习惯规则,解释本协定的有关规定。在专家组认为本协定的有关规定可以作出一种以上允许的解释时,如主管机关的措施符合其中一种允许的解释,则专家组应认定该措施符合本协定。《反倾销协定》的部分条款被刻意地设计为允许多种解释或多种方法,但是上诉机构不承认这一点,导致成员方不得不人为地减少倾销幅度以及相应的反倾销税率,不能有效地抵消倾销带来的损害,使本国受损的产业与个人不能获得充分的救济。

第三,错误地确立"外部比较基准"的适用标准。在确立补贴金额所依赖的比较基准时,《补贴与反补贴措施协定》允许成员方在补贴国因没有市场决定的价格(例如因政府干预导致涉案产品的所有国内市场价格都受到了扭曲)故而缺少国内比较基准时,寻求适当的外部比较基准(即第三国的可比价格)。上诉机构要求调查机关证明补贴国的国内价格为非市场导向的价格,并通过定量分析来证明其使用外部基准的正当性。美国认为,这增加了调查机关的举证责任与执法成本,使得进口成员难以充分保护其产业与工人。上诉机构对外部基准的错误解释,使得进口成员方不能有效地应对带来贸易扭曲的补贴,特别是来自非市场经济体的补贴。

第四,错误地确定保障措施的实施要件。上诉机构要求进口成员在实施保障措施前应证明进口产品快速增加以及国内产业受损属于"未预见的发展"。上诉机构还要求进口成员在损害认定时应评估进口产品之外的导致国内产业受损的其他因素,并将其他因素与进口产品所致的损害进行量化和区分。美国认为,《保障措施协定》第1条确立了适用于保障措施的规则,该措施应被理解为GATT1994第19条所规定的措施。GATT1994第19条第1款尽管提及"未预见的发展",但它并没有明确规定调查机关在采取保障措施前应证明"未预见的发展",也没有要求在其裁决报告中呈现此证明。另外,《保障措施协定》第4条第2款规定,调查机关应依据客观证据,在进口产品增加与国内产业受损之间确立因果关系。当进口产品之外的其他因素同时导致国内产业受损时,不得将此类损害归咎于进口产品。只是要求进口成员不得将其他损害国内产品的因素错误地归咎于进口产品,并没有规定对损害性因素进行区分。由此,上诉机构的解释增加了WTO条约所没有规定的义务并提高了进口成员采取保障措施的难度。

第五，错误地认定"双重救济"。上诉机构对《补贴与反补贴措施协定》第19条第3款中的"适当的金额"（appropriate amounts）进行了错误的解释。《补贴与反补贴措施协定》第19条第3款规定，反补贴税应在每一个调查案中，在非歧视的基础上，以适当的金额来征收。上诉机构认为，进口成员不得同时对原产于非市场解决国家的产品征收反补贴税与反倾销税，除非调查机关已经采取合理措施以避免由此引发的双重救济问题。美国认为，第19条既不涉及反补贴税的计算，也不涉及同时征收反倾销税与反补贴税是否合法的问题。此外，尽管上诉机构承认，WTO各条约并未禁止对享有国内补贴的进口产品同时征收反倾销税与反补贴税，但是它又指出，同时征收两税会造成救济效果的重叠，这并非《补贴与反补贴措施协定》意义上的"适当的金额"。美国认为上诉机构对"适当的金额"的宽泛解释以及对避免"双重救济"的非法要求，增加了成员方适用反补贴规则的不确定性与不可预知性以及调查机关的执法成本，因为要计算补贴对出口价格以及倾销幅度的影响，会涉及高度复杂的经济学分析，而且这也削弱了成员方应对来自非市场经济体的贸易扭曲性补贴的能力。

美国批评WTO争端解决机制上诉机构"越权"裁判的根本原因是：一方面，上诉机构通过错误地解释实体性规则，填补了WTO各条约的空白之处，向成员方施加了WTO所没有规定的义务；另一方面，上诉机构按WTO协定做出的裁决限制了美国使用其国内法处理其他WTO成员使用的所谓"非市场导向的政策和做法"。因此，美国希望通过推翻现有的上诉机构终裁程序来实现将以规则为导向的WTO争端解决机制拉回到以权力为导向的GATT时期争端解决机制。绝大多数WTO成员不可能认同也无法接受美国的这种明显属于历史倒退的荒唐主张。WTO争端解决机制上诉机构改革的关键目标是要继续加强上诉机构的作用并发挥其权威性，约束美国的单边主义和以国内法为主的霸权主义做法，将美国关进制度的笼子。[5]

2. 遵循先例

DSU第3条第2款规定，WTO争端解决机制是保障多边贸易体制安全与可预见性的重要环节。它的功能是维护成员方在各涵盖协定下的权利与义务,并根据解释国际公法的通常规则来澄清涵盖协定下的条款。DSB的建议与裁决不得增加或减少成员方在各涵盖协定下的权利与义务。

所谓遵循先例是指除非强而有力的理由,即"强效理由",上诉机构的裁决对专家组有应予遵循的效力。上诉机构曾明确声称,专家组应遵循以往上诉机构报告中的法律解释,除非存在"强效理由"(cogent reason)才可以背离此解释。这意味着上诉机构报告具有事实上的先例效力,但所谓"强效理由"并无WTO条约文本的依据。此外,上诉机构报告所具有的事实上的先例拘束效力,使得专家组和上诉机构仅依赖以往上诉机构报告中的法律解释(而不是经由成员方认真谈判而达成的条约)即可作出裁决。以上做法的结果是在未经成员方同意的情况下就改变了它们的权利与义务,使部分成员无需进行艰苦的谈判就能获得相应的好处,同时也抑制了成员方谈判新贸易协定的动力。

美国认为,一方面,上诉机构这一做法再次违背其职能,扩大了自身权限,使得WTO条约解释出现错误和混乱,削弱了以规则为基础的多边贸易体系的权威性,上诉机构存在司法积极主义倾向;另一方面,上诉机构赋予其争端解决报告,尤其是涉案条约的解释或判理以判例法的"先例"(precedent)效力,[6] 违背DSU的规定,这一做法构成WTO争端解决机制的体制性问题。

上诉机构报告是事实上的"遵循先例"的典型案例——"墨西哥诉美国不锈钢反倾销措施案"(WT/DS344)案,上诉机构在本案中首次提出所谓的"强效理由说"。该案专家组采纳了之前被上诉机构推翻的专家组报告的观点。上诉机构对此进行了批驳,并进一步指出:DSU第3条第2款中关于争端解决机制保证多边贸易体制的"安全与可预见性"的规定意味着,在没有强效理由的情况下,裁判机关须在嗣后的案件中依相同方法解决相同法律问题。换言之,专家组原则上应尊重与遵循上诉机构之前所做的裁决理由或法律解释。

由本案上诉机构报告可以看出,上诉机构位于专家组之上,职责就是审查专家组报告,这说明WTO成员非常重视对权利和义务解释的一致性和稳定性,这样做有利于实现"WTO 安全性和可预见性"以及迅速解决贸易争端。上诉机构反复强调其裁决报告只对本案有约束力,但是重申这并不意味着专家组可以无视上诉机构裁决中的法律解释和裁决理由。在后续的案件审理过程中,专家组援引了上诉机构的上述说法,且在司法实践中,专家组和上诉机构报告都出现过频繁引用先例的情况,如"中国稀土案"。为此,上诉机构进一步说明,DSU 第 3 条第 2 款所规定的 WTO 争端解决机制为多边贸易体制提供"安全性和可预见性"充分表明,"除非有强有力的理由,司法机关应该在随后的案件中以相同的方式解决相同的法律问题",即除非有令人信服的理由,事实上应该"同案同判"。众多案例为后续案件的裁决提供了便利和指引,而不会出现前后明显矛盾的裁决。

美国提出,这种做法缺少法律依据且上诉机构由此改变了争端解决裁决的性质,即上诉机构报告具有了"先例效力和地位"。尽管上诉机构报告可以澄清和解释 WTO 规则,但这并不意味着报告可以替代协定文本予以遵循。中国、欧盟、日本、加拿大、澳大利亚、新西兰、新加坡、墨西哥、巴西、智利、哥伦比亚和菲律宾等 12 个 WTO 成员对美国的主张发表集体评论,一致提出 WTO 协定和 DSU 确实没有授权上诉机构作出具有先例约束力的裁决,但也质疑上诉机构是否实际上寻求过这一权力,并提出美国以"不锈钢案(墨西哥)"为例指责上诉机构以"令人信服的理由"维持其以前报告的先例价值,不符合实际。

WTO 争端解决实践充分说明,WTO 成员非常重视专家组和上诉机构报告中的推理依据和过程,裁决报告经常被之后的贸易争端中的当事方援引并且为专家组和上诉机构所关注。除此之外,WTO 成员在制定或修改国内法的时候也会兼顾这些裁决报告中的法律解释。因此,这些裁决报告已经成为 WTO 争端解决机制的重要组成部分。

而现实的情况是,当今国际社会中的众多裁决机构几乎无一例外地不具有创设"先例"的权力,WTO 同样没有授予 DSB 创设"先例"的权力。WTO 第 9 条第 2 款规定:"部长级会议和总理事会拥有通过对本协定和多边贸易协定所作解释的专有权力。"DSU 第 3 条第 9 款规定:"本谅解的规定不损害各成员通过《WTO 协定》或一属诸边贸易协定的适用协定项下的决策方法，寻求对一适用协定规定的权威性解释的权利。"这些规定表明，如果WTO贸易争端当事方对专家组或上诉机构所做的法律解释不满，可以向部长会议或总理事会申请做出正式解释。实践中，WTO争端解决机构的裁决只是对现有规则的法律解释。[7] WTO争端解决机构的裁决意见属于"先理"，并不是"先例"。美国提出的WTO争端解决机构可以"造法"的主张不仅缺乏法律和法理依据，而且成为美国政府迫使WTO上诉机构陷于瘫痪的"借口"。

有针对性地分析美国的批评和指责，客观评估上诉机构的条约解释实践，充分研究有关条约解释的判理或先例及其相关问题，是合理改革WTO争端解决机制并提出改革建议的必要条件。

3."越权"审查

上诉机构的裁判权来自WTO所有成员方的授权。DSU第17条第6款规定，上诉仅限于专家组报告中的法律问题以及专家组所作出的法律解释。WTO上诉机构的职责是审查专家组是否正确解释和运用WTO协定，专家组的工作之一就是审查WTO成员的国内法是否与WTO规则一致，而上诉机构需要判断专家组的审查是否准确。上诉机构经常性地审查专家组的事实认定，并将成员方的国内法作为一个法律问题来看待，尽管成员方早已决定成员方的国内法作为事实问题不受上诉审查。

美国所提出的"越权"审查主要针对这种特殊情况，即上诉机构审查专家组对国内法的解释是否正确，而美国认为这是明显的"事实"审查，上诉机构忽视WTO规则，扩张其权限以及审查范围。更重要的是，成员方并未授权上诉机构对其国内法进行解释。上诉机构错误地解释了包括美国在内的WTO成员的国内法，迫使其不必要地废止或修改涉诉的国内法。

例如，在1997年的"印度诉美国专利案"（DS50）中，上诉机构就曾经采取了这一做法，并且一直延续至今。此案上诉争议的事项之一就是印度认为专家组无权解释印度国内法，而上诉机构认为专家组的职责是判断该国内法是否与WTO协议一致，为此专家组必须全面理解和熟悉印度相关国内法的实施情况，所以专家组有权解释国内法而不能仅仅依赖当事方的陈述。上诉机构对此强调："在本上诉中我们同样有必要审查专家组对印度国内法的理解。"美国提出,在司法实践中,上诉机构经常使用不同的方法判定专家组的事实审查,并得出一些似是而非的结论,尤其是涉及一些关于WTO成员内法问题的审查,美国特别强调这是事实问题而不是法律问题,违反了DSU第17条第6款的规定,即"上诉应限于专家组报告涉及的法律问题和专家组所作的法律解释"。因此其并不在上诉机构审查的范围内,不应该是上诉事项,上诉机构无权审查。如果贸易争端一方当事人认为专家组所理解的国内法存在误解可以为此提起上诉,那么上诉机构就应该不予审查。当然,上诉机构可以基于专家组对国内法的理解,判定专家组对该国内法与WTO协议之间关系的认定是否正确,包括使用协议条款是否得当和对该条款解释是否正确,从而根据DSU第17条第13款的规定做出维持、修改或推翻的裁决。

在国际法领域中,"事实"在很多情况下就是缔约国的国内法,争议事项常常是某项国内法是否符合国际条约的义务,WTO也不例外。例如,在"中国知识产权案"(DS362)中,涉案措施就涉及中国著作权法和刑事法律规定是否符合WTO规则。

美国认为,上诉机构这一做法扩大了自身权限,增加了WTO争端的复杂性、重复性和拖延性,使其无法在90天审限内作出裁决,同时也大大降低了专家组程序的效力。因此,美国指责上诉机构对专家组的报告进行越权审查,具有司法能动主义的倾向。

4. 咨询意见或附带意见

所谓咨询性意见或附带意见(obiter dicta)是指上诉机构成员在审理案件之前或者涉及某些非现实情况的法律问题提出的一些不具有法律效力的建议,即在WTO案件的上诉机构报告中所提出的并非解决贸易争端所必需的部分。美国指出,上诉机构法官常常针对一些在解决WTO争端过程中的非必要问题或者当事方根本未提及的问题发表看法,甚至上诉机构报告中的附带意见多达40余页。美国所列举的存在咨询性意见或附带意见的事例包括上诉机构报告中建议争端解决机构要求某些成员进一步提起案件,就DSU适用于中止减让之后阶段的情况发表意见,就贸易争端当事双方都认为没有必要的事项做出裁决,在认定专家组裁决无效后进一步审查相关问题等。这些咨询意见或附带意见属于"造法行为",明显超出了上诉机构的权限。

5. 上诉机构及其成员的独立性问题

事实上,上诉机构危机问题也引发了WTO成员所普遍关注的另一个问题,即上诉机构及其成员的独立性问题。2016年,在特朗普成功竞选为总统之后,美国就已经成功阻挠韩国籍上诉机构法官张胜和连任,由此引发了上诉机构的第一次选聘大法官事件。美国提出,张胜和没有能够全面履行上诉机构成员的职责,审理的很多案件均存在问题,有损WTO成员对争端解决机制的信任和支持,以此为理由坚决不同意其连任。这一做法遭到其他WTO成员的反对,认为这将有损上诉机构和法官的独立性,破坏WTO争端解决机制的可信度。

独立性是包括上诉机构成员在内任何法官的"命根子"。WTO争端解决机制的"合法性"和"权威性"主要来自于审判的独立性。如果法官不能独立审判案件,而是受到很多外部因素的干扰,甚至将其连任与其裁决挂钩,这一做法事关司法裁决的可信度和司法机构的正常运作,是完全不能容忍的,必须得到有效解决。WTO成员已经开始讨论修改连任制度以保证上诉机构的独立性与公正性。

6. 超期服役

DSU反映了成员方对于任命上诉机构成员的共识,只有DSB才有权力决定由谁来担任上诉机构成员以及该成员的任期有多长。根据DSU第17条第2款的规定,上诉机构法官一般情况下任期为四年,可以连任一次。但司法实践中,常常因为案件审理的周期过长而导致案件还未审结,但上诉机构法官的任期已经届满,需要上诉机构法官在任期之外继续审理案件的特殊情况,通常被称为超期服役。

《上诉审议工作程序》早已预见到这种特殊情况会发生,规定了过渡期处理办法。根据第15条的规定,不再担任上诉机构成员的人,经上诉机构授权并向争端解决机构通报,可以完成案件审理工作。即通过上诉机构授权且向WTO争端解决机构通报后,"超期"上诉机构成员仍然可以继续审理其被分配的但未完结的案件,仅为此目的,该成员可继续被视为上诉机构成员。美国提出上诉机构裁决直接或间接影响着WTO成员的权利和义务,只

第四章　WTO争端解决机制之上诉机构危机与化解方案

有争端解决机构在任期届满的情况下有权授予上诉机构法官继续审理案件，上诉机构本身并没有此权限。

因此，根据DSU第17条第2款的规定，只有成员方才有权通过DSB来任命或再任命某一位上诉机构成员。但是，一方面，通过《上诉审议工作程序》第15条的规定，上诉机构事实上可以在未经WTO成员方同意的情况下，再次任命一位任期已满的上诉机构成员，从而违反了DSU第17条第2款；另一方面，DSU规定了WTO争端解决程序，上诉机构的做法相当于修改了此程序，而本来修改DSU需要全体成员的协商一致。由此可见，现实情况是，上诉机构在WTO争端解决程序方面享有较为广泛的自治权，可以由上诉机构自行决定离任的上诉机构法官可以"超期服役"，这一做法明显缺乏透明度。

7. 超期审理

DSU第17条第5款规定："诉讼程序自一争端方正式通知其上诉决定之日起至上诉机构散发其报告之日止通常不得超过60天。在决定其时间表时，上诉机构应考虑第4条第9款的规定（如有关）。当上诉机构认为不能在60天内提交报告时，应书面通知DSB迟延的原因及提交报告的估计期限。但该诉讼程序决不能超过90天。"即上诉案件的一般审理期限为60日，如果60日内案件未能结束，上诉机构应向DSB书面通报未结案的原因以及预估结案时间，但是90日为最长期限。因此，上诉机构诉讼程序绝不能超过90天，且没有例外。

早期上诉机构较好地执行了这一时限规则，1996—2011年，101起上诉案件中有87起在90天期限内发布了报告，在个别超时案例中，上诉机构均与贸易争端当事方协商并获得了延期的同意。美国提出，自2011年"美国-轮胎（中国）案"开始，上诉机构长期无视上述时间要求，经常违反90日审理期限的规定，而且不向争端解决机构通报原因，明显违反透明度原则。甚至不与贸易争端当事方协商就延长时间，有些案件甚至超过1年之久。

2011年以后，上诉机构平均处理上诉时间长达149天，而2014年5月以后，平均时间更达到163天（不包括空客和波音案件）。美国认为，上诉机构经常延期发布裁决的主要原因是使用了不当的司法裁决方法。最为严重的是司法经济问题,即上诉机构经常对与贸易争端无关的问题作出裁决或发表咨询意见。

此行为不仅损害了成员方及时抵制非公平贸易行为的权利以及他们对多边贸易体制的信任,而且使得争端解决期间非公平贸易行为仍得以持续。考虑到 WTO 提供的救济是非追溯性的,即仅要求败诉方纠正与 WTO 不符的争议措施而无需对由此造成的损害进行赔偿,上述行为削弱了公平竞争的国际贸易秩序。

因此,美国批评上诉机构未执行 DSU 规定的程序性要求,未遵循审限规则,不仅与 DSU "迅速解决成员间贸易争端"的宗旨不符,还导致审限届满后上诉机构报告效力的不确定性和缺乏透明度等问题。美国甚至提议,争端解决机构应不予认可超过 90 天发布的上诉机构裁决报告。

综上所述,美国认为,上诉机构的角色定位仅在于协助 DSB 决定某一成员方的措施是否违反了 WTO 规则,从而使得 DSB 建议该成员方将违法的措施调整为与 WTO 保持一致。但是,上诉机构的上述行为极大地超越了其应有的角色与权限。该"越权行为"一方面使得 WTO 争端解决机制背离了其本来的目的(即解决争端),导致成员方不能有效地保护其在 WTO 各协定下的贸易利益;另一方面也损害了 WTO 的谈判功能,因为它怂恿某些成员通过诉讼获得它不能在多边谈判中获得的好处,同时导致其他成员无动力去谈判新协定、作出新承诺,它们不能确定上诉机构会尊重谈判达成的规则。进一步来说,上诉机构的越权行为还抑制了成员方应对损害性进口的能力,使美国企业无法在一个公平的环境中与外国国有企业竞争,还使美国国会通过的法律被"坐在日内瓦的未经民选的一小撮人"评判是否违反了 WTO 法。

在美国所提出的"七宗罪"中,有些问题比较简单,属于实践中的程序问题,可以通过修改和完善 DSU 规则予以解决;而有些问题相当复杂,属于国内国际司法体制的疑难杂症,必须经过更长时间的理论探讨和司法实践加以化解。

(二) 对"美国批评"的评价

主权国家对于它们和准司法裁决机构的关系的认知是决定当前上诉机构困境的深层原因。在一切裁决机制中,人们对裁决者的基本要求就是要保持独立和公正,世贸组织上诉机构的工作程序也是这样规定的。在争端裁决中,裁决者具有一定的自主性(autonomy)和裁量权(discretion),必须按照他认为正确的方法、正确的程序来处理案件,而且这在上诉机构是一个集体决策的过程。当WTO成员对裁决者的公正性和独立性[8]提出批评意见时,判断孰是孰非的标准应该是条约的文本。

1. "美国批评"的问题所在

我们应辩证看待美国提出的批评和意见。一方面,美国的立场有颇多可质疑之处,因为很多批判意见实质上反映了"美国偏好"与"利益导向",没有理性审视WTO规则及争端解决机制,故存在不少谬误之处。

首先,美国观点的一个基本逻辑是"法无禁止即可为",即只要WTO各协定未明确规定,那么成员方就拥有采取此类措施的自主权,如禁止"归零法"等特殊做法。虽然GATT1994第6条以及《反倾销协定》均未明确禁止"归零法",但该方法并非成员方善意履行WTO条约义务的方式,同时其实施效果也已经违反了《反倾销协定》第2条第4款项下"对出口价格与正常价值进行公平比较"这一要求。如果任由成员方在WTO各协定的"空白之处"进行"肆意的填补",那么客观上将增加成员方在协定下本不享有的权利,而且多边贸易体制的安全与可预见性也将难以获得保障,后退至GATT时期"纲纪不振、规则体系支离破碎"的困境,而构建以规则为导向的、统一化的国际经贸关系正是WTO区别于GATT的关键所在。

其次,美国观点对于专家组报告中的法律问题与事实问题的区分过于狭隘。两者之间固然存在明确的区别,"前者是实际发生了什么的问题,而后者是对实际发生的事情,根据法律秩序的标准应如何处置的问题"。但有时两者并非泾渭分明,因为当某一事实与规则相关而导致事实具有了法律意义,或对当事人的权利义务或判决结果产生影响,或者当某一事实通过法律用语来表达时,就变成了法律问题。正如上诉机构在"美国诉印度农业化学品与药品专利保护案"中所言,在国际公法中,国际法庭可以从多个角度来对待国内法。国内法可以作为事实的证据，也可以成为国家实践的证据。但是，国内法也可以构成是否遵守国际义务的证据。国际法权威著作《奥本海国际法》也指出，"在什么范围内，一个国家在国际法上有义务制订使它可能履行它的国际义务的法律，或者被禁止制订使它违反或可能违反国际义务的法律，是不大确定的。如果有一项法律允许或可以允许作出某行为，违反国家的国际义务，或者如果没有制订履行这些义务所要求的法律，该国也处在可能违反国际义务的地位。"

进一步来说，美国的观点也违背了成员方在 WTO 项下承担的国际法义务。上诉机构对法律问题的审查通常要依赖于对案件事实的考量，因为成员方的国内法本质上就是 WTO 视野下的一个法律问题。《WTO 协定》第 16 条第 4 款明确规定，每一成员都应保证其法律、法规和行政程序与其在各附件协定下的义务保持一致。为实现此目标，国内法就不能仅仅被作为事实问题来看待。

最后，美国对于上诉机构拖延裁判、突破 90 天审限的批评，源于其没有充分考虑到上诉机构审理案件的超负荷工作和压力。因为它忽略了 WTO 案件数量近年来总体呈上升趋势。近 70% 的专家组案件将上诉至上诉机构。WTO 前总干事阿泽维多曾表示，在上诉机构 7 人满员的情况下，如果从当天起 DSB 关门不再接收新的案件，现有工作量也足够专家组和上诉机构忙碌两年。为此，阿泽维多建议增加上诉机构人数至 9 人。可见，在上诉机构满员的情况下，案件积压已不可避免。负荷过重而导致案件审理超期问题一直困扰着上诉机构。上诉机构在其年度报告中指出，负荷增加的原因主要在于下列因素的增长：（1）争端的大小（size）；（2）上诉中提起的问题数量；（3）上诉中的参与者数量；（4）上诉中所提交材料的平均长度。

据统计，实践中专家组的审理期限已经长达一年半，而根据 DSU 第 12 条第 9 款的规定，专家组应在设立之日起 6 个月内作出报告。DSU 的缔造者们在规定此审限时并没有预判到 WTO 成立后争端解决案件的数量之多以及法律问题之复杂性。因此，美国单纯地批判上诉机构违反 DSU 的上述规定，是一种不合理也非建设性的观点。更加合理的选择应当是在多边谈判中倡导修改 DSU，允许专家组和上诉机构延长其审查期限。

2."美国批评"的可取之处

美国的主张也有一定的可取之处,因为它间接地揭示了WTO面临的若干体制性难题与制度性不足,这些因素是导致上诉机构停摆、WTO争端解决机制陷入危机的根本原因。

首先,上诉机构的运行缺乏适当的监督与约束机制,导致其在条约解释、法律推理等方面的自主权过大;

其次,在协商一致的决策模式下,多哈回合多边谈判陷入僵局,制度供给能力严重不足,WTO的造法功能日益萎缩;

最后,WTO部长会议与总理事会的工作处于低效率状态,不能对现有规则的模糊或空白之处进行及时的立法性解释或修正等。

美国阻止上诉机构运行只是一种手段,根本目的还是迫使其他成员尽快启动WTO改革的谈判。美国政府将阻止上诉机构运转看作"撬动"WTO体制性改革的唯一杠杆;如果没有美国兼具破坏性与建设性的领导力,成员方将不会严肃和积极地讨论WTO的改革问题。上述说法看似犀利,实则也反映了现实。

可资佐证的是,美日欧三大经济体多次发表联合声明,主张应修改《补贴与反补贴措施协定》,具体包括增加禁止性补贴的种类、明确规定当出口国内市场存在扭曲时进口国调查机关可采用的"外部比较基准"、降低"公共机构"的认定标准、完善补贴国的通知义务、加重可诉性补贴的提供国的举证责任(应证明其补贴不会对国际贸易产生严重的负面影响)等。上述意见与《美国上诉机构报告》对上诉机构的批评有颇多相互呼应之处。

WTO成员们在关注美国对上诉机构的批评时,也要明白目前WTO成员对于争端解决的参与处于不同的阶段。因此,他们对于争端解决机制的认识程度和认识角度都是不同的。在WTO争端解决机制运行最初的十年中,基本是美欧等发达国家成为争端机制的频繁使用者,近些年来,越来越多的发展中国家,包括比较富裕的小型经济体也积极参与争端解决机制,积累经验,主动运用规则维护自身权益,对WTO争端解决机制的正常运转有很大的期待。在2020年8月份的DSB例会上,仍然有121个WTO成员持续提议要求立即启动任命6位新的上诉机构法官的程序。因此，调和成员之间的分歧是有难度的，成员们对于WTO争端解决机制的理念、看法是有差异的，对其运作的认识也是存在分歧的。

四、美国制造上诉机构危机的原因和后果

美国对WTO争端解决机制上诉机构的批评并非始于特朗普政府。早在小布什总统在任期间，美国就对WTO上诉机构的审理及其裁决颇有微词，奥巴马政府对其也有所抱怨。美国对WTO争端解决机制上诉机构的抱怨有些存在一定的合理性，比如美国认为WTO上诉机构的审理期限往往超期，这是一个事实，也确实影响到了WTO争端解决机制的效率。但事实上，审理期限超期问题完全可以通过增加上诉机构成员人数、延长任期时间等方式得到有效解决。而另一些抱怨则明显难以服众，比如认为WTO上诉机构"越权裁判""越权审查国内法"等。特朗普政府与小布什政府和奥巴马政府相比，对于抱怨上诉机构的问题更加明显和坚持。特朗普政府坚决要阻挠上诉机构成员的选任，直至导致上诉机构彻底"停摆"，这完全符合其执政思路，即凡是其认为不利于美国利益的组织或机制，美国就会退出或阻止其发挥作用；甚至以退为进，逼迫各组织或机制向符合美国利益的方向进行改革。

（一）美国制造上诉机构危机的原因分析

分析美国阻止上诉机构成员选任，制造上诉机构危机的原因，对于我们提出应对策略非常重要。

首先，WTO争端解决机制适用的背景发生了巨大的变化。WTO争端解决机制事实上是有利于保护弱势成员，而更加约束相对强大的成员的行为和措施，比如约束美国的一些行为。任何WTO成员都可以借助争端解决机制起诉美国。尽管美国可以通过向专家组和上诉机构施加压力的办法来影响裁决结果，但WTO争端解决机制至少给弱势的成员提供了从程序上挑战美国的机会。

从分析美国当初支持建立WTO争端解决机制及其上诉机构可能的原因

得知：(1) WTO 争端解决机制及其上诉机构成立于 1995 年，从当时的国际背景来看，冷战刚结束，苏联解体，美国迫切需要通过建立 WTO 及其相关机制来证明自己的领导力；(2) 美国建立 WTO 争端解决机制的初期收益非常大，而当时美国并不认为 WTO 争端解决机制会给自己带来那么强的约束；(3) 当时新兴经济体尚未崛起，而且中国、俄罗斯等国家也未加入 WTO，美国对自己在 WTO 的影响力非常有信心。但自新世纪以来，仅仅在 WTO 成立五六年之后，美国就开始意识到 WTO 争端解决机制的创立和一些规则不符合其自身利益。

其次，从司法实践的争端数量上来看，WTO 争端解决机制对美国的影响非常大。美国是运用 WTO 争端解决机制解决贸易争端最频繁的成员之一，既是起诉次数最多的成员，同时也是被诉次数最多的成员。美国的起诉案件中约有 90% 获胜，但在被诉案件中败诉率也非常高。美国在一些重大案件中败诉，上诉机构裁决报告中的判决的"先例价值"意味着美国很难在后续的相似案件中翻盘。从被诉范围来考察，除 GATT1994 中的一般原则外，美国在贸易救济措施这一具体领域中引发的贸易争端案件数量位居第一，其次是知识产权、技术性贸易壁垒、动植物卫生检疫措施和投资措施等领域。尤其在贸易救济领域中，美国的许多做法被上诉机构裁决为不符合 WTO 协议。[9] 因此，美国对于上诉机构的裁决结果表示非常不满，认为上诉机构对其贸易救济制度存在偏见。

再次，美国贸易代表莱特西泽（Robert Lighthizer）想摧毁上诉机制，让 WTO 争端解决机制回到 GATT 时期那种只有专家组"一审"并且由败诉方自主决定是否执行裁决的原始模式。这是上诉机构合法性遭到质疑和实际运作出现严重危机背后真实的原因。美国对上诉机构本身所提出的批评，是其以 WTO 争端解决机制运行过程中所出现的一些问题作为借口而已。美国制造上诉机构危机的做法的实质目的是抛弃有约束力和强制执行力的 WTO 争端解决裁决，尤其是一些与美国利益密切相关的贸易救济案件的不利裁决，从而阻挠这些对其不利的上诉机构报告的通过。现实情况是，在上诉机构停摆后，美国即对"印度诉美国热轧碳钢反补贴措施案"（DS436）中的专家组报告提起上诉，直接阻止该专家组报告发生法律效力。美国在该上诉申请中提出，鉴于上诉机构已不能审理本案，美国将与印度协商确定案件的进一步解决方案，包括是否能在上诉机构无法运行的情况下解决涉案事项，还是考虑寻找上诉程序的替代方法等。2020年9月29日，美国第二次通过这种方式成功阻碍"加拿大诉美国软木反补贴措施案"（DS533）的专家组报告生效。

最后，美国政府将上诉机构改革作为撬动整个WTO争端解决机制改革的杠杆。2019年3月，在美国参议院财政委员会上，美国贸易代表在其发表的讲话中直接指出，"如果不愿意大胆使用在WTO中拥有的唯一杠杆，即不同意上诉机构人员的遴选，看不到还有其他的任何替代途径"。[10] 同时，美国贸易代表办公室在2019年3月发布的《2019贸易政策议程及2018年度报告》中特别提出美国对WTO争端解决机制改革的建议，即争端解决必须充分尊重WTO成员的主权政策选择。包括上诉机构的WTO争端解决机制已经严重偏离成员最初达成的协定。美国在《2020贸易政策议程和2019年年度报告》中重申并强调了这一主张。

由此可见，美国只支持对自己有利的规则体系。从根本上来说，在领导世界或者建立相关组织和规则时，美国会充分考虑自身获得的收益和付出的成本，只有收益足够大于成本时，才愿意提供公共产品；如果所获得的收益无法达到预期，即使是其自身建立的组织或规则，美国也会试图做出改变，甚至不惜摧毁它。

（二）上诉机构"停摆"引发的后果

事实上，因美国持续阻挠上诉机构新成员的选任工作，自2018年6月开始，上诉机构因严重缺乏工作人员而导致待审上诉案件急剧积压，因此，根据DSU第16条第4款的规定，贸易争端当事方已就专家组裁决报告提起的上诉案件，在上诉审理完成之前，争端解决机构将不予审议和通过此类报告。结果就是在上诉机构停摆期间，此类报告将无限期处于悬而未决的状态。迄今这类"悬案"共有7件（含同一诉由）。在专家组继续审理案件的情况下，预计将有更多案件因上诉机构停摆而成为悬案。此外，根据DSU第21条第5款的规定，无论是未上诉而通过，还是经上诉复审连同上诉报

第四章 WTO争端解决机制之上诉机构危机与化解方案

告通过的专家组报告,该争端解决案件都将进入裁决执行程序。一旦当事方对是否执行产生争议,则由原审专家组(通常被称为"DSU21.5专家组")审议裁决。此类专家组报告同样又可被上诉。如今这类情况发生的案件也会成为悬案而导致无法予以执行,更谈不上可能的授权报复。迄今为止,此类案件有3起(含同一诉由)。而且,悬而未决的大多都是非常敏感的,必须要执行的案件,如关于美国"301条款"和"232条款"的裁决,这明显已经完全违背了WTO争端解决机制关于快速解决争端的宗旨。可见,上诉机构停摆对整个WTO争端解决机制运行的影响是非常严重的。即便部分WTO成员达成临时替代的上诉程序,但仍有大量悬案无法得到有效的处理。

通过具体的分析,我们发现,上诉机构停摆对涉美案件的争端解决影响巨大,美国败诉后大概率会提起上诉,于是一意孤行搞垮上诉机构,这样搁置专家组报告,导致争端无法得到有效解决。在此情况下,若其他成员之间的贸易争端不再通过WTO诉讼予以解决,便只能与美国磋商才最实际,就美国而言,WTO贸易争端解决重回其权力导向。

待审上诉案件积压,专家组报告悬而未决,敏感案件无法执行,这些只是上诉机构停摆危机的表面后果,而对WTO及其争端解决机制的实质破坏和影响却是深远的。

同时,这将导致WTO的整体危机,而不仅限于WTO争端解决机制。争端解决机制的危机将危及WTO的谈判功能以及成员对以规则为导向的多边贸易体制的信心。尽管目前已经有了临时上诉机制的安排,但毕竟是一个诸边的而不是多边的解决方法。最理想的仍然是通过多边途径来找到恢复上诉机构运转的方案。关于WTO谈判功能的停滞与WTO争端解决机制危机之间的关系,本书认为可能是因为WTO谈判不能顺利进展和推进,导致争端解决机制的使用不断地增多。正因为在农业谈判、关税谈判等过程中遇到障碍,所以WTO成员只能通过争端解决机制来处理争端。但不能因为WTO争端解决和立法这两大板块的失衡而草率地、主观地斩断WTO争端解决机制、砍断上诉机构这条路,这是不负责任的,也是无济于事的。

第二节　WTO上诉机构改革的相关提案

由上诉机构成员选任引发的上诉机构危机还在持续发生，如果没有有效的措施和手段尽快化解危机，尽早恢复上诉机构的正常运行，将对整个WTO争端解决机制造成严重破坏，还有可能影响WTO作为谈判场所和政策审议机构的重要作用并危及WTO多边贸易体制的顺利运转。解决WTO上诉机构所遭遇的紧急危机问题，针对WTO上诉机构、争端解决机制甚至多边贸易体制进行实质性改革已经迫在眉睫，包括中国在内的WTO主要成员积极寻求危机化解和问题解决的路径，提出多项有针对性的改革和建议方案。

WTO成员在过去几年一直在围绕如何解决上诉机构问题进行积极的磋商，新西兰驻WTO大使David Walker作为牵头人，形成了几份成果性文件，其中包括联合提案方的DS222号文件、澳大利亚和日本提的768号文件，还有中国台湾的文件等。几乎所有WTO成员的改革方案均强调须保证WTO争端解决机制的稳定性和可预见性。

一、WTO主要成员上诉机构改革提案

为了尽快解决上诉机构面临的严重危机，中国、欧盟、加拿大、日本、印度等70多个成员先后通过不同形式提出了若干改革建议。

（一）欧盟

2018年9月18日，欧洲理事会做出决议并正式发布了《WTO的现代化概念文件》（简称《欧盟方案》）。《欧盟方案》主要针对规则重构、日常工作和透明度以及WTO争端解决机制三个方面提出修改和完善建议。关于上诉机构危机和改革，欧盟认为，上诉机构资源严重不足是美国提出的上诉机构超期审理问题的主要根源。欧盟提出增强上诉机构的独立性、提高上诉

审理和报告的程序效率、加强上诉机构与 WTO 成员之间的互动等建议，希望建立一个"更有效、更透明的 WTO 争端解决机制，包括上诉机构"。对美国关注的越权裁判、遵循先例、越权审查、咨询性意见等实质性问题只是建议进行柔性处理，例如上诉机构与 WTO 成员之间定期交换意见等。因此，欧盟关于上诉机构改革的建议事实上是希望进一步加强上诉机构的司法性，与美国想减弱上诉机构功能和裁决报告效力的想法正好相反。由此，美国常驻 WTO 大使谢伊公开反对欧盟关于上诉机构改革的倡议。2018 年 10 月，欧盟与日本、加拿大、澳大利亚等国发表的联合声明虽提及 WTO 争端解决机制改革，但没有指出采取的具体措施。

（二）加拿大

2018 年 9 月 21 日，加拿大向 WTO 提交了《加强 WTO 使之现代化交流讨论稿》（以下简称《讨论稿》）。2018 年 10 月 24—25 日，加拿大、欧盟、日本、澳大利亚、新西兰、挪威、瑞士、韩国、新加坡、巴西、墨西哥、智利和肯尼亚等 13 个 WTO 成员（不包括中国和美国）的国际贸易部长发布了《渥太华部长会议关于 WTO 改革的联合公报》（以下简称《联合公报》）。《联合公报》提出，WTO 成员方应着手解决 WTO 争端解决机制的运行问题，同时强调应该保留 WTO 争端解决机制及其上诉机构，并保证它们的顺利运行。

（三）中国

中国迄今为止最为积极也最具实质性的参与 WTO 改革的表现主要集中在针对 WTO 争端解决机制，尤其是上诉机构的改革方面，这与中国发布的《立场文件》中关于"WTO 改革应优先处理危及 WTO 生存的关键问题……尽快解决上诉机构成员遴选问题"的主张完全一致。

1. 《中欧加印等联合提案》

2018 年 11 月 26 日，中国在上海举办 WTO 小型部长级会议，欧盟、中国、墨西哥、韩国、印度、冰岛、加拿大、澳大利亚、新西兰、挪威、瑞士、新加坡等共 12 个 WTO 成员共同向 WTO 提交了一份关于化解 WTO 争端解决机制僵局的具体措施的建议方案——《关于争端解决上诉程序改革的联合提案》(以下简称《中欧加印等联合提案》),[11] 该提案就超期服役、审理期限、事实法律、咨询意见和遵循先例等 5 个美国关切的上诉机构问题向 WTO 提交了修改建议。

《中欧加印等联合提案》中的核心建议包括以下方面。

(1) 关于上诉机构案件审理的 90 天期限问题。建议修改 DSU 文本,除非争端当事各方都同意延期,否则上诉机构审理程序应该确保在 90 天内完成。将 DSU 第 17 条第 5 款规定的"但该诉讼程序决不能超过 90 天"修改为"但该诉讼程序决不能超过 90 天,除非争端当事方同意上诉机构建议的其他限期。当事方应当对这些建议给予同情的考虑"。《中欧加印等联合提案》建议严格限定上诉机构案件审理的 90 天期限,目的是加强上诉机构与争端当事方的磋商义务和提升上诉机构审理期限的透明度。如果上诉机构预计将超过 90 天才能作出报告,可在审理程序早期甚至上诉机构审理案件前与争端各方协商审理期限延期等事宜。如果争端当事方不同意延长审理期限,而上诉机构又认为自己无法在 90 天内作出裁决报告,那么上诉机构可以与当事方协商,考虑制定相关策略调整该争端解决案件的上诉程序或工作安排,保证在 90 天内作出裁决报告。例如建议当事方自愿聚焦上诉范围、为当事方提交的内容设定篇幅限制、采取适当措施缩短报告长度或先仅以一种官方语言发布报告,报告发布后再逐一翻译成 WTO 其他工作语言并对外正式发布,甚至可以动用"强制性司法节制"等方式,争端当事方对上述建议应予以配合以确保 90 天审理期限目标的实现。这些建议或方式的适用不应影响现有规则中关于超过 90 天做出报告的效力和报告通过的规定。

(2) 关于超期服役的问题,即上诉机构成员任职期限届满后是否可以继续审理争端案件的问题。《中欧加印等联合提案》提供两种建议方案,一是修改 DSU 第 17 条第 2 款的规定,明确离任法官的过渡规则,规定离任法官应完成在其任期内已经分配的已开庭案件,二是制定新规则以明确即将卸任的上诉机构成员在何种情况下可以继续完成尚在审理过程中的诉讼程序。

(3) 关于成员方国内法的含义属于事实问题还是法律问题。建议为 DSU 第 17 条第 6 款的规定"上诉应限于专家组报告涉及的法律问题和专家组所作的法律解释"增加一个脚注,明确其"不包括专家组关于当事方国内措施之含义的认定,但包括其关于这些措施在涵盖协定下之法律属性的认定"。即进一步澄清与案件争端解决有关的法律问题不包含国内法的含义。

(4)关于对与争端解决案件无关的事项进行裁决的问题。建议在DSU第17条第12款规定"上诉机构应在上诉程序中处理依照第6款提出的每一问题"后增加一个限定条件,即"在为解决争端所必需之限度内"。明确上诉机构应该只处理与争端解决案件自身有关的问题。

(5)关于上诉机构将其裁决作为先例的问题。强烈要求专家组在没有"令人信服的理由"(cogent reasons)时也必须遵守这项规则,上诉机构和WTO成员方之间需要进行更充分的交流和沟通。建议在上诉机构和WTO成员之间建立一个定期交流机制,可以定期(每年)召开一次会议,以开放的方式针对上诉机制运行中出现的系统性问题或上诉案件审理过程中遇到的法理发展趋势展开交流或交换意见。因此,建议新增一条规则,即DSU第17条第15款,规定上诉机构与WTO成员方应该每年举行一次交流会议,任何成员方均可在会议上以尊重上诉机构独立性和公正性的方式发表其对已经通过的上诉机构裁决的不同看法或者质疑,从而为上诉机构与WTO成员方提供额外的"沟通渠道和交流机会"。这种沟通和交流需要建立在确保透明度规则的基础上,以避免WTO成员对上诉机构成员施加不必要的压力。

上述核心观点基本与《欧盟方案》中关于上诉机构和程序的改革建议一致,也全面回应了美国对上诉机构的批评意见并安抚了美国的不满情绪,目的在于说服美国、弥合分歧。从《中欧加印等联合提案》的提案方的范围来看,基本已经凝聚了相当广泛的共识,更是中国与WTO其他主要成员尤其是发达国家成员在当前WTO改革进程中为数不多的交集之一。

2.《欧中印方案》

2018年11月,欧盟、中国和印度三方联合向WTO提交了一份专门针对WTO争端解决机制改革的建议提案——《欧中印方案》,该方案围绕上诉机构成员的独立性、成员任期、任职人数、裁决报告发布效率等问题提出相关改革倡议,以敦促尽快启动上诉机构成员遴选程序,维护岌岌可危的多边贸易体系。《欧中印方案》作为《中欧加印等联合提案》的补充具有较为明显的针锋相对的色彩，修改建议更为直接和彻底。

《欧中印方案》的核心内容包括以下方面。

(1) 关于上诉法官独立性问题。为应对上诉机构迫在眉睫的停摆危机，提出增加上诉机构成员数量的建议。具体增加多少人数，可以参考一个已裁决案件所用的平均审理时间、近几年内每年案件平均数量和未来发展趋势等因子来确定，需要专业人员利用专业统计学原理来核算。这样做可以减轻现有上诉机构成员所承担的沉重工作量和案件压力，避免他们疲劳作战，加强复审的严谨性、减少工作失误，如将上诉机构成员从现在规定的 7 名增至 9 名。

建议将现行规定的上诉机构成员一届任期 4 年但可连任一次，修改为任期只有一届，但每届任期时间可增加至 6 至 8 年。将上诉机构成员的任期限定在一届的原因是如果可以连任两届的话，上诉机构成员可能会顾虑自己能否连任而影响裁决的立场。

但如果任期届满时没有其他法官接任，建议即将离任的法官应完成其任期内已进行听证程序的上诉案件的审理，提议待离任法官可继续履行其职务直至新法官上任，但最长不得超过其本应离任日期后的两年，即上诉机构离任成员的过渡期最长不超过 2 年。[12]

建议规定上诉机构成员的全职工作性质、增强上诉机构秘书处的力量等。

这一系列的修改建议着眼于长远目标，目的在于增强上诉机构及其成员的独立性，提高和加强其工作效率和能力。

(2) 关于上诉机构成员选任的问题。建议在 DSU 第 17 条第 2 款的规定中加入自动发起上诉机构成员遴选程序的规定，即在即将离任的上诉机构成员任期届满前六个月，上诉机构主席应当发起上诉机构成员遴选程序。[13] 这一建议的目的就是为了迅速解决迫在眉睫的上诉机构"生存"危机，为目前的遴选僵局"破局"。

(3) 因考虑上诉案件复杂性和积压现状，建议经上诉各方同意，可延长规定的 90 天上诉期限。

(4) 针对美国所提出的关切，主张限制上诉机构对成员方国内法含义的解释，并规定仅在解决争议必要范围内处理上诉各方所提出的问题。

（5）建议上诉机构与WTO成员举行年度会议，以解决对有关上诉裁决过程中的方法、系统性问题或趋势的关切。

鉴于化解上诉机构危机的紧迫性和重要性，《中欧加印等联合提案》和《欧中印方案》均涉及DSU第17条第1款和第2款的修改，由此建议WTO总理事会"尽快"通过两个提案中的WTO争端解决机制改革的修正案来解决当前最为紧迫的上诉机构危机问题。除此之外，欧盟不仅将WTO改革问题纳入欧盟和美国的自贸谈判事宜中，还同时与中国建立了WTO改革工作组。

《中欧加印等联合提案》和《欧中印方案》针对上诉机构运行问题提出的若干改革建议虽然基本囊括了美方所有关切的事项，但美国认为这些建议都没有从根本上解决上诉机构的"越权"问题，尤其是涉及"建设性模糊"（constructive ambiguity）案件，美国还提出建立上诉机构与WTO成员之间的定期交流机制最多只能将涉及"建设性模糊"的案件送回立法机关（legislative remand），不太可能就解决立法不确定性而开启谈判。

（四）洪都拉斯

上诉机构危机影响之大已经触及WTO争端解决机制能否顺利运行的根本问题，不仅引起了以欧盟、加拿大等为代表的发达国家成员和以中国、印度为代表的发展中国家成员的广泛关注，而且也受到了以洪都拉斯为代表的最不发达国家成员的密切关注。

洪都拉斯向WTO提交了一份专门针对上诉机构改革的建议文件。主要内容包括以下方面。

1. 关于超期服役问题

上诉机构离任成员应继续完成已开过庭的案件审理工作并作出裁决报告，在上诉机构成员任职期限届满前的60天之内不要再分配给他们新的审理案件的工作。上述建议一方面尝试尽可能缩短上诉机构成员任期届满后继续审理案件的时间，另一方面是以案件是否已开始审理作为划分标准，既可以避免资源浪费，又可以尽快解决争端。但这些建议只有在上诉机构正常运行的情形下才能够发挥作用。

2. 关于审理期限的问题

现行规则中规定的90天审理期限的计算可以不包括周末和节假日、报告翻译时间等，对60天上诉期限可以进行适当的延期以避免在某段期间内上诉机构因案件数量多、工作量过大而不能如期结案等情况。

3. 关于咨询意见的问题

对上诉机构审理规则适用强制性的司法节制，禁止在上诉机构裁决报告中出现附带意见，进行抽象性法理探讨或提供与WTO规则相关的咨询性意见等。这样做一方面可以解决美国所提出的关切问题，即上诉机构作出与解决争端无关的、不必要的、冗长的"咨询性意见"或"附带判决"，另一方面也有助于争端案件在90天的审理期限内完成。

4. 关于事实法律的问题

建议修改DSU的规定，上诉机构审议事项的要求可以参考专家组根据DSU第11条规定的审议要求，即对上诉的问题或事项进行客观评估，并且由WTO成员规定客观评估和审查标准的具体范围；明确禁止上诉机构审查事实问题，并且明确规定WTO成员的国内法属于事实问题，WTO成员的法院或权力机构对其国内法的解释等均不在上诉机构的审查范围内；规定上诉机构不再进行完成性法律分析。所谓完成性法律分析，一般是指在某些上诉案件中，当上诉机构推翻专家组的某项法律认定后，因缺乏将案件发回重审的权力，根据专家组报告中的事实认定继续完成相关的法律分析。

5. 关于法律解释的问题

建议删除DSU第3条第2款的相关规定，即上诉机构的义务在于"澄清"WTO涵盖协定，或修改DSU的相关规定为上诉机构的义务主要集中于以解决当前争端为目的而澄清相关规定的义务。原因在于对WTO成员权利、义务的增加或减少既包括成员的实体性权利、义务，也包括成员的程序性权利、义务，这就关乎上诉机构对成员义务的解释方式或方法，必须谨慎对待和规定。

6. 关于发回重审的问题

建议增加上诉机构发回重审机制，减少上诉机构审查的工作量，但是发回重审机制的适用有可能延长整个 WTO 争端解决程序，对此可通过发回重审程序中要求上诉机构成员与其他成员进行合议审理的方式以避免延长整个争端解决的程序时间。

WTO 主要成员的上诉机构改革相关提案梳理，如表 4-1 所示。

表 4-1　WTO 主要成员上诉机构改革提案

	提案方	连署方	提案最新编号	主　要　内　容
1	中国、欧盟	加拿大、印度、挪威、新西兰、瑞士、澳大利亚、韩国、冰岛、新加坡、墨西哥、哥斯达黎加和黑山	WT/GC/W/752/Rev.2	聚焦第 15 条问题、超期裁决、事实问题、咨询性意见以及先例效力等五大程序性问题提出了相应的改革案文
2	中国、欧盟	印度和黑山	WT/GC/W/753/Rev.1	建议改革上诉机构任期机制、上诉机构成员人数和资源、离任成员过渡规则以及自动启动遴选机制等
3	澳大利亚、新加坡	哥斯达黎加、加拿大和瑞士	WT/GC/W/754/Rev.2	建议尽快就司法越权问题展开聚焦式的讨论，以找到解决方案
4	洪都拉斯	/	WT/GC/W/758	聚焦时限设置、时限计算方式以及超期报告效力等问题归纳出各类改革思路
5	洪都拉斯	/	WT/GC/W/759	聚焦第 15 条问题，归纳出各类改革思路
6	洪都拉斯	/	WT/GC/W/760	聚焦司法能动主义，就解决司法越权问题归纳出各类改革思路
7	洪都拉斯	/	WT/GC/W/761	聚焦先例问题归纳出各类改革思路
8	中国台北	/	WT/GC/W/763	提议"两步走"解决思路：先由 DSB 为上诉机构制定指南，如仍无法解决问题再考虑修改 DSU

(续表)

	提案方	连署方	提案最新编号	主要内容
9	巴西	巴拉圭、乌拉圭	WT/GC/W/757/Rev.1	提议由DSB为专家组和上诉机构制定指南，就第15条问题、超期裁决、事实问题、咨询性意见以及先例效力等五大程序性问题作进一步澄清
10	日本	澳大利亚、智利	WT/GC/W/768/Rev.1	提议通过DSB决议的形式，针对超期裁决、事实问题、先例效力等三项程序性问题和司法造法、构建DSB与上诉机构定期对话机制等问题作进一步澄清
11	泰国	/	WT/GC/W/769	提议通过总理事会决议的形式，针对第15条问题、超期裁决、事实问题、咨询性意见以及先例效力等五大程序性问题和构建成员与上诉机构定期对话机制问题作进一步澄清
12	贝宁	/	WT/GC/W/776	提议修改DSU，针对第15条问题、超期裁决、咨询性意见、上诉机构编制及成员任期等问题提出改革建议

二、美国针对WTO上诉机构改革提案的态度

2018年12月12日，在WTO总理事会会议上，美国常驻WTO大使谢伊表示，《中欧加印等联合提案》和《欧中印方案》等提案在某种程度上接受了美国对上诉机构的抱怨和批评，但都没有直接回应美国的担忧，也无法有效解决美国提出的问题。针对《欧中印方案》中提到的涉及上诉机构成员数量及任期问题，美国以更难制衡上诉机构的权力为由而反对"更长任期"的建议。美国认为这些解决方案只是通过修改某些规则来允许WTO上诉机构成员破坏规则的行为，根本无法有效解决美国提出的问题，WTO成员有必要对这些问题引起关注并进行更深层次的商讨。美国提出，上诉机构的问题已经严重到不是可以通过小修小补就能够解决的了。

由于众多的 WTO 成员方的上诉机构改革提案都没有满足美国对 WTO 争端解决机制改革的关键诉求，美国贸易代表办公室在发布的《2019 年贸易政策议程和 2018 年年度报告》中直接声称美国将继续"坚持改革 WTO 争端解决机制的立场"，这一声明表示美国将继续以阻挠上诉机构成员选任的方式来实现其破坏 WTO 争端解决机制的背后目的。欧盟自身和联合多方共同做出的所有努力均不能满足美国的诉求，最主要的核心根源在于美国和欧盟双方在以何种路径建立国际贸易新秩序方面存在严重分歧。

美国一味否定上述所有 WTO 成员方的改革上诉机构提案，但没有提出具体的完善建议或解决方案。美国无动于衷的态度令上诉机构改革前景堪忧，而这种消极懈怠的态度直接导致许多 WTO 成员对美国的质疑和批评，同时也增加了 WTO 争端解决机制和上诉机构改革的不确定性。WTO 总理事会会议期间，美国、欧盟、中国、俄罗斯、菲律宾、泰国等近 30 个国家和地区的 WTO 成员参与了议题六"上诉机构成员的任命——对 DSU 进行修改"的讨论。结果由于美国、欧盟、中国的代表之间意见分歧较大，无法调和而无疾而终。总理事会主席特别指出，WTO 各成员方代表一致同意议题六中提到的"上诉机构改革问题需要尽快解决"，但具体方案仍需要进一步讨论，该议题不列入"WTO 准入：2018 年度总干事报告"的议程之内。

三、WTO 上诉机构改革方案之沃克方案

2019 年 1 月 17 日，WTO 总理事会主席任命新西兰常驻 WTO 大使戴维·沃克（David Walker）作为特别协调员，牵头成立工作小组，听取了 WTO 各成员方对上诉机构成员选任的意见，了解有关上诉机构运行的分歧，并与 WTO 各成员方广泛磋商，最终提出解决方案。

出任协调员后，沃克大使在总理事会授权下积极展开了改革磋商（该磋商又被称为沃克进程）。按照沃克的建议，改革的两大目标分别是完善上诉机构运作和尽快打破遴选僵局。为兼顾磋商效率与透明度，沃克进程由小范围会议和全会两种形式组成，前者由 20 多个主要成员参加（基本均为争端解决机制的主要使用方），所有实质性讨论在此范围内展开。全会对所有

WTO 成员开放，但主要是通报小范围会议进展并听取各方意见建议。

在磋商内容方面，沃克接受了主流意见，坚持以文本为基础展开讨论。一时间，各方热情高涨。洪都拉斯、中国台湾、巴西、日本、泰国、贝宁（代表非洲集团）等成员在 2019 年上半年先后提出各类提案，加上此前的"中欧联合提案"和"澳新提案"，改革方案已多达 12 个。然而，各方的努力并未得到美国的积极回应。尽管沃克进程是大使级磋商，但美国大使谢伊仅出席过两次讨论，其余会议基本指派法律参赞参会，且参会人员全程只听会、不发言，完全一副事不关己的姿态。

沃克大使分别于 2019 年 2 月 28 日、5 月 7 日、7 月 23 日、10 月 15 日、12 月 9 日向总理事会提交了五份协调报告，并在 12 月 9 日向 WTO 总理事会提交了一份《关于上诉机构运行决定》的草案（简称"220 号报告"）。"220 号报告"采纳了部分 WTO 成员针对美国关注的上诉机构的具体问题的解决方案。

（一）越权裁判问题

对于美国批评的上诉机构成员在审理案件过程中存在条约解释上的司法越权行为，WTO 成员方共提出了三种解决方案。

（1）建立上诉机构与 WTO 成员方之间的沟通与交流机制，一方面可以为上诉机构和成员方之间探讨解释方法、系统性问题或法理发展提供沟通与交流的渠道，另一方面也可以为将来就争端解决问题修订协议或通过权威解释搭桥修路。

（2）建议专家组和上诉机构应遵守 WTO《反倾销协定》第 17 条第 6 款 ii 项的规定。因为美国对上诉机构裁决不满的根源是在某些贸易救济案件中，美国认为自己的利益没有得到有效的保障。

（3）为上诉机构提供在某些具体问题上的有约束力或没有约束力的指南。

"220 号报告"同时采纳了前两项解决方案。关于解决方案一，即建立上诉机构与 WTO 成员方之间的沟通与交流机制得到广泛认可和接受，但如何设计和使用该机制还没来得及深入讨论。"220 号报告"建议"该机制由

DSB主席来负责，为确保上诉机构及其成员的独立性和公正性，将制定具体规则来保证在沟通与交流过程中不涉及正在审理过程中的贸易争端事项，或针对任何一个上诉机构成员"。关于解决方案二，即特别强调专家组和上诉机构应遵守WTO《反倾销协定》第17条第6款ⅱ项的规定，这一解决方案所表达的信息较为模糊，没有明确说明如果判定上诉机构违背了该条款，应该如何处理。关于解决方案三，沃克大使于2019年2月28日发布的第一个协调报告（简称"215号报告"）曾建议为上诉机构制定一个关于解释方法的指南，但后来发布的"217号报告"和"220号报告"均未再提起。

（二）遵循先例问题

上诉机构的裁决报告被美国认定为一种事实上的遵循先例。从WTO成员方的众多提案来考察，DSB通过的专家组和上诉机构报告不能构成对适用协定的权威解释或有约束力的先例，这已经是公认的不争事实。但不可否认的是，在之后案件的审理过程中，之前的专家组和上诉机构报告中的一些观点和结论仍被广泛关注和适用。在何种情形下，报告中的哪些内容被引用是恰当和合规的，存在较大分歧。WTO成员方对此问题提出了三种解决方案。

（1）为了确保WTO多边贸易体制的可靠性和可预测性，保护WTO成员方合法合理的期待等目的，上诉机构成员在审理案件过程中解决相关问题时，可"考虑"（take into account）专家组和上诉机构在既往贸易争端中作出的论证和解释。

（2）如果此案之前的专家组和上诉机构报告与本案件的贸易争端相关，尤其是当上诉机构成员认为此前报告中的论证"足够有说服力"（sufficiently persuasive），应予以考虑。

（3）在现有实践操作的基础上，建议建立上诉机构与WTO成员方之间的沟通与交流机制，为上诉机构和成员方之间探讨审判方法、系统性问题或法理发展提供沟通和交流的渠道。

"220号报告"采纳了第一种解决方案，认可"适用协定中权利、义务解释的一致性和可预测性对WTO成员方具有重大价值"，表示"如果专家组和上诉机构认为既往专家组和上诉机构报告与本案的待裁贸易争端相关，则他们应考虑上述既往裁决。"特别要注意的是，沃克大使之前提交的"217号报告"曾采纳了第二种方案。前两种方案中，有几个问题值得探讨，首先，前两个方案中均出现了"考虑"一词，那么如何理解"考虑"的含义呢？一种理解为，除非存在"令人信服力的理由"（cogent reasons），否则专家组和上诉机构将在之后的贸易争端案件中以同样的方式处理同样的法律问题；另一种理解为，只需要有一个"考虑"的过程，不论是否遵循既往裁决。以模糊的措辞澄清有争论的问题并不是一个好的方法。其次，如果通过审理案件的专家组和上诉机构来评价既往报告中的裁决是否"足够有说服力"来决定是否予以"考虑"，则不管专家组或上诉机构做出何种评价，都可能被质疑是有选择性的。这样做势必损害上诉机构的实际运作和报告的权威性，乃至WTO多边贸易体系的可靠性和可预测性。

（三）"越权"审查问题

"越权"审查问题针对的是美国提出的上诉机构不得对包括但不限于与国内法有关的事实问题做出裁决。有的提案明确指出，成员方国内法作为涉案措施在WTO规则下的法律定性属于上诉机构的审查范围。但大多提案选择避而不谈。

对此，WTO各成员方提出了三种不同的解决方式。

（1）同意美国的观点，即国内法含义属于事实问题，上诉机构不应审查。这意味着上诉机构应拒绝审理成员方依据DSU第11条所提出的对专家组事实调查结论的上诉申请。

（2）鉴于专家组有关国内法的调查结论可能混合了事实性和法律性问题，最终定性问题交由专家组来确定。即"秉持一个成员方的国内法的含义不是法律问题的理念，鼓励专家组将他们的调查结论恰当地定性为事实或法律问题。当上诉中提出国内法真实含义的问题时，上诉机构须对专家组的定性给予充分的考虑"。

（3）根据WTO规则，做出明确的规定。即根据DSU第15条第1款做出的，且可能在中期审议阶段修改的，有关专家组报告事实部分中关于事实

第四章 WTO争端解决机制之上诉机构危机与化解方案

调查结论的描述不得被上诉审理。

除美国外的大多WTO成员方均认同WTO争端解决机制中成员方国内法定性问题的重要性和复杂性，但事实上却难以直接判定国内法是事实问题还是法律问题。"220号报告"最终采纳了第一种方案，建议"国内法含义"应被确认为属于事实问题，不属于上诉审查范围，但回避了成员方国内法在WTO规则下的法律定性问题。由此可见，"220号报告"并没有厘清争议解决问题。

（四）咨询意见或附带意见问题

美国提出，上诉机构不得提供咨询意见和就对解决争端而言不必要的问题作出裁定。这实际上是一个关于司法经济的问题，对这一原则性问题，大多WTO成员方和美国不存在任何分歧。各成员方在提案中将上述问题区分为两类：一种是争端方没有提出的问题，就此问题，以非洲集团提案为代表的大多提案建议上诉机构不得进行审理或作出裁决。即"上诉机构应将审查范围限定于争端方提出的问题。无论如何，上诉机构不得就争端方没有提及的问题作出裁决"。另一种是争端方已经适当提出问题，但这些问题属于对解决争端而言不必要的问题，对此，大多提案建议上诉机构应仅在解决争端所必要的范围内（to the extent necessary）处理争端方适当提出的问题。"220号报告"采纳了第二类问题的提案而采用"必要范围"标准。但关于哪些问题是为解决争端所必要的，即"必要范围"的标准确定则是一个难题。沃克大使在提交的第二次协调文件（简称"217号报告"）中提出，为协助上诉机构遵循司法经济原则，建议制定"必要范围"指南。但该建议并没有出现在"220号报告"中。泰国为此提出了另一种替代性方案：关于哪些问题对于积极解决贸易争端而言并无必要，可以由上诉机构与各争端方商讨；若商讨过程中发生分歧，由上诉机构最终决定，且上诉机构应在报告中予以说明。

（五）超期服役问题

《上诉审议工作程序》第15条明确规定，经上诉机构授权并通知DSB

后，离任上诉机构成员可完成任期内已被分配的上诉案件，并仅为此目的而被继续视为上诉机构成员。对此项规定，美国提出若干质疑。首先，既然根据DSU第17条第2款规定，DSB有权任命和重新委任上诉机构成员，那么也应由DSB决定离任的上诉机构成员能否继续审理任期内已被分配的上诉案件；其次，《上诉审议工作程序》第15条缺乏法律根据，且上诉机构的实践缺乏一致性，比如，有的上诉机构成员任期只剩3日，上诉机构还在向其分配案件等。

为了应对美国的质疑，WTO各成员方纷纷提出了多项提案，其核心建议可以分为以下三种方案。

（1）修订WTO争端解决程序规则，新增有关离任上诉机构成员的过渡规则，以解决因《上诉审议工作程序》第15条缺乏法律根据以及实践中不一致等问题。

（2）按现有规则操作，由部长级会议或DSB决定离任的上诉机构成员能否继续审理任期内已被分配的案件。

（3）二选一方案，即一部分情况下先由上诉机构主席申请，再由DSB自动许可，其他情形下由DSB决定。

方案一获得多数WTO成员方认可，并被"220号报告"所采纳。"220号报告"建议，上诉机构成员在其任期届满前仍可被分配审理新案，除非距离任期届满不足60日。一位上诉机构成员可在任期结束后继续审理案件直至审结在其正常任期内已召开听证会的上诉案件。但美国明确提出反对第一种方案，批评其他WTO成员方试图通过修订WTO争端解决程序规则来认可不符合规则的做法。理由是如果回到1995年WTO争端解决机制建立时，离任上诉机构成员的过渡安排也是一个"空白问题"。离任上诉机构成员过渡事项由DSB以协商一致的方式来决定，这不是WTO争端解决机制建立之初的本意。否则，就不可能在1996年通过《上诉审议工作程序》时，只有印度一个WTO成员方对第15条提出过疑虑，此后长期为所有WTO成员方所接受。美国的反对理由并不成立。如果WTO成员方认为《上诉审议工作程序》第15条缺乏法律依据，当然可以通过修订WTO争端解决程序规则的方式予以明确。很明显，美国反对为离任上诉机构成员增加过渡期规则,其主要目的是最大限度利用现有 WTO 争端解决程序规则下的空白,破坏 WTO 争端解决机制。

(六) 超期审理

美国批评上诉机构经常在未与 WTO 争端各方协商并征得其同意的情形下,超出审理时限发布报告,且缺乏透明度。各成员方对此问题的提案的内容基本达成共识,即根据 DSU 第 17 条第 5 款的规定,上诉机构应在争端一方提起上诉后 90 日内发布报告。但现实是,在某些特殊情况下,因实际困难可能出现的延期不可避免,对此,各成员方提出了五个核心提案。

(1) 由 DSB 作出决定,即经争端方提出请求,DSB 可决定某个特定案件的上诉机构报告延期发布。

(2) 由上诉机构和争端方协商确定,即当上诉机构预估无法在 90 日内发布报告时,与争端方协商延长发布报告的时限。

(3) 由争端方协商确定,即争端方达成一致后方可延长,否则应建立调整程序性安排的机制,以保证在 90 日期限内发布上诉机构报告。

(4) 由上诉机构决定,即特殊情形下,上诉机构可延长审理期限最长不超过 120 日。

(5) 建议增加上诉机构成员人数,将兼职变为全职工作等。

"220 号报告"采纳了第二种方案,即"如果因案情复杂或适值上诉高峰期,WTO 争端方可与上诉机构达成协议,将审限延长至超出 90 日。此种协议将由争端方和上诉机构主席联合向 DSB 进行通报";但未说明当不能达成协议时,延期发布的上诉机构报告的通过程序及法律地位。

美国与其他 WTO 成员方对造成上诉机构延迟发布报告的原因和由此带来的后果有不同观点。美国认为,上诉机构延期发布报告的原因不是工作负担过重或案件过于复杂,而是上诉机构在审理过程中处理了一些对解决争端来说不必要的问题,或对事实性问题进行审查。其他 WTO 成员方关于优化程序流程、增加上诉机构成员人数等提案,没有直击要害解决美国的根本问题,这也是美国对上述提案不满意的主要原因。洪都拉斯在提案中涉及司法经济与 90 日审理时限的关系,正合美意。如将 90 日审理时限的条款与 DSU

第17条第6款结合起来可以看出,上诉审查须限于与解决争端存在必要关联的法律问题。关于上诉机构延期发布报告的后果。美国认为,上诉机构报告一旦延期则需争端方与上诉机构协商一致才有效,但多数WTO成员方强调"无论上诉机构是否在时限内散发报告,上诉机构报告应被视为合理散发,且DSB应按照DSU第17条第14款的规定通过该报告"。从实践角度看,如果延期发布报告将导致在DSB获得通过的机制发生改变,那么上诉机构极有可能为满足时限要求,损失裁决说理的充分性,甚至进行不能完全解决争端的"司法经济",因此,美国的建议不可取。

(七)上诉机构遴选程序的启动

所有单独或联合提交提案的成员方均提议修订DSU,明确当上诉机构发生空缺时,自动启动遴选程序。如非洲集团提案建议上诉机构成员遴选程序应最迟于离任成员任期届满前3个月自动启动,且保留《上诉审议工作程序》第15条,允许离任上诉机构成员在接任者到任前继续履职,但该继续履职不得超过任期届满之日起2年。印度提案中曾提出,《上诉审议工作程序》第15条暗示了上诉机构可授权一个上诉机构成员在离任后继续担任上诉机构成员,可能带来体系性问题。有的提案则强调,根据当前DSU第17条12款的规定,成员有责任确保一旦上诉机构空缺即应补足。

"220号报告"提议,"替换离任上诉机构成员的遴选程序应在离任成员任期届满前180日时自动启动;若在上诉机构成员正常任期结束前或因其他情形出现空缺,DSB主席应立即启动遴选程序,以尽快填补空缺。"自动启动上诉机构遴选程序,保障上诉机构的正常运作,是除美国外其他WTO成员方的迫切关注。尽管及时补足上诉机构空缺,是解决美国提出的上诉机构时常延期发布裁定的重要举措,美国一方面坚持不解决离任上诉机构成员过渡问题,不同意启动上诉机构遴选;另一方面又反对在解决第一个问题的同时,解决第二个问题。2019年3月,美国贸易代表莱特希泽向参议院表示美国阻止上诉机构遴选,不仅着眼于处理WTO争端解决机制的关注,而且旨在推进更实质性的WTO改革。这一表述合理解释了美国的行为。

（八）上诉机构其他方面

除美国的六项诉求和启动上诉机构遴选外，部分 WTO 成员方提出了上诉机构其他方面的问题。为防止个别成员将上诉机构成员在第一个任期参与作出的裁决与是否同意其连任挂钩，欧盟、中国等成员方联署提议修改 DSU，将上诉机构成员任期修改为不可连任的单一更长任期（如由现在的 4 年延长至 6—8 年）；为解决上诉机构因人手不足而延期发布裁决，提议将上诉机构成员从 7 人增加为 9 人，并将兼职工作修改为全职工作。非洲集团除提议增加上诉机构成员人数外，还建议上诉机构遴选应考虑区域平衡、性别代表性和多语言能力因素。但是，这些问题均未能在沃克大使先后发布的协调报告中得到体现。

综上八个上诉机构运作问题，尽管其他 WTO 成员方都在努力解决美国所关注的问题，甚至在部分问题上接受了美国诉求，但美国的反应依然非常消极。部分问题如启动上诉机构遴选程序、司法经济，以及建立上诉机构与成员方间的对话机制，除美国外的其他 WTO 成员方已基本达成共识，但在离任上诉机构成员的过渡等其他问题上，其他 WTO 成员方内部也有分歧。

这一指南性文件对美国所关注的重点已经进行了初步的回应，本来可作为各方进一步讨论上诉机构改革方案的重要基础与基本原则，但美方仍然表示反对，理由是成员方并没有充分理解为何上诉机构会背离其应有的角色定位，在"为什么"的问题没有解决之前，任何解决方案都是徒劳无益的。基于此，从长远来看，成员方应就引发上诉机构停摆的深层次问题进行研究，以尽力达成共识，并提出系统的解决方案。

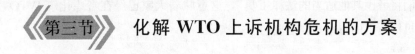

第三节　化解 WTO 上诉机构危机的方案

美国一手制造了"WTO 上诉机构危机"，但对此事的处理，特朗普政府的立场异常坚定、政策非常明确，即为了实现自身利益最大化，基于强硬手段迫使其他成员或相关机制做出让步。如果 WTO 争端解决机制无法朝着美国期待的方向做出改革，则美国政府绝不会轻易放弃。《美国上诉机构报告》中明确指出，美国迄今为止，对于上诉机构背离其应有角色的讨论十分稀少，某些成员所提出的改进上诉程序的建议也远远不足以解决此危机；成员方必须进行真诚与坦率的讨论以充分理解造成目前困境的深层次问题（underlying problems）；在完成此理解之前，任何通过制定新规则来解决问题的尝试都是徒劳的。换言之，在识别、理解并解决"深层次问题"之前，美国并不打算重新启动上诉机构法官的选任程序。WTO其他成员基于美国的诉求提出了改革上诉机构的各种建议和方案，美国政府均不满意，唯一的解释就是美国政府此番操作的目的志不在单纯的上诉机构改革，而是让上诉机构"瘫痪"，美国就此作为"重建WTO"的推动力，提出更为强势、符合自身利益的方案，这才是其迫使上诉机构停摆的真实意图。

WTO多数成员均提出，上诉机构"停摆"危机如果持续下去将对WTO争端解决机制造成实质性的损害，甚至影响WTO多边贸易体制的顺利运行。WTO上诉机构的经验和教训，必将成为国际关系的宝贵财富，而研究解决这些法律问题的对策，具有现实意义和前瞻价值。

一、化解WTO上诉机构危机的路径

化解WTO上诉机构危机的首选方案当然是重启上诉机构工作，通过修订DSU的部分条款，使其更加完善以满足新的情况和变化。但鉴于上诉机构危机的严重后果和复杂情况，中国和欧盟等WTO成员在《中欧加印等联合提案》中表示"如果修订DSU被证明对迅速达到这一目标而言不切实际，我们将考虑其他适当的法律工具"，这意味着大家已经在考虑化解WTO上诉机构危机的方案并在必要时予以实施。

路径一：推动遴选

首先通过多边谈判机制恢复上诉机构成员选任程序是化解当前WTO上诉机构"停摆"危机的最优选择，然后再通过"协商一致"原则统一意见开展WTO争端解决机制的改革工作。沃克大使在最近一次非正式程序协调报告中，明确建议在第三次协调报告（"220报告"）基础上，由总理事会形成具体方案供WTO各成员方考虑，并启动上诉机构成员遴选程序。但WTO上诉机构危机的始作俑者——美国提出，它对WTO成员提出的若干关于上诉机构的改革建议并不满意，因为这些建议均未解决上诉机构"越权"这一核心诉求，因此，由122个WTO成员同意的推动遴选方案因美国继续反对而最终并未实现。

路径二：强行投票

根据1995年《马拉喀什建立世界贸易组织协定》第9条第1款的规定进行投票决定。规定指出，"WTO应当继续遵循《1947年关贸总协定》奉行的由一致意见作出决定的实践。除另有规定外，若某一决定无法取得一致意见时，则由投票决定。在部长会议和总理事会上，WTO的每一成员有一票投票权。欧洲共同体投票时，其票数应与参加欧共体成员国数相等。除本协议和多边贸易协议另有规定外，部长会议和总理事会的决定应以多数表决通过。"[14] 即WTO成员无法通过"协商一致"方式达成合意时，可进行投票表决。

目前在法律层面上WTO上诉机构危机受制于关贸总协定（GATT）制定的"协商一致"决策机制。通过外交方式达成决策和政治色彩浓厚是"协商一致"决策机制的本质和特色。在WTO上诉机构危机如此严峻的紧要关头，突破限制，启动WTO多数成员的投票程序，是应对当前上诉机构危机的一种迫不得已的无奈之选。虽然截至目前在GATT/WTO的历史上史无前例，但以该规定为依据，也可为发起成员投票提供可能性。

据此，有些WTO成员主张通过投票程序启动上诉机构遴选程序，但并未得到WTO的采纳。首先，从规则本身来看，DSU第17条第2款规定，DSB应任命上诉机构成员，DSU第2条第4款规定，DSB应经协商一致做出决定，未规定投票程序。《马拉喀什建立世界贸易组织协定》也明确，总理事会行使DSB职能作出决定时，应仅依据DSU第2条第4款规定做出。这意味着，总理事会若绕过DSU规定，通过投票启动上诉机构遴选，可能存在法律障碍。其次，从操作程序上来看，恢复上诉机构运转要历经多个步骤，如决定启动遴选、遴选委员会推荐人选、DSB任命上诉机构成员等。如果美国执意阻挠，这意味着WTO成员需要在每个环节都进行投票，在任一环节投票过程中如果不能获得多数支持都将陷入失败。最后，从政治角度上来看，"协商一致"是WTO决策的传统，实践中几乎没有使用过投票。部分WTO成员担心一旦开启先例，投票可能会延伸到贸易谈判等领域，导致其未来在谈判中难以有效保护自身利益。而且，美国是逼停上诉机构的始作俑者，通过投票启动上诉机构遴选，可能会被解读为与美国直接对抗，这是很多WTO成员不愿做的。

路径三：一审终审

在上诉机构恢复前，WTO争端方放弃对专家组报告的上诉权，同意专家组"一审终审"，执行专家组裁决。目前，已有WTO成员在具体案件中采用这种方法。例如，在"印度尼西亚—钢铁保障措施案"（DS490/496）中，印度尼西亚与中国台北、越南分别达成协议，同意在DSU第21条第5款规定的执行争议程序中放弃上诉权。这种方案基于现有专家组程序，可以考虑在不涉及体制性法律问题或者不具有重大实际影响的案件中使用，但这样操作会失去对专家组报告的纠错机会。对WTO争端方而言，是否上诉是其固有权利，放弃上诉须基于双方合意，如一方不同意则仍难以解决争端、化解矛盾。所以，如果要求所有案件均不得上诉，难以保证裁决质量，恐怕无法被所有WTO成员所接受。而且，一审终审将在客观上实现美国反对上诉机构的企图，导致未来恢复上诉机构更为困难。

路径四：另起炉灶

如果上述三个方案均不能最终实现恢复上诉机构职能，有成员提出在WTO之外另起炉灶，建立一个新的WTO+组织，替代现行WTO来完成治理全球经贸的重任和使命。即包含主要贸易伙伴但排除美国的多数成员方组成一个"争端解决挚友"谈判组，在WTO之外，模仿上诉机构，建立平行的争端解决机制。[15] 这一方案的创意来源于《跨太平洋伙伴关系协定》（Trans-Pacific Partnership Agreement，TTP）和《全面与进步跨太平洋伙伴关系协定》（Comprehensive Progressive Trans-Pacific Partnership，CPTPP）的创立，尽管它们之间有较大的区别。虽然有163个WTO成员支持在WTO外另起炉灶的方案，但由于确实难度太大，很难在短时间内实现而最终放弃。

路径五：构建上诉机制的替代性方案——上诉仲裁机制（appeal arbitration）

鉴于前述四种方案的各种困难和问题，最终均无疾而终。但现实情况是，必须满足解决WTO成员的上诉需求，为此提出设计一套替代性的贸易争端解决方案。建议利用DSU第25条仲裁程序构建一个全新的上诉仲裁机制。DSU第25条规定，WTO体制内的仲裁机制可作为争端解决的一种替代性方案，审理由争端方所决定的事项。除非DSU另有规定，争端方只有在争端解决程序达成一致意见的情况下才可诉诸仲裁。该仲裁协议应在仲裁开始前通知全体成员方。参与仲裁的争端各方应遵守仲裁裁决。[16] 该方案获得了部分成员方接纳且具有实现的可能性，是目前唯一可行而有效的临时替代性解决方案。

二、WTO上诉仲裁机制设立的可行性

WTO成员密切关注上诉机构危机，纷纷提出改革建议试图化解危机，但因改革建议并未触及美国对上诉机构"越权"这一核心问题的批评，因此，美国最终也未同意通过改革谈判来解决上诉机构所面临的困局。与此同时，WTO成员提出的三个解决方案也因各种原因并未实施，如何通过创新改革来破除WTO上诉机构危机成为目前非常棘手的问题。

（一）WTO上诉仲裁机制的提出

2017年7月，由世界著名的Sidley Austin（盛德）律师事务所日内瓦办事处的几名在WTO案件实战中具有丰富经验的律师斯科特·安德森等（Scott Andersen）最早提出设立WTO上诉仲裁机制的构想。其基本设想为：援用DSU第25条"仲裁"（arbitration）来临时替代性地审理上诉案件，即把DSU第25条仲裁程序作为上诉程序。

(二) DSU 第 25 条仲裁概述

在乌拉圭回合谈判期间，美国等谈判方提议将"约束性仲裁"作为争端解决机制普通程序的一种选择，并最终写入 DSU 第 25 条。DSU 第 25 条规定的仲裁在本质上是与专家组和上诉机构程序并行的替代性争端解决方式，用于方便解决涉及当事方已明确界定的某些争端。DSU 第 25 条第 1 款规定："WTO 中的迅速仲裁作为争端解决的一种替代手段，能够便利解决涉及有关双方已明确界定问题的争端"，即"WTO 中的速效仲裁可以作为争端解决的一种替代手段"。

1. 条款释义

根据 DSU 第 25 条的规定，在 WTO 争端解决机制中，对 WTO 成员间发生的争端，如果当事方能够明确界定争议问题，则可以诉诸 DSU 第 25 条仲裁解决争端，即 DSU 第 25 条仲裁可以作为 WTO 争端解决机制普通/一般程序的"替代手段"。

在 GATT 谈判期间，美国作为谈判代表建议将"约束性仲裁"作为争端解决手段写入 DSU 第 25 条。将 DSU 第 25 条仲裁作为一种替代性争端解决手段，其本质与专家组和上诉机构相同。在司法实践中，DSU 第 25 条仲裁自 WTO 成立以来第一次也是唯一一次在"欧共体诉美国版权法第 110 (5) 节案"中得以成功适用。

2. DSU 第 25 条仲裁适用"三要素"

（1）仲裁之目的是快速解决争端。根据 DSU 第 3 条规定，WTO 争端解决机制的目的是快速有效地解决涉诉争议，保持贸易当事方的平衡和多边贸易体制的可靠性。

（2）仲裁在 WTO 框架内进行，不得越限。DSU 第 25 条仲裁是 WTO 框架内设立的争端解决程序，其只能在 WTO 框架内用来解决成员方间的确定争端，不得超越权限，这也正是 WTO 上诉仲裁机制体现合法性的原因之一。

（3）仲裁适用于范围明确的争端。基于仲裁程序本身的当事方意思自治原则，仲裁协议是启动 DSU 第 25 条仲裁的重要依据。争端方需要在仲裁协议（"特别协定"）中明确约定仲裁事项，即只有当事方"明确界定"的

"某些"争端才能提交仲裁解决。

(三) 设立WTO上诉仲裁机制的可行性

1. DSU第25条仲裁与专家组和上诉机构程序相似

DSU第25条仲裁与专家组和上诉机构程序一样,均适用包括DSU在内的WTO规则的实体法和程序法;仲裁裁决未经DSB会议通过即可对当事方产生自动约束力,但仲裁裁决需通报DSB,以便其他成员可以对仲裁裁决进行监督;有关执行专家组和上诉机构裁决的DSU第21、22条规定均可适用于仲裁裁决,对仲裁裁决的有效执行予以保障。

由于DSU第25条仲裁在WTO成员间已具有谈判的共识基础,且作为WTO争端解决机制普通/一般程序的"替代手段",与专家组和上诉机构程序不存在制度冲突。同时,DSU第25条仲裁程序能够共享上诉机构秘书处所提供的专业服务,更有利于裁决的做出和执行。

由此可见,在上诉机构"停摆"期间,将DSU第25条仲裁作为一种替代做法来解决WTO贸易争端是较为明智务实的选择。

2. DSU第25条仲裁变通处理为WTO"上诉仲裁"机制

WTO成员在处理贸易争端时,可以选择适用DSU第25条仲裁程序,也可以选择先启动专家组程序,在提起上诉审阶段时适用DSU第25条仲裁。第二种做法与现行体制相似,用DSU第25条仲裁替代上诉程序,即将DSU第25条仲裁作为上诉程序的[17]临时性替代手段,可称之为"上诉仲裁"或"仲裁式上诉"。第二种方案事实上将DSU第25条仲裁作为一种"替代性上诉程序",为专家组程序提供上诉机会,发挥上诉职能。DSU第25条仲裁具有变通性,通过复刻上诉程序的核心要素,在短时间内使其替代上诉程序完全可以执行。

DSU第25条仲裁替代上诉机构的解决方案在技术上和法律上均具有可行性,对于化解当前的上诉机构"停摆"危机具有明显的实用性。只要提起上诉的争端各方协商一致达成仲裁协议,就可以即时启动上诉仲裁程序,使其发挥上诉程序的功能。

(四) DSU 第 25 条仲裁案例分析

截至目前，WTO 成立以来第一个，也是唯一一个诉诸 DSU 第 25 条仲裁的案件，即"美国-版权法第 110（5）节案"（WT/DS160/ARB25/1，2001 年）之仲裁案。该案也是 GATT/WTO 历史上第一个适用货币补偿制度的案件，因此意义重大且独特。

1. 案件简介

该仲裁案是 1999—2000 年"美国-版权法第 110（5）节案"的延续。原案件 WTO 专家组裁定美国《1976 年版权法》第 110（5）节之"家庭例外"符合 WTO 协定的要求，而"商业例外"规定违反了 TRIPS 协定第 9.1 条和《伯尔尼公约》第 11 条的有关规定。DSB 支持了欧共体的主张，建议美国撤销其《1976 年版权法》第 110（5）节的规定，使其与 TRIPS 协定相一致。

2002 年 1 月，由于美国未能在合理期限内执行 DSB 建议和裁决，随着争端的不断升温，双方在积极磋商的努力下，美国同意在《1976 年版权法》修订前寻求其他途径来补偿欧共体的著作权者和表演者的经济损失。

该案的一个特殊之处在于，在合理执行期限届满前，美国已预知其将不能执行 WTO 裁决，美国和欧共体于 2001 年 7 月 23 日协商一致愿意共同向 DSB 申请通过 DSU 第 25 条之"仲裁程序"来确定因美国违反 WTO 协定而给欧共体造成的利益丧失或减损的水平，即双方通过提前申请 DSB 依据 DSU 第 25 条规定的特别仲裁程序对"损害水平"进行预先裁定，根据 DSU 第 25 条第 2 款的规定，双方另行拟定了一份仲裁协议，在 2001 年 10 月 12 日，即成立仲裁庭的两个月后，迅速做出了仲裁裁决，确定"损害水平"为 1,219,900 欧元/每年（2001—2004 年），这样为双方达成临时性货币补偿协议提供了便利。

2. 案件分析

（1）仲裁协议。根据 DSU 第 25 条的规定，仲裁协议作为 DSU 第 25 条仲裁的前提，将启动仲裁程序和制订程序规则的权利均授予争端各方。本案中，争端双方所订立的仲裁协议内容明晰，囊括 DSU 第 25 条仲裁协议通常具备的三大核心要素：① 争端方同意将案件诉诸仲裁的合意；② 争端方确认的待仲裁事项；③ 仲裁程序规则。

(2)审理范围。仲裁庭根据仲裁协议制定了工作程序和时间表,在仲裁协议中,欧共体和美国明确约定,将报复水平作为本案的审理范围。

(3)仲裁裁决的效力和执行。根据DSU第25.3条和仲裁协议,本案仲裁裁决对争端各方具有终局效力,双方愿意接受[18]并执行仲裁裁决。但截至目前,美国一直以国内行政当局与国会以及国内政治等的牵制为借口,未实际全面履行此WTO裁决。

3. 案件总结

该仲裁案不仅可以帮助我们理解和掌握DSU第25条仲裁的内涵,更能够为适用DSU第25条提供法律分析和实践指导。根据DSU第25条的规定,其仲裁模式为"WTO中的任择性条款(DSU第25条)+争端方的仲裁特别协定(仲裁协议)"。因此,DSU第25条仲裁具有突出的灵活性和争端方意思自治的优势。

该案仲裁庭专门针对DSU第25条仲裁在WTO争端解决机制中的地位和作用给出了解释。仲裁庭指出:设立DSU第25条的本意不是为了确定损害水平,而它本身是一种替代手段。这一观点始见于GATT时期关于增设GATT仲裁的谈判提案中,该提案指出:"各缔约方希望可以增加一种争端解决方式,即仲裁,用其作为替代手段来处理某些争议"随着WTO争端解决机制的建立和完善,DSU第25条仲裁完全可以成为WTO专家组或上诉机构的替代手段,只要满足当事方合意且争端事项已明确界定的前提条件。

根据该案仲裁庭的裁决,可以发现DSU第25条仲裁是WTO争端解决的一种替代手段和程序,只要对案件裁决有利,案件当事方合意且审理范围明确即可。通过本案实践,可以得出DSU第25条仲裁具有双方合意启动、当事方意思自治等特征,尤其是其"效率价值"至上的特点符合WTO争端解决机制"迅速有效解决争端"的目的和宗旨。因此,本案例恰好解释了DSU第25条仲裁可以作为"上诉仲裁"的合法性和实用性。

三、WTO上诉仲裁机制的具体安排

WTO上诉仲裁机制安排通常包括9个方面:提起上诉仲裁、选任仲裁员、程序安排表、第三方介入、审查制度、法律适用、决策机制、工作程序和裁决效力，均通过上诉仲裁协议进行约定。

根据仲裁制度要求，启动仲裁的前提和条件是订立仲裁协议，因此，WTO上诉仲裁机制的第一步是签订上诉仲裁协议，即争端各方应首先协商一致共同签订上诉仲裁协议，包括上诉仲裁事项、上诉仲裁庭的组成、上诉仲裁庭的审查范围及适用法律和仲裁裁决约束力等内容。

（一）双边上诉仲裁协议

欧盟和加拿大于2019年7月25日共同向WTO提交了《根据DSU第25条所提起的临时上诉仲裁》（Interim Appeal Arbitration Pursuant to Article 25 of the DSU)[19]（简称《临时上诉仲裁》）。紧接着，欧盟和挪威于2019年10月29日也联合公布了一份类似文件。

1. 基本内容

《临时上诉仲裁》包括六个立场声明和具体安排。立场声明首先赞扬了WTO争端解决机制的卓越贡献，特别强调上诉机构是WTO争端解决机制的核心部分；其次指出上诉机构危机的严峻性和破坏性；最后明确了WTO争端解决机制的根本原则，包括专家组和上诉机构双审制度、上诉机构法官独立公正的裁决制度。双方通过协商一致自愿将争端适用DSU第25条上诉仲裁程序，仲裁员由上诉机构法官担任，仲裁程序基本参照WTO上诉程序。

2. 仲裁程序

仲裁程序以文件附件的形式针对个案进行程序安排。内容包括适用专家组报告、提起仲裁程序、选任仲裁员、仲裁程序和范围、裁决效力等问题。

（二）多方上诉仲裁协议

1. 衍生过程：声明与通报

（1）2020年1月24日，17名WTO成员的贸易部长共同对外发布了一份文件，提出独立而公正的上诉机制作为WTO争端解决机制的核心组成部分非常重要，并根据DSU第25条的规定建立了《多方临时上诉安排》（Multi-Party Interim Appeal Arrangement，MPIA）。签署该部长声明的

WTO 成员有欧盟（包括所有欧盟成员国）、中国、加拿大、澳大利亚、巴西、韩国、墨西哥、新西兰、智利、危地马拉、哥伦比亚、哥斯达黎加、挪威、巴拿马、新加坡、乌拉圭和瑞士。在这之前，欧盟与加拿大、挪威先后就采取 DSU 第 25 条项下仲裁方式的临时替代其相互间争端的上诉方案达成一致。与达沃斯部长级声明中的成员对比，少了韩国和巴拿马，增加了中国香港。

（2）2020 年 3 月 27 日，欧盟和中国等 16 名 WTO 成员的贸易部长再次联合对外发布了 MPIA 成立的共同声明。

（3）2020 年 4 月 30 日，19 个 WTO 成员共同做出联合通报，4 个 WTO 成员紧随其后加入 MPIA。

（4）2020 年 7 月 31 日，MPIA 共有 23 个成员（如果欧盟成员单独计算，总计 50 个成员方，约占 WTO 总成员数量的三分之一）。目前已经增加到 25 个成员。

2. 安排内容：程序与人选

MPIA 文件由三个部分组成，即正文和两个附件。正文是《多方临时上诉仲裁安排》（Multi-Party Interim Appeal Arbitration Arrangement）、附件一是《议定的仲裁程序》（Agreed Procedures For Arbitration）、附件二是《仲裁员库的组成》（Composition of the Pool of Arbitrators）。

（1）正文。正文中的立场声明特别强调上诉仲裁程序具有重要价值，而具体安排相对细化，包含内容比较全面。

① 一般规定。在上诉机构未恢复运行期间，参加方（participating members）将适用 DSU 第 25 条作为临时上诉仲裁程序。

② 仲裁程序。上诉仲裁程序以 DSU 第 17 条的规定为主要内容，坚持其独立公正性并确保其高效。具体程序规则见附件一。

③ 仲裁员。MPIA 组建由 10 名仲裁员组成的专家库，每个仲裁庭由 3 位仲裁员组成。组建仲裁员库的具体方法见附件二。

2020 年 7 月 31 日，包括中国、欧盟在内的 MPIA 参加方就仲裁员名单达成一致，顺利成立了仲裁员库，包含 10 名仲裁员，并联合通报 DSB。中国知名学者杨国华教授由中国政府提名并获得 MPIA 各参加方的认同，成功当选仲裁员,这既是个人荣誉也是大国责任的体现。

(2)附件一。仲裁程序共19项,既参照常规上诉审规则,又有所改进和创新。在程序改进创新方面,主要针对解决美国提出的问题进行了一些调整和尝试。如关于仲裁员审查的事项明确应仅限于解决争端,不必提出咨询意见,仲裁员在解释WTO涵盖协定时适当注意行使谨慎义务。时限问题:规定上诉仲裁裁决应于90日内做出,如确实需要延长,再协商决定;允许仲裁员就上诉范围提出建议;明确上诉仲裁只是参考先例,不是遵循先例。这些改进措施主要是为了提高仲裁效率,同时回应了部分批评。

(3)附件二。每个MPIA参加方有权推荐一名候选人,由"预选委员会"对候选人进行资格审查,最后由MPIA参加方确定并聘任。

(三)适用MPIA的案件

MPIA参与成员在上诉机构瘫痪期间均不再向该机构提起上诉,从而避免待审专家组报告可能处于无限期的悬案状态。MIPA适用任何两个或更多参与方的未来争端,包括这一争端的履行阶段,以及任何在该安排生效之日待审的此类争端,除非该争端相关阶段的处于期中评审的专家组报告在该日期已经发布。考虑到MPIA在通知DSB之日起生效,近两年提起的部分案件均可能适用MPIA,如欧盟诉哥伦比亚反倾销案(DS591磋商),巴西诉中国糖案(DS568磋商),欧盟诉中国技术转让案(DS549磋商),澳大利亚诉加拿大酒案(DS537已成立专家组)等。

四、"多方临时上诉安排"(MPIA)的创新

参加该MPIA的成员方将通过一个仲裁庭来部分替代上诉机构的功能。MPIA极具创造性地将仲裁作为专家组报告的临时上诉渠道,其实质在于"依托仲裁,替代上诉"。MPIA既有别于通常意义上的仲裁,也不同于WTO普通诉讼程序中的上诉审议。

为提高上诉仲裁的程序效率,MPIA包含了若干创新规定,包括对上诉仲裁庭审查范围的限制、90天裁决期限的遵守和对某些上诉事项的排除建议等。

(一) 对上诉仲裁庭审查范围的限制

争端方合意达成的上诉仲裁协议赋予仲裁庭管辖权。在上诉仲裁庭的审查范围和事项方面，MPIA 将其限于专家组报告所涵盖的法律问题和专家组所作的法律解释。这与 DSU 第 17 条对上诉审议的要求和上诉机构权限的规定一致。但除此之外，MPIA 增加了两方面的创新规定：第一，仲裁庭应仅审理那些对本案争端解决而言所必需的问题；第二，在不影响仲裁庭就其所管辖问题作出裁决义务的前提下，上诉仲裁庭应仅审理那些由争端方提出上诉的问题。换言之，在 DSU 规定的基础上，MPIA 增加了两个类似"司法节制"的条款，进一步要求上诉仲裁庭的审查范围须符合"解决争端所必需"和"由争端方提出"两个条件。且从条文规定看，这里用的是"应当"（shall）一词，意味着这是仲裁庭必须遵守的强制性要求。

这两项创新性规定试图解决美国批评上诉机构的系统性问题。美国提出上诉机构报告中包含了过多的附带意见或咨询性意见，甚至讨论争端方并未提出上诉的问题，明显妨碍 DSU 关于快速解决争端目标的实现。在嗣后案件中如被专家组视为先例遵循，还将错误影响未来的争端解决。而作为成员驱动型组织，WTO 并未赋予上诉机构此类权力。这一问题与美国指责上诉机构越权解释涵盖协定一起，被认为是上诉机构"司法能动主义"之体现。长期以来，如何平衡 WTO 作为成员驱动型组织的成员权利和上诉机构作为终审裁判机构的司法能动权限，始终是 WTO 争端解决机制运作及改革的争论核心。从根本上解决此类问题的方法在于根据 DSU 相关规定修改《上诉审议工作程序》，或由部长会议或理事会通过关于上诉审议权限和标准的权威性解释，但 MPIA 限定上诉仲裁庭审查范围的创新尝试，从客观上来讲可以明显提高上诉仲裁程序的效率。

(二) 关于作出上诉仲裁裁决的期限问题

DSU 规定，上诉机构应在争端方提出上诉通知后 60 天内作出裁决，在任何情形下不应超过 90 天。但在司法实践中，因上诉案件数量增多和难度加大等各种原因，上诉机构超出 90 天作出裁决的情况非常普遍。这也是美国指责上诉机构不遵守 DSU 的理由之一。为此，MPIA 在裁决作出期限上作出了创新规定。MPIA 明确规定，上诉仲裁庭应在 90 天内作出裁决。但考虑到上诉案件的复杂性，这一要求在实践中仍有紧迫性和实际可行性的问题。为此，MPIA 允许在不影响争端方权利和义务并确保正当程序的前提下，裁决作出的期限可适当延长。争端方根据仲裁庭建议，可同意延长裁决作出的 90 天期限。这意味着仲裁庭如欲延长裁决期限，须经过争端方同意，而非像之前仅发出一份延长通知书即可。这既尊重了争端方的意思自治，也表明上诉仲裁应在尽可能不影响案件实质裁决的前提下提高裁决效率。注意到 MPIA 虽未涉及具体的可延长时限，但考虑到近年来美国对上诉机构迟延作出裁决的批评，即使在争端方同意的情况下，上诉仲裁庭也不宜过分延长裁决作出期限。

（三）增加仲裁庭对 WTO 争端方上诉范围的建议权

MPIA 的另一创新规定涉及仲裁庭对争端方减少诉求的建议权。如果是为了在 90 天期限内作出裁决，则仲裁庭可对争端方提出排除某些诉求的实体性建议。在被排除的诉求中，MPIA 特别提及那些"基于 DSU 第 11 条提出的、缺少对事实的客观评估的主张"。这一问题有复杂的背景。简言之，尽管 DSU 第 11 条（"专家组的功能"）规定专家组对争端方提交事项（包括案件事实问题）进行客观评估，但 DSU 第 17 条第 6 款将上诉审议范围仅限于专家组报告中涵盖的法律问题及专家组所作的法律解释。因此，在 WTO 上诉审议中区分法律问题和事实问题，便关系到上诉审议的范围和标准，也与 WTO 争端解决机制改革中是否建立上诉机构的发回重审制度等问题密切相关，一直存在较大争议。

美国指责上诉机构越权审查专家组报告中的事实问题，推翻专家组的事实认定，特别是其中所涉及的 WTO 成员内法的含义，认为这导致争端解决的复杂化和两审内容的重复性，延迟争端解决。为此，MPIA 允许仲裁庭建议争端方排除此类上诉事项，以减少上诉仲裁中审理事实问题的可能性。如果争端方接受建议，不对专家组报告中的事实认定问题提出上诉，上诉仲裁庭即无须审理，这样既节约程序时间，也在一定程度上回避了争议。但应注意，仲裁庭的此类建议并不具有约束力，最终仍由争端方决定是否对专家组报告中的某些诉求提出上诉，且争端方不同意仲裁庭建议并不影响仲裁庭对案件的考虑和争端方的权利。这是 MPIA 参加成员考虑到该问题的争议性、具体案件中事实问题和法律问题难以区分并尊重争端方意思自治等因素后，进行综合权衡的结果。

MPIA 包含的几处创新和发展有助于提高上诉仲裁的程序效率，试图回应并尝试解决美国对上诉机构的诟病。这些创新和发展有利于 WTO 争端解决机制尤其是上诉审议程序的改革与完善。

五、"多方临时上诉安排"（MPIA）的评价

MPIA 机制和文本安排兼具政治性、法律性、创新性和灵活性，是在上诉机构停摆期间替代上诉的唯一务实方案，这一伟大创举将成为国际争端解决机制发展史上的里程碑。

（一）积极肯定

首先，WTO 上诉仲裁机制能够发挥重要作用。在上诉机构"停摆"期间，MPIA 作为上诉机构的临时替代品解决争端方的上诉问题；如果加入 MPIA 的成员方占到一定比例，上诉机构危机给 WTO 体制所带来的危害将得到某种程度的缓解。其次，WTO 上诉仲裁机制具有示范效应。MPIA 是一种典型的里程碑式制度创新，一方面为化解 WTO 争端解决机制危机提供了一种参考模式，同时也为 WTO 争端解决机制改革提供建议。最后，WTO 上诉仲裁机制具有现实意义和历史意义，有效化解了上诉机构危机。这一临时替代安排也是 WTO 成员捍卫自由贸易体制的共同愿望，对确保 WTO 争端解决机制的有效运行，维护以规则为基础的多边贸易体制具有深远意义。

（二）局限性

MPIA 的积极性必须得到肯定，走出了上诉机构停摆的困境，得以建设性地临时性地解决上诉问题。但是，基于 DSU 第 25 条下的 MPIA 自身存在一些固有的不足和局限性。

首先，依据 DSU 第 25 条创立的 MPIA 机制只是一个临时性安排，由于 DSU 第 25 条的法律地位不确定，所以 MPIA 机制作为替代性上诉程序仅满足参加方的特殊需要，并不自动适用于所有 WTO 成员，只能在上诉机构停摆期间发挥作用，即仅适用于上诉机构停摆期间 MPIA 参与成员间的上诉。另外，其做出的裁决是否能够获得 DSB 的通过，都是一个未知数。

其次，MPIA 作为建立在当事方自愿基础上的临时性仲裁程序在性质上不是两级的，而是平行的，更接近于专家组程序，难以体现"二审程序"的独立性与永久性。因为，按现行 MPIA 的设计方案，仲裁员的组成可在任何时候经所有参加成员方的协商一致而加以变动。此外，参与方将在两年后定期更新仲裁员库。其他 WTO 成员加入 MPIA 或参与方退出 MPIA 也可能导致仲裁员的重新选任。如果上诉仲裁员的任期太短或参与方可随时重新选定仲裁员，这将对仲裁员的独立性产生威胁。此外，MPIA 也没有要求仲裁员遵循"与争端方同国籍应回避"的原则，从而引发对其公正性的担忧。由此导致其裁决结果的法律确定性与统一性难获保障等。

再次，MPIA 只能是应对 WTO 危机的"权宜之计"，因为它没有触及"成员方对 WTO 法庭的政治约束"这一核心问题；如果这一问题得不到彻底的解决，那么即使将来上诉机构恢复工作，类似的危机或冲突还可能再次发生。

最后，从实际运作的角度来看，MPIA 替代上诉机构审理成员之间的争端还不成熟，甚至还缺少一些条件，比如经费和秘书等问题。目前比较棘手的问题是 MPIA 适用的有限性，目前有超过 2/3 的 WTO 成员并未加入 MPIA，其适用范围还有待扩大。另外，WTO 上诉仲裁机制具有临时替代性，能够存续多长时间以及审理多少案件均无法确定。最终将有多少 WTO 成员方加入 MPIA，是否能够在实际应用中替代上诉机构更是难以预料。

(三) 各主要 WTO 成员态度

对于 WTO 上诉仲裁机制的设立，欧盟是最主要的推动者，中国是重要的参与者。认识到 WTO 上诉机制存在的重要价值，欧盟积极联合中国、加拿大、巴西、墨西哥等成员加入 MPIA。中国不仅积极参与 MPIA 的建立，更在协调方案等方面发挥了重要作用，在利用临时上诉仲裁机制解决贸易争端的规则设定上发挥了主动权和话语权。因此，美国将 MPIA 称为中国与欧盟间的协定。

目前，MPIA 的参加方中既有发达成员，也有发展中成员，涵盖了相当大比例的国际贸易份额，具有广泛的地理代表性，包括了大多数 WTO 争端解决机制的主要"用户"，该安排对任何愿意加入的 WTO 成员开放。除美国之外的主要 WTO 成员均赞同这一上诉临时安排，其具有一定的普遍性，展现了充分的灵活性和包容性，预计将来会有更多成员加入。

但对 MPIA 的设立，美国大使直接致函 WTO 总干事表示明确反对。美国承认 WTO 成员有权利根据 DSU 第 25 条将贸易争端诉诸仲裁解决，且与欧盟在"美国版权法仲裁案"中实际运用过该仲裁条款，但美国提出，MPIA 将重复上诉机构之前存在的问题。但在"韩国诉美国关于某些石油管材的反倾销措施案"（DS488）中，美国和韩国针对 DSU 第 21 条和第 22 条程序达成的备忘录中提及，如果双方同意对 DSU 第 21 条第 5 款的专家组报告根据 DSU 第 25 条进行上诉，则将对本备忘录进行相应的修改。这条规定引起不少关注和讨论，似乎暗示美国并非完全排斥根据 DSU 第 25 条提起上诉仲裁。

六、WTO 上诉仲裁机制的最新进展——"土耳其药品案"

WTO 上诉仲裁第一案——"欧盟—土耳其有关药品生产、进口和销售措施案"，（Turkey-Pharmaceutical Products）以下简称"土耳其药品案"（DS583），是 WTO 上诉机构于 2019 年底停止受理案件以来的第一起上诉案件，并且采用了前所未有的仲裁模式。2022 年 7 月 25 日，WTO 公布了"土耳其药品案"上诉仲裁裁决。这一份上诉仲裁裁决也是 WTO 第 12 届部长级会议大获成功之后又一令人振奋的消息。本案上诉仲裁程序是基于欧盟与土耳其签订的双边仲裁协议提起的，并且成为"多方临时上诉仲裁安排"（MPIA）运行以来的第一个上诉仲裁案件，在程序上有诸多创新之处。本案通过上诉仲裁机制获得裁决表明了 WTO 成员对于上诉机制的需求，而上诉仲裁裁决报告的发布，证明了在上诉机构"停摆"期间，WTO 成员已经找到高效率、高质量的可行性替代方案。在2022年6月17日部长级会议成功的背景下，这份裁决的公布增加了成员方对WTO的信心和改革的决心。

（一）案件概述

土耳其政府在全民健康保险中采取了一项措施，即将进口药列入医保清单的条件是该进口药的生产厂商承诺其药品在土耳其境内进行生产。这项措施被称为"本地化要求"。2019年4月2日，欧盟起诉土耳其，提出该措施不符合WTO规则中的"国民待遇"原则，因为进口药与国产药的待遇不一样。土耳其则主张，该措施属于"政府采购"和"公共健康"例外。

（二）上诉仲裁程序

2022年3月22日，在专家组报告公布前，被告土耳其与原告欧盟达成仲裁协议：如果提起上诉，就援用WTO"诉讼程序法"《关于争端解决规则与程序的谅解》（DSU）第25条（仲裁），以仲裁代替上诉。本案专家组裁决没有支持土耳其的主张（专家组裁定土耳其措施违反了"国民待遇"原则，不属于"政府采购"和一般例外中的"公共健康"例外。），于是土耳其于4月25日提起上诉仲裁，随即仲裁庭成立。7月21日，即在协议所要求的90日审限内，仲裁庭做出裁决，提交当事方。

1. 上诉仲裁协议

本案中土耳其与欧盟之间达成的上诉仲裁协议（下称"协议"）共19段，大致可以分为4部分。

（1）一般规定。协议说明：由于WTO上诉机构不能受理案件，双方根据DSU第25条第2款达成仲裁协议，约定用仲裁方式审理上诉案件。本协议即为双方达成的仲裁协议。

（2）仲裁员。本案仲裁员选择程序精心设计，根据协议规定，三名仲裁员从前上诉机构成员（27人）和MPIA仲裁员（10人）中随机抽选（randomly selected），但是要与另外一个同期案件，即土耳其作为原告的"欧盟钢铁保障措施案"（DS595）一并进行，确保一个案件有两名上诉机构成员和一名MPIA仲裁员，而另一个案件有一名上诉机构成员和两名MPIA

仲裁员。如此复杂的程序设计是为了兼顾本案与此前案件的连续性以及仲裁案件的创新性，而将双方互诉案件"捆绑"审理。

本案确定的上诉仲裁庭成员：Mateo（墨西哥籍，MPIA 仲裁员）、Seung Wha Chang（张继和，原上诉机构成员）、杨国华（MPIA 仲裁员），我国清华大学杨国华教授作为唯一一位中国籍 MPIA 仲裁员成为本案的仲裁员之一，全程参加了本案的审理工作。

（3）仲裁程序。协议明确提出，除非本协议另有规定，仲裁应该适用上诉审议程序，包括《上诉审议工作程序》、时间表和《行为守则》。协议还特别提及，当事方提出"上诉通知"、仲裁员决策和第三方参与等，都适用该程序。

协议规定，上诉应限于专家组报告中的法律事项和专家组所做法律解释。这一点与 DSU 关于上诉审议的范围相同。但值得一提的是，仲裁员只能审查解决争端所必需的事项，而这与 DSU 所要求的上诉机构必须审查"每一事项"有所不同。也就是说，仲裁员可以不审查每一上诉事项。这是关于仲裁员权限的明确规定，既是仲裁员的审查义务，也是对仲裁员的职权授权。

协议明确要求，仲裁员应于上诉通知提出之日起 90 日内做出裁决，为此仲裁员可以采取一些加快程序的措施，例如限制书面陈述的页数和听证会上口头陈述的时间，在听证会前将问题单发给当事方和第三方，制定严格的听证会时间安排。此外，仲裁庭还采取了一些内部措施，包括：频繁举行会议，在程序开始之初就撰写裁决的描述性部分，仲裁员之间讨论问题单、交换意见和起草裁决等，每一项措施都有明确时间表安排。

由此可见，协议中关于仲裁程序的规定，显示了仲裁程序与上诉程序的相似性，同时兼顾了上诉机构危机中所涉及的部分问题。

（4）其他事项。仲裁裁决为终局决定，当事方同意服从。根据 DSU 第 25 条第 3 款规定，裁决应向争端解决机构（DSB）通报，但是不需要 DSB 通过；裁决也应向相关理事会或委员会通报。此外，根据 DSU 第 25 条第 4 款，裁决执行适用 DSU 第 21 条和第 22 条。最后，当事方应将该协议通报给专家组，以便专家组做出相应安排，例如将相关文件移交给仲裁员。

上述仲裁协议的内容与 DSU 第 25 条的规定基本相似，只是在与专家组协调上做出了专门安排。

2. 上诉仲裁裁决与执行

上诉仲裁裁决已于 2022 年 7 月 25 日公布，涉及条约解决了问题（上诉仲裁支持了土耳其的观点），但裁决认为不属于"政府采购"例外，支持专家组裁决。裁决认为不属于一般例外，支持专家组裁决。8 月 29 日，土耳其表示执行。

在本案仲裁协议之前，欧盟曾经分别与加拿大和挪威签订过双边仲裁协议，而欧盟和中国等 25 个成员也签订过"多方"仲裁协议，即 MPIA。这些协议的背景相同，即在上诉机构停止工作的情况下解决争端，并且在程序方面直接援引 DSU 和上诉审议程序，内容非常相似。

当然，本案仲裁协议的性质有所不同，是就个案达成的双边临时协议，而其他协议属于制度性安排，是在案件还没有发生的情况下做出的安排。这一点在 MPIA 中更为明显，因为它专门选定了仲裁员，具有"常设性"。此外，在仲裁员来源方面，双边协议中选择了前上诉机构成员，MPIA 则有自己的仲裁员，而本案却是前上诉机构成员和 MPIA 仲裁员的组合。本案当事方土耳其并非 MPIA 成员，对仲裁员来源的特殊安排可以理解。

通过本案的整个上诉仲裁程序，可以得知，上诉仲裁与上诉机构审议在实体和程序方面没有本质区别。而实际的区别就在于仲裁员的来源有所创新以及在裁决形式上简明扼要。非常明确的一点是，本案上诉仲裁庭能够快速高效地做出裁决，有利于双方当事人之间贸易争端的解决。另外，本案极有可能会产生示范或溢出效应，引发更多的上诉仲裁案件。但本案的上诉仲裁裁决在未来案件中的影响，例如是否会得到专家组或上诉机构的认可，还有待进一步观察。

（三）案件评价

本案首次以临时上诉仲裁的方式成功解决双方经贸争端，是国际经贸争端解决模式的一大突破。一方面该案首次将此前讨论的临时上诉仲裁争端解决模式在实践中得以呈现；另一方面，在审理期限、裁判效率等方面很好地

| 第四章　WTO争端解决机制之上诉机构危机与化解方案 |

回应了此前一些成员对上诉机构的质疑。这些都将为当前WTO上诉机构改革的讨论提供素材支撑和实践参考。在WTO争端解决机制危机期间，本案以及新的上诉仲裁实践为后续部分成员间争端解决提供了一种路径尝试，在WTO争端解决进程中具有历史性意义。

本案的操作借鉴了MPIA规则，利用仲裁的方式来解决WTO争端，有效性强、灵活度高，为今后适用MPIA提供了成功的先例。在争端解决机构例会上，主要WTO成员方高度赞赏此案裁决的高效性以及促进败诉方执行的有效性。这种做法尤其适用于非MPIA成员，可预见性较好，但涉及美国的案件可能就存在问题。

七、中国与"多方临时上诉安排"(MPIA)

中国充分意识到上诉仲裁机制可以作为缓解WTO上诉机构危机的一剂良药，积极参与和支持MPIA的建立，与其他参加方协同合作，为应对WTO上诉机构危机做出了卓越贡献。中国支持WTO采用"多方临时上诉安排"(MPIA)，认为MPIA为我国解决WTO案件中的涉诉案件的上诉需要提供了现实可行的路径。中国的支持又一次以实际行动维护了多边贸易体制，与美国奉行的单边主义、保护主义形成鲜明对比，被外界广泛关注，WTO成员方纷纷表示，中国体现了负责任成员在WTO关键问题处理和选择上的客观理性的态度和尊重法治的精神。

从我国在WTO框架下的争端解决实践来看，截至目前，我国有17起未决案件，其中起诉8起，被诉9起，涉美案件占绝大部分。根据WTO官网（本书在统计上排除两年以上的不活跃案件），目前有12起案件仍在进行（注意视争端方意愿，实际上活跃的案件数量可能小于12起）。其中我国作为起诉方的有7起，包括起诉美国6起（DS543、DS544、DS562、DS563、DS565和DS587），起诉欧盟1起（DS516）；我国作为被诉方5起，即DS542（美国）、DS549（欧盟）、DS558（美国）、DS568（巴西）和DS589（加拿大）。

对我国在WTO未决案件利用MPIA临时上诉仲裁机制的潜在可能性进行评估，我国目前可能有3起案件与WTO成员诉诸上诉仲裁，包括与欧盟、加拿大和巴西各1起。这三起案件分别为：DS549（"欧盟诉中国关于技术转让的某些措施案"）、DS568（"巴西诉中国涉及糖进口的某些措施案"）和DS589（"加拿大诉中国涉及芥花油进口措施案"）。目前这些案件中的起诉方均未提出成立专家组的请求。除了这3起案件外，我国还可视需要与参加成员达成协议，在其他案件的裁决执行阶段利用上诉仲裁程序。具体操作如下：首先，我国可与有意向的WTO成员尝试订立双边仲裁协议，约定将贸易争端提交仲裁解决；其次，针对目前在专家组审理阶段的涉华WTO案件，与争端方商讨在个案基础上达成协议提起上诉仲裁的可能性。

为维护多边贸易体制的统一性、持久性、可预见性和稳定性，欧盟和中国等WTO成员将继续努力促进上诉机构的改革以争取其早日恢复运行。如果确实困难重重，无法在短时间内实现，可以将上诉仲裁制度通过诸边协定的方式固定下来以供WTO成员方选择适用。采取仲裁方式解决贸易争端，需要WTO成员之间事先订立仲裁协议，在实践应用过程中，具有适用上诉仲裁程序意愿的争端各方订立诸边《仲裁协定》较为便利，即以诸边协定的方式规定仲裁事项和规则以及程序、仲裁庭的组成、裁决效力与执行等事项。

在此基础上，我国应主动发挥建设性作用，倡议并联合具有相同意愿的WTO成员组成"争端解决挚友"，引领诸边《仲裁协定》的谈判，在仲裁解决贸易争端的系统规则设定上发挥更多主动权和话语权。

MPIA因危机产生，承载了替代上诉机制的使命，以务实和创新的机制回应参加成员在特殊时期贸易争端解决的现实需求。我国对MPIA的谈判和达成起到了重要推动作用，充分体现了我国积极应对上诉机构危机的立场和努力。作为初始成员，我国在支持WTO争端解决机制改革和完善、注重寻找危机长久解决方法的同时，可通过对MPIA的先行先试积累更全面的争端解决经验，为上诉机构早日恢复运行作出贸易大国的法治贡献。

注释：

［1］ 孟琪：《逆全球化背景下WTO改革的中国方案研究——以上诉机构危机为例》，载《国际经济合作》2022年第4期第82—90页。

[2] 石静霞:《世界贸易组织上诉机构的危机与改革》,载《法商研究》2019年第3期第150—163页。

[3] 杨国华:《WTO上诉机构的产生与运作研究》,载《现代法学》2018年第2期第147—156页。

[4] 何力:《逆全球化下中美"贸易战"与国际经济法的走向》,载《政法论丛》2019年第5期第3—14页。

[5] 霍建国:《关于世贸组织改革面临的严峻形势及中国的对策》,载《全球化》2019年第11期第22—29页。

[6] 张乃根:《上诉机构的条约解释判理或先例之辨——兼论WTO争端解决机制改革》,载《国际经济评论》2019年第2期第44—56页。

[7] 车丕照:《WTO对国际法的贡献与挑战》,载《暨南学报(哲学社会科学版)》2014年第3期第4—10页。

[8] 赵宏:《世贸组织争端解决机制25年:辉煌、困境与出路》,载《国际贸易》2021年第12期第4—8页。

[9] 于鹏:《WTO争端解决机制危机:原因、进展及前景》,载《国际贸易》2019年第5期第10—18页。

[10] 彭德雷:《十字路口的世贸组织上诉机构:改革观察与最新实践》,载《国际经贸探索》2020年第9期第88—102页。

[11] 石岩:《欧盟推动WTO改革:主张、路径及影响》,载《国际问题研究》2019年第2期第82—98页。

[12] 柯静:《世界贸易组织改革:挑战、进展与前景展望》,载《太平洋学报》2019年第2期第25—37页。

[13] 郑伟,管健:《WTO改革的形势、焦点与对策》,载《武大国际法评论》2019年第1期第75—92页。

[14] 林灵,陈彬:《试析WTO决策机制及其对多哈回合的影响》,载《世界贸易组织动态与研究》2008年第2期第10—12页。

[15] 李晓玲:《世贸组织上诉机构改革的谈判进程与岔路口选择》,载《国际经贸探索》2020年第4期第110—111页。

[16] 刘勇,柯欢怡:《WTO多边贸易体制的困境与解决方案研究——以USTR〈上诉机构报告〉为切入点》,载《经贸法律评论》2021年第3期第63—85页。

[17] 任媛媛:《WTO争端解决机制中的仲裁制度研究》,复旦大学博士论文2012年第48—49页。

[18] 胡加祥:《从 WTO 争端解决程序看〈多方临时上诉仲裁安排〉的可执行性》,载《国际经贸探索》2021 年第 2 期第 99—112 页。

[19] 杨国华:《WTO 上诉仲裁机制的建立》,载《上海对外经贸大学学报》2020 年第 6 期第 29—38 页。

第五章

WTO争端解决机制的其他主要问题及改革方案

WTO的成立标志着以规则为导向的多边贸易体制正式建立。从此以后，WTO规则为各WTO成员之间的经贸往来提供了基本规则，单边主义和贸易保护主义势头得到有效的遏制和约束。多边贸易体制之所以能成为国际贸易的基石和全球贸易健康有序发展的支柱，离不开WTO争端解决机制的有效运转。近三十年来，WTO争端解决机制为妥善化解经贸争端提供了稳定和可预期的措施。

诚然，任何事物的发展都不可能是一帆风顺的。尽管经济全球化是历史必然和大势所趋，但在百年未有之大变局背景下，多边贸易体制遭遇了逆全球化的影响和冲击，WTO面临着许多急需解决的困难和问题。最为典型的事例就是2019年上诉机构因美国阻挠而陷入停摆，导致WTO争端解决机制无法正常运行，上诉机构的瘫痪不仅迫使正常的WTO争端解决程序被阻塞和停滞，业已发布的专家组报告因不能经DSB通过而导致以规则为导向的WTO多边贸易体制处于深度危机中，其"定分止争"的功能陷于停滞状态，约束力和权威性遭遇极大的损害，甚至还可能诱发新的单边贸易保护措施。而WTO多边贸易体制未能做出及时有效的回应、遏制日渐抬头的单边主义和贸易保护主义，已成为绝大多数WTO成员的重点关注问题。

WTO争端解决机制是解决WTO成员之间经贸纠纷、澄清多边贸易规则的国际准司法机制。自1995年建立至今，WTO争端解决机制以其强制管辖、磋诉并重、两级审理、约束执行、多边监督的严密制度设计，吸引世界164个国家及单独关税区成员提出616起争端案件，通过磋商和诉讼解决的大体各占一半，绝大多数裁决得到全面执行，是国际公认的效率最高、最具公信力的成员间争端解决机制。

在有效解决彼此之间争端的同时，也推动了国际经贸规则的发展，增强了多边贸易体制的稳定性和可预见性，促进了国际关系法治化和经济全球化进程。与此同时，在百年未有之大变局背景下，多边贸易谈判长期停滞、贸易政策审议"例行公事"与WTO争端解决机制"单兵突进"之间的矛盾日益突出，WTO结构性赤字不断累积，最终在逆全球化、单边主义等思潮叠加影响下，触发了2019年底美国单边逼停上诉机构的"灰犀牛事件"。

鉴于上诉机构危机的问题已经在第四章进行了全面阐述，所以本章所讨论的 WTO 争端解决机制存在的主要问题是指除上诉机构危机以外的其他主要问题。

第一节 WTO 争端解决机制程序本身存在的主要问题

WTO 成立之初,一方面,因为当时的立法水平,另一方面,为了获得 WTO 文件的迅速通过,尽管 DSU 为争端解决提供了详细的程序规则,但其争端解决机制并非完美无缺,存在着与生俱来的缺陷,如未规定 WTO 成员的实质性义务,对 DSU 的内容采取模糊回避策略,为后期越来越多的争端解决产生了负面影响。修改 WTO 争端解决机制的谈判自多哈回合就已经开始了,成员提出了许多改革提案。

一、专家组存在的主要问题

DSU 关于专家组的规定包括第 6—16 条,规定的内容还是比较全面和细致的。但经过近 30 年的司法实践,在专家组的程序上仍然存在一些需要改进的方面。

(一)专家组的组成

WTO 在这一问题上争议较多。DSU 第 8 条规定了专家组的组成,其中比较受关注的问题是专家组成员的临时性和兼职性。WTO 初审程序的专家组是专案专设的、临时性的,对于相同的法律问题,不同案件的专家组可能作出不同的认定。[1] 通过对 WTO 争端解决案件的统计分析,可以发现 WTO 案件上诉率居高不下的主要原因是专家组报告只处理法律问题,而专家组成员都是临时成员,均有本职工作,作为 WTO 专家只是兼职工作,且限制性规定较少,往往他们也并没有接受过 WTO 规则的系统学习和培训。同时由于专家组人员供需失衡,专家组的组成越来越多地依赖总干事的任命,导致专家组的组建时间越来越长。

另外,DSU建立之初,由于专家组人数过少,为专家组能成功设立,不得不挑选与相关争端有关系的一些专家进入专家组。后来被某些WTO成员诟病,出现了"成员方公民专家参与本国贸易争端解决"以及"与贸易摩擦有重大利益的专家参与贸易争端解决"等问题。

设立常设专家组制度可以在组成专家组时避免或减少出现之前的情况,从而减少程序的总时限、上诉机构的工作量。常设专家组制度的建立很可能加快专家组程序和提高专家组报告的质量。欧盟早在2002年就曾经提出过设置常任专家组名单的建议。原因是:第一,在需求方面,WTO的专家组工作量大大增加;第二,专家组成员的压力非常大,案件越来越多,也越来越复杂,需要更多的时间来处理;第三,发展中国家在专家组组成中的参与明显不足。自WTO成立以来,任职的专家中,只有35%来自发展中国家,这与WTO的广泛代表性原则不符。

但由于常任专家组的设置方式过于复杂,WTO成员方一直未能达成一致。为了保证在专家组人员选择上不会消耗过长的时间,DSU通过指示性名单等一系列措施规定了专家组人员遴选的要求。这些规定一定程度上降低了专家组人员遴选上的复杂性,但同时也使得专家组人员的选择在实践中形成了一定的倾向性。例如DSU第8条第8款所规定的"通常允许其官员担任专家组成员"就使得在过往的WTO争端解决实践中,超过80%的专家组成员来自现任或曾任的政府官员。

(二)专家组报告提交的期限

根据DSU第12条第8款和第9款的规定,为使该程序更加有效,专家组进行审查的期限,即自专家组组成和职权范围议定之日起至最终报告提交争端各方之日止,一般不应超过6个月,最长不超过设立专家组之日起9个月。根据规定,自专家组设立(establishment)至报告分发到各WTO成员的期限,无论如何不应超过9个月。但事实上专家组最多的有效审理时间只有7个月,因为这9个月还包括组成专家组的时间(通常为20天)、从专家组报告提交争端当事方到向所有WTO成员分发的时间(通常为3周)以及

第五章 WTO争端解决机制的其他主要问题及改革方案

把报告翻译成其他WTO官方语言的时间。另外，WTO争端解决机制在效率与公平中更为看重后者，但从司法实践可以发现，不少WTO成员方巧妙地利用了这一期限，争取了更具意义的经济效益，造成了诉讼为假、争取时间为真的情况。

上诉机构停摆危机后公布专家组报告的案件，从组建专家组到公布专家组报告，最短15个月，最长35个月，平均超过22个月。目前仍处在专家组审理阶段的案件，全部延期，且超过DSU规定的设立专家组之日起最长9个月。

（三）专家组的权限过于宽泛

WTO争端解决机制是"成员导向"与"规则导向"的混合体，DSU规则本身希望构建一个具有独立性和司法性的WTO争端解决程序，强制性的案件争端管辖权是该程序最具特色的创新之处。

从观察当代国际法的发展历史可以发现，国际经贸规则就体现了主权国家与国际组织（独立的第三方机构）之间不断分权、博弈的过程。以WTO的成立为代表，国家主权受到国际规则越来越多的限制，这种限制主要源自国际组织的章程性文件，在法律上可以理解为国家让渡自己的部分非核心的主权权力，例如WTO成员方将管理对外贸易政策的一部分权力授予作为独立第三方机构的WTO，并在发生争端解决案件时，同意由专家组或上诉机构来做出审判。但是，国际法本质上是主权国家同意的产物，其效力源自主权国家的意愿（自愿接受其约束），而国际组织是国家开展彼此间合作的一种工具，其运作从根本上必须服务于国家的利益，必要时国家可以退出国际条约或国际组织。所以，当国际法越来越多地"侵入"主权国家的敏感领域，而重视国家安全的观念不断得到强化时，限制国际法的效力甚至重构国际法律秩序就成为主权国家必然的选择。特别是部分具有独立性、强制性与司法性的国际争端解决机制正在被主权国家所修正。

因此，建议参考WTO成员方已经达成的部分共识，适当限制专家组的审查权。在WTO争端双方一致同意的情况下，专家组应专注于案件事实的客观审议这一核心职能，删除其报告中并非为解决争端所必要的裁决。

二、WTO执行程序和监督机制存在的主要问题

WTO专家组和上诉机构作出并经全体成员组成的争端解决机构（DSB）通过的建议和裁决，即"WTO裁决"是WTO争端解决机制的核心。任何争端解决机制中，裁判是中心，执行是命脉。及时有效地执行WTO裁决是WTO法律体系可靠性和可预见性的具体体现，是衡量WTO争端解决机制有效运作、为多边贸易体系提供稳定性与可预测性的重要指标。WTO裁决能否得到执行直接影响着多边贸易体制的稳定和发展。

WTO争端解决机制无法保证其裁决结果的执行效率，这主要表现在如何确定合理的执行期间及授权贸易报复等方面。根据DSU的规定，WTO争端解决机制的工作止于敦促败诉方的主动执行或授权胜诉方采取贸易报复，但其执行过程大多都较为漫长且复杂难测。

对提起申诉的成员而言，专家组或上诉机构做出的裁决能否有效执行是他们最关心的问题。然而，对所确定的裁决不具有强制执行力是WTO争端解决机制现行最大的缺陷之一。通常情况下，被诉方出于本国利益的考量会拖延甚至拒绝执行裁决，尤其是发达国家，依仗自身经济和贸易实力的绝对优势，拒绝执行争端解决机制裁决的情况屡见不鲜。裁决得不到执行，就意味着申诉方付出的大量人力、物力、财力全部付之东流，经济实力不足的发展中国家和最不发达国家也因此对WTO争端解决机制产生质疑，争端解决机制的威信大打折扣。[2]

（一）有关通报裁决执行意向规则的问题

通报执行裁决意向是WTO争端解决机制中的重要组成部分，在程序上，通报执行裁决意向是整个裁决执行程序中的重要一环，表明了WTO裁决执行阶段的开始，并为随后展开的裁决执行程序铺平道路。该项义务加强了WTO法的约束力和裁决的执行力，成为促使成员及时执行WTO裁决的有效工具。WTO成立二十多年来，实践中几乎所有败诉方均明确表示其执行裁决的意向，充分显示了WTO法律义务的约束性。

诚然，有关通报的法律条款及其实践还存在着诸多问题，比如需"草草

地"表明其执行的意愿,然后就可以"合法地"拥有延期执行裁决(合理期限)的权利。不执行通报执行裁决意向义务必须承担法律后果,即如果败诉方没有通报 DSB 其愿意执行 DSB 的裁决,则胜诉方就可以径直要求进行报复。如果败诉方表示无意执行裁决,将面临政治压力和法律后果。正如"加拿大飞机案"所示,加拿大为其通报不执行裁决付出了 4 000 万美元的代价。

WTO 现行通报执行裁决意向程序的法律规定仍存在许多有待改善的地方,通过改进通报义务,完善和加强相关通报的纪律。改革建议主要集中在通报期限问题上。

1. 通报期限问题

DSU 第 21 条第 3 款规定:"在专家组或上诉机构报告通过后 30 天内召开的 DSB 会议上,有关成员应通知 DSB 关于其执行 DSB 建议和裁决的意向。"30 天通报期本身似乎允许成员就执行裁决进行国内协调与胜诉方磋商执行裁决的方式等。如果某败诉方认为无法(或没有能力)立即执行裁决,他完全可以要求获得合理期限。

关于通报期限问题,各 WTO 成员方提出三种不同的方案。

第一种是取消 30 天通报期限。在"智利酒精饮料案"中,仲裁员指出:"DSU 明确强调了败诉方立即执行 WTO 裁决对全体 WTO 成员都具有整体上的利益。把第 21 条第 1 款和 21 条第 3 款联系起来看,原则上,尽快执行就是立即执行。"此外,DSU 第 21 条第 3 款(c)条规定,计算合理期限的起始点是"专家组或上诉机构报告的通过之日"。这些法律规定和相关案例强烈地表明,应在 DSU 裁决得到通过之后立即执行该裁决。从理论上看,30 天通报期在法律上缺乏依据,似可取消,败诉方有义务在通过 DSB 裁决的同一 DSB 会议上宣布其执行意向,而不是再拖延 30 天。

第二种是维持现有 30 天通报期限。DSU 是成员之间解决争端的程序,需要多少保持一定的外交尺度,要给败诉方政府、国内政治、国内社会一定的接受、消化、转圜的空间,不能操之过急。国家之间的争端即便是获胜方也宜留有余地,如果 DSB 通过报告后立即要求败诉方表态执行,不见得有利于整个 WTO 体制的稳定和长远发展。因此,30 天通报期作为外交上的一种分寸，还是有其积极意义的。

第三种是缩短 30 天通报期限。DSB 特别会议主席向多哈回合谈判委员会（TNC）提交报告，建议把 DSU 第 21 条第 3 款修改为："在专家组或上诉机构报告通过后 10 天内有关成员应通知 DSB 关于其行 DSB 议和决的意向。"值得注意的是，这一建议不仅缩短了通报期限，从目前的 30 天缩短为 10 天，而且还取消了通报地点的规定。这意味着无论是否召开 DSB 会议，败诉方都必须及时进行通报。

2. 通报意向的具体化问题

欧共体提出建议，要求通报必须尽可能地详尽，包括败诉方采取相关措施的具体描述。韩国也提出一项建议，要求充分利用 30 天通报期，敦促"败诉方必须在此期间内就合理期限达成一致，如在 30 天通报期内未采取任何实质性措施，就应被视为拖延执行裁决"[3]。

（二）现行监督机制中存在的问题

WTO 裁决执行监督机制是 WTO 重要的制度安排。该机制填补了 GATT 时期对执行裁决缺乏有效监督的空白，成为整个 WTO 争端解决裁决执行体制中不可或缺的组成部分，产生了一种促使成员执行裁决的"向心力"。从败诉方声明是否愿意执行裁决，到就是否执行裁决进行复审等，监督机制设立了一道道"门槛"，有效地减少或阻止了拖延或拒不执行裁决情况的发生。美国著名 WTO 专家杰克逊（John Jackson）教授认为："（在确保执行 WTO 裁决的过程中）存在着一种非正式的力量，一个施加耻辱感的过程，一个相互指指点点的过程，而这也是一个感化教育的过程。"

1. 执行裁决报告的详尽程度不足

由于 WTO 缺乏对通报内容和格式的具体规定，败诉方提交的裁决执行情况报告往往很短，甚至不到一页纸。比如，在"欧共体香蕉案"中欧共体第一份裁决执行报告中含混地声称将履行其"国际义务"（故意回避 WTO 义务），拒绝使用"执行"一词；在被要求解释如何执行裁决时，欧共体拒绝说明其执行裁决的计划。由于执行报告中缺乏细节，使胜诉方很难判定败诉方是否执行了裁决。[4]

2. 监督期间继续实施违法措施

在"欧共体香蕉案"中，在合理期限过半的时候，欧共体提出一个新的香蕉进口体制改革建议，但该建议被胜诉方驳回，认为欧共体的报告"含糊其辞"，如此操作下去，已裁定违反 WTO 体制的欧盟香蕉进口体制会永久地延续下去。

3. 执行裁决报告内容重复

在"欧共体香蕉案"中，在随后历次 DSB 执行裁决情况报告时，胜诉方指责欧共体的执行报告根本就不是什么"报告"，全在重复前几次提交的内容，不披露任何细节。

4. 缺乏对通报义务的严格监管，监督流于形式走过场

按照目前的 WTO 规定，败诉方即便不通报执行意图或不提交执行报告也并不承担任何法律后果。在 DSB 会上，所有有关执行情况的讨论最终只能以官方文件的形式记录在案。DSB 主席往往简单地说："DSB 注意到各方所作的发言，并同意将在下次例会上继续讨论该问题（本案裁决的执行）。"这里"注意到"和"同意将讨论此问题"这两个短语暴露了监督在体制上的不足。

由此可见，监督机制仅仅对败诉方提出了最低的要求，败诉方不需要列明其将取消何种违法措施，也无须说明具体执行裁决的时间表，甚至不需与胜诉方磋商究竟如何执行裁决。在整个裁决执行阶段，败诉方唯一的义务就是在合理期限内每 6 个月提交一份执行报告，而这份报告完全取决于败诉方的意愿，可长可短，可粗可细。DSB 唯一能做的就是对裁决执行进行持续性的监督罢了。

（三）关于合理期限的问题

DSU 第 21 条第 3 款（c）项规定了仲裁员确定合理期限长短时的指南。DSU 第 21 条第 3 款（c）项规定："在通过建议和裁决之日起 90 天内通过有约束力的仲裁确定的期限。在该仲裁中，仲裁人的指导方针应为执行专家组或上诉机构建议的合理期限不超过自专家组或上诉机构报告通过之日起 15

个月。但是，此时间可视具体情况缩短或延长。"

合理期限在裁决执行阶段所具有的重要作用不容忽视。从本质上看，合理期限本身就构成一种执行裁决的最后期限，确保在执行裁决上不得无限期拖延，而拖延执行的现象在 GATT 时代司空见惯。从程序上看，合理期限是裁决执行程序中的一个重要"分水岭"，该期限的到期将触发一系列后续行动，包括对败诉方是否执行裁决进行复审、争议各方谈判补偿，乃至最后授权报复等等。

合理期限是关于执行裁决的一段时间，败诉方必须在合理期限内执行 WTO 裁决。合理期限"应该是执行方国内法律体制内最短的期限"，它不是无条件获得的，必须在个案处理的基础上按照具体情况加以判定。合理期限是 WTO 在立即执行裁决问题上的某种妥协，反映了外交务实与规则导向之间的微妙平衡。

对合理期限进行仲裁是 WTO 上诉机构首次介入裁决执行阶段，仲裁员的解释和分析经历了一个向"规则导向"演进的过程，仲裁实践进一步澄清和加强了有关合理期限的纪律，在促使成员迅速执行裁决方面发挥了重要作用。合理期限的仲裁澄清了执行裁决义务与获得合理期限权利之间的关系。WTO 一方面要求"迅速执行"裁决，另一方面又允许成员在立即执行不可行的例外情况下获得"合理期限"。合理期限的仲裁实践表明，获得合理期限的权利是一种"有条件的"权利，必须服从于迅速执行裁决这一总体目标。

基本方向是缩短合理期限以及制约延误执行和非善意执行的情况。归纳起来建议可以分为四类。

第一类建议认为，将有关合理期限的裁决变成新的 WTO 规则。例如，根据仲裁员的裁定，修改 15 个月合理期限的规定，将其改为"尽可能最短的执行期限"，并根据个案中的"具体情况"调整。

第二类建议认为，对执行情况进行复审。如胜诉方有权在合理期限到期前要求对裁决执行情况进行审议。

第三类建议要求授权初始专家组来决定每个案件中的合理期限。

第四类建议要求把发展中成员的合理期限延长至 15 到 30 个月等。

这些改革建议基本上都遵循了"促进快捷执行"这一原则，需要说明的是，上述建议均不同程度地涉及对现有 DSU 条款的修改，而修改条款则需要[5]在 WTO 争端解决机制改革谈判的大背景下加以考量。

三、授权报复制度存在的主要问题

WTO 争端解决机制是 WTO 体制的"牙齿"，而报复制度是争端解决机制的"最后手段"，但现行的 WTO 报复制度在价值取向、规则制定和实施过程中都存在着一些问题，从 DSU 报复规则及其适用情况来看，其规定本身也存在较为抽象、结构设计等方面的不足或缺陷，为了使 WTO 体制的"牙齿"更锋利，加强报复制度的威慑力和效率是必然选择。因此，通过WTO 争端解决机制改革谈判，修改 DSU 中关于报复制度的规定势在必行。

DSU 第 22 条"关于补偿和中止减让"是一个非常敏感的问题，成员方对本条的修改提出了很多具有建设意义的建议和提案。修改的提案大致分为两类：一类是属于技术性的、非实质性的修改，关于这方面的修改各成员间的分歧并不大；另一类是属于程序上的修改、增加实质性规则，往往会对成员的权利义务产生实际的影响，对此成员讨论激烈，分歧较大。

（一）DSU 第 21 条第 5 款和第 22 条规定的时间和程序的冲突问题

由于 DSU 第 21 条第 5 款项下相符性审查程序与第 22 条第 2 款项下报复授权程序以及第 22 条第 6 款项下报复水平仲裁程序之间的时间和程序顺序的冲突问题——"顺序问题"是一个一直困扰 WTO 裁决执行的棘手问题，甚至引起了 WTO 争端解决机制的"瘫痪"。这种规则本身的"硬冲突"是由于起草者们在立法过程中的失误造成的，主要因为起草者们对这些复杂的规则和文件进行反复的修改，筋疲力尽直到最后一刻才最终确定下来。

"顺序问题"是在"欧共体香蕉案"中首次被发现的，虽然本案中 DSB 采取了临时的、灵活的处理方案暂时将这一难题化解，但被随后的"美国—对部分欧共体产品措施案"的上诉机构所推翻，后来的相关案件中，成员方都采取达成协议的方式解决"顺序问题"。目前解决"顺序问题"的各种方案都只是暂时、表面地解决了这一"难题"，都没有从实质上解决根本问题，而解决这一问题的根本方法就是通过修订 DSU 的相关条款，彻底解决"顺序问题"。

（1）韩国提出：将 DSU 第 21 条第 5 款的执行审查程序和第 22 条第 6 款的报复水平仲裁程序合二为一，由 DSU 第 21 条第 5 款专家组在审查败诉方是否执行 DSB 建议和裁决后，若裁定为未执行则可直接裁定胜诉方利益丧失或减损的水平。

韩国认为，根据这一方案，不会显著增加 DSU 第 21 条第 5 款执行专家组成员的实际负担，因为一般情况下他们也是 DSU 第 22 条第 6 款报复水平仲裁程序的仲裁员。这种做法一方面使败诉方更清晰地认识到不执行裁决的后果，更有利于促使其执行裁决，另一方面，在确定了利益丧失或减损水平的基础上，争端双方在后续补偿谈判时会更容易，最后，若争端双方未就补偿达成协议，胜诉方在申请报复授权时，很多情况下将不再需要援引 DSU 第 22 条第 6 款仲裁程序。

韩国提出的这一方案与实践中"欧共体香蕉案"仲裁小组的做法有异曲同工之妙，只是这一方案将合并程序提前到了 DSU 第 21 条第 5 款的执行审查程序，由执行专家组成员完成仲裁程序。但这一方案要得以实施的关键前提是修改 DSU 的具体规定。

（2）澳大利亚提出：修改 DSU 条款，明文规定双方可以通过协商达成"备忘录"的形式予以解决"顺序问题"，使得实践中广泛应用的双方协议解决该问题的做法合法化。

澳大利亚认为，实践中，成员方通常采取两种办法来解决"顺序问题"：办法一，双方通过协商一致，同意同时发起 DSU 第 21 条第 5 款条和第 22 条程序，然后 DSU 第 22 条报复程序暂时中止，直到 DSU 第 21 条第 5 款程序完成。如果经 DSU 第 21 条第 5 款程序裁定，败诉方未能执行 DSB 建议和裁决，胜诉方可以申请恢复之前启动的 DSU 第 22 条报复程序。办法二，双方通过协商一致，同意 DSU 第 21 条第 5 款程序先于 DSU 第 22 条报复程序，由于申请报复授权的程序中规定了 30 天的期限限制，在这种情况下，败诉方必须同意不会以报复授权的申请超过 30 天的期限为由而阻止报复程序。因此，澳大利亚建议，应该在 DSU 中增加一项关于适用于解决所有争端中 DSU 第 21 条第 5 款和第 22 条程序间的"顺序问题"的备忘录的规定，并提出该备忘录模板可以根据具体情况进行调整，使得争端双方尽快解决这一程序问题。

澳大利亚提出的方案是将目前在实践中各成员方普遍采取了通过双方协商一致达成谅解协议的方式解决"顺序问题"的做法直接规定在 DSU 中，使这一做法合法化，也不失为解决"顺序问题"的良策。

（3）欧共体的提案最为详细，它们提出：修改 DSU 条款，直接将 DSU 第 22 条报复程序置于 DSU 第 21 条第 5 款程序之后，规定只有经过 DSU 第 21 条第 5 款程序，专家组裁定败诉方未能执行 DSB 建议和裁决后，胜诉方才能根据第 22 条程序申请报复授权。具体的建议内容包括：第一，修改 DSU 第 21 条第 5 款规定，专门增加一项由执行专家组裁定败诉方是否执行裁决的规定（Article 21.5 bis）；第二，大幅修改第 22 条第 1 款和第 22 条第 2 款的内容，规定争端双方在就败诉方是否执行裁决问题上存在争议时，将执行专家组的裁决作为要求补偿或申请报复授权的前提；第三，如果争端双方就败诉方是否执行裁决问题没有分歧，胜诉方应直接提出补偿谈判，不再需要磋商，如果双方未能达成补偿协议，则申请报复授权；如果争端双方就败诉方是否执行裁决问题存在分歧，那么在胜诉方提出补偿谈判和申请报复授权之前，需要经 DSU 第 21 条第 5 款程序由执行专家组做出败诉方是否执行裁决的裁定；第四，根据 DSU 第 21 条第 3 款（c）项的规定，仲裁的结束期限应该从比报告通过之日更合理的日期开始，如规定从仲裁员任命之日起 45 天；第五，报复水平的仲裁，[6] DSU 第 22 条第 6 款应该包括从合理期限届满起 60 天的最后期限。为了避免不存在此类合理期限，应该明确规定这一时间期限的起算点。日本提出的相关议案与此非常接近，而且这一提案得到了众多成员方的广泛支持。

（二）报复水平的确定缺乏统一的计算标准，WTO 实践中难以确定

WTO 争端解决机制中设置多边报复制度的一个重要原因是为了限制美国等强势成员的单边主义报复的滥用，为在 WTO 体制下实施报复措施提供必要的法律依据。但是，如果一方面，WTO 争端解决机制试图增强报复制

度的可信度，而另一方面，对关键的确定报复水平的规定模棱两可，这将极大地损害 WTO 争端解决机制的可预见性和确定性，而仲裁员关于报复水平的裁定也很难得到争端双方的认可，丧失了 WTO 体制的正当性和权威性。

报复水平的确定缺乏统一的计算标准的主要原因在于：一方面，DSU 中没有关于确定利益丧失或减损水平和报复水平的明确规定，在 GATT 和 WTO 的争端解决实践中也没有提供相对一致的确定方法。DSU 第 22 条第 4 款只是规定报复的水平应等于利益丧失或减损的水平，关于如何确定利益丧失或减损的水平问题完全没有提及，为在实践中由仲裁员确定报复水平出了一个大难题。另一方面，违规措施的复杂性使得胜诉方利益丧失或减损的水平难以准确衡量。从国内政治经济学的角度出发，国内支持实施报复措施的利益集团希望最大限度地保护国内市场，尽可能地想办法限制败诉方的出口利益集团，将作为"救济"手段的报复措施演变为大力加害对方的机会。因此，在确定胜诉方利益丧失或减损的水平时，想方设法地提出产业的损害，其中涉及大量的技术问题，使得利益丧失或减损水平的确定难上加难。因此，在 GATT 和 WTO 时期的仲裁员都没有提供一套详尽的计算方法用于解释公布的报复水平。Hudec 教授甚至对此提出："精确的计算报复水平根本不重要，重要的是在胜诉方看来 WTO 机制够强势就行，即仲裁员的裁定'看起来足够客观能够说服有关听众即可……认为某中立的审查机构已经作出了客观的裁决。'"

DSU 没有规定利益丧失或减损水平的确定标准，这在一定程度上导致了法律适用的模糊性。因此，欧共体、日本、巴西、挪威和哥伦比亚等多个成员方对于利益丧失或减损水平的确定标准给予了极大的关注。

（1）欧共体指出，无法确定一个适用于所有争端的具体计算利益丧失或减损水平的统一标准，因为仲裁员在计算利益丧失或减损水平时会综合考虑多方面的情况进行个案处理。

（2）巴西指出，对于部分执行了裁决的案件，很难解决如何确定利益丧失或减损水平的问题。

（3）挪威指出，确定利益丧失或减损水平的标准实施起来可能不太现实。

(三) 现行 WTO 报复制度的非追溯性，导致报复制度救济的不全面

WTO 对于在争端解决程序期间包括合理期限届满前由违规措施造成的损失不提供救济，凸显了 WTO 体制下救济不溯及既往的特点。而 WTO 报复制度的非追溯性产生的 "零成本违规" 后果，对违规方会产生激励违规效应，对所有 WTO 成员会产生放任违规效应，将进一步加剧国际经济关系中的南北矛盾，而最直接的后果是对胜诉方的救济不全面、不完整，降低了胜诉方适用报复制度的信心和动力。

发展中国家集团认为，GATT 和 WTO 对于违反 WTO 义务的救济措施是指向未来的，那些预期性的责任方式不足以弥补败诉方因违规措施所造成的实际利益丧失或减损，只有用可追溯性的货币补偿方式才能从根本上解决救济问题。

（1）赞比亚及最不发达国家集团提交的提案中建议，鉴于最不发达国家集团不能有效地利用争端解决机制中的报复制度，建议增加货币补偿，并且货币补偿数额应当等同于违规措施已经直接造成的以及可预见的利益丧失或减损水平，并且货币补偿数额的计算一般应从败诉方开始实施该违规措施之日起算。

（2）墨西哥认为，DSU 存在着体制性缺陷，给予败诉方过多的时间，得以在诉讼期间内继续维持违规措施，解决这一问题的方法之一是引入追溯性计算损害和允许追溯性报复，即不仅授权胜诉方前瞻性的报复，还要授权其追溯性的报复，因此，提出要求败诉方补偿诉讼期间由于其违规措施继续实施而产生的损害的建议，并提出了可以选择的确定报复水平计算起始日的提案。提案中设计了四种方案：第一，从违规措施实施之日开始计算；第二，从申请磋商之日开始计算；第三，从申请设立专家组之日开始计算；第四，专家组或上诉机构报告通过之日开始计算。该建议可以加大救济的力度，促使败诉方尽快执行裁决。此建议得到了不少成员的支持。

（3）泰国提出，引入追溯性报复符合国际公法救济原则，即 "恢复原状"，将胜诉方的情况恢复到损害没有发生之前的状态，报复的水平应该从损害开始发生时起计算或胜诉方意识到该损害时起计算。

（4）巴基斯坦提出，鉴于目前 WTO 的救济不涉及对既往损失的补偿，

有必要将追溯性报复引入争端解决机制中来,减少成员拖延执行裁决的几率。

(5) 非洲集团也提出溯及既往的货币补偿建议。

(6) 中国香港也以救济的有效性为由对追溯性货币补偿建议表示支持。

(7) 日本也提出了关于追溯性救济措施计算的提案。

综上所述,关于 WTO 报复制度的改进建议和提案,从总体上看有两个显著特点:第一,绝大多数改进建议和提案都试图强化报复措施的有效性,对不履行义务和不执行 DSB 建议和裁决的成员施加更大的压力,以促使成员对法律规则的遵守和裁决的执行并强化对受损害成员的救济;第二,发展中国家成员特别是最不发达国家成员在报复制度方面提出了一系列改进建议和提案,其主要目的是增强发展中国家成员在促使发达国家成员履行义务和执行 DSB 建议和裁决时的行动能力及加强对发展中国家成员的救济。实质上这也是报复制度的有效性问题,它同时反映了发展中国家成员特别是最不发达国家成员对于自己的贸易报复措施在实践中发挥的效果表示不满。目前 WTO 报复制度的局限性对发达国家成员有利,发达国家成员可以凭借报复这把"利刃"打击其他成员,而发展中国家成员却无法利用报复打击发达国家成员。

各成员政府在采取违规措施对国内产业进行保护的同时,又不能不考虑国际义务的履行、国际形象的维持以及国内支持贸易自由化力量的影响。因此,严格的责任制度会加重政府的负担,增加成员政府违规的成本,并且与贸易保护主义者的利益相抵触。在这种情况下,一种不那么严格的国际责任制度,便于成员政府在平衡国内保护主义利益和履行国际义务之间可以做出更灵活的选择。不溯及既往地承担责任、不设定惩罚性报复、不规定集体报复和轮候报复等,就是实现这一目的的主要方式。在国内政治中所受到的强大压力将使不少成员政府很难同意将上述报复制度引入 WTO 体制中。如果在 WTO 法制中强化严格的责任制度,可能会使有些成员政府感觉 WTO 体制"走得太远",不能再保护它们的利益。

从根本上来说,这些关于报复制度的建议和提案最终能否被采纳,很大程度上取决于各成员特别是贸易大国愿意在多大程度上推进和维护贸易自由化,[7] 这是影响 WTO 报复制度改革的根本性因素。

四、WTO 救济体系存在的主要问题

尽管 WTO 争端解决救济机制有着其不可取代的各项优势,其现行的规则与程序也不可避免地存在着一些问题。区别于法律的其他部门,WTO 争端解决的救济体系并不对于成员不履行裁决而给予实际的损害赔偿,它只在败诉方不在合理期限内修正其不合法措施时给予胜诉方救济。换句话说,只要败诉方在合理期限内履行了裁决,对于其先前造成的损害就不再进行救济。这一原则在 DSU 第 22 条第 1 款中得到了明确规定,即补偿和报复都是暂时性措施,并且并不希望得到完全执行。总而言之,补偿和报复并非一般意义上的损害赔偿,而是根据 WTO 裁决获得的暂时性救济措施。在这一先天约束下,补偿和报复也就存在着各种无法逾越的不足。

(一) WTO 现行补偿制度存在的问题

从经济学的角度来分析,补偿制度是优于报复机制的,因为它本身不会引起贸易壁垒。然而在司法实践中,补偿[8] 这种救济方式的应用却极为罕见。截至目前,已经向 WTO 通报补偿协议的案件有六起,除了两起是以被诉方提供新的关税减让形式结案的,其余四起都不同程度地偏离了 DSU 的补偿规定。

根据 DSU 第 3 条第 2 款规定,WTO 争端解决机制旨在维持 WTO 成员在多边贸易协议下的权利和义务,按照解释国际公法的习惯规则澄清这些协议的条款。DSB 的建议与裁决不能增加或减少协议规定的权利与义务。可见,DSB 解决的是各 WTO 成员之间的权利义务平衡问题。争端解决机制的宗旨是要修复这种平衡,包括要求败诉方撤销违规措施,或者许可胜诉方采取报复措施——撤销其原先作出的承诺。前者属于恢复原来的利益平衡,后者属于利益再平衡。因此,WTO 争端解决机制不具有补偿功能,更不具有惩罚功能。基于上述定位,DSU 对于补偿的规定是模糊不清的。在司法实践中,DSB 也不敢越雷池一步。DSU 第 3 条第 7 款规定,在争端双方无法

找到满意的解决方案时，WTO争端解决机制的首要目标通常是确保撤销被裁定不符合多边贸易协议的有关措施，补偿只是在无法立即撤销这些措施的情况下，作为临时措施而被适用。[9] 至于"补偿"的具体形式，DSU也没有说明，DSB也没有给出过权威的解答。鉴于其本身特点以及缺乏程序保障等因素，WTO现有的补偿制度在司法实践中暴露了以下问题。

1. 补偿自愿性的特性使其难以操作

补偿制度的最为主要的问题就是它的自愿性，只有在WTO争端双方对执行水平达成一致时才能适用补偿。这样自愿性的特性反而使得被诉方在补偿过程中占据了主导地位，作为实施方，可以在自身认为已经履行WTO裁决时单方终止补偿。而本来就是受害方的起诉方只能被动期待败诉方是否能够公正、公平地对自己作出评价。这样可怜的"期盼"使得胜诉方成员从一开始就对自己可能陷入的补偿制度产生抵触，从而放弃补偿这种救济方式而不得不寻求报复救济，这样胜诉方至少可以在败诉方向DSB专家小组证实已履行裁决之前一直持续中止减让或其他义务，从而掌握主动权。因此，在实践中补偿制度被适用的机会少之又少。还有一个重要原因就是败诉方国内也很难找到一个产业或部门自愿承担补偿的后果。事实上，为了保护另外一个在违法措施中受益的产业或部门，而让其他产业或部门承受诸如关税减免所带来的冲击是不公平的。同时对于受害方来说，最终受到补偿的也并非实际受损的产业或部门，补偿所能弥补的不过是对于国家整体贸易数据的平衡。

2. 现行补偿制度规定的补偿方法过于单一

WTO争端解决机制具有不溯及既往的规定，这种机制最主要的作用不在于弥补胜诉方已经遭受的损失，而在于维护WTO多边贸易体制的稳定。WTO与GATT相比是一个以规则为导向的国际经贸组织，各WTO成员必须以承诺接受"一揽子"协议的形式加入WTO，加上DSB所作的裁决具有强制执行力和WTO贸易政策审议机制对各成员方国内政策的全面审查，这些机制都展现了WTO法治化的特点，并有效确保了WTO多边贸易体制的正常运作。

从WTO争端解决的司法实践来分析，早期的补偿制度主要是由败诉方承诺在其他领域降低关税或提供市场准入机会。这种承诺是临时性的，例如，在"日本酒税案"中，上诉机构最终裁定日本政府的做法不符合WTO规则，仲裁庭裁定日本执行上诉机构裁决的期限为15个月，截至1998年2月1日。随后，日本与各胜诉方达成协议，为补偿修改酒税法所需的更长执行期，日本承诺通过降低酒类的进口关税，以抵消国内税上的差异对进口产品的不利影响。在"土耳其-纺织品案"中，因未能在双方商定的期限内执行裁决，败诉方土耳其与胜诉方印度达成补偿协议，以降低数种纺织产品进口关税和取消数量限制的方式提供补偿，直至土耳其取消对19种纺织品采取的所有数量限制措施。

但是，在随后的几起案件中，补偿开始改变早期的做法，其中一个突出的变化就是一些WTO发达国家成员用金钱支付方式取代在其他领域降低关税或给予市场准入机会的做法。与授权报复机制相比较，这种金钱补偿的方式对于部分WTO成员，尤其是发展中国家成员可能更有利。因为，授权报复机制比较适合解决WTO贸易大国之间的纠纷，因为它们之间的贸易数量庞大，彼此的利益平衡是建立在不同领域的优势互补基础之上的。许多弱小的WTO发展中国家成员由于其经济结构单一，进口产品的品种和数量有限，根本没有那么多贸易领域或贸易产品可供其作为补偿或报复的对象。如在"欧共体香蕉案"中，胜诉方之一的尼加拉瓜针对欧共体的货物贸易和服务贸易等其他领域所采取的任何报复措施，从本质上来分析，仅仅是一种精神上的安慰或者是一种期待的利益而已。由"欧共体香蕉案"可以发现，许多WTO发展中国家成员之所以不接受在其他领域降低关税或市场准入条件作为解决WTO贸易争端的补偿方式，主要是面对败诉方提供的有限的几种补偿方式，它们实在找不到可以弥补其实际损失的合理途径。[10]

3. 补偿制度最终难以落到实处

补偿制度之所以在司法实践中难以发挥作用，除了败诉方能够提供的补偿方式过于单一之外，补偿的执行很有可能与现行WTO多边贸易体制规定相冲突是另一个重要原因。DSU第22条第2款规定，败诉方如果没有在合理的期限内完全履行WTO裁决，胜诉方可以请求双方必须就可以接受的补偿方式进行谈判。如果败诉方最终只愿意在别的产业或部门减让关税或提供新的市场准入机会，胜诉方未必能够从这些补偿中得到真正的救济，因为DSU第3条第7款的规定并不明确，即败诉方如何向胜诉方降低其他产业或部门的关税或提供新的市场准入机会。如果败诉方单方面向胜诉方做出上述承诺，那么，败诉方对于其他WTO成员而言则是违背了最惠国待遇义务；如果补偿的机会是在最惠国待遇基础上给予的，那么，这些补偿就不只是针对胜诉方，而是针对所有WTO成员。相比之下，DSU第3条第7款对胜诉方如何采取报复措施的规定就比较明确。因此，补偿对于最惠国待遇的遵从使其效果明显减弱。现实当中，WTO成员在实践中更多的是选择报复机制的适用。

4. 补偿期限的规定不明确

DSU没有明确规定补偿期限是制约补偿制度有效发挥作用的另一个重要因素，这导致胜诉方无法得到及时的补偿或者补偿的效果不确定。DSU第22条第2款规定："如有关成员未能使被认定与一适用协定不一致的措施符合该协定，或未能在按照第21条第3款确定的合理期限内符合建议和裁决，则该成员如收到请求应在不迟于合理期限期满前，与援引争端解决程序的任何一方进行谈判，以期形成双方均可接受的补偿。如在合理期限结束期满之日起20天内未能议定令人满意的补偿，则援引争端解决程序的任何一方可向DSB请求授权中止对有关成员实施适用协定项下的减让或其他义务。"即如果败诉方不终止其被裁定违法的行为，应胜诉方的请求，败诉方应该在根据DSU第21条第3款确定的"合理期限"内与胜诉方协商补偿事宜。DSU第21条第3款规定的合理期限有三种：（1）由相关成员方提出，并经过DSB批准的期限；（2）DSB建议或裁定做出的45天内，由争端各方协商确定的期限；（3）如果在DSB建议或裁定做出的90天内，争端各方无法就合理期限达成一致意见，则交由有约束力的仲裁确定期限。根据DSU第21条第3款（c）项规定，通常情况下，仲裁确定的合理期限不得超过执行专家组或上诉机构建议或裁定做出以后的15个月，但是此时间可视具体情况缩短或延长。如此冗长复杂的程序能否确保胜诉方一定能够获得及时有效的补偿，这是一个令胜诉方担忧的问题，即使能够获得补偿，那么可以在多大范围内弥补其实际损失，这是另一个不确定的问题。从现行的规则来分析，补偿是临时性的，而违法措施是长期的。相比较而言，WTO规则对于胜诉方采取的报复措施期限规定得较为明确。DSU第22条第8款规定，中止关税减让承诺或其他义务应该是临时性的，且只应维持至被认定与适用协定不一致的措施已取消，或必须执行建议或裁决的成员对利益丧失或减损已提供解决办法，或已达成双方满意的解决办法时为止。

5. 补偿制度的适用往往涉及WTO争端双方的经济实力

通过对已经向WTO通报的补偿案例的分析，可以发现，补偿谈判如果在经济实力相当的两个成员之间进行，则效果会更好一些，补偿制度得以适用的大多是发生在争议双方经济实力相差不大的WTO成员之间的案件。在有可能选择补偿制度的案件中，由于各WTO成员的经济发展水平相关甚大，补偿制度适用的实际效果也是令人却步。以"欧共体香蕉案"为典型案例，胜诉方——中美洲小国厄瓜多尔如果接受了欧共体的补偿方案，也根本无法弥补其遭受的实际损失。当时欧共体的货物贸易额占世界货物贸易总额的20%左右，服务贸易额占世界服务贸易总额的25%左右，国民生产总值达79 960亿美元，人均国民收入达22 500美元。相对比，厄瓜多尔的货物贸易额只占世界货物贸易总额的0.1%，服务贸易更是可以忽略不计，国民生产总值近200亿美元，人均国民收入也只有1 600美元。在这场实力悬殊的对抗中，欧共体在其他产品或任何贸易领域对厄瓜多尔做出适当让步可谓是小菜一碟，但是对于厄瓜多尔，除了香蕉出口贸易以外，该国几乎没有其他的产业，限制其香蕉出口贸易几乎切断了该国的经济命脉。在厄瓜多尔与欧共体无法达成补偿协议的情况下，经DSB授权，厄瓜多尔最终选择在知识产权领域撤销原先对欧共体做出的保护承诺作为一种贸易报复手段，这是一种典型的"损人不利己"的做法。因为欧共体在厄瓜多尔涉及知识产权方面的利益也是微不足道的。

此外，对于不少发展中国家成员而言，进入争端解决程序的成本已经很高昂了，虽然DSB审理贸易争端时不向有关WTO成员收取任何诉讼费用，但是鉴于WTO法律体系的复杂性以及官方语言等要求，许多WTO成员在参与争端解决时都需要聘请专业律师。如遇到技术难题，还需要咨询有关专家。这些律师费和专家咨询费则由相关WTO成员自己承担。如果历经了这一系列复杂、艰难以及漫长的争端解决程序之后，裁决的结果还是无法弥补其实际损失，并为此付出了高昂的经济代价，那么这种制度的合理性就值得考虑了。因此，如何改进WTO现行的补偿制度，让广大发展中国家成员在WTO多边贸易体制中真正得到利益，是各成员需要考虑的一个深层次问题。

（二）在WTO规则中增加货币补偿制度的建议和提案

现行WTO报复制度是通过中止减让或其他义务的方式实施报复措施的，这种方式有利有弊，是一把双刃剑，尤其是当胜诉方是经济实力较弱的发展中国家时，实施授权报复不但不会解决由于采取违规措施而给自己造成的利益丧失或减损，反而会给其自身带来更不利的经济影响，好似"雪上加霜"，且在"实力悖论"的影响下，受到WTO报复制度适用的种种实体和程序的限制，导致弱小的发展中国家胜诉方实施报复难上加难。

因此，在多哈回合谈判中，发展中国家提出了较多的关于在WTO规则中增加货币补偿的建议和提案。货币补偿也成为WTO成立后提出最多，最为突出的一项建议。

（1）厄瓜多尔提出：在败诉方不执行WTO裁决时，利用货币补偿实现利益的平衡，并进一步提出，在最长为期六个月的时间内实施"强制性货币补偿"，如果六个月期限届满，败诉方仍未能执行DSB建议和裁决，则可以采取"极端措施"（extreme measures），即中止败诉方提起DSU诉讼或报复授权的权利。

（2）肯尼亚提出，如果是发展中国家成员针对发达国家成员提起的诉讼，DSB应有权直接建议或裁决货币补偿或其他形式的补偿，并且应从专家组报告通过之日起开始计算利益丧失或减损的水平。

（3）墨西哥提出，应规定对发展中国家成员的货币补偿制度，除非另经争端双方协商一致同意，应采取支付货币的形式，而这项规定并不妨碍发达国家成员获得货币补偿的可能性。

（4）巴基斯坦也提出了增加货币补偿的建议。主要是为了解决发展中国家实施报复会对自身经济造成损害，而本身经济发展资金又不足等问题。

（5）中国作为最大的发展中国家，在向WTO提交的DSU修改意见中，只有增加货币补偿这一项。中国提案的主要内容包括：基于国际贸易的现状和各成员经济实力的不平衡，当发达国家成员拒绝执行或未能充分执行DSB建议和裁决时，作为胜诉方的发展中国家成员虽然可以获得报复授权，但仍处于缺乏有效报复手段的尴尬境地，因此，中国提出增加"不执行裁决的发达国家成员向发展中国家成员给予货币补偿"的建议。

（6）欧共体作为发达国家的代表也提出：授权报复是违反WTO贸易体制确定性和可预知性等基本原则的，相比之下，货币补偿更直接、更理想，应增加货币补偿措施，加强货币补偿的作用，优先使用货币补偿措施而避免报复措施的使用。

（7）瑞士提出，可以在WTO报复制度中增加货币补偿措施，但这种新的措施只能在特定情况下使用。

（8）美国虽然没有在多哈回合中直接提出增加货币补偿的建议和提案，但International Financial Institution Advisory Commission作为美国政府的智囊机构作出的Meltzer报告通过实证研究指出，如果胜诉方通过实施报复措施限制败诉方的产品进口，将遭受双重打击：一是败诉方对其出口的原有限制，二是被确定为报复对象的败诉方产品在胜诉方国内成本的提高。原本实施报复是用来救济违规措施的手段，但反过来却更加损害了胜诉方的利益。因此，Meltzer报告建议：败诉方每年向胜诉方支付与仲裁员裁定的利益丧失或减损水平相当的货币补偿。

最不发达国家集团WTO成员也提出了自己的修改意见，他们提出当最不发达国家成员作为胜诉方且补偿涉及他们时，如果作为补偿措施的关税减让不带有歧视性，而金钱补偿又是可能的情况下，作为败诉方的发达国家WTO成员应该适用金钱补偿的方式而不是以关税减让的方式进行补偿。金钱补偿的数额应该足以弥补作为最不发达国家成员的胜诉方的所有利益损失，包括现在的损失和将来可预见的损失，损失的计算应该从争端中的违约方违约行为发生的时候开始计算，即具有可追溯性，而不是从裁决做出时才开始计算。

五、秘书处存在的主要问题

WTO秘书处总部设在日内瓦，主要职责是向WTO各理事会、委员会等下属机构提供技术和专业服务，向发展中成员提供技术援助，监测和分析世界贸易发展状况，向公众和媒体发布信息，组织部长级会议。在争端解决过程中，秘书处提供一定的法律服务。对于申请加入的经济体政府，秘书处还向它们提供必要的技术援助与建议。总干事是WTO秘书处的最高领导。WTO秘书处现有正式职员550人左右，来自约60个国家和地区，其中约一半为业务人员，大多具有经济、法律专业背景；其余为支持和一般服务性职员。

我国与WTO秘书处有着良好的合作关系。为双方合作的顺畅有序进行，WTO秘书处（具体由技术合作司负责）与我国政府有关WTO事务的归口部门（商务部，具体由世界贸易组织事务司，简称世贸司负责）已经换文，我国一切政府部门和民间机构与WTO的联系或技术援助事宜均须经商务部世贸司归口协调，否则WTO秘书处将不予处置。

WTO秘书处看似是一个简单的服务机构，实质上在WTO事务上起到了很重要的桥梁作用，尤其是在WTO争端解决机制程序过程中，因此，WTO争端解决机制改革也要关注这一领域的问题。

WTO秘书处目前最大的问题是没有发挥它本来应有的作用，为了避免利益冲突，避免形成的固有思维和模式影响专家组或上诉机构报告，提高其工作效率和成效，需要予以改革。

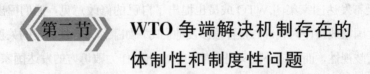

第二节　WTO争端解决机制存在的体制性和制度性问题

从多哈回合谈判"延宕日久、名存实亡"，到上诉机构停摆，处于瘫痪状态，这是一个可以预料的结果。WTO争端解决机制因其存在的体制性缺陷与制度性不足问题正面临其成立以来最大的一场危机，该危机的深层次根源、存在的问题与解决方案值得进行系统研究。[11]

美国的刻意阻挠致使上诉机构法官的空缺席位始终无法得到填补，

WTO成员对上诉机构法官的继任人选长期不能达成协商一致，最终于2019年12月10日，WTO上诉机构仅剩一名中国籍法官赵宏女士，直接导致上诉机构因法定人数不足而彻底停摆。2022年已然过去，美国新任拜登政府同上届美国政府一样致力于破坏基于规则的国际贸易体系。"从总设计者到总实施者，美国现在却已变成国际贸易体系的总破坏者。"[12] 美国贸易代表关于上诉机构问题的报告明确指出，美国刻意阻挠上诉机构停摆只是表面原因，而WTO的体制性缺陷以及制度性不足才是导致上诉机构瘫痪的深层次因素。在WTO成立近30周年之际，它正面临着严重的体制性危机。

从表面上来看，美国刻意阻挠与单边行动是上诉机构瘫痪的直接原因。但从深层次来分析，首先，上诉机构危机一方面是当前国际经济政治大环境发生重大转折、逆全球化思潮兴起的背景下，国际经贸关系多边化与法治化进程正在遭遇挫败的重要体现，另一方面也是WTO各成员力量对比发生重大变化与利益冲突加剧而导致上诉机构法官的任命越来越趋向政治化的结果。其次，上诉机构的停摆也是WTO长期存在的体制性难题与制度性不足的"终极爆发"，这些因素才是导致上诉机构瘫痪、WTO陷入危机的根本原因。例如WTO缺乏针对上诉机构的监督与约束机制、协商一致决策模式下WTO的造法功能陷入瘫痪状态、WTO的部分实体性规则存在固有的缺陷且长期没有得到澄清或修补、制度供给难以及时回应成员方的利益诉求以及国际政治经济环境的新变化等。尤其是相当长一段时间以来，上诉机构被要求就某些敏感、重大的法律诉求和问题作出裁决，而这些问题本来应该由WTO成员方通过谈判、制定新规定或修改过时的规则等途径来获得解决的。因此，美国引发上诉机构瘫痪、迫使争端解决机制上诉停滞只是一种手段，根本目的还是迫使其他成员尽快启动WTO改革谈判。

上诉机构瘫痪只是WTO争端解决机制危机的一个重要映照，拜登政府上台伊始已任命美籍华人凯瑟琳·戴担任美国贸易代表，目前美国仍未同意120多个成员三年多来连续在WTO争端解决机构例会上提出的启动上诉机构成员遴选程序的动议。上诉机构危机至今仍未得到解决且持续存在。同时，我们也要意识到单纯恢复上诉机构的运行并不能一劳永逸地解决WTO争端解决机制的深层次问题。

一、体制性缺陷

2020年2月11日,美国贸易代表(USTR)办公室发布了一份有关上诉机构违反WTO规则的报告。该报告结合争端解决案件的实例,系统阐明了美国阻止上诉机构继续运作的根本原因,即上诉机构在三个方面的违法之处:(1)违反了DSU有关审查期限、法官任职资格等规则;(2)错误地解释了WTO的实体性规则,损害了成员方管理国际经贸关系的自主权;(3)带来了体制性危机,创造了事实上的先例拘束原则,从而背离了上诉机构的法定角色与功能,损害了成员方通过谈判达成的权利与义务平衡。

(一)制度供给能力存在严重不足

DSU第3条第2款规定,WTO争端解决机制是保障多边贸易体制的安全与可预见性的中心环节。它的功能是维护成员方在各涵盖协定下的权利与义务,并根据解释国际公法的通常规则来澄清涵盖协定下的条款。DSB的建议与裁决不得增加或减少成员方在各涵盖协定下的权利与义务。

针对上诉机构危机,美国的核心观点在于,上诉机构通过越权裁判,错误地填补了WTO各协定的空白之处,或者不合法地澄清了各协定的模糊之处,从而在未经谈判的情况下改变了WTO成员方的权利与义务。美国认为,上诉机构的"肆意解释"加上事实上的先例拘束原则,客观上使上诉机构拥有了"法官造法"的功能。

分析上诉机构裁判会产生"法官造法"实际效用的主要原因,是因为WTO各协定不可避免地存在一些空白、模糊甚至相互冲突或不协调的地方,而上诉机构在裁决的过程中必须对这些"立法不足"之处进行解释,因为DSU规则本身并没有规定上诉机构可以"法无明文规定"为由而拒绝裁决的制度。对此,WTO本可以通过及时、适当的造法来修补上述不足和缺陷,但它的制度供给能力,也就是成员方通过部长级会议或总理事会来谈判新条约、作出权威解释(具有普遍约束力的立法解释)或修正条约,存在严重的不足。

事实上,以上三种制度供给的途径都存在很大的问题:第一条途径,即

第五章　WTO争端解决机制的其他主要问题及改革方案

新条约谈判，多哈回合的多边谈判基本上处于"名存实亡"的状态，迄今规则谈判工作组（rules negotiating group）并未取得任何实质性的进展，而且自2017年12月以后已经事实上处于停滞状态。目前尚在进行的是成员自愿参加的一些诸边谈判。第二条途径，即对现有条约的"立法解释"，部长会议或总理事会从未行使或尝试行使《WTO协定》所赋予的专有解释权，尽管对于该解释的客观需求始终存在甚至十分强烈。如涉及"归零法"的案件，如果部长会议或总理事会能就《反倾销协定》第2条第4款中的"出口价格与正常价值之间的公平比较"一词作出立法解释，就"归零法"合法与否作出专门规定，即可彻底消解相关争议以及美国的不满。对此，当WTO在"归零法"问题上争议不断的时候，2020年11月15日签署的《区域全面经济伙伴关系协定》作为区域性经贸协定已经先行先试，其在第7章（贸易救济）第13条中明文禁止缔约方在反倾销初始调查与复审程序中使用"归零法"。第三条途径，针对现有条约进行修正，除了已经生效的修正案《贸易便利化协定》和《与贸易相关的知识产权协定修正案》之外，其他并无任何进展。

WTO的造法困境与当下国际政治经济环境的变化有密切的联系。当前，逆全球化趋势、"本国优先"思潮的大背景下，国际经贸关系的多元化、统一化与法治化已完全不是少数主要经济体的首要目标。对美国来说，WTO多边贸易体制给其带来的制度红利日益减少，而想通过修改规则来获取新的贸易利益则难度太大。以美国为主导的国际经贸治理模式也从法治化程度较高的"规则导向"转向以国家实力为基础的"实力导向"。

（二）决策机制的效率比较低下

根据《WTO协定》，目前只有三种决策模式：协商一致、正式投票和反向协商一致模式。WTO的造法有三种形式：条约解释、修正案和制定新条约，而这些都需要部长级会议或总理事会通过协商一致或正式投票来实现，反向协商一致模式仅适用于WTO争端解决程序，包括DSB成立和通过专家组或上诉机构报告等事项。

协商一致模式是指只有在任何成员都没有正式反对的情况下，相关决议才能被视为获得通过，其具有非常鲜明的政治属性，充分反映了 WTO "成员驱动"的属性，因为它可以确保作出的决定没有主要成员反对，从而更容易得到实施。WTO 发达成员方经常担心如果采用正式投票模式，它们的数量不占优势，而发展中成员则往往担心正式投票的结果如果违反发达成员的意图则难以得到执行，因此，双方阵营达成了一种政治默契。

所以，虽然协商一致模式并不是一个最优选择，但它是一个不利影响最小的选择（the least bad alternative）。通过"讨价还价"最终达成共识的做法是多边贸易谈判和 WTO 体制发挥作用的核心。协商一致模式明显增强了 WTO 体制的保守倾向，因为一项要求改革 WTO 体制的建议，只有在极少数反对成员都不存在的情况下才能被广泛接受。因此，协商一致模式的好处在于充分尊重了所有 WTO 成员方的主权，在国际规则与国家主权之间保持了微妙的平衡，使得国际规则具有坚实的政治基础和可执行性，但其最大的弊端在于效率极其低下，特别是在成员数量较多的情况下，经常出现议题久拖不决的问题。尽管协商一致模式天然地存在效率低下的缺陷，但 WTO 成员到目前为止仍选择固守此决策模式，只有在 WTO 成立初期，正式投票才得以适用。总理事会于 1995 年 11 月通过一项决议，在决定加入或义务豁免事项时，首选的决策方式仍然是协商一致，其次才是正式投票。自此以后，对于新成员加入等重要事项，WTO 成员方均毫无例外地选择了协商一致模式。正式投票机制已经被成员方束之高阁，从未被启用。例如，虽然《WTO 协定》规定部长级会议及总理事会可以四分之三多数票通过对《WTO 协定》及其附件各协定的解释，但 WTO 成员方从未尝试援用这一条款。就上诉机构成员的选任而言，在协商不成的情况下，WTO 成员方理论上可以通过正式投票来打破此僵局。但是，迄今为止，没有一个 WTO 成员正式地建议 WTO 应启动投票机制来遴选上诉机构成员。该情况并非个例，多哈发展议程下的诸多议题至今都没有任何谈判成果，部分原因就是源自决策机制的低效率。这直接导致 WTO 实体规则领域的巨大空缺不能得到及时的填补，已经无法有效地调整日益变化的国际贸易实践。

总之，WTO 一直处于不平衡的运行模式中。受制于成员驱动的政治逻辑与特殊的决策机制，"立法权力"的行驶过于低效（以协商一致为原则），而"司法权力"的采用又十分高效(反向协商一致),导致 WTO 争端解决机制已经实际上取代了部长会议和总理事会的部分职能和作用。

(三) WTO 争端解决机制定位不明

WTO 属于一个"成员驱动型"的国际经济组织。WTO 的协商一致决策模式与上诉机构报告通过的"反向协商一致"通过模式的区别,引发了一系列矛盾和冲突,即"成员驱动"与"规则导向"之间存在难以调和的矛盾。

新成员的加入条件、各协定的修改、权威解释以及谈判新协定等重大问题均由全体成员方组成的部长会议或总理事会来决定,决策模式以协商一致为原则,专家组和上诉机构报告须由 DSB 通过后才具有强制执行力,这些报告的执行受 DSB 的监督,直到相关程序全部完成。理论上,由 WTO 各成员方组成的 DSB 可以通过否决上诉机构的报告来行使监督权,但上诉机构的报告在"反向协商一致"决策程序下获得了"准自动通过",再加上 DSU 第 17 条将制定上诉程序的权利直接授予上诉机构,导致 DSB 对上诉机构的约束与监督根本无从谈起,上诉机构事实上已经成为一个独立运行的准司法机构,这显然与 WTO 的"成员方驱动型"属性不同。因此,WTO 争端解决机制的定位到底是成员驱动型还是规则导向型,产生较大的分歧,现有的 DSU 规则并不明确。WTO 争端解决机制的设计初衷与实际运作之间的差异也是导致这次上诉机构危机的重要原因之一。

除了"反向协商一致"外,DSU 的"规则导向"属性还体现在以下几个方面:(1) 专家组与上诉机构应根据解释国际公法的通常规则来澄清涵盖协定中的条款(第 3 条);(2) WTO 对争端拥有强制管辖权,只要成员一方提出磋商请求即可启动 WTO 争端解决程序,无须取得另一方的同意(第 4 条);(3) 当某一 WTO 成员方试图针对另一方违反涵盖协定的行为寻求法律救济,它应诉诸 WTO 争端解决机制,而不是采取单边行动(第 23 条)等。但同时,以美国为代表的缔约方们又不希望 WTO 争端解决机制成为一个完全独立的"国际贸易法院",因为"国际贸易法院"可能作出越权判决而侵害缔约方们的主权。因此,DSU 不仅在体系设计上试图弱化专家组和上诉机构的司法属性，最典型的表现就是专家组和上诉机构的功能仅仅是协助DSB作出裁决或建议、它们的报告须经DSB通过后才能生效，而且DSU在很多语言表达上都体现了刻意淡化司法色彩的立场。例如，不使用"上诉机构法官"而称之为"上诉机构成员"，用"澄清"而不是"解释"，特别强调专家组和上诉机构的裁决"不得增加或减少成员方在涵盖协定下的权利与义务"。

进一步分析可知，DSU为WTO争端解决机制确立了太多的目标，导致其在实际运行过程中出现了许多问题，没有一个最优先的价值取向。例如，WTO争端解决机制被视为确保多边贸易体制的安全性与可预见性的核心部分，应按照"解释国际公法的通常规则"来澄清各涵盖协定。但美国却提出，WTO争端解决机制的首要目标是快速解决争端，为实现这一首要目标，美国认为，上诉机构在澄清和适用涉案规则时应具有适当的灵活性，避免作出过于刚性的裁决意见。美国的态度完美展现了WTO"成员驱动型国际组织"的属性。但是，在实际操作过程中，上诉机构主要确保WTO规则的适用和实施，维护多边贸易体制的安全与可预见性，事实上的"先例拘束原则"正是这一导向和目标的重要体现。

综上所述，WTO争端解决机制是"成员驱动"（实力导向）与"规则导向"（法律至上）两种价值取向交织在一起的产物。WTO争端解决机制的设计初衷是DSU的缔造者在强化WTO争端解决机制的司法性、独立性与强制性的同时，又对专家组与上诉机构的运行施加诸多约束，防范和抑制它们司法功能的过度扩张，以保证WTO成员方对争端解决过程的控制权。但随着时间的推移和逆全球化的经济大背景下，专家组与上诉机构的实际运行逐渐背离缔造者的最初设计，没有在"成员驱动"与"规则导向"之间取得适当的平衡，甚至走上了"司法能动"的道路。在WTO成立后不久，美国就开始希望在保持WTO争端解决机制强制性的同时，能够恢复独立的司法体制与成员方干预之间的平衡，并在多哈回合中提出了谈判意见，但未获其他WTO成员的普遍支持。这也是美国最终选择"停摆"上诉机构的客观原因之一。

(四) WTO 争端解决裁决效率不高

DSU 第 3 条第 3 款规定:"在一成员认为其根据适用协定直接或间接获得的利益正在因另一成员采取的措施而减损的情况下,迅速解决此类情况对 WTO 的有效运转及保持各成员权利和义务的适当平衡是必要的。"由此可见,WTO 争端解决的及时性已成为 WTO 争端解决体制的一个重要目标。为此,DSU 为争端解决程序各阶段设置了时间表,见表 5-1。

表 5-1 DSU 争端解决程序各阶段时间表

程序阶段	DSU 规则	时 限	最长期限
磋商	第 4 条第 7 款	60 天	
专家组	第 12 条第 9 款	6 个月	9 个月
上诉机构	第 17 条第 5 款	60 天	90 天

司法实践中上述时间表并未得到严格遵守,拖延现象较为严重。以上诉机构阶段为例,在 1995—2022 年的上诉案件中,上诉程序的平均用时为 3.3 个月,超过了 3 个月的最长期限要求。自 2016 年以后,上诉机构拖延问题愈发严重,已达到超期"常态化"状况。

上诉机构被设计成一个常设机构(standing body),但是上诉机构法官是兼职性质的工作,而不是全职工作,DSU 规定上诉机构应当得到有效的行政支持,但是至今没有一套清晰的规则告诉我们如何更好地协调上诉机构成员与秘书处的关系。实际上,成员方当前似乎已将拖延问题接受为一种不可避免的事实。然而在上诉机构违反第 17 条第 5 款成为常态时,这本身即成为一个严重的体制问题。

首先,拖延将直接导致不可补救的经济损害。长时间的拖延对他方而言已经形成损害,之后其所进行的任何补救措施可能都无法弥补已经受到的损害。可见,"WTO 争端不是抽象的分歧。每一场争端之下都存在着现实世界的经济利益。当争端悬而未决时,确实有人在遭难"。

其次,拖延将导致更多的拖延。拖延使一些违反 WTO 纪律的措施几年未受DSB审查，一些采取保护主义措施的成员方因而受益。于是，更多的保护主义措施接踵而来。相应地，更多的争端被诉至WTO，进而导致更多的拖延，形成恶性循环。

最后，拖延将危害WTO争端解决机制的运作。拖延直接减损了DSU第3条第3款所设置的及时性目标，使其形同虚设。当拖延问题所导致的违法成为常态时，WTO规则导向的体制将受到质疑，成员方可能转向其他机制以求解决贸易问题。这将严重损害DSM的有效性和可信性。

在争端解决过程中，效率往往意味着更低的成本，但过分追求裁决的效率则容易导致裁决质量的下降。WTO争端解决机制一直深陷于这一对矛盾当中。

(五) WTO争端解决机制缺乏透明度

透明度原则是WTO的一项基本原则，主要体现在政策的执行过程中，要保持各WTO成员方的经济贸易政策充分透明。自1997年西雅图会议以来，WTO成员方一直未能在强化争端解决机制透明度上达成一致。多哈回合谈判中，各成员方对于WTO争端解决程序改革提出的重要议题之一就是对于透明度的改革。许多非政府组织（NGO）批评WTO未能给他们提供参与的机会，WTO争端解决机制缺乏必要的公开和透明，NGO的意见和建议未被专家组和上诉机构采纳，现行的WTO争端解决审理程序的保密程度有害于WTO体制的建设。

在WTO争端解决过程中，关于保密性的规定有很多，包括WTO争端各方在磋商、斡旋、调解和调停的诉讼程序，特别是WTO争端各方在这些诉讼程序中所采取的立场、专家组的审议情况、上诉机构的程序、争端各方提交专家组或上诉机构的书面陈述等都应当保密。DSU的保密性规定贯穿于WTO争端解决机制的整个过程，每个程序都具有很完善的保密措施，导致WTO争端解决程序看似非常神秘，这在某种程度上削弱了WTO争端解决机制的纠错功能。根据DSU的规定，WTO争端解决程序的保密性主要体现在五大方面。

（1）专家组和上诉机构的听证会应不公开。

(2) 提交专家组和上诉机构的书面陈述应保密。DSU 第 18 条第 2 款："……本谅解的任何规定不妨碍争端任何一方向公众披露有关其自身立场的陈述。……应一成员请求，一争端方还应提供一份其书面陈述所含信息的可对外披露的非机密摘要。"根据该条规定，公众可以知晓 WTO 争端当事方的立场或信息，但知晓的途径是通过 WTO 争端方的披露，是否愿意披露这些立场或者信息取决于 WTO 争端方的意愿，即前提是 WTO 争端方的自愿披露。换言之，社会公众参与 WTO 争端解决程序并不能通过主动的方式获取信息，而只能被动接收信息。从这个角度来讲，公众参与 WTO 争端解决程序是一种受限制的参与方式，[13] 限制了 WTO 争端解决机制的公开性和约束性。社会公众对于 WTO 的争端解决程序并不具有真正意义上的监督权。

(3) 专家组的审议情况保密，DSU 第 14 条第 1 款明确规定："专家组的审议情况应保密。"虽然专家组在作出最后裁决报告之前会给 WTO 争端各方两次交流机会：一次是申诉方和被诉方各自陈述自己的理由；另一次是各方补充意见。但是，这种交流只限于 WTO 争端各方与专家组成员的接触，不对社会开放。

(4) 专家组和上诉机构报告作出后至散发 WTO 成员方前应保密。

(5) 专家组和上诉机构在报告中的个人意见不具名，报告都要以匿名的形式作出。

由上述可知，专家组和上诉机构的审理程序都是不对外公开的，[14] DSU 第 17 条第 7 款和第 10 款分别规定，上诉机构根据专家组报告中所列的事实和各方的陈述，就专家组在审理过程中是否准确适用法律作出最终裁决。上诉机构的程序应保密，甚至连上诉方和被上诉方都没有机会接触到上诉机构成员。上诉机构报告应在 WTO 争端各方不在场的情况下，按照提供的信息和所作的陈述起草。换言之，上诉机构的审理是"书面审"，而不是"事实审"，不需要 WTO 争端各方再进一步提供信息，整个过程都是秘密进行的。如此操作容易导致大家对其透明度的问题产生合理的怀疑。

WTO 加强与外界的沟通并听取他们的意见和建议是完全必要的，可赢得国际社会更多的关注和支持。为此，WTO应效仿国际货币基金组织等国际组织，制定专门规则，对NGO的定义、标准、参与的范围、具体方式等作出明确规定，以便NGO更好地表达意见和建议，专家组和上诉机构在审理案件遇到专业性问题时，亦应主动征询相关NGO的意见。但需强调，对于NGO参与诉讼的态度应该更加慎重，WTO应充分考虑NGO的代表性、权威性和合法性问题。现阶段，在WTO实践中，活跃在国际上的NGO大多由来自发达成员的人掌控，资金也主要来自发达成员的企业或民间，相对比较认同发达国家成员观点，受发达国家成员利益集团的操纵，其公正性和权威性遭到发展中成员的质疑。因此，在WTO争端解决机制改革中，可以增加关于"法庭之友"的条款，但要制定有关NGO的资格审查标准。

（六）争端解决方式过于单一

WTO争端各方最常使用的争端解决方法是诉讼，这是由于成员之间的争端往往可以通过WTO争端解决机制的专家组和上诉程序来解决，但却往往忽视了仲裁，使得诉讼成为了唯一的WTO争端解决方式，这就导致了WTO争端解决方式多样性的缺失。除此之外，斡旋也是WTO争端解决方式之一，但因为只有总干事有斡旋的职能，而他（她）们事务繁多，当然也有WTO成员担心总干事和秘书处会利用斡旋的信息来影响WTO的谈判功能，导致斡旋这一WTO争端解决方法极少被用到。

二、制度性不足

当代法学理论普遍认为，司法造法现象内生于不完备的规则体系之中。国际条约的缔约实践表明，条约文本本身往往是不完美的。由于缔约者的谈判经验不足、语言表达能力的限制、尽快结束谈判的政治压力等原因，最终达成的条约文本可能只是一个"雏形"，难以全面、明确地表达全体缔约者们的真实意图，难以避免立法技术上的弊端。例如，造成这次严重危机的上诉机构"越权裁判"和"错误裁判"的原因之一就是WTO争端解决机制规则体系本身存在的不足。

(一) 实体性规则的不足

1. 实体规则的空白

美国提交的《关于上诉机构的报告》中明确指出,"归零法"不受 WTO 多边贸易规则的约束,因为 GATT1994 第 6 条与《反倾销协定》均未明确禁止"归零法"。由此可见,WTO 争端解决机制实体法上的立法空白事实上为美国提供了"司法造法"的指控借口。

2. 实体规则的模糊

根据《补贴与反补贴措施协定》第 1 条的规定,政府或公共机构向企业提供财政资助是补贴的构成要件之一。但该协定没有明确说明何谓"公共机构",直接导致在反补贴领域,围绕公共机构的界定产生了许多争议案件。其中,最为典型的是"中国诉美国对特定产品的反倾销与反补贴案"(DS379)。本案中,上诉机构提出了"政府职能论"观点(国有企业只有在履行特定的政府职能时才可被定性为公共机构),但没有对"政府职能"作出明确的解释,这一模糊裁决为美国继续滥用"公共机构"认定标准、遏制中国国有企业的正常经营活动提供了法律空间。

3. 实体规则的冲突

关于保障措施的适用条件的规定,GATT1994 第 19 条提及"未预见的发展",而《保障措施协定》第 2 条(条件)对此未作出规定。GATT1994 第 19 条与《保障措施协定》第 2 条同属《WTO 协定》不可分割的组成部分,对同一内容的规定之间存在较大的区别,是导致专家组与上诉机构适用不同立场并最终引发美国不满的客观原因之一。造成此类冲突的根本原因是历史问题,缔约方在乌拉圭回合谈判期间应对 GATT1947 文本(GATT1994 的前身)进行谈判并做出适当的修改后再将其纳入该回合达成的一揽子文件中,但考虑到全面修改 GATT1947 的难度太大、时间太紧,甚至等同于打开"潘多拉盒子",最终决定将 GATT1947 原封不动地转化为 GATT1994。

(二) 程序性规则的不足

1. 解释性规则不够清晰

根据 DSU 第 3 条第 2 款的规定,专家组和上诉机构应"依照解释国际公法的惯例澄清这些协定的现有规定",并"不能增加或减少适用协定所规定的权利与义务"。WTO司法实践早就明确《维也纳条约法公约》第31条和第32条已经具有了条约解释的国际习惯法的地位。无论是专家组还是上诉机构均严格遵循以上条款（特别是第31条）来解释WTO各协定下的条款。正如WTO前任总干事拉米所言，此举清楚地表明"WTO希望自己尽可能被完整地纳入国际法律秩序"。

作为规范条约解释的核心规则，根据《维也纳条约法公约》第31条的规定，国际条约应"依其用语按其上下文并参照条约的目的与宗旨所具有的通常含义，善意解释之"。意味着，条约解释者应主要考虑三个要素：用语的通常含义、上下文、目的与宗旨。用语的"通常含义"应放在条约的"上下文"及条约的"目的与宗旨"的背景下善意地进行理解。但是，《维也纳条约法公约》没有明确这三项要素的先后顺序或等级关系。既然这三项要素之间并没有强制性的主次之分，那么从逻辑上讲条约解释者就应一并予以考虑。结合《维也纳条约法公约》第32条的规定，可以把条约解释的方法简单地划分为文义解释、上下文解释、目的解释与补充性解释四种。《维也纳条约法公约》第31—32条事实上授予上诉机构宽泛的自由裁量空间，允许其自由地选择解释性要素，或给予不同的主次或权重，并最终确定自己的解释。但现实是某些解释可能明显不同于缔约方原本的意图，或者严重打破了条约文本的通常含义。这一问题主要源于上诉机构在不同案件中对于文义解释和目的解释的不同偏好。这也是导致美国质疑上诉机构的主要原因之一。

由此可见，在"解释国际公法的惯例"所赋予的权限范围内，上诉机构完全可以做到司法造法。在缺乏明确的工作指引的情况下，上诉机构只能而且必须发挥一定的司法能动性，以填补规范与事实之间所存在的鸿沟，这也是条约解释被称为"艺术"（而不是"科学"）的根本原因。《维也纳条约法公约》的条约解释规则本身就是融合不同谈判立场的妥协性结果，甚至涵盖了相互之间存在冲突的解释性要素，这客观上也给条约解释者提供了自由裁量的宽泛空间。

2. 上诉程序缺乏必要的监督

WTO成员方并未在DSU中明确规定具体的上诉审程序，而是将这一

第五章　WTO争端解决机制的其他主要问题及改革方案

任务交由上诉机构自行完成。依据DSU第17条第9款，上诉机构在与总干事、DSB主席联合磋商的前提下制定《上诉审工作程序》，并将之散发给所有WTO成员。对该程序的修改也只需要征求WTO成员方的意见，并由上诉机构通过，即可生效。《上诉审工作程序》最早于WTO成立初期通过，迄今已历经五次修订，最新一次修订发生于2010年。令人意外的是，尽管DSB拥有管理WTO争端解决规则与程序的权限，且《上诉审工作程序》会间接地影响案件裁判的实体性结果，但该文件却无需DSB全体成员以协商一致或正式投票方式来表决通过。这充分表明WTO体系内严重缺乏针对上诉机构的监督与约束机制。例如，美国多次诟病的上诉机构成员"任职期满后继续审案"的问题，其根源就在于《上诉审工作程序》第15条允许此类做法。此外，上诉法庭还可在《上诉审工作程序》的基础上继续制定只适用于特定案件的程序性规则，该规则同样无须获得DSB成员方的批准。《上诉审工作程序》第16条第1款规定，为了公平与有序完成上诉的目的，如果上诉审遇到一个本规则所没有涵盖的程序性问题，三名法官组成的上诉法庭可以采纳仅适用于该上诉案件的适当程序，条件是该程序不违反DSU、涵盖协定以及本规则。

综上所述，WTO造法功能日益萎缩、实体性规则与程序性规则均有不足，WTO争端解决程序的定位不明等。为此，WTO应适度修复其造法功能以加快通过立法性解释；改革专家组与上诉机构的工作程序，适当限制两者的审查权，确立成员驱动与规则导向之间的合理边界；推动实施诸边模式的谈判机制等。

关于WTO争端解决机制改革，首先认识到WTO争端解决机制存在的问题，既有WTO国际组织及其体制的共性问题，又有其自身的个性问题；既有规范性瑕疵，又有结构性矛盾。因此，WTO争端解决机制改革绝非一蹴而就，需要循序渐进。2019年WTO上诉机构停摆以来，国际经贸争端解决模式呈现一种分化的趋势，这给案件最终结果带来了不确定性，当前正是WTO争端解决机制改革十分关键的阶段。

注释：

[1]　梁意：《司法节制原则视角下的世界贸易组织争端解决机制改革——兼评〈多方临时上诉

[ ] 仲裁安排〉》，载《武大国际法评论》2022年第2期第130—142页。

[2] 昝琪，方友熙：《WTO争端解决机制危机下中国的应对研究》，载《全国流通经济》2019年第8期第24—26页。

[3] 傅星国：《WTO争端解决机制裁决执行的"第一步"——通报执行裁决的意向》，载《国际经济合作》2009年第1期第90—97页。

[4] 傅星国：《WTO争端裁决执行的监督机制》，载《国际经济合作》2009年第6期第89—93页。

[5] 傅星国：《WTO裁决执行的"合理期限"问题》，载《国际经济合作》2009年第2期第82—89页。

[6] 杨国华：《美国钢铁保障措施案始末》，载《国际经济法学刊》2004年第3期第74—80页。

[7] 张军旗，盛建：《WTO补偿规则之改革建议剖析》，载《上海财经大学学报》2010年第6期第42—49页。

[8] 王军，粟撒：《WTO争端解决机制中的救济体系框架及改革问题实证研究》，载《当代法学》2014年第3期第27—37页。

[9] 胡加祥：《TPP争端解决机制研究——以WTO争端解决机制为比较视角》，载《上海交通大学学报（哲学社会科学版）》2017年第2期第47—56页。

[10] 胡加祥：《世贸组织争端解决机制二十年回眸——以补偿机制为视角》，载《交大法学》2015年第3期第155—167页。

[11] 刘勇，柯欢怡：《WTO多边贸易体制的困境与解决方案研究——以USTR《上诉机构报告》为切入点》，载《经贸法律评论》2021年第3期第63—85页。

[12] 倪浩，任重：《中美代表日内瓦激烈交锋》，《环球时报》2023年第1—10页。

[13] 张茜：《CPTPP争端解决机制比较研究——以WTO争端解决机制改革为视角》，载《大连海事大学学报（社会科学版）》2018年第6期第16—24页。

[14] 许多：《TPP协定争端解决机制文本评析——以WTO争端解决机制改革为视角》，载《南京社会科学》2016年第8期第145—150页。

第六章

WTO 争端解决机制改革的中国方案

当今国际经贸格局正经历百年未有之大变局。世界正处于大发展大变革大调整时期，和平与发展仍然是时代主题。同时，世界面临的不稳定性和不确定性也非常明显。经济全球化和其中各种力量此消彼长的变化无疑是推动世界变局发展的重要因素。

21世纪的第二个十年，逆全球化"回头浪"暗流涌动，国际贸易投资增长势头陷于停滞。以2008—至今为例，全球贸易、外国直接投资增速远低于2008年危机前十年的水平。经济全球化带来的巨大分配效应和分配的不均衡增加了弱势群体不满，滋生民粹主义思潮，并逐渐上升为政治现象，加剧了"逆全球化"势头，全球化进入调整、转型和利益再平衡阶段。在国际经贸领域，这种"逆全球化"的具体表现就是部分发达国家国内利益倾向明显加剧，贸易保护主义、单边主义持续抬头，国际经贸格局进入动荡调整期。

WTO作为最重要的国际经贸组织面临国际经济政治的新形势而出现了危机，尤其典型的是WTO争端解决机制上诉机构危机，引起了WTO成员的广泛关注。随着上诉机构的停摆，当前WTO争端解决机制似乎回到了GATT时代，因为只要有一个争端方提起上诉（通常是败诉方），而上诉机构由于人员空缺无法审理上诉案件，那么专家组报告就无法生效。换言之，与GATT时代的争端解决机制类似，只要一个成员不同意就可以阻止专家组报告的通过。这一现实呼唤着对WTO争端解决机制进行改革，要认识到WTO争端解决机制存在的问题，既有WTO国际组织及其体制的共性问题，又有其自身的个性问题；既有规范性瑕疵，又有结构性矛盾，因而WTO争端解决机制改革绝非一蹴而就，需要从规则改革到体制改革循序渐进。

在规则改革层面须程序先行、实体随后。原因是：首先，程序规则的修改和完善为增强WTO现有各项机制的可操作性提供保障；其次，程序先行可以有效弥补或解决实体规范不足产生的问题——为实体空白或彼此间冲突提供修正与救济途径，从而最大限度地解决当下及未来可能的制度供给不足问题；最后，相较于实体问题，程序事项的技术性明显且利益指向不太直接，易于达成。体制改革层面要由易到难，逐一突破。原因在于WTO多边贸易体制运行近30年以来，其"规则导向"的三个核心支柱——谈判机制

（规则制定）、政策审议机制（规则实施及监督）和争端解决机制（规则适用）存在着严重的结构性、功能性失衡。[1] 在WTO"规则导向"体制链中，作为规则制定的谈判机制是制度供给的主要来源，目前处于停滞状态；政策审议机制则承担着保障体制运转的常态化功能，也出现了监督不足致使体制运作压力越来越大的问题；争端解决着眼于非常态的争端之救济，即所谓"最后防线"，因而位于体制末端，但近年来，由于承受着前两者问题所导致的巨大压力而面临生存危机。从目前的发展趋势来分析，WTO争端解决机制因为涉及程序规则而易于修改和完善。因此，WTO危机的真正缓解需要从WTO争端解决机的改革开始。

WTO争端解决机制是保障多边贸易体制的可预测性、稳定性和安全性的核心支柱，应保证WTO争端解决机制的公正、快捷和可执行。中国应本着支持多边体制、捍卫自身核心贸易利益、追求各方共赢的方针尽快提出改革方案，尽快寻找与世界各主要成员方在改革WTO争端解决机制方面的最大公约数，按照"先易后难"的原则尽快启动WTO争端解决机制的改革进程，给国际贸易领域克服当前的法治危机以积极信号。[2]

第一节　中国参与WTO争端解决实践

2001年12月11日，中国正式成为世界贸易组织（WTO）的第143个成员，也是中国与世界经济关系发展的一个重要分水岭。中国加入WTO的二十多年来一直认真履行各项入世承诺，成功融入并推动WTO多边贸易体制向着更加平衡、多元的方向发展，并为WTO的顺利运行、世界经贸的快速增长作出了实质性贡献，同时，中国经贸的飞速发展也超出了当初所有WTO成员方的预期和期待。与此同时，中国与世界经济、中国与WTO的关系也在发生快速和根本性的变化，在WTO影响中国经济的同时，中国也在影响WTO的运行方式、利益结构和权力框架。[3]

积极运用WTO争端解决机制化解贸易争端，是中国参与全球经济治理的一个缩影，也是中国支持和践行多边主义、参与国际经贸规则发展和完善的重要实践。历经二十余载 WTO 争端解决实践，大大提升了中国运用 WTO 规则坚定捍卫自身合法权益的能力和水平，中国已然从旁观者、学习者逐渐成长为积极参与者和重要贡献者。

一、中国应积极支持经济全球化

美国于 2017 年针对部分 WTO 成员方发起的"贸易战"和贸易协定谈判激发了一场经济全球化和逆全球化的博弈。经济全球化和逆全球化并无好坏之分，但本身各有优劣，每一国家或地区都可依据国家主权，根据自身的国家利益考虑而做出有利于本国经济发展的政策抉择。从目前国际经贸发展的大趋势来分析，美国挑起的"贸易战"、采取的贸易保护主义和单边主义措施还不至于彻底改变国际经济游戏规则。因此，中国必须正确评估当前的经济全球化所处的状态，并结合自身的国家利益来考虑，最终确定应该采取的对策。

对于世界上绝大多数国家来讲，经济全球化仍然是利大于弊。特别是对中国而言，自加入 WTO 之后便成为其最大受益者之一，经济总体规模从世界第六跃升到世界第二，对外贸易总额从第七跃升到第一，外汇储备也常年稳居世界第一的位置。因此，在经济全球化的大背景下，中国实现了改革开放的大成果，使得中国的国家利益与经济全球化紧密联系在一起。经济全球化符合中国利益，也符合世界上绝大多数国家的利益。即使是美国，从国家整体利益来看，经济全球化也是利远远大于弊。

美国在 WTO 规则的建立和运行中发挥着重要作用。WTO 规则原本就充分反映和表达了美国的诉求，美国从 WTO 体制中基于规则的优势获取了大量的隐性利益。美国的跨国公司主导了全球价值链，并自居高技术高附加值环节，居于国际供应链的顶端。在 WTO 服务贸易规则下，美国长期以来是世界上最大的服务贸易顺差国。由此可以发现，经济全球化时代并没有过去，目前美国发起的逆全球化下的单边主义和贸易保护主义措施并不能代表未来发展的趋势。这就可以作为我们对于逆全球化采取对策的依据。

首先，坚持运用国际经济法律的规则和制度，尤其是 WTO 规则，运用法律手段对抗美国的贸易保护措施。作为经济全球化的法律化和制度化的表现形式——国际经济法的形成和发展本身就是经济全球化的产物。国际经济法的出现和发展既是人类文明也是国际法治的进步。单凭美国一个国家的"美国至上"的政策就想破坏像 WTO 这样的国际经济法律制度和规则是绝对不可能的。在经济全球化的大背景下，各国经济相互依赖、相互渗透，根本不可能独善其身，即使是美国那些最亲密的盟友们也不可能在"贸易战"问题上完全站在一起，因为美国挑起的"贸易战"违反了现有 WTO 规则，共同损害国际经济法律制度的权威和效力。维护国际经济法律制度和规则是中国和世界上绝大多数国家共同的立场。应对美国的逆全球化和保护主义势力抬头，绝非中国一个国家的事情，而是一个全球性的问题。美国国内对逆全球化的态度也并非铁板一块，事实上，美国在经济全球化中也是最大受益国之一。随着时间的推移，美国终将认识到经济全球化与美国利益的关联性和一致性。相信最后美国还是会回到国际经济法律规则的维护，认可 WTO 等全球治理的优越性的轨道上来。

其次，维护 WTO 多边贸易体制权威性，积极推动 WTO 规则和制度的改革，使之更能适应当今国际经贸的现实和未来发展所需。尽管 WTO 遭遇了逆全球化的严重挑战，短短几年间似乎从黄金宝座上跌落到谷底，但从目前的发展情况来看还没有到崩溃的边缘。虽然美国持续阻挠上诉机构成员选任而导致其"瘫痪"，但这也只能使得 WTO 上诉机构瘫痪，专家小组审议等其他争端解决程序和功能仍然在进行中并发挥着作用。美国对上诉机构的质疑和批评的理由本身就是小题大做，并非不可逾越的鸿沟。[4] 至今为止，美国仍向 DSB 提起新的诉讼，对被诉案件也在积极应诉中，当然这其中有不怀好意的成分。当前形势下，WTO 其他成员方更有必要努力维护 WTO 的权威性。美国作为 WTO 最重要的成员之一，也是最大的贸易逆差国，既然其对 WTO 现状有诸多抱怨，WTO 各成员方和中国也应该认真对待美国的诉求，积极参与到 WTO 的改革之中。对于美国合理的诉求要予以充分考虑并作出必要的妥协和让步，对于不合理的诉求要予以坚决抵制。在逆全球化的大背景下，多哈回合谈判进程停滞不前，必须要从 WTO 整个制度设计上进行实质性改革。

最后,在逆全球化趋势盛行的当下,美国和 WTO、美国与中国的关系问题将是一场博弈战。中国通过多年经济结构的调整,对外贸易依存度已经大大降低,内需和消费已经成为拉动经济增长的主要因素。而与美国相比,中国经济的自立能力也要强得多。中国自身也有超过 3 万亿美元的外汇储备,远远超过外汇储备第二的日本。国际贸易和投资对于中国来说是非常重要的驱动全球经济增长的因素,对于经济全球化、自由贸易和多边主义都是基石性的存在。面对美国、欧盟等 WTO 发达成员逆全球化主张的挑战,中国正在积极支持经济全球化,促进 WTO 应对和解决全球贸易体系的公平、公正和效率等问题。

二、中国应积极推动 WTO 改革

当前 WTO 改革面临极为复杂的情况,涉及诸多领域的议题,包括巩固和加强 WTO 多边贸易体制,维护和强化 WTO 职能和目标,尤其是完善 WTO 争端解决机制的职能和程序等。当前最严重的危机正是发生在 WTO 争端解决机制部分,其核心部分——上诉机构已经出现一段时间的"停摆"状态。作为 WTO 多边主义和贸易争端约束力的有力象征的 WTO 上诉机构无法处理纠纷,争端各方只能凭借国家实力的外交磋商和专家组程序解决贸易摩擦,这是一件令人惋惜的事情。上诉机构法官巴提亚指出,这种情况将导致"任何败诉方都可以通过将专家小组报告提交给停摆的上诉机构来阻止报告的通过",将"让我们回到 GATT 时代"。"欧盟方案"提出,如 WTO 争端解决机制停摆,相当于全球经济治理倒退 20 年,意味着规则只在方便的环境下有用,而实力取代规则成为贸易关系的基础。加拿大在《联合公报》中提到,有效的 WTO 争端解决机制确保了规则的可执行性,上诉机构的持续空缺对整个 WTO 体系构成了巨大的风险。中国和欧盟就解决 WTO 争端解决机制上诉机构危机共同推出几项联合提案,均获得了 WTO 其他成员的积极评价和联署支持。

(一)中国积极推动 WTO 改革的必要性

中国一直是 WTO 多边贸易体制的坚决维护者和 WTO 改革的积极推动

者。WTO所代表的多边贸易体制对中国的"两个一百年"奋斗目标的实现以及整个经济发展、外交格局至关重要。中国必须坚持公正、包容而开放的WTO改革方向,在WTO改革的谈判上发挥积极作用,力推WTO做出必要、全面的改革,全力维系WTO在全球经贸治理中的核心作用。中国应致力于使WTO发展中国家的发展诉求得到充分重视,维护WTO宗旨和目标。

中国应积极参与和推动WTO改革。中国作为世界贸易出口和进口大国,与国际贸易经济利益以及对贸易规则制定和发展都具有重大利害关系。美国以其立场和主张向WTO体制发出挑战,使得当前的WTO改革主要分为两个方面的议题:一是WTO体制性问题改革,包括决策机制和上诉机构等问题;二是WTO中与中国有关的问题改革,即政府主导经济问题,也可以称之为"中国问题改革"。因此,中国自身的改革开放从某种意义上来讲是对WTO改革的最大贡献。WTO成员间的关系是一种契约式的利益关系,只有WTO成员方们积极参与,才能捍卫自己的合法权益。基于WTO的现有规则和传统做法,中国有权利也有义务提出自己的主张,并通过互惠谈判的方式达成利益平衡、形成新的规则。

中国要全力以赴,争取先机,积极支持和深度参与WTO改革讨论,维护以WTO为核心的多边贸易体制,中国要成为WTO改革的核心成员,做WTO改革的积极建设者与共同引领者,要与其他WTO主要成员一起,根据实际情况展现更大的灵活性,以"求同存异、趋近欧加方案"以及"面向问题、回应关切议题"的合作姿态,共同推动乃至引领WTO改革与时俱进。寻求建立和完善多边贸易规则,不断完善中国的WTO改革方案,发挥中国的智慧和影响力,展现中国负责任成员的姿态,共同构建更高水平的国际经贸规则体系,让WTO多边贸易体制更好地造福全人类。

(二)中国参与WTO改革的立场和原则

目前WTO共有164个成员方,其中达85%属于发展中成员,但有关WTO的大部分改革方案是由WTO西方发达国家成员率先提出的,到目前为止,以印度、巴西、南非为首的主要新兴经济体对WTO改革没有参与过多的讨论，也并未提出全面、有效的方案，我们仍然坚信缺少 WTO 发展中成员参与的 WTO 改革是不可能成功的。尽管当前有关 WTO 改革的讨论非常热烈，但还没有进入正式的谈判进程，仍处于摸索和沟通阶段。一旦 WTO 改革谈判进程正式启动，发展中成员作为 WTO 的中坚力量必定会充分表达自己的观点和诉求。那么中国作为 WTO 发展中成员的核心代表在确定未来全球贸易体制地位等方面的立场和观点至关重要，可以代表广大 WTO 发展中成员的利益。中国的经济实力和发展速度在快速增长，作为 WTO 多边贸易体制开放进程中的受益者之一，同时也是经济全球化的受益者和贡献者，在 WTO 改革事项上应当发挥更大的影响力和促进作用。

西方主要发达国家成员关于 WTO 改革的众多方案中，有些问题明显是针对中国的，甚至许多主张带有明显的偏见，中国不可能完全接受。对此，中国和 WTO 西方主要发达国家成员之间将展开艰难的博弈。中国应积极参与针对这些问题的改革谈判，坚定立场、表达观点和主张，以在经济地位和实力上几乎可以和美国、欧盟平起平坐的身份参与 WTO 改革，充分行使话语权，为中国及 WTO 发展中成员争取更多的权益。

WTO 改革并不是将体制推倒重来，更不是为了满足部分 WTO 成员的自身利益，WTO 作为国际多边经济组织的存在和发展必须是兼顾多方利益的一个复杂的平衡过程，这其中，经济大国更应主动承担各自的义务和责任。美国作为 WTO 的创始成员和最大的受益者之一理应是推动本轮 WTO 改革的最主要驱动成员，与此同时，作为另一关键成员，[5] WTO 改革进程将与中国立场息息相关。

纵观 WTO 主要成员方的改革方案，可以看出，各主要成员方在 WTO 改革的立场方面存在着巨大差异，主要表现为：第一种是由美国提出的"互惠"或"对等"原则，美国认为现行 WTO 体制对美国不公平，因此导致美国在国际经贸领域长期处于巨额逆差状态，必须对包括争端解决机制在内的 WTO 体制进行彻底改革，以满足美国的需求；第二种是以中国为代表的广大发展中成员提出的坚持 WTO 基本宗旨和原则、支持 WTO 多边贸易体制、反对保护主义和单边主义的改革立场，中国始终坚持，WTO 改革是非

第六章 WTO争端解决机制改革的中国方案

常必要的,但不是另起炉灶、推倒重来;第三种是以欧盟、加拿大、日本等主要成员方所坚持的"中间路线",反对美国的贸易保护主义、单边主义做法,支持维护WTO多边贸易体制的同时,在特定问题上如国有企业补贴、知识产权保护等方面又与美国立场极为相似。

由此可见,美国、欧盟、日本和加拿大等发达成员提出WTO需要进行最大程度的改革,而中国则认为,WTO虽然并非完美无瑕,确实需要进行必要的改革以增强其有效性和权威性,但应坚守WTO的核心价值和基本原则。由此可见,中国坚持的WTO改革立场是"必要性"改革。

2018年11月23日,中国商务部发布《中国关于世贸组织改革的立场文件》(以下简称《中国立场文件》),进一步明确了中方立场,即对WTO进行"必要性"改革。《中国立场文件》对WTO改革提出了三个基本原则、五点主张。对比2018年11月发布的《中国关于世贸组织改革的建议文件》(以下简称《中国建议文件》)的核心要点,可得表6-1。

表6-1 《中国立场文件》与《中国建议文件》的核心要点

《中国立场文件》与《中国建议文件》基本原则		《中国立场文件》与《中国建议文件》具体倡议			特朗普政府时期四大关注
基本原则	三项基本原则	五点主张	四大领域	12个行动领域	
应遵循协商一致的决策机制	遵循协商一致的决策机制,在互相尊重,平等对话、普遍参与的基础上,共同确定改革的具体议题、工作时间表的最终结果	应维护多边贸易体制的主渠道地位	提高世贸组织的运行效率	加强成员通报义务的履行,改进世贸组织机构的工作	通报和透明度
应维护多边贸易体制的核心价值	维护非歧视、开放等多边贸易体制的核心价值,为国际贸易创造稳定和可预见的竞争环境	世贸组织改革应优先处理危机世贸组织生存的关键问题	解决危及世贸组织生存的关键和紧迫性问题	打破诉机构成员遴选僵局,加严对滥用国家安全例外的措施的纪律,加严对不符合世贸组织规则的单边措施的纪律	争端解决机制(上诉机构越权)

(续表)

《中国立场文件》与《中国建议文件》基本原则		《中国立场文件》与《中国建议文件》具体倡议			特朗普政府时期四大关注
基本原则	三项基本原则	五点主张	四大领域	12个行动领域	
		应解决贸易规则的公平问题并回应时代需要	增加世贸组织在全球经济治理中的相关性	解决农业领域纪律的不公平问题，完善贸易救济领域的相关规则，完成渔业补贴议题的谈判，推进电子商务议题谈判开放、包容开展，推动投资便利化、中小微企业等新议题的多边讨论	市场导向标准
应保障发展中成员的发展利益	保障发展中成员的发展利益，纠正世贸组织规则中的"发展赤字"，解决发展中成员在融入经济全球化方面的困难，帮助实现联合国2030年可持续发展目标	应保证发展中成员的特殊与差别待遇应尊重成员各自的发展模式	增强多边贸易体制的包容性	尊重发展中成员享受特殊与差别待遇的权利；坚持贸易和投资的公平竞争原则	发展中国家"自我指定"方式不公平，应对发展中国家进行分类、区别对待

中国在WTO改革问题上的原则和立场十分鲜明。具体表现在：首先，不能改变WTO的基本原则，其中包括最惠国待遇、国民待遇、关税约束、透明度以及特殊与差别待遇等，也不能修改WTO贸易自由化的总体目标，更不能对WTO推倒重来或者另起炉灶；其次，应该以发展为核心，关注发展中成员的合理诉求，保护发展中成员的合法权益；最后，应该以相互尊重、平等互利为基础，优先解决危及WTO生存的紧迫问题，循序渐进的处理WTO的改革问题。

中国作为WTO成员中最大的发展中国家，应坚持WTO朝着公正、包容和开放的方向进行改革。要秉持合作原则，积极与其他WTO成员开展建设性讨论，努力寻求各成员在改革问题上的最大公约数。中国要坚定WTO

改革的基本原则与立场，统筹考虑提出中国提案或建议，维护在国际经贸规则制定中的制度性话语权。

(三) 中国参与 WTO 改革的整体策略

对于中国而言，下一步应当是在现有《中国立场文件》的基础上，出台更加具体明确的改革方案。在此过程中，中国在明确自身基本立场与核心关切的前提下，首先要明确中国参与 WTO 改革的整体策略。

（1）中方在提出 WTO 改革的基本原则之后，尽快提出具体的有可操作性的改革建议方案，再听取其他 WTO 成员方对中方建议提出的意见，广泛沟通交流才可能产生有价值的实质性谈判成果。

（2）积极参与其他 WTO 成员方案的讨论，不设禁区，中国应对 WTO 改革实体规则议题持开放、灵活、务实态度。无论是议题谈判，还是在 WTO 中的身份定位，都可以采取灵活开放的态度，例如国有企业问题等。规则制定须体现一定的灵活性，允许 WTO 成员对部分规则做出一定的保留。WTO 组织结构和运作流程要真实体现不同经济体的话语权，特别是发展中国家和最不发达国家成员，为其融入全球经济提供真正公平的机遇。

（3）中国可以主动为积极推动的 WTO 改革议题提出方案。既包括在 WTO 成员改革方案中广泛提及的维护 WTO 权威性和有效性（遏制滥用国家安全例外和单边主义措施）、WTO 争端解决机制、通报和透明度等议题，也包括未在发达成员改革方案中过多涉及，但关乎广大发展中成员利益的农业补贴、贸易救济、渔业补贴等多哈回合贸易谈判遗留议题。

（4）推动 WTO 改革要尽量争取更多盟友，中国应广泛联合像欧盟一样的其他 WTO 成员共同推动改革进程。应高度重视中国和欧盟 WTO 改革双边机制，利用中国-欧盟领导人创立的 WTO 改革磋商机制（"WTO 改革副部级联合工作组"），继续深化中国和欧盟双方在反对单边主义和贸易保护主义、维护 WTO 权威性和争端解决机制有效性等方面的共识与合作，就中国和欧盟双方提出的 WTO 改革方案进行充分讨论。如关于 WTO 改革，欧盟较关心的是上诉机构改革，特别是在如何约束美国的霸凌做法方面，中国同欧盟在改革诉求方面可以求同存异。目前中国-欧盟以联合提案的方式和副部级沟通机制已正式启动，又针对上诉机构改革问题提出了联合议案并取得良好效果。通过中国和欧盟加强合作，增加中国在 WTO 改革中的协同力量，并推动欧盟在中国和美国之间发挥积极的桥梁作用。

（5）对美欧日三方联合改革机制的风向标作用应保持密切关注。中国应处理好与欧盟和日本的关系，在美欧日之间关于 WTO 改革事项中尚存分歧的领域，努力寻求与欧盟和日本的合作空间。

（6）密切关注与加拿大在 WTO 改革事项上的合作，建立与加拿大牵头的"渥太华集团"的合作对话机制。充分发挥国际经济治理中的多极化力量的作用，寻求多方间的广泛共识。特别是在 WTO 改革取向方面，中国与"渥太华集团"共同强调 WTO 争端解决机制是其中心支柱，同时认为需要探讨如何在规则制定工作中更好地涵盖发展议题。此外，中国和加拿大共同认为推进多哈回合未决议题仍是当前 WTO 改革的重要内容。

（7）与广大 WTO 发展中成员形成谈判合力。WTO 中 85% 的成员是发展中成员，缺少发展中成员参与的 WTO 改革是不可能成功的。中国作为发展中成员的代表之一，与发展中经济体具有广泛的共同利益，中国应联合广大发展中成员，更加关注 WTO 改革中的"公平"和"发展"问题，在谈判中争取较大回旋余地，为中国内部调整预留时间和空间。尤其针对美国提交的有关部分 WTO 发展中成员身份认定的提案，中国与发展中成员的利益高度一致，可共同应对。

（8）在 WTO 改革实施路径上，应采取渐进式改革路径，并注重统筹国内国际两个大局，即推进国内改革开放与协调引领 WTO 改革同步进行。中国一方面主动出击，尽可能提升在 WTO 改革中的话语权，另一方面做好两手准备，在其他场合不断扩大中国力量的影响。

关于 WTO 改革有一个关键问题非常重要，是 WTO 改革若干事项中的首要事项，即在《中国立场文件》中提到的：WTO 改革应优先处理危及 WTO 生存的关键问题。

三、中国参与 WTO 改革具体方案

中国以必要性改革为基本立场，以发展的主导思想为核心，希望通过

WTO改革中国方案的实施来推动经济全球化向着更加开放、包容、普惠、平衡、共赢的方向发展，同时促使形成全面改革开放的新局面。

第一，解决WTO争端解决机制的生存危机是首要任务。

WTO正艰难推进着以上诉机构为"突破口"的WTO争端解决机制改革。过程中，随着上诉机构最后一位法官离开日内瓦，宣告被誉为国际经济组织中成功典范的WTO争端解决机制中的上诉机构瘫痪。

优先处理危及WTO生存的关键问题——上诉机构停摆危机是中国的核心主张之一，因此，推动WTO争端解决机制改革议题，快速化解上诉机构停摆危机是当前的重中之重。中国提出，与以欧盟、加拿大、日本为代表的"中间路线"成员结盟，通过国际合作联合策略处理此次危机具有可行性，以此方法应对中国和美国在WTO改革中的分歧不失为明智之选。

中国和欧盟针对化解上诉机构停摆危机的立场基本一致，为解决美国提出的若干问题，双方向WTO提出了《中欧争端解决上诉程序改革联合提案》，中国和欧盟还通过进一步沟通，对美国提出的上诉机构成员遵守DSU规则提出完善建议。

为快速化解上诉机构停摆危机，使得WTO争端解决机制恢复以往的有效运转，中国提出了两个主要解决方案：一是《多方临时上诉仲裁安排》（MPIA），即多方临时上诉仲裁安排——基于仲裁的上诉替代，中国、欧盟等WTO成员达成的《多方临时上诉仲裁安排》（MPIA），是自2019年12月11日WTO上诉机构停摆以来，部分成员为应对WTO争端解决机制上诉机构危机所取得的最重要进展；二是通过修改和完善DSU中的有关规定来有效解决美国提出的上诉机构系统性和程序性问题。

基于"协商一致、机会均等"的原则，提出改革WTO争端解决机制的新观点，即对WTO上诉机构、大法官制度、仲裁与执行等问题提出改革主张，增强发展中成员的话语权。

第二，贸易谈判和决策机制的"协商一致"原则不能丢。

根据非歧视待遇这一核心原则，WTO改革将涉及所有成员方根本利益，不针对任何特定成员，因此必须广泛听取、充分协调各方意见，尤其是重视和尊重发展中成员的合理诉求，坚决杜绝"一言堂"和"小圈子"。

中国提出，充分尊重WTO协商一致的谈判机制，在相互尊重、平等互利、普遍参与的前提下，共同商议改革的具体事项、工作时间表和最终目标。具体方案如下。

(1) 在坚持"协商一致"原则的基础上，改革现有决策机制，增加权重投票方式是正确的改革方向。作为"协商一致"原则的例外，适用权重投票方式需要区分涉及WTO基本原则和重要规则的重大决策和事务性、程序性事项决策，前者必须满足：① 在相当长时间内全体成员方无法达成共识；② 支持的成员方必须达到绝对多数且已包含主要经济体，这两个必要条件才有效，而且应尊重极少数反对方的利益，特殊情况下，可以豁免反对方的此项义务，后者均可适用，不受此限制。

(2) 推进并创新贸易谈判模式，对于促进全球经济增长的新贸易和投资议题，成员各方要对诸边谈判方式持开放态度，区分新议题采取不同的谈判策略。以《环境产品协议》为代表的涉及市场准入的议题，采取多数成员谈判，实现关键多数一致后，最终全体适用的策略；以《政府采购协议》为模板的涉及规则制定的议题，可以采取自愿原则，只对签署的成员有效。中国还提出开放谈判进程和积极参与诸边协议谈判的建议。

第三，加强贸易政策审议及透明度原则。

发达国家成员希望通过WTO改革加强贸易政策审议和通报制度，强化对成员方贸易政策的监督和透明度原则的适用。中国对此明确表示支持，强调贸易政策审议的"透明公开"原则必须遵守。基于"透明度"原则，中国提出在履行通报义务上，发达国家成员要发挥模范示范作用，努力提升发展中成员履行通报义务的能力和水平，鼓励发展中成员积极承担与其发展水平和经济实力相符的义务和责任。除此之外，因WTO现行体制缺少与成员方的企业、普通民众以及非政府组织（NGO）之间的沟通机制，导致在决策及WTO争端解决等方面出现透明度缺乏的问题，引发广泛关注。中国对此提出，WTO应采取必要措施扩大透明度的建议，可以一方面增强与成员方议会之间的互动，同时建立与NGO间的沟通机制。

第四，积极回应WTO改革中的中国问题。

除此之外，中国对部分WTO发达成员针对中国提出的一些问题做出了积极回应、表明了立场，尤其是关于发展中成员的待遇问题。《美日欧三方贸易部长联合申明》主张那些自称为发展中国家的 WTO 先进成员，应在 WTO 正在进行和未来的谈判中做出完全承诺。虽然美国、欧盟和加拿大均承认"特殊和差别待遇"机制存在的合理性，但提出要对 WTO 发展中成员进行重新分类，建立毕业机制等改革建议。对此中国提出，WTO 改革过程中，发展中成员的正当合法权益不能放弃。[6] 中国在表明立场和观点的同时也提出了具体的建议方案：第一，明确 WTO 发展中国家"特殊和差别待遇"原则的表述，WTO 规则制定上语言要明确严谨，避免使用模糊性词汇，为了改变"特殊和差别待遇"原则适用上的"软法"性，使其能够有的放矢地执行，应表述明确而客观的标准。第二，完善 WTO 发展中国家成员的认定规则，由发达国家任意对发展中国家的地位和条件进行认定的情况必须予以改变，通过制定规则明确"发展中成员"的定义和分类以及关于"毕业"条款的门槛、条件以及过渡期限等。对此可以寻找参考模板，如世界银行体系中对国家划分的标准，同时兼顾不同发展中成员之间经济发展水平所存在的差异和特殊情况。第三，加强 WTO 发展中国家与发达国家之间的沟通与合作，发展中国家与发达国家并非对立体，应"求同存异"地开展交流与合作，通过平等对话的形式针对共同关切的领域加强合作以增强互信，如环境问题、人权保护等。同时，发达国家可以通过提供技术援助，如开展 WTO 法律人才培训等，来支持和帮助发展中国家，实现协同发展，共同进步。

四、WTO 改革前景和中国对策

WTO 改革的呼声由来已久，经历了 WTO 上诉机构的"生存危机"以至停摆，中美"贸易战"的爆发加剧了利益的对抗性和改革的复杂性。WTO 改革的前景虽不乐观但仍有希望，需要全体成员协同运作，齐心协力。中国作为 WTO 多边贸易体制的受益者，新兴经济体和发展中成员的代表，在 WTO 危难时刻，应该勇敢地站出来，承担大国义务和责任。当前的国际形势对中国既是挑战也是机遇：在思想准备上，应意识到 WTO 改革前路崎岖，对其艰巨性和长期性保持清醒、理性的认识；在实施路径上，应采取渐进式改革，既不盲目冒进，也不保守等待，静观其变，运筹帷幄，必要时主动出击。应对 WTO 改革和发展，中国需要有自身的改革战略和策略，国内国际两手抓。国内注重进一步深化改革开放，国际积极推动各形式、多渠道的经贸合作，协调引领 WTO 改革发展。

（一）积极推进和主动参与自由贸易协定

近年来，以美国为首的主要贸易大国均将重心转移到区域自由贸易协定谈判上，目前已成为贸易谈判和国际规制的主流，中国应该积极融入，加速推动议题广泛、自由化程度深的自由贸易协定的签署和适用。对此，可以参照《美国-墨西哥-加拿大协定》（USMCA）和跨太平洋伙伴关系协定（TPP）文本，以自由贸易协定为基础和共识，进一步推动 WTO 改革。

（二）深化国内改革、继续扩大开放

WTO 改革中的特定问题显然是针对中国的，但这些问题的解决与中国改革开放的目标是一致的，即发挥市场主导作用和进一步扩大改革开放，中国应该结合改革开放的政策，制定策略、按部就班地进行改革，并在 WTO 成员中寻找同盟、达成共识，联合提案，比如中国与欧盟多次发布 WTO 改革的联合声明。中美"贸易战"促使中国的改革开放刻不容缓，中国要明确改革开放是以市场经济为主导的，还需继续扩大市场准入，中国经济的快速增长得益于改革开放，后续的稳定发展以及和外国企业一起平等参与国际市场竞争均离不开改革开放，同时还可以缓解中美之间的紧张关系。中国应根据自己的改革开放政策，有步骤、稳妥地进行相应改革。中国政府应当关注目标与手段、目标与阶段、短期与长远的关系问题，在 WTO 范围内努力寻求共识，找到一个可以接受的方案。实现和平共处、互利共赢的国际局面。

（三）深化国有企业内部机制和外部环境改革

中国目前施行的混合所有制改革是深化国有企业内部机制改革的重要举措，也是国有企业现代公司治理和结构优化的关键步骤。除此之外，中国更应关注国有企业与私营企业在外部环境的不平等待遇问题，以此为改革重点继续深化国有企业内部机制和外部环境改革，共同打造公平、合理的竞争环境。

(四）在自由贸易试验区内开展国有企业竞争中立试点

国有企业竞争中立选择自贸试验区国家战略先行先试是成本和风险最小的，可操作性最强。在《中国（上海）自由贸易试验区条例》（简称《条例》）中，已经开展探索竞争中立的尝试，如《条例》第 47 条规定："区内各类主体市场在监管、税收和政府采购等方面享有公平待遇"，对区内民营企业、外资企业、国有企业平等保护，减少歧视性产业政策和部门（行业）垄断，在监管、税收、信贷、补贴等各个方面一视同仁。

（五）营造法治化、国际化、便利化和公平开放统一高效的市场环境

根据习近平主席 2018 年 4 月 13 日在庆祝海南建省办经济特区 30 周年大会上的讲话和《国务院关于印发中国（海南）自由贸易试验区总体方案的通知》（国发〔2018〕34 号文件），经过全国人大授权，《中华人民共和国海南自由贸易港法》于 2021 年 6 月 10 日发布并生效，将对内外资、国企、外企、私企一视同仁的自由贸易港对外开放政策上升到法律层面，通过市场环境的改革来应对国内经济增长需求和国外 WTO 改革方案对我国的压力。

五、结语

逆全球化趋势和经济全球化一样是自然规律，经济全球化是不可逆转的时代潮流，符合全球各国的共同利益。由逆全球化引发的 WTO 危机和经贸法治危机向我们提出了挑战，WTO 成员各方纷纷提出改革方案的同时，也在积极采取各种措施应对此次危机。近年来，中国的经济发展快速增长，作为 WTO 发展中成员的核心代表在确定全球未来贸易体制发展方向等方面，在全球经济发展不明朗的关键时刻，中国担负着从国际法的角度对变动中的国际经济发展提出应对策略的责任，努力推动全球经济治理机制改革，建立国际经济新秩序。因此，中国政府的主张将起到举足轻重的作用，作为 WTO 多边贸易体制开放进程中的主要受益者之一，也是经济全球化的贡献者，中国在 WTO 改革方案和建议方面应行使更强的话语权，发挥更大的影响力和促进作用。

与此同时，我们必须清晰地意识到，WTO 改革不是一蹴而就的，更不

能推倒重来，在现有原则基础上循序渐进地进行修改和完善才更为妥当。因此，WTO应进行渐进式的改革，在保障其基本原则和核心价值不变的基础上，增强其权威性和有效性，提升多边贸易体制的核心作用，更好地促进全球经济的稳定快速发展。我国应充分认识到此次WTO改革的紧迫性和重要性，积极参与改革，坚持WTO基本原则和核心精神，优先化解危及WTO生存的关键问题，兼顾平衡各方诉求，利用多渠道、多平台持续稳步推进WTO改革。

上诉机构"停摆"反映出美国对现行部分WTO体制的不满。在中美双边经贸关系暂时缓和的背景下，美国后续必将试图主导WTO改革，这是各方博弈的下一个主战场。有美国贸易代表甚至在国会作证时指出，上诉机构法官问题是其促使WTO改革的唯一筹码。因此，仍要防止美国借题发挥，有意将上诉机构改革与WTO整体性改革，乃至中国国内改革捆绑。美国不仅关注上诉机构，更是借WTO及上诉机构改革，迫使中国进行不合理的结构性改革。要防止美国以点带面，借助阻止上诉机构人员遴选，就WTO改革提出不合理的诉求，避免国际贸易秩序回到"丛林法则"时代。

第二节 中国参与WTO争端解决机制

WTO争端解决机制是迄今为止在国际经贸领域最权威的、最有效的解决164个WTO成员之间贸易争端的国际争端解决机制。自1995年1月1日成立至今，WTO已经受理了616起案件，案件数量居国际组织之首。其中500余起已经结案，通过磋商和诉讼解决的案件大体各占一半。

自2001年入世以来，中国积极参与WTO多边贸易争端解决，依据WTO规则主动将遭遇的不公平贸易限制措施诉诸争端解决，这充分表明中国政府对WTO独立性和公正性的信任，也展现出中国对国际贸易治理体系的尊重和维护。在这过程中，中国经历了第一个十年先作为第三方参加WTO争端解决的全部程序；第二个十年再通过更高的平台，即专家组和上诉机构的开庭审理学习和熟悉WTO争端解决程序和WTO涵盖协定的解释规则，参与争端解决实践，理性务实开展案件处理，表现可圈可点，实现了由充分参与到积极运用的有序转变；最后到中国作为被诉方或起诉方参与WTO争端解决，直接用WTO规则作为法律武器维护中国合法利益。经历了二十多年的磨砺和锻炼，通过不断学习和实战历练，做到了融入和提升，从旁观者、初学者逐渐成长为积极的参与者和主要的使用者，在应对心态、诉讼团队建设、敢于善于斗争等方面取得显著进步，大大提升了运用WTO规则捍卫自身合法权益的能力和水平。中国在WTO争端解决中贡献了很多条约解释的方法，数项主张获得WTO专家组和上诉机构的支持，发挥了澄清多边规则、遏制单边贸易限制措施、稳定多边贸易体系的重要作用。中国还向WTO上诉机构推荐了多名法官候选人，经过DSU全体成员甄选，其中两名中国法律专家先后成为WTO上诉机构法官。中国还基于多年的WTO争端解决实战经验，积极参与争端解决机制改革的讨论，提出中国方案，为WTO争端解决机制的完善作出自己的贡献。

事实证明，中国作为WTO重要成员，一直是WTO争端解决机制的支持者和践行者，在摸索和实践中逐步熟悉制度、善用规则，坚决维护自身合法权益，增强了在WTO争端解决机制中的话语权。一方面，中国充分运用WTO争端解决机制维护了国家主权、安全、发展利益以及产业利益；另一方面，中国尊重并认真执行WTO裁决，以实际行动，切实维护了多边贸易体制的权威性。通过一个个案例，中国实质性参与了WTO争端解决专家组和上诉机构对多边贸易规则的澄清，诉讼经验快速累积，人才队伍建设稳步提升。在这个过程中，中国作为负责任大国，认真遵守规则，善意履行义务，是WTO多边贸易体制的坚定支持者，积极维护WTO规则的权威性和严肃性。

通过WTO官网统计分析，[7]可以发现，中国是涉案动态最积极、最活跃成员之一。中国迅速跻身WTO争端解决机制的重要参与者和主要运用者之一。无论是按照起诉案件还是被诉案件数量，中国在WTO成员中均位居第三。截至目前，中国起诉案件合计23起，被诉案件合计49起，无论是按照起诉案件还是被诉案件数量，均仅次于美国和欧盟，具体见表6-2。

表6-2 WTO成立以来起诉和被诉案件前十名的成员

排名	成员	起诉案件数量	成员	被诉案件数量
1	美国	124	美国	157
2	欧盟	110	欧盟	92
3	中国	23	中国	49
4	日本	28	印度	32
5	墨西哥	25	俄罗斯	11
6	加拿大	40	印度尼西亚	15
7	巴西	36	加拿大	23
8	印度尼西亚	13	澳大利亚	17
9	阿根廷	23	韩国	19
10	韩国	21	阿根廷	22

自2001年12月11日，中国正式加入WTO以来就一直积极参与国际法实践，直接或间接地参与WTO争端解决机制。2002年1月1日—2023年4月30日，中国涉案总数为264件，达到WTO争端解决机制同期案件总数（398件）的66.3%，由WTO争端解决机制的"后进者"发展成为其最主要参与者和最活跃成员之一。中国作为第三方参与的案件为192件，同期占比约48.2%，位列成员首位。中国以WTO争端方的身份涉诉案件合计72件，同期占比约18.1%，位居美国和欧盟之后，排位第三。中国按年度参与WTO争端案件情况分类统计如表6-3所示。

表6-3 中国按年度参与WTO争端案件情况分类统计表

年份	申诉	占比%	被诉	占比%	当事方	占比%	第三方	占比%	WTO总案件数
2002	1	2.7%	0	0	1	2.7%	19	51.4%	37
2003	0	0	0	0	0	0	17	65.4%	26
2004	0	0	1	5.3%	1	5.3%	9	47.4%	19

(续表)

年份	申诉	占比%	被诉	占比%	当事方	占比%	第三方	占比%	WTO总案件数
2005	0	0	0	0	0	0	6	50.0%	12
2006	0	0	3	15.0%	3	15%	8	40.0%	20
2007	1	7.7%	4	30.8%	5	38.5%	2	15.4%	13
2008	1	5.3%	5	26.3%	6	31.6%	7	36.8%	19
2009	3	21.4%	4	28.6%	7	50%	6	42.9%	14
2010	1	5.9%	4	23.5%	5	29.4%	7	41.2%	17
2011	1	12.5%	2	25%	3	37.5%	4	50.0%	8
2012	3	11.1%	7	25.9%	10	37%	11	40.7%	27
2013	1	5.0%	1	5.0%	2	10%	12	60.0%	20
2014	0	0	1	7.1%	1	7.1%	12	85.7%	14
2015	1	7.7%	2	15.4%	3	23.1%	8	61.5%	13
2016	2	11.8%	4	23.5%	6	35.3%	7	41.2%	17
2017	0	0	1	7.1%	1	7.1%	2	14.3%	14
2018	5	13.9%	4	11.1%	9	25%	23	36.1%	36
2019	1	5.3%	0	0	1	5.3%	8	42.1%	19
2020	0	0	0	0	0	0	8	50%	16
2021	1	5.3%	2	10.5%	3	15.8%	9	47.4%	19
2022	1	5.6%	4	22.2%	5	27.8%	7	38.9%	18
总计	23	5.8%	49	12.3%	72	18.1%	192	48.2%	398

仔细梳理中国加入WTO之后利用WTO争端解决机制的实践情况，可以发现，中国在WTO争端解决实践过程中表现出明显的"中国特色"：首先，涉诉案件呈逐年递增的态势，且分水岭出现在2007年。2002—2006年，这一阶段被称为"初期阶段"或"过渡期阶段"，因为这一时期中国作为当事方参与的WTO争端解决案件数量非常少（申诉方1件，被诉方4件），

而作为第三方参与的案件高达 59 件，是中国的"入世学习期"。2007 年至今，被称为"成长期"或"后过渡期阶段"，这一阶段中国已经逐渐全面参与 WTO 争端解决案件，一直处于一种"适应"和"成长"的状态，一边学习一边实践；其次，中国作为第三方参与 WTO 争端解决的案件几乎贯穿了中国"入世"至今的整个过程，2007 年之前的"初期阶段"，中国以第三方的身份几乎参与了 WTO 争端解决的所有案件，在"成长期"，虽然以第三方身份参与的 WTO 争端解决的案件数量有所下降，但仍然维持着较高的比例，说明中国是一个"善于虚心学习的国家"；最后，以往中国作为被诉方的涉案比例往往高于其作为申诉方的涉案比例，这也反映出了中国在利用 WTO 争端解决机制解决贸易争端过程中一直处于一种相对被动的规则遵循者的地位，但 2018 年是有所突破的一年，中国作为申诉方的涉案数量首次高于其作为被诉方的涉案数量（申诉方 5 件，被诉方 4 件），说明中国已经开始尝试利用 WTO 争端解决机制这一有力"武器"进行"适时的反击"。

中国参与 WTO 争端解决机制的过程分为几个历史阶段，是有其特定原因的。第一个阶段："蜜月期"。在入世过渡期，采用非常谨慎的态度，只有在有把握的情况下，才会动用 WTO 争端解决机制，如参与对美国钢铁保障磋商案的申诉。在这一时期，中国政府原则上不会主动发起 WTO 争端解决，其他成员威胁要提交 WTO 争端解决时，中国政府力求协商解决，主要以中国方面让步为结局。这一阶段中国政府从全局考虑，需要一个稳定的贸易外部环境，但是同时中国政府也意识到，在必要的时候，适时动用 WTO 争端解决机制也是中国遵守 WTO 规则的表现，即贸易纠纷就应该按照 WTO 规则来解决，如果一味地单方面妥协让步，反而可能会给欧盟和美国等西方发达国家发出误导信号，只要它们威胁进行 WTO 诉讼，中国就会让步。不仅如此，中国还应该积极主动地利用 WTO 争端解决机制，才能遏制一些 WTO 成员单方面频繁地对中国发起 WTO 诉讼。第二阶段："高发期"。中国政府意识到，无论是主动还是被动，都无法避免利用 WTO 争端解决机制。因此，在这一阶段，中国在 WTO 的涉案数量大幅度增加，且对待 WTO 争端解决的态度也趋于理性。中国政府明确表示："在 WTO 争端解决机制下，起诉是运用规则为导向的法律手段督促成员切实遵守 WTO 规则和承诺，应诉是通过正当法律程序捍卫成员的合法权利和贸易利益。"

通过参与WTO争端解决机制，我们发现WTO争端解决并不是简单的输与赢的关系，有时看起来在裁决上是输了，但是时间上却是赢了，如争取到了产业保护的时间。

WTO争端解决案件共计616起，中国作为WTO争端解决实践的重要参与方一共涉案72起，其中起诉23起，占争端解决案件总数的3.7%；被诉49起，占比8%；第三方身份参与案件192起，占比48.2%，位列成员首位。

起诉案件中，9起已经结案（8起案件败诉方已执行、1起案件通过和解结案），其余案件中1起案件已中止；6起案件处于磋商阶段；1起案件处于专家组成立阶段；3起案件已提起上诉（因上诉机构停摆，案件处于搁置状态）；3起案件中国申请授权报复，详情见表6-4、表6-5和表6-6。

表6-4 中国起诉案件情况

已结案：9起（39%）		程序进展中：14起（61%）	
和解结案	1	磋商	6
已执行	8	专家组成立	1
		提起上诉	3
		申请授权报复	3
		中止	1

表6-5 中国作为起诉方参与WTO争端解决案件一览表

序号	案号	起诉方	年份	案件简称	现状
1	252	美国	2002	钢铁产品案	已执行（修改措施）
2	368	美国	2007	涂布单张纸案	磋商阶段
3	379	美国	2008	反倾销和反补贴税案	已执行（修改措施）
4	392	美国	2009	进口家禽案	已执行（修改措施）
5	397	欧盟	2009	钢铁紧固件案	已执行（修改措施）

(续表)

序号	案号	起诉方	年份	案件简称	现状
6	399	美国	2009	进口轮胎案	已执行（修改措施）
7	405	欧盟	2010	鞋类反倾销案	已执行（修改措施）
8	422	美国	2012	虾和钻石锯片反倾销案	已执行（修改措施）
9	437	美国	2012	反补贴税案	申请授权报复
10	449	美国	2012	反补反倾案	已执行（修改措施）
11	452	欧盟	2012	再生能源发电案	申请授权报复
12	471	美国	2013	反倾销案	申请授权报复
13	492	欧盟	2015	关税减让案	和解
14	515	美国	2016	美国价格比较方法	磋商阶段
15	516	欧盟	2016	欧盟价格比较方法	中止
16	543	美国	2018	商品关税案（一）	提起上诉
17	544	美国	2018	钢铁铝产品案	提起上诉
18	562	美国	2018	晶体硅光保障案	提起上诉
19	563	美国	2018	可再生能源案	磋商阶段
20	565	美国	2018	商品关税案（二）	磋商阶段
21	587	美国	2019	商品关税案（三）	磋商阶段
22	603	澳大利亚	2021	反倾销反补贴案	专家组成立
23	615	美国	2022	半导体服务技术案	磋商阶段

表 6-6 中国作为起诉方参与 WTO 争端解决案件时间一览表

序号	案号	案件简称	磋商日期	专家组报告	上诉机构报告	合理期限	现状
1	252	钢铁产品案	02.03.26	03.07.11	03.11.10		已执行（修改措施）
2	368	涂布单张纸案	07.09.14				磋商阶段

(续表)

序号	案号	案件简称	磋商日期	专家组报告	上诉机构报告	合理期限	现状
3	379	反倾销和反补贴税案	08.09.19	10.10.22	11.03.11	11个月	已执行（修改措施）
4	392	进口家禽案	09.04.17	09.09.23	10.09.29		已执行（修改措施）
5	397	钢铁紧固件案	09.07.31	15.08.07	16.01.18	14个月14天	已执行（修改措施）
6	399	进口轮胎案	09.09.14	10.12.13	11.09.05		已执行（修改措施）
7	405	鞋类反倾销案	10.02.04	11.10.28		7个月19天	已执行（修改措施）
8	422	虾和钻石锯片反倾销案	12.05.25	12.11.26	14.07.14	14个月16天	已执行（修改措施）
9	437	反补贴税案	12.05.25	14.07.14	14.12.18	14个月16天	授权报复
10	449	反补反倾案	12.09.17	14.03.27	14.07.07	12个月	已执行（修改措施）
11	452	可再生能源发电案	12.11.05				磋商阶段
12	471	反倾销案	13.12.03	16.10.19	17.05.11	15个月	授权报复
13	492	关税减让案	15.04.08	17.03.28			和解
14	515	美国价格比较方法	16.12.12				磋商阶段
15	516	欧盟价格比较方法	16.12.12				专家组中止
16	543	商品关税案（一）	18.04.04	20.09.15			上诉阶段
17	544	钢铁铝产品案	18.04.05	22.09.09			上诉阶段
18	562	晶体硅光保障案	18.08.14	21.09.02			上诉阶段
19	563	可再生能源案	18.08.14				磋商阶段
20	565	商品关税案（二）	18.08.23				磋商阶段
21	587	商品关税案（三）	19.09.02				磋商阶段

(续表)

序号	案号	案件简称	磋商日期	专家组报告	上诉机构报告	合理期限	现状
22	603	反倾销反补贴案	21.06.24				专家组成立
23	615	半导体服务技术案	22.12.12				磋商阶段

被诉案件中，33起已经结案（7起案件通过和解结案，7起案件通过磋商结案，19起案件中国政府执行了WTO不利裁决，其中有2起案件提起DSU21.5执行复审诉讼）。其余案件中1起案件已中止、6起案件处于磋商阶段、7起案件处于专家组成立阶段、2起案件处于执行阶段，详情见表6-7、表6-8和表6-9。

表6-7 中国被诉案件情况

已结案：33起（67%）		程序进展中：16起（33%）	
和解结案	7	磋商	6
磋商结案	7	专家组成立	7
已执行/执行异议	19/2	执行阶段	2
		中止	1

表6-8 中国作为被诉方参与WTO争端解决案件一览表

序号	案号	起诉方	年份	案件简称	现状
1	309	美国	2004	集成电路案	和解
2	339	欧盟	2006	汽车零部件案	已执行（废止措施）
3	340	美国			
4	342	加拿大			
5	358	美国	2007	税收优惠政策案	和解
6	359	墨西哥			

(续表)

序号	案号	起诉方	年份	案件简称	现状
7	362	美国	2007	知识产权案	已执行（修改措施）
8	363	美国	2007	文化产品案	已执行（修改措施）
9	372	欧盟	2008	金融信息案	和解
10	373	美国			
11	378	加拿大			
12	387	美国	2008	出口名牌补贴案	磋商解决
13	388	墨西哥			
14	390	危地马拉			
15	394	美国	2009	原材料出口限制案	已执行（修改措施）
16	395	欧盟			
17	398	墨西哥			
18	407	欧盟	2010	紧固件反倾销案	磋商解决
19	413	美国	2010	电子支付服务案	已执行（修改措施）
20	414	美国	2010	取向电工钢双反案	（执行专家组）已执行措施已终止
21	419	美国	2010	风能设备措施案	磋商解决、措施失效
22	425	欧盟	2011	X射线安检设备案	已执行（措施终止）
23	427	美国	2011	白羽肉鸡"双反"措施案	（执行专家组）美国认为未完全执行裁决
24	431	美国	2012	稀土案	已执行（修改措施）
25	432	欧盟			
26	433	日本			
27	440	美国	2012	汽车零部件双反案	已执行（措施终止）
28	450	美国	2012	汽车和零部件措施案	磋商解决

(续表)

序号	案号	起诉方	年份	案件简称	现状
29	451	墨西哥	2012	纺织品措施案	磋商解决
30	454	日本	2012	无缝钢管反倾销案	已执行（措施终止）
31	460	欧盟			
32	483	加拿大	2014	纤维素纸浆反倾销措施案	已执行执行复审程序
33	489	美国	2015	示范基地和公共服务平台措施案	和解
34	501	美国	2015	国产飞机税收措施案	磋商阶段
35	508	美国	2016	原材料出口税案	专家组成立
36	509	欧盟			
37	511	美国	2017	农业补贴案	已进入执行程序
38	517	美国	2018	农产品配额案	已进入执行程序
39	519	美国	2017	铝产品补贴案	磋商阶段
40	542	美国	2018	知识产权保护措施案	中止
41	549	欧盟	2018	技术转让措施案	磋商阶段
42	558	美国	2018	美国某些产品附加税案	专家组成立
43	568	巴西	2018	进口糖措施案	磋商阶段
44	589	加拿大	2021	进口油菜籽案	专家组成立
45	598	澳大利亚	2021	大麦反倾销反补贴税措施案	专家组成立
46	601	日本	2022	不锈钢制品反倾销措施案	专家组成立
47	602	澳大利亚	2022	葡萄酒反倾销反补贴税措施案	专家组成立
48	610	欧盟	2022	商品和服务贸易措施案	磋商阶段
49	611	欧盟	2022	知识产权执行案	磋商阶段

表 6-9 中国作为被诉方参与 WTO 争端解决案件时间一览表

序号	案号	案件简称	磋商日期	专家组报告	上诉机构报告	合理期限	现状
1	309	集成电路案	04.03.18				和解
2	339	汽车零部件案	06.03.30	06.07.18	06.12.15	7个月20天	已执行（废止措施）
3	340						
4	342		06.04.13				
5	358	税收优惠政策案	07.02.02				和解
6	359		07.02.26				
7	362	知识产权案	07.04.10	08.11.13		12个月	已执行（修改措施）
8	363	文化产品案	07.04.10	09.08.12	09.12.21	14个月	已执行（修改措施）
9	372	金融信息案	08.03.03				和解
10	373						
11	378		08.06.20				
12	387	出口名牌补贴案	08.12.19				磋商解决
13	388						
14	390		09.01.19				
15	394	原材料出口限制案	09.06.23	11.07.05	12.01.30	10个月9天	已执行（修改措施）
16	395						
17	398		09.08.21				
18	407	紧固件反倾销案	10.05.07				磋商解决
19	413	电子支付服务案	10.09.15	12.05.25		11个月	已执行（修改措施）
20	414	取向电工钢双反案	10.09.15	12.06.15	12.10.18	8个月15天（仲裁）	（执行专家组）已执行措施已终止

(续表)

序号	案号	案件简称	磋商日期	专家组报告	上诉机构报告	合理期限	现状
21	419	风能设备措施案	10.12.22				磋商解决、措施失效
22	425	X射线安检设备案	11.07.25	13.02.26		9个月25天	已执行（措施终止）
23	427	白羽肉鸡"双反"措施案	11.09.20	13.08.02		9个月14天	（执行专家组）未完全执行该WTO裁决
24	431	稀土案	12.03.13	14.03.26	14.08.07	8个月3天	已执行（修改措施）
25	432						
26	433						
27	440	汽车零部件双反案	12.07.05	14.05.23			已执行（措施终止）
28	450	汽车和零部件措施案	12.09.17				磋商解决
29	451	纺织品措施案	12.10.15				磋商解决
30	454	无缝钢管反倾销案	12.12.20	15.02.23	15.10.14	9个月25天	已执行（措施终止）
31	460		13.06.13				
32	483	纤维素纸浆反倾销措施案	14.10.15	17.04.25		11个月	已执行加提出DSU21.5执行复审程序
33	489	示范基地和公共服务平台措施案	15.02.11				和解
34	501	国产飞机税收措施案	15.11.08				磋商阶段
35	508	原材料出口税案	16.07.13				专家组成立
36	509		16.07.25				
37	511	农业补贴案	16.09.13				已进入执行程序

(续表)

序号	案号	案件简称	磋商日期	专家组报告	上诉机构报告	合理期限	现　状
38	517	农产品配额案	16.11.15				已进入执行程序
39	519	铝产品补贴案	17.01.12				磋商阶段
40	542	知识产权保护措施案	18.03.23				中止
41	549	技术转让措施案	18.06.01				磋商阶段
42	558	美国某些产品附加税案	18.07.16				专家组成立
43	568	进口糖措施案	18.10.16				磋商阶段
44	589	进口油菜籽案	19.09.09				专家组成立
45	598	大麦反倾销反补贴税措施案	20.11.16				专家组成立
46	601	不锈钢制品反倾销措施案	21.06.11				专家组成立
47	602	葡萄酒反倾销反补贴税措施案	21.06.22				专家组成立
48	610	商品和服务贸易措施案	22.01.27				磋商阶段
49	611	知识产权执行案	22.02.18				磋商阶段

中国是 WTO 裁决的认真执行者，认真执行 WTO 案件的裁决结果给中国带来良好的国际声誉，表明中国是一个信守国际义务和规则的负责任的主要成员。"入世 20 年，它产生的无形资产怎么估计都不过分。从推动中国法治前进的角度来说，这是历史性的。因为要遵守国际公约和法律，所以中央政府清理法律法规 2300 多件，地方政府清理了 19 万多件，这不仅在中国法制史上是历史性的，在国际法制史上也是历史性的。""不论争端解决结果如何，中国都执行，特别是为此修改了《著作权法》第四条，这在国际上来说令大家都很感动。我们做了很大的贡献，也做了一些牺牲，但是建立了中国

的信誉，信誉是一种巨大的生产力，是不可估量的。"（WTO 前总干事）拉米就跟张月姣讲过几次，中国在 WTO 拥有了国际性的广泛影响力。在中国履行 WTO 裁决方面，拉米曾经给过 A+（的评级），是历史最好。从执行层面来说，我们这么多团队都亲眼见证了这段历史。自改革开放以来，中国已逐渐成为全球经济和贸易体系不可分割的一部分，并在许多国际组织中发挥着积极和不可或缺的作用。在和平崛起的过程中，中国正在重新寻找与校准自身在世界政治舞台上的定位，包括努力塑造一个负责任大国的形象。一个国家是否善于运用国际法来维护本国形象，这是检验该国在国际社会上"软实力"强弱的主要标志之一。[8]

由此可见，中国作为全球第二大经济体，已经成为 WTO 争端解决机制的积极运用者和重要参与者，深度参与 WTO 争端解决机制改革，对中国和 WTO 都意义非凡。

中方充分利用 WTO 争端解决机制，坚决捍卫自身合法权益，坚定维护多边贸易体制，有力反击单边主义和贸易保护主义。

（一）中国作为起诉方

首先，针对其他 WTO 成员系统性、持续性违反规则的做法，"打包诉讼"，一追到底，为系统性解决违规做法奠定坚实基础。

贸易救济领域是中国企业遭受歧视性待遇的重灾区，特别是美国等少数 WTO 成员对中国产业政策和管理方式长期持有偏见，对中国企业违规采取反倾销反补贴措施，征收高额反倾销税和反补贴税。为有力反击美国滥用贸易救济手段的错误做法，中方在 2012—2013 年集中针对美方贸易救济措施在 WTO 争端解决机制下出击，打出"组合拳"，连续发起 3 个案件（DS437、DS449 和 DS471），打包起诉至 WTO。中方对于公共机构、专向性、外部基准、双重救济、目标倾销"归零"、单一税率推定等问题的主要诉点和核心主张得到 WTO 专家组和上诉机构支持，美方涉案的数十项反倾销和反补贴措施被裁违反 WTO 规则，中方取得案件诉讼的重大胜利。

同时，对于美方不愿执行裁决的 WTO 案件，中方充分利用程序规则

"一追到底"。在"中国诉美国反倾销措施案"（DS471）中，中方诉讼团队提起了合理执行期仲裁，避免了美国对裁决执行期的无限期拖延，并首次启动报复授权程序，进行贸易报复水平仲裁。经过了逾6年的全部WTO争端解决程序，DSB于2019年11月1日公布裁决报告，仲裁裁定了中国对美国年度35.79亿美元的报复额，是截至目前WTO历史上第四大贸易报复金额。此后，"中国诉美国反补贴措施案"（DS437）历经10年，适用了WTO争端解决的全部程序，包括原审专家组审理、原审上诉、合理执行期仲裁、执行之诉专家组审理、执行之诉上诉、贸易报复水平仲裁等程序。于2022年1月26日，WTO宣布中国于此案中胜诉，裁决中国在货物贸易领域有权对美国实施每年6.45亿美元的贸易报复，DSB作出其历史上第六大贸易报复额的裁定。这两起案件作为中国在WTO争端案件中的胜诉典型，意义重大，最终都以获得DSB授权报复取得胜利，不仅给中国在WTO争端解决机制中适用报复制度积累了丰富的经验，也给案件的败诉方——美国施加了WTO裁决执行的巨大压力，为中国未来的改革带来一定启示。通过这些案件，中国对于程序参与环节进行持续探索和延伸，不断充实和完善着对WTO争端解决程序的经验积累，更为中方后续对美实施贸易报复这一"撒手锏"奠定了坚实基础。

其次，针对个案诉讼需要，充分利用程序规则，坚决维护个案贸易和规则利益。

随着中国经济体量不断增大，与经济全球化融合度越来越高，作为世界第一货物贸易大国和主要的服务贸易和双向投资大国，中国的经贸利益无处不在，与国际经贸交流深度互联。

实践证明，中国通过WTO争端解决机制为业界争取到了实实在在的利益。以"中国诉欧盟紧固件反倾销措施案"（DS397）为例，该案历时逾6年半，历经原审专家组和上诉机构、执行之诉专家组和上诉审等阶段，最终获得重大胜利。欧盟最终执行了WTO裁决，修改了相关反倾销立法，删除了将中国企业视为"单一实体"并征收单一反倾销税的推定，并彻底取消了紧固件反倾销措施。本案还进一步澄清了WTO规则，为其他具有相同或相似做法的WTO成员划出了规则边界。此外，在"中国诉欧盟禽肉关税配额措施案"（DS492）中，中方诉讼团队与国内产业及商会密切配合，多次召开案件协调会听取产业诉求和关注，案件的磋商和专家组审理程序历时两年有余，中方取得最终胜诉。根据中欧双方签署的裁决执行协议，欧盟于2019年4月对中方开放新的禽肉关税配额，中国的禽肉生产和出口企业进一步打开了欧盟市场。

最后，坚决回击单边主义和保护主义，赢得"史诗级"战役胜利成果。

在中国加入WTO第二个十年的后期，单边主义和贸易保护主义横行，多边贸易体制受到前所未有的挑战。中国作为世界上的贸易大国，同时也是单边主义和贸易保护主义的主要受害方，主动运用WTO争端解决机制，对无视多边贸易规则的恶劣行径和做法进行了坚决回击。"中国诉美国'301条款'关税措施案"（DS543）就是典型代表。2017—2018年，美国无端发起"301条款"调查并对中国数千亿美元出口产品加征关税，引发了被很多媒体和专家形容为"史诗级""贸易战"的中美经贸摩擦。美国对华"301条款"关税措施毫无事实基础和规则依据，明显违反最惠国待遇、约束税率等世贸组织规则的基石性条款。对于美国践踏规则的单边行径，中国毫不迟疑，第一时间果断出手，在WTO争端解决机制下打赢了一场"史诗级"战役。从2019年1月案件专家组设立到2020年9月专家组报告散发，案件审理历时1年8个月。在案件进行过程中，特别是在专家组审理的关键期和冲刺阶段遭遇新冠疫情，诉讼团队在疫情防控的巨大压力下，科学判断、果断决策、毅然派人员赴瑞士日内瓦参加了专家组第二次听证会（2020年2月下旬召开），诉讼团队的果断决策和无畏精神，确保了这一"史诗级"战役胜利成果如期做出并对外公布，很好实现了既定的诉讼目标。

此外，美国从2018年2月开始以所谓国家安全为由，先后出台针对钢铝的"232条款"措施，对包括中国在内的众多WTO成员加征"232条款"钢铝关税。由于美"232条款"钢铝措施以国家安全为名，行贸易保护主义之实，中方第一时间与欧盟、俄罗斯、土耳其、印度、瑞士、挪威等诸多WTO成员一道，将美"232条款"钢铝措施起诉至WTO组织，如此众多的WTO成员起诉相同措施，在WTO历史上实属少见。

(二) 中国作为被诉方

首先，推动对内改革和对外开放。

中国在加入 WTO 的第二个十年，不仅善于主动出击，充分利用 WTO 规则捍卫自身合法权益，维护多边贸易规则体系，同时也善于化危为机、危中寻机，把被诉案件的挑战转变为推动内部改革和发展的契机。以"美国诉中国电子支付服务案"（DS413）为例，该案是继"美国诉中国出版物市场准入案"（DS363）之后，中方第二次在 WTO 争端解决机制项下，就有关服务贸易减让表问题与美方进行针锋相对的法律诉讼。通过此案，中方在跨境交付问题上取得胜利，打消了美方试图通过诉讼达到无需设立商业存在即可进入中国支付卡交易市场的企图。但同时，专家组也认定有关电子支付服务属于中方承诺的银行服务项下的"支付和汇划服务"，中方需要按照减让表要求，在模式3（商业存在）市场准入和国民待遇方面承担义务。

本案有关诉讼和执行程序历时三年。为执行 WTO 裁决，中方于 2013 年发布公告，废止了涉嫌违规的统一银联标志等文件。同时，为有序推进银行卡清算市场开放，规范银行卡清算机构管理，促进金融市场健康发展，2015 年 4 月，国务院发布《关于实施银行卡清算机构准入管理的决定》。2016 年 6 月，人民银行会同银监会（现国家金融监督管理总局）共同发布《银行卡清算机构管理办法》一年后，人民银行于 2017 年 6 月发布了《银行卡清算机构准入服务指南》。中方通过一系列举措进一步放开和规范银行卡清算市场，设立了有关市场准入的行政许可，统一了内外资准入标准，对外资机构全面给予国民待遇，对于符合条件的内外资企业，均可申请成为银行卡清算机构。中方上述主动开放举措并非案件执行措施，但该案的确助推了中国银行卡清算市场的开放。中方通过主动作为，进一步完善了管理，防范了风险，促进了金融市场的开放和便利，也惠及了广大消费者。

其次，促进政府管理体制不断完善。

通过 WTO 争端解决案件的应对不断建设和提升政府治理能力和水平，推动相关体制建设和完善，是政府有关部门紧密配合，在危机中捕捉契机，将压力和挑战转化为改革动力的具体体现。在"美国、欧盟、日本诉中国稀土、钨、钼出口管理措施案"（DS431/DS432/DS433）裁决执行中，中国取消了相关出口配额，改为自动出口许可管理，变数量限制为出口监测，取得了较好的管理效果。在案件应对过程中，政府有关部门同步完善国内监管制度，整合了稀土开采资源，扭转了稀土乱采滥挖对资源和环境的巨大破坏，为综合施策的完善和提升资源管理水平，解决"贵土贱卖"问题做出了有益探索。在"美国诉中国外贸转型升级示范基地和外贸公共服务平台措施案"（DS489）中，通过案件磋商应对，商务部修改了相关文件，进一步明确相关政策目标是促进外贸转型升级和高质量发展，并非为了增加出口。相关文件调整后，既符合国际义务，也更加聚焦政策初衷，为合规高效地认定和考核外贸转型升级基地，厘清了管理思路，明晰了执行和操作标准。在"美国诉中国取向电工钢反倾销反补贴措施案"（DS414）中，相关双反措施被裁违规后，商务部于裁决执行期间起草并出台了《执行世界贸易组织贸易救济争端裁决暂行规则》，为后续被诉贸易救济案件执行工作提供了国内法上的规范。

最后，维护管理制度，争取政策空间。

对于被诉案件，中方充分利用 WTO 争端解决程序，通过积极抗辩，维护合法权益，为构建和完善制度设计，采取合规的管理措施争取政策空间。以"美国诉中国粮食补贴案"（DS511）为例，2016 年 9 月，美国将中国对小麦、稻谷最低收购价和玉米临时收储政策起诉至世贸组织，挑战中方对三大主粮的国内支持水平超出承诺，违反 WTO 义务。2019 年 4 月，WTO 争端解决机构通过了本案专家组报告。由于玉米临时收储政策在美方起诉前已停止实施，且美方未能证明目前正在实施的"市场化收购加生产者补贴"政策是临时收储政策的延续，专家组驳回了美方该诉请。对于小麦与稻谷最低收购价政策，专家组虽裁定中方补贴水平超出加入承诺，但在固定外部参考价基期、稻谷出米率等重要问题上支持了中方主张。从美方起诉到专家组裁决报告发布，案件历时两年半，中方积极抗辩，成功将玉米补贴政策排除出专家组审理范围，并在小麦、稻谷的补贴水平计算上争取到了最大的政策空间，为后续政策的调整奠定了较好的基础。

通过对中国参与 WTO 争端解决机制案件的总结分析，中国在 WTO 争端案件中的胜诉意义重大：不仅捍卫了 WTO 争端解决机制；体现了中国积极参与建设国际法治;坚定维护了多边贸易规则,抑制了贸易保护主义。中国未来应继续坚持统筹推进国内法治和涉外法治,并积极参与建设国际法治。在国内法治层面,中国应按照WTO规则合理使用补贴促进外贸发展;做好贸易统计和补贴通报工作,增强透明度;加强对WTO贸易救济规则的研究和运用;积极推进国有企业改革。在国际法治层面,中国应积极参与WTO争端解决,用法律维护中国企业合法权益;努力推动WTO上诉机构尽早恢复正常运转,恢复二审终审制;积极参与WTO改革和贸易救济规则修改。

第三节 化解WTO上诉机构危机的中国方案

从历史角度看,WTO争端解决机制的改革从1996年就被提上了议程,小问题之所以会演变成大危机,实际上是成员贸易政策变化的必然结果。20世纪80年代,WTO争端解决机制的产生恰恰是因为规则扩大到服务贸易和知识产权领域,因此需要一个更有约束力的机制来保障规则的运行。今天的我们,相当于又来到了一个新的80年代。在20世纪80年代,单边主义也是上升的,但当时通过乌拉圭回合一揽子协议解决了危机。现在20多年过去了,又是需要做出关键改变的时候,历史到了一个新的关口,人类更需要和平解决国际争端。

如果将WTO争端解决机制誉为"皇冠上的明珠",那么上诉机构的创立和运用则是皇冠明珠上最大的那个亮点。被称为"世界贸易最高法院"的WTO上诉机构自2019年年底以来一直处于停摆状态,以此"胁迫"WTO针对争端解决机制进行"重大改革"。上诉机构危机截至目前依然没有得到有效缓解,而美国一直在主导如何重启WTO争端解决机制的闭门磋商。2022年10月19日,WTO总干事伊维拉表示,为了恢复WTO争端解决机制,美国主导的"闭门磋商"正在进行。2023年1月26日,美国常驻WTO副代表帕根首度公开谈及这些"闭门磋商",她表示:"我们的目标是在2024年之前让WTO争端解决机制全面运作。WTO上诉机构需要一番大改造。"WTO总干事强调："良好运行、公正和有拘束力的争端解决机制是WTO体制的中心支柱……上诉机构的瘫痪显然并不意味着WTO基于规则的争端解决已经停止。……但是，我们不能放弃作为优先考虑找到恢复上诉机构正常运行的永久方案。"

上诉机构危机既是本次WTO争端解决机制改革的导火索，也是WTO多边贸易体制面临的"威胁"，更是国际经贸秩序可能获得重构的"入口"。中国应未雨绸缪，为WTO争端解决机制即将开始的系统性改革提前做好预案。因此，化解WTO上诉机构危机的方案就是WTO争端解决机制改革的突破口。启动上诉机构成员遴选和修改DSU程序规则同步进行是化解当前WTO上诉机构危机方案的最优选择。但从美国目前的态度来分析，关于上诉机构成员任命问题，在短期内不会有明显的进展，目前，通过修改DSU程序规则或设立新的规则来临时替代上诉机构职能不失为一种明智之选。

一、中国提出化解WTO上诉机构危机方案的必要性和紧迫性

中国作为全球第二大经济体、最大的货物贸易国，一个稳定、可预期的国际贸易环境和以规则为基础、和平解决贸易纠纷的WTO争端解决机制对中国有着重要意义。WTO上诉机制作为一个纠错机制，避免了专家组审理的碎片化，是国际法治的创新和进步，是以规则为基础的多边贸易体制的重要支柱。上诉机构停摆后，WTO争端解决机制功能虽然不会完全丧失，但整个机制的正常运转及其可预见性和有效性大打折扣，单边主义、贸易保护主义更难被约束，多边贸易体制遭受重创。从目前的发展形势来分析，美国在短期内同意恢复上诉机构的可能性很小，有鉴于此，为避免全球贸易秩序重回"丛林时代"，中国作为多边贸易体制的维护者和WTO争端解决机制的主要运用者之一，始终密切关注上诉机构危机的化解问题，中国以应对上诉机构停摆危机为契机，提出WTO上诉机构改革的基本方案和具体建议，为最大限度缓解危机做出应有贡献。

上诉机构停摆不仅使"美国优先"理念得以凌驾于规则之上，也使其他WTO成员面临要么接受专家组不利裁决，要么行使法定上诉权搁置裁决的两难境地。对于败诉方而言，多数时候国内政治难以直接接受专家组的严重

不利裁决或者瑕疵裁决,需要行使上诉权。如果胜诉方是小成员,败诉方还有自由选择的空间。但如果对方是大成员,败诉方很可能在上诉后遭到报复,或因为担心遭受报复而被迫接受。以涉欧案件为例,欧盟已立法强制要求其被诉方要么接受专家组裁决,要么接受临时上诉仲裁,否则如果提出上诉,将面临单边报复。上述形势在客观上减损了各方在WTO协定项下的法定权利,加剧大小成员在WTO争端解决中的不平等性,进而影响成员使用WTO争端解决机制的信心。

近年来,WTO新案数量急剧下降。每年新发案件从2018年的近十年峰值39件、2019年的19件急剧下降至2020年的5件,创下WTO成立近30年来的最低水平。这一情况可能是疫情等多种因素的共同结果,但也足以凸显上诉机构停摆对各方信心的巨大打击。但与此同时,上诉案件数量继续攀升。上诉机构处于瘫痪状态,不再审理停摆之后成员方提起的上诉申请,一旦争端方在专家组报告发布后提起上诉,必将导致争端解决程序处于停滞状态。近期,美国反复向DSB表达上诉的意愿,其用意路人皆知。

作为多边贸易体制的重要参与者和WTO争端解决机制的第三大"用户",面对WTO上诉机构的生死存亡,为维护和加强上诉机构的独立性和权威性,中国将恢复上诉机构作为最终目标,在大力呼吁启动遴选、积极参加磋商工作的同时,也要注重上诉机构程序的修改和完善以及确定临时替代方案等问题的研究,以实际行动积极寻求改革方案。

WTO第12届部长级会议(MC12)于2021年底在瑞士日内瓦召开,最终出乎意料地取得了"1+4"的谈判成果,尤其是WTO成员共同承诺致力于WTO的必要改革,报告特别指出"我们承认WTO争端解决机制方面,尤其是上诉机构的挑战和关注,认识到处理这些挑战和关注的重要性和紧迫性,并承诺进行讨论,以期在2024年前拥有一个所有成员均可使用的、完整的和运转良好的争端解决机制。"这一宣言向全世界发出了一个重要信号,即WTO争端解决机制尤其是上诉机构的改革势在必行且迫在眉睫,是这次化解WTO争端解决机制危机的一个重要突破口。

中国作为WTO争端解决机制的坚定支持者和重要践行者,是WTO体制的最大受益者之一。2018年11月23日,中国政府发布了《中国关于

WTO改革的立场文件》，阐释了中国对于WTO进行必要性改革的立场并对WTO改革提出了三个基本原则、五点主张和五项建议，其中特别提出"解决WTO争端解决机制的生存危机是首要任务"。为此，尽早提出WTO争端解决机制改革的中国方案非常必要，以实际行动，增强在WTO争端解决机制改革中的话语权。

二、化解WTO上诉机构危机的中国策略

通过对中国参与WTO争端解决机制的实践进行考察，可以发现中国参与WTO争端解决机制时，作为案件原告的上诉率为64%，作为被告的上诉率为47%。由此可见，上诉机构对解决中国涉外经贸纠纷具有积极的重要作用，对中国而言，长期目标仍然是推动现有上诉机构重新发挥作用，巩固国际法治的力量。

（一）加强WTO主要成员间的联合行动

应对WTO上诉机构所面临的危机，中国应加强WTO主要成员间的联合行动，共同寻找化解危机的有效方案和改革建议，极力维护WTO争端解决机制的有效运作。如"中国和欧盟联合行动"计划（简称"中欧联动"），截至目前，中国和欧盟共举行了两次正式会议和两次非正式会议，针对WTO上诉机构危机解决方案等问题达成一致意见，共同推进WTO争端解决机制改革。除此之外，还积极与发展中WTO成员联合，如2018年11月26日，中国、欧盟、加拿大及印度等12方联合提交了一份专门针对WTO争端解决机制改革的重要文件，专门强调打破目前上诉机构法官遴选僵局的联合提案——《中欧加印等联合提案》，该提案是我国提出的一项应对上诉机构危机的具体方案，也是"中欧WTO改革联合工作组"的重要成果；2018年12月，欧盟、中国和印度三方联合提交的《欧中印方案》；2019年2月15日，中国、印度、南非和委内瑞拉联合向WTO提交《惠及发展中成员的特殊和差别待遇对于促进发展和确保包容的持续相关性》；2019年5月13—14日，中国、印度、巴西等23个WTO成员方联合发布《共同努力加强世贸组织，推动发展和包容》等。

(二)积极提出上诉机构程序改革方案,早日化解上诉机构危机

作为上诉机构"停摆"危机下的临时替代手段——WTO上诉仲裁机制不能够完全取代WTO上诉机制。MPIA在序言中指出"决心将与全体WTO成员一起寻找解决上诉机构问题的持久改进方案作为优先事项,并尽快启动上诉机构成员的遴选程序以使其恢复DSU所赋予的职能"。WTO上诉机构作为当今世界上唯一的解决国家间贸易争端的上诉机制,在国际法治方面起到了示范作用,但是在制度和程序方面都有待完善。通过WTO争端解决机制及其上诉机构改革,修改和完善DSU规则来化解当前危机,恢复上诉机制的正常运转,是解决根本问题的正确途径。

(三)推进WTO上诉仲裁机制的建设和实践

中国始终以实际行动坚定支持多边贸易体制,在推动WTO进行必要改革的同时,为维护两审机制,中国和欧盟等成员立足现实,于2020年4月根据DSU第25条仲裁条款,仿照上诉审议程序,共同推动建立了"多方临时上诉仲裁安排"(MPIA),积极应对上诉机构危机,展现中国担当,做出中国贡献。

MPIA在机制设置、审理范围、审理程序等方面参考上诉程序与实践,最大限度复制原上诉机构和功能和作用,其最终目标是恢复上诉机构正常运作。MPIA的建立,有助于在上诉机构恢复前维持WTO争端解决机制的正常运转,捍卫多边贸易规则的权威和效力,维护稳定、可预期的国际贸易环境,这符合中国的长远利益,也是中国一直以来奉行的坚决维护多边贸易体制的立场。MPIA的建立是中国等WTO成员在世贸规则允许的范围内自主做出的务实、理性选择,也反映了各参加方维护以规则为基础的多边贸易体制的态度,彰显了中国和欧盟等主要WTO成员的历史担当,意义重大。

中国作为原始成员方已经加入了MPIA,自此,中国政府、专家和学者应深入研究DSU第25条仲裁等相关规则,借鉴以往司法实践的成功经验,支持和完善WTO上诉仲裁机制的运作和实践。中国应在WTO上诉仲裁机制运行过程中主动发挥建设性和引导性作用,因为MPIA作为处理参加方之

间上诉案件的临时替代机制,并向所有成员开放。所以中国应积极吸引更多的WTO成员加入MPIA,如日本、韩国、俄罗斯和印度等,壮大参与方的队伍,为进一步完善和发展WTO上诉仲裁机制提供群众基础,在仲裁解决贸易争端的系统性规则建设中发挥更多的主动权和话语权。除此之外,中国还应重点关注该机制的实际落实及其在具体实施过程中可能出现的问题。这主要包括:(1)关于这一临时机制的实施保障,这包括具体运作中的资金来源、行政人员的支持等,在后续可能还需要进一步探讨有效的落实方案。(2)理论和实务界需要进一步熟悉和加强对该机制的学习和研究,包括这一机制与现有WTO上诉机制的关系协调等,为中国在后续机制中的实际运用提供有效支撑。[9]

中国应立足现实,在WTO上诉机构无法在短期内恢复正常运转的现实情况下,基于WTO争端解决实践的现实需求选择适当的方式务实地维护WTO争端解决机制的运转。从中国参与的WTO争端解决司法实践来分析,中国目前只和美国、欧盟、加拿大、墨西哥、日本、巴西、危地马拉和澳大利亚8个WTO成员方作为当事方参与过WTO争端解决机制(见表6-10),而MPIA中的成员已经包括欧盟、加拿大、墨西哥、巴西、危地马拉等这些WTO成员。因此,后续针对与上述成员尤其是与欧盟、加拿大之间的上诉案件,可以借助MPIA解决相互间的上诉争议。这样有利于维护多边贸易规则的权威和效力,符合中国利益。随着沟通与讨论的不断深入,在综合比较各种方案的基础上,中国将上诉仲裁作为优选方案才是明智之选。

表6-10 中国参与的WTO争端案例成员分布

成员	美国	欧盟	加拿大	墨西哥	日本	巴西	危地马拉	澳大利亚	合计
原告案件	23	11	4	4	3	1	1	2	49
被告案件	17	5	0	0	0	0	0	1	23

三、化解WTO上诉机构危机的中国具体方案

中国政府在WTO改革建议中明确指出恢复上诉机构功能是当前多边贸

易体制的最紧迫任务,针对目前上诉机构存在的一些问题,中国提出了一些解决方案。

(一)上诉机构报告的"先例"地位

WTO成员方应根据先易后难的原则,首先构建WTO成员方与上诉机构间的定期对话机制。中国建议WTO成员方与上诉机构开展深入交流,WTO成员方可充分表达对上诉机构审理案件的具体做法、制度性安排等方面的意见。这种机制将采取非正式会议的形式,至少每年一次,由DSB主席主持。WTO成员方提议的对话机制可服务于两个重要目的:一是表达对上诉机构运作中某些问题的关注,特别是上诉机构的法律解释和方法,避免上诉机构报告被认定为具有"先例"地位;二是为必要时修订协定或对协定作出权威性解释铺设道路、提供条件。这种沟通方式非常创新,并不通过监督或控制上诉机构而影响其独立裁判,只是提醒上诉机构让其未来更加严谨的审案,同时这种年度沟通机制需要受到透明度规则的约束,以避免WTO成员对上诉机构造成不必要的压力和影响。建立上诉机构与WTO成员间的对话机制的必要性已得到成员方广泛认可。建立该机制将成为上诉程序的另一项重要制度。成员方首先应该探讨实施该对话机制可能的途径与方式,作为寻找化解上诉机构危机总体解决方案的切入点。

(二)"超期服役"问题

这个问题是相对最容易解决的,只要修改DSU的相关规定,明确由DSB审议决定上诉机构成员审理案件的"过渡期规则",限制受理案件情况,避免因"超期服役"带来不必要的麻烦。

(三)审理时限问题

这是纯粹的程序问题,可以做出相应安排。中国建议修改DSU规定的90天上诉机构审理最长时限,要求上诉机构加强磋商和透明度,即与当事方充分协商时间。可以通过修改DSU第17条第5款的内容,增加翻译时间不计算在内的规定。另外,如果争端当事方同意,报告可以超过90

天做出,如增加到 120 日,有利于上诉机构从容审案。如果报告预计将超过审限,上诉机构可以提前与争端方磋商,当事方可同意延长审限。如果争端各方不能就超期问题达成一致,则考虑通过其他措施更改上诉程序,确保上诉案件能够在审限内结案,如提出方案允许争端方自愿缩减争议问题、限制争端方书面陈述字数、规定上诉机构报告页数以及增加上诉机构成员和上诉机构秘书处工作人员等,甚至运用"强制性司法节制"等措施来满足规定的审限要求。这些改革建议一方面兼顾了案件审理期限的确定性与灵活性,另一方面也充分尊重了争端当事方的主权,同时还提高了解决争端的效率。

(四)优化上诉机构成员的数量、任期和选任程序

可以增加上诉机构成员的数量,如 7—9 人,具体增加的数量,可以参考近 5 年一个案件所用的平均时间,近 5 年案件数量和未来发展趋势等因子来制定,由专业人员进行核算。这样,可以减轻现有成员面临的沉重负担,使其免于疲劳应战,增强复审的严谨性,减少错误;任期由 4 年扩大到 6—8 年,不得连任,避免由于连任事项而受到干扰,影响独立审判;上诉机构成员的身份由兼职转为专职,可以使上诉机构成员集中时间工作,专心处理案件,提高工作质量和效率。

为平衡 WTO 成员,控制并保持一定程度的裁判独立,在对上诉机构成员的选任方面,可实行更中立的遴选机制,包括更明确的资格要求和选任标准等,以避免司法机构的政治化。首先应在成员的资格审查上制定详细的标准,如根据从业年限、处理案件的件数、相关著作数量等方面确认成员的法律专长,这样操作可减少成员选拔的分歧与不透明。其次,设定制度的笼子限制上诉机构成员的职业道德。平衡上诉机构成员与常设秘书处的作用,通过对秘书处人员必要的轮换机制、设立上诉机构成员助理等措施,加强秘书处对上诉机构高效解决争端的支持。

(五)上诉机构对事实问题的审查

从现有制度或新设制度的角度,让 WTO 成员能够更多控制上诉机构对协议条款的"澄清",确保其"维护"而非"增加或减少"权利义务。中国建议进一步明确上诉机构的职权范围,即有权审查专家组报告中包含的法律问题及其所做的法律解释的含义。因此,建议对DSU相关条款进行修改:规定上诉机构仅有权对提交的问题或事项进行客观评估,并且由WTO成员来明确客观评估和审查的具体内容;明确禁止上诉机构审查类似于WTO成员内部法律等事实问题。

(六)对解决争端不必要的问题发表咨询性意见或附带意见

上诉机构的职责是解决具体争端,而不是一般性地解释协议,这一点应该是明确的。中国建议应对DSU第17条第12款的规定进行修改,明确上诉机构的职责范围仅限于解决贸易争端所必须的法律问题。可以针对上诉机构适用强制性司法节制,严厉禁止附带意见、咨询性意见等出现在上诉机构报告中。这种做法一方面可以杜绝上诉机构作出"附带判决"等方面的问题,另一方面也间接有助于案件审理符合要求的审限要求。

(七)优化上诉机构的工作程序

在WTO成立初期,创设常设性的"二审机制"是该程序最具特色的创新之处,但又担心常设性的上诉机构演变成强势的"国际贸易法院"并突破WTO成员方的自主权,所以试图限制上诉机构的裁量权。但经过多年的司法实践,在缺乏足够约束的情况下,WTO上诉机构的"司法能动性"正在不断强化,很大程度上可以独立自主地决定其工作期限、审查标准、法律解释方法、法律适用范围与裁判意见,这是诱发美国最终选择停摆上诉机构的客观因素之一。

因此,建议参考成员方已经达成的部分共识,WTO部长级会议或总理事会应修改第17条的规定,在争端双方一致同意的情况下,上诉机构应删去其报告中并非为解决争端所必要的裁决,同时增加中期评审程序,要求上诉机构在公布报告之前先通知WTO各争端方,后者可提出书面意见。并在现有的《上诉审议工作程序》(Working Procedures for Appellate Review)的基础上,通过一项新的《上诉审议工作程序》,以取代上诉机构自行制定的文件，并将其纳入 DSU 附件 5。新《上诉审工作程序》应着重对工作期限、审查标准、裁判范围、法律解释方法、可适用法律的范围、"法庭之友"意见等作出规范。

"法庭之友"一词源自罗马法，是指争端解决案件的非当事人经法庭允许提交其书面意见、证据材料，或参与相关程序。"法庭之友"通常是代表公共利益的非政府组织，也包括商业组织、行业协会，甚至国家或政府间国际组织。法庭接受"法庭之友"意见的正当性在于，它通过提供专业视角或专业知识，可以协助法庭作出裁判，而且允许其参与诉讼程序，可以提高司法的透明度，增强社会公众对裁判结果的接受度。但是，"法庭之友"也会产生消极后果，这将迫使争端方对"法庭之友"意见作出回应，从而提高其诉讼成本，同时还会放任利益集团渗入司法程序。

（八）完善上诉复议制度

为了防止贸易争端的败诉方恶意利用上诉复议机制，进行恶意上诉，阻挠贸易报复机制的执行，可以增加上诉机构驳回上诉权或建立发回重审制度。原因是：首先，上诉机构完成法律分析存在很大的局限性，包括涉嫌越权和使起诉方的审级利益受到损害；其次，上诉机构驳回上诉权或建立发回重审制度可以通过合理的制度设计以解决其经济高效的问题；最后，完善上诉复议制度使其法治化程度更高，更契合国际法治中对"良法"的要求。这样操作可以减轻上诉机构的工作量，提高上诉机构的工作质量，进而以更高的上诉成效来完成上诉复议，提升上诉复议机制的工作效率。使上诉机构拥有司法性质的可预测性与权威性，增强上诉机构的公信力和上诉复议对贸易争端的管控能力，缓和当事方的贸易摩擦，减少贸易壁垒，打压贸易保护主义，达到维护世界贸易秩序的目的。WTO 成员也曾多次建议建立发回重审制度，随着对该制度的探讨日益充分，建立这一制度的时机亦日渐成熟。

（九）关于"多方临时上诉仲裁安排"（MPIA）适用的建议

首先，承认"多方临时上诉仲裁安排"（MPIA）只是 WTO 上诉机制的

第六章 WTO争端解决机制改革的中国方案

临时替代机制,一旦上诉机构恢复运作,MPIA程序即终止;其次,积极吸引更多的WTO成员加入MPIA;再次,如果WTO成员不愿意加入MPIA,可以在WTO争端专家组报告公布后,选择临时达成MPIA协议,例如"欧盟-土耳其药品案"(DS583),也取得了非常好的解决效果,并得到了土耳其的全面执行;如果WTO成员不愿意临时达成MPIA协议,也可以由争端双方在协商一致的情况下,选择达成不上诉协议,直接使得专家组报告生效;最后,如果WTO争端任何一方,坚持选择一定要上诉,如现在美国有一部分争端最终还是选择了上诉,实际上就是选择了搁置争端,其用意便路人皆知,那么就要求坚持上诉的争端一方在DSB会议上对于上诉的理由进行详细解释,允许所有WTO成员进行评论,监督恶意上诉。

中国充分意识到上诉仲裁机制可以作为缓解WTO上诉机构危机的一剂良药,积极参与和支持MPIA的建立,与其他参加方协同合作,为应对WTO上诉机构危机做出了卓越贡献。中国支持WTO采用"多方临时上诉安排"(MPIA),提出MPIA为我国解决WTO案件中的涉诉案件的上诉需要提供现实可行的路径。中国的支持又一次以实际行动维护了多边贸易体制,与美国奉行的单边主义、保护主义形成鲜明对比,被外界广泛关注,WTO成员方纷纷表示,中国体现了负责任成员在WTO关键问题处理和选择上的客观理性态度和尊重法治精神。

从我国在WTO框架下的争端解决实践来看,截至目前,我国有17起未决案件,其中我国起诉8起,被诉9起,涉美案件占绝大部分。根据WTO官网(本书在统计上排除两年以上的不活跃案件),目前有12起案件仍在进行(注意视争端方意愿,实际上活跃的案件数量可能小于12起)。其中我国作为起诉方的有7起,包括起诉美国6起(DS543、DS544、DS562、DS563、DS565和DS587)、起诉欧盟1起(DS516);我国作为被诉方5起,即DS542(美国)、DS558(美国)、DS549(欧盟)、DS568(巴西)和DS589(加拿大)。

对我国在WTO未决案件利用MPIA临时上诉仲裁机制的潜在可能性进行评估,我国目前有可能有3起案件与WTO成员诉诸上诉仲裁,包括与欧盟、加拿大和巴西各1起。这三起案件分别为:DS549("欧盟诉中国关于技术转让的某些措施案"）、DS568（"巴西诉中国涉及糖进口的某些措施案"）和DS589（"加拿大诉中国涉及芥花油进口措施案"）。目前这些案件中的起诉方均未提出成立专家组的请求。除了这3起案件外，我国还可视需要与参加成员达成协议，在其他案件的裁决执行阶段利用上诉仲裁程序。具体操作如下：首先，我国可与有意向的WTO成员尝试订立双边仲裁协议，约定将贸易争端提交仲裁解决；其次，针对目前在专家组审理阶段的涉华WTO案件，与争端方商讨在个案基础上达成协议提起上诉仲裁的可能性。

为维护多边贸易体制的统一性、持久性、可预见性和稳定性，欧盟和中国等WTO成员将继续努力促进上诉机构的改革以争取其早日恢复运行。如果确实困难重重，无法在短时间内实现，可以将上诉仲裁制度通过诸边协定的方式固定下来以供WTO成员方选择适用。采取仲裁方式解决贸易争端，需要WTO成员之间事先订立仲裁协议，在实践应用过程中，具有适用上诉仲裁程序意愿的争端各方订立诸边《仲裁协定》较为便利，即以诸边协定的方式规定仲裁事项和规则以及程序、仲裁庭的组成、裁决效力与执行等事项。

在此基础上，我国应主动发挥建设性作用，倡议并联合具有相同意愿的WTO成员组成"争端解决挚友"，引领诸边《仲裁协定》的谈判，在仲裁解决贸易争端的系统规则设定上发挥更多主动权和话语权。

MPIA在危机下应运而生，承载了替代上诉机制的使命，以务实和创新机制回应参加成员在特殊时期贸易争端解决的现实需求。我国对MPIA的谈判和达成起了重要推动作用，充分体现了我国积极应对上诉机构危机的立场和努力。作为初始成员，我国在支持WTO争端解决机制改革和完善、注重寻找危机长久解决方法的同时，可通过对MPIA的先行先试积累更全面的争端解决经验，为上诉机构早日恢复运行作出贸易大国的法治贡献。

上诉机构危机既是本次WTO争端解决机制改革的导火索，也是WTO多边贸易体制面临的"威胁"，更是国际经贸秩序可能获得重构的"入口"。中国应未雨绸缪，为WTO争端解决机制即将开始的系统性改革提前做好预案。因此，化解WTO上诉机构危机的具体方案就是WTO争端解决机制改革的突破口。启动上诉机构成员遴选和修改 DSU 程序规则同步进行是化解当前 WTO 上诉机构危机方案的最优选择。

基于美国针对上诉机构的 7 项质疑和上诉机构改革的全球方案,通过《关于争端解决规则与程序的谅解》(DSU) 第 17 条的修改和完善最为现实。

中国方案的具体修改意见如下:

(1) 第 1 款可修订为:"DSB 应设立一个常设上诉机构。由常设上诉机构审理专家组案件的上诉。该常设机构至少应由 11 位成员组成,专职从事上诉机构的审理工作,任何一个案件的审理工作应由该常设机构中的 3 人完成。上诉机构成员任职可以实行轮换制,此轮换机制应在上诉机构的工作程序中予以规定。"

(2) 第 2 款可修订为:"上诉机构成员的任职由 DSB 任命,任期 6 年,不得连任。一旦出现空额即应立即补足。如一人被任命接替一任期未满人员,则此人的任期即为前任余下的任期。"应在第 2 款中增加以下规定:"离任人员应当完成处理已召开听证会的上诉。"

(3) 在第 3 款中可增加以下规定:"上诉机构成员应该经过专业的 DSU 规则的培训并通过考核。"

(4) 第 5 款可修订为:"上诉机制诉讼程序从任一争端方正式通知其上诉申请之日起至上诉机构散发其报告之日止通常不得超过 60 天。在确定其程序时间表时,上诉机构应考虑第 4 条第 9 款的规定(如有关)。当上诉机构认为不能在 60 天内提交上诉报告时,应书面通知 DSB 迟延的原因及提交报告的估计期限。但该上诉程序最长不能超过 90 天,除非争端各方根据上诉机构的建议另有议定。争端方应对上诉机构的建议给予同情考虑。在争端方未达成一致的情况下,如果上诉机构认为其无法在 90 天内提交报告,其应在与各争端方磋商后,向各方提议具体程序或工作安排,如适当延长审理时间或缩小裁判范围,并在不减损各方在本协定项下的程序性权利和义务的前提下,采纳合适的组织性措施,目标是使上诉机构能够在该期限内提交报告。争端方应当合作使上诉机构在 90 天内散发报告。"

(5) 在第 6 款中可插入如下:"为了更加明确,专家组报告中的法律问题和所作的法律解释不包括专家组对任一成员方国内措施含义的裁定,但包括专家组对其在涵盖协定项下法律定性的裁定。"

（6）可对 DSU 第 17 条第 9 款作出补充，对上诉审议的工作程序提出若干原则性要求，如在 WTO 争端双方未同意的情况下，上诉机构不得接受或考虑"法庭之友"意见。

（7）第 12 款可修订如下："上诉机构应在上诉程序中，在解决争端所必要的范围内，处理依照第 6 款提出的每一问题。"

（8）可插入第 15 款。第 15 款的前面分标题是"与上诉机构的会议"，具体内容如下："每年 DSB 应在上诉机构成员在场的情况下召开会议。在这些会议上，任何 WTO 成员均可就已通过的上诉机构报告发表意见。会议应向所有 WTO 成员开放。成员的行为应当尊重上诉机构的独立性和公正性。DSB 应当根据 DSB 主席的建议，并经与上诉机构磋商，通过适用于此类会议的规则。"

（9）可增加第 16 款。第 16 款的前面分标题是"中期评审程序"，具体内容如下："增加中期评审程序，要求上诉机构在公布报告之前应先通知 WTO 各争端方，后者可提出书面意见。"

（10）可增加第 17 款。第 17 款的前面分标题是"遵循附件 5 程序"，具体内容如下："上诉机构应遵循附件 5 中的工作程序，除非经与 WTO 争端方商议后达成不同的决定。"

增加 DSU 附件 5：DSB 制定新《上诉审议工作程序》，应着重对上诉机构成员的资格审查、职业道德、工作期限、案件审查标准、裁判范围、法律解释方法、可适用法律的范围、"法庭之友"意见和透明度等作出明确细致的规定。

在上述修改完善的基础上，也要关注 WTO 立法解决权对上诉机构的影响和限制作用，即通过部长级会议的条款解释权来限制和约束上诉机构的解决权，以防止上诉机构越权解决。如"服务贸易的相似性问题"，因为服务贸易协定没有明确规定 likeness 的含义，所以缺少国民待遇和最惠国待遇的衡量标准，需要部长级会议解释，如果有规则的空白，就需要部长级会议或者专事委员会进行解释，由它们来填补空白，就可以限制专家组、仲裁机构和上诉机构的越权解释。

 处理 WTO 争端解决机制程序本身问题的中国方案

上诉机构瘫痪是 WTO 争端解决机制危机的一个重要典型事例,但它只是冰山一角,单纯恢复上诉机构的运行或适用 MPIA 等新制度化解 WTO 上诉机构危机不可能从根本上解决 WTO 争端解决机制所存在的全部问题。因为这样做从本质上来讲没有解决"成员方对 WTO 争端解决机制的政治约束"这个关键问题,那么尽管化解了上诉机构危机,但其他问题所引发的冲突还是会重蹈覆辙。

不是所有的现存的 WTO 争端解决机制问题都可以一次性通过改革予以解决,WTO 争端解决机制改革应该是循序渐进式的改革,先从影响其正常运转的大危机——上诉机构问题为突破口,再逐渐延展到程序性问题,最后才能触及到它的体制性问题。

早期对 WTO 争端解决机制改革的研究多集中在如何对 DSU 进行"小修小补"上,在上诉机构危机发生后,WTO 各成员方的讨论逐渐由微观转向宏观,更多地涉及 WTO 争端解决机制该何去何从。

但有一点要特别注意,对于一些 DSU 规则的改革,只能是"微调"和"小修小补"而非"大改",主要原因是考虑到 WTO 成员数量众多,达成一致修改意见并非易事。尤其是关于 WTO 争端解决机制体制性和制度性的问题,有些是我们明知存在问题的,需要修改和完善的,但鉴于目前只是处于 WTO 争端解决机制改革谈判的初期,应由易至难、由浅入深,灵活机动地抛出几个相对成熟的议题,待 WTO 成员方广泛支持和接受后,再逐渐深化改革。

全面与进步跨太平洋伙伴关系协定(Comprehensive and Progressive Agreement for Trans-Pacific Partnership,CPTPP)的争端解决机制文本,是在汇集 WTO 以及众多区域贸易协定争端解决机制的规则和程序的基础上

设立的。根据对 CPTPP 协定的文本分析，CPTPP 争端解决机制吸收了 WTO 争端解决机制中诸如专家组程序及交叉报复机制等基本程序，整体上与 WTO 争端解决机制极为相似。在很多方面融入了创新规定，尤其是提升争端解决的效率和透明度等问题上，使得争端解决的流程更加灵活和具有可操作性，能够明显缩短争端解决的时间，弥补了 WTO 争端解决机制的缺陷，也预示了国际经贸争端解决机制发展的趋势。CPTPP 有关争端解决的谈判进程比较顺利。据此可知，CPTPP 所建立的争端解决机制受到了缔约方的广泛认可和接受。CPTPP 争端解决机制文本所做的一系列突破性规定值得更多关注，可以作为 WTO 争端解决机制改革的重要参考。

一、专家组

中国在竭尽全力推动上诉机制恢复的同时，必须充分关注美国颠覆上诉机制的根本原因，也需要尽快做好预案，即尽快考虑构建一个更加公平、合理、高效运行的"一审终审制"的 WTO 争端解决机制。当然这是一个比较激进的想法，不符合中国的预期，但不可否认，这种情况的发生也不是完全没有可能的。对此我们可以假设：如果是建立一个以常设性专家组机制为基础的一审终审制，那么可以加入反映发展中国家 WTO 成员的诉求。如果是建立一个以非常设性专家组机制为基础的一审终审制，那么更需要对 WTO 争端解决机制开展彻底的、颠覆式改革，避免少数 WTO 成员以公平、公正的借口来控制 WTO 争端解决机制和争端解决的最终结果。

如果上述情况发生时，我们更加建议建立一个以常设性专家组机制为基础的一审终审制，那就更加要注重专家组人员的选任和组成。对此，建议秘书处提高选任专家组人员的透明度，给予 WTO 争端当事方更多的选择专家组成员的权利，尤其是提高发展中国家 WTO 成员的专家人选的机会。

把临时专家组改为常设专家组确实是一个有效途径和改革优选方案。原因是：首先，常设专家组有利于确保 WTO 争端解决结果的可靠性和可预测性，从而降低专家组错裁的几率，同时常设专家组可以较为有效地避免相同案件出现裁决不一致的问题，具体的工作机制可以参考上诉机构的做法，在三人组成的专家组完成报告并分发给 WTO 成员之前，常设专家组所有成员就案件交换意见；其次，常设专家组机制在某种程度上起到了延长审限的效果，从而有助于缓解审限与司法资源之间的矛盾。在现有WTO争端解决机制下，挑选专家组成员来组成专家组通常要耗费20天，而且这20天是被计算在审限之内的。而在常设专家组机制下，无须花费时间来组成专家组（例如采用抽签"组庭"的时间完全可以忽略不计），在实质上起到了延长审限的效果。

为了解决专家组人员供需失衡、专家组的组成时间越来越长和缓解上诉机构人员的工作压力，可以采用设置常任专家组名单的做法，但为了避免常任专家组的设置过于复杂这一难题，可以进行变通处理，即保留现行的DSU指示性名单的做法，将其称之为"大名单"，在此基础上，再设置一个"小名单"，就是选择其中一些经验丰富、专业能力强的人员组成一个常设的全职的专家组成员库，与上诉机构组成类似，可以设置21—30人，任期6年，不得连任。建立一个常设的全职专家组成员随机轮换组成案件专家组审理案件的机制，也可以由WTO争端案件的任何一方当事方从"大名单"中选择一名专家组成员，其他案件专家组成员由WTO秘书处适用专家组成员随机轮换机制确定，甚至可以在常设专家组成员内采用"抽签"的方式组成专家组。

为了强化WTO争端解决机制专家的执法能力，避免出现"本土专家"审理案件的情况，可以建立专家回避机制。不断充实专家组队伍，既可以减轻专家的工作量，提高专家的工作质量，又能够避免来自贸易争端当事方或与贸易摩擦有重大利益的专家参与解决相关的贸易争端，提高WTO争端解决机制授权设立的专家组的权威性与公信力。

为了解决专家组审理案件的超期问题，通过修改DSU规则，兼顾确定性与灵活性，严格规定专家组报告提交的期限和起止时间点，并赋予其延长审限的权力。首先，可以给予专家组完整的9个月来审理案件。此外，为了应对一些敏感、重大或高难度案件的实际情况，也可以适当灵活规定，将期限予以放宽，根据WTO争端解决实践，可以把常设专家组的审限规定为12个月，但要严格限定这类案件的适用条件。其次，为了给专家组充足的时间审理复杂案件以及应对其他特殊情况，在审限规定中应允许专家组申请延长审限,并要求专家组说明延长审限的原因、预估延长的时间等,而且经WTO争端当事方同意之后方可延长审限。除此之外,还需要适当限定专家组的审查权,同时展现最大限度的灵活性。目的是增强WTO争端解决程序的"成员导向"。

关于上诉机构停摆期间的特殊处理,可以在特定情况下,由DSB直接决定专家组报告自动生效。当然这是一个激进而理想化的建议。但是我们必须肯定专家组报告的效力,为了防止部分WTO成员恶意上诉而拖延时间,保证所有成员方的权利义务平衡,也可以尝试提出这种谈判建议。

基于上述分析,中国关于专家组程序改革的具体方案如下。

(1) 修改第8条第1款的规定,补充增加:"适当增加发展中国家WTO成员的专家人员数量,以达到50%的比例,满足专家组成员具有广泛代表性的条件。"

(2) 修改第8条第4款的规定,补充增加:"由DSB依据特定标准在指示性名单中选择21—30人组成常设全职专家组名单,专家任期6年,不得连任。常设全职专家组成员通过随机轮换机制组成案件专家组或者由争端方各自选择一名专家组成员,无法确定的案件专家组成员则由秘书处在常设全职专家组成员中按照随机轮换机制确定,最终组成3人案件审理专家组。"增加一项内容"专家组成员应该经过专业的DSU规则的培训并通过考核。"

(3) 修改DSU第11条文本,强化专家组的职能,即案件事实的客观审议性,补充规定案件的事实问题由专家组全面负责,专家组应删除其报告中并非为解决争端所必要的裁决,以减轻上诉机构工作的负担和难度。

(4) 修改第12条第9款的规定,"自专家组组成之日起至最终报告提交WTO各争端方之日止9个月",且翻译为其他官方语言的时间不包含在内。另补充增加:"如果遇到某个敏感、重大或高难度案件时,专家组应与争端双方协商一致才能予以延期,但最长期限不得超过12个月。"

(5) 增加第16条第5款,"在上诉机构不能正常发挥职能的时间内,如果没有选择替代程序,可以由DSB直接决定专家组报告自动生效。"

二、执行程序和监督机制

任何争端解决机制下，裁判是中心，执行是命脉。"WTO 裁决"是 WTO 争端解决机制的核心，及时有效地执行 WTO 裁决是 WTO 法律体系可靠性和可预见性的具体体现。

（一）通报期限

建议把 DSU 第 21 条第 3 款修改为："在专家组或上诉机构报告通过后 10 天内有关成员应通知 DSB 关于其行 DSB 议和决的意向。"值得注意的是，这一建议不仅缩短了通报期限，从目前的 30 天缩短为 10 天，而且还取消了通报地点的规定。这意味着无论是否召开 DSB 会议，败诉方都必须及时进行通报。

（二）裁决执行监督

建议改善 DSU 第 21 条第 6 款和第 22 条，加强和明确通报的内容。主要建议概括如下。

一是明确在每次 DSB 会上就执行情况进行通报是一项总体义务，DSU 第 21 条第 6 款规定："DSB 应监督已通过的建议或裁决的执行。在建议或裁决通过后，任何成员可随时在 DSB 提出有关执行的问题。除非 DSB 另有决定，否则执行建议或裁决的问题在按照第 3 款确定合理期限之日起 6 个月后，应列入 DSB 会议的议程，并应保留在 DSB 的议程上，直到该问题解决。在 DSB 每一次会议召开前至少 10 天，有关成员应向 DSB 提交一份关于执行建议或裁决进展的书面情况报告。"建议删除现有条款中"除非 DSB 另有规定"的字样。

二是把提出执行报告的时间点提前，即合理期限的中间点，或 DSB 通过裁决 6 个月后，两者以孰早为准。该义务将一直持续到争议方一致同意争端得到解决为止。

三是细化报告的内容，要求报告必须以书面提交内容详尽，自裁决次来所采取的具措施。同时合理期限到期前最后一份执行报告必须说明败诉方已经采取的措施。

四是要求总干事（每6个月）提一份争端解决裁决执行的报告。

五是加强对双边和解案件的多边控制，提出修改DSU第36条：（1）协议任何一方都有义务向DSB通报；（2）必须在达成协议后60天内进行通报；（3）通报必须包括足够的信息，以便其他成员及时掌握情况。

上述建议还提出，必须在最终执行裁决后提出一份报告。败诉方在认为其已经执行完毕裁决之后，必须向DSB提出一份书面报告，详述其所采取的措施。在合理期限到期时未能提出该报告，该成员应立即提出一份书面报告说明其业已采取的措施。如该成员未能提出上述报告，该成员则应在合理期限到期15日后通报其业已采取的执行措施，以及在合理期限到期后将采取的措施。

需要采取特定方式来细化和规范执行报告的内容，例如，WTO秘书处在WTO有关协定的通报以及贸易政策审议方面已经提出一份通报问题单或格式。同样，要使执行报告尽可能地翔实，便于监督审议，需要有一个标准化的通报格式。因此建议：鉴于在贸易政策审议和通报义务上，WTO秘书处曾整理发布过的一份通报问题单或标准格式，有必要由成员讨论、秘书处汇总，制定一个标准化的裁决执行通报格式，确保通报内容的全面和详尽。

（三）裁决执行的合理期限

合理期限在裁决执行阶段所具有的重要作用不容忽视，从本质上看，合理期限本身就构成一种执行裁决的最后期限，是裁决执行程序中的一个重要"分水岭"，改革建议主要集中在缩短合理期限以及制约延误执行和非善意执行的情况。

具体建议如下。

（1）将有关合理期限的裁决变成新的WTO规则。例如，根据仲裁员的裁定，修改15个月合理期限的规定，将其改为"尽可能最短的执行期限"，并根据个案中的"具体情况"调整。

（2）对执行情况进行复审。如胜诉方有权在合理期限到期前要求对裁决执行情况进行审议。

(3) 把发展中国家成员的裁决执行合理期限延长至 15 到 30 个月。

三、授权报复制度

WTO 争端解决机制中的 DSU 第 22 条已经基本建立了一个报复制度体系,规定了报复措施的临时性质,与撤销违规措施、补偿措施的层级适用性,明确报复措施是争端解决的最后手段;报复制度体系中还设置了交叉报复制度、报复仲裁制度和确定报复水平的"等同"原则等。

WTO 报复制度受到了乌拉圭回合谈判时,WTO 法制特定发展水平的限制,在自身规则和实践应用中都存在一些问题,导致报复制度的适用存在困难,适用效果不理想,很难实现其"促使执行"的目的。因此,在多哈回合谈判过程中,成员方针对 WTO 报复制度的修订和完善提出了众多的建议和提案,但到目前为止,这些建议和提案还只停留在理论探讨层面,而且有些建议和提案由于存在现实应用问题而没有得到成员方的广泛认可,使得 WTO 报复制度的改革步伐一直停滞不前,阻碍了 WTO 争端解决机制的发展与完善。

中国作为 WTO 争端解决机制的重要参与成员之一,近年来,多次使用报复制度来解决贸易争端,取得了非常好的成效。通过上述案件更加突显了 WTO 授权报复制度的重要性和有利价值,借此 WTO 争端解决机制改革的重要时机,中国提出修改相关制度的方案非常重要且必要。

报复制度是 WTO 争端解决机制的最后一环,也是最重要的一环,就好像是国际社会成员手中维护自身利益的强有力的武器,那么批判武器的目的应当是改进武器,因此,WTO 报复制度的改革已经势在必行。修改和完善 WTO 报复制度体系的具体方案如下。

(一)明确 DSB 建议和裁决的法律性质和法律效力

专家组或上诉机构报告,尤其是 DSB 的建议和裁决对迅速解决争议提供法律依据,为后续可能的报复程序提供前提条件。DSU 关于专家组"建议"的规定包括:DSU 第 19 条第 1 款规定:"如果专家组或上诉机构认定一措施与一适用协定不一致,则应建议(recommend)有关成员使该措施符合该协定。除其建议（recommendations）外，专家组或上诉机构还可就有关成员如何执行建议提出办法（suggest ways）。"DSU 第 26 条第 1 款（c）项规定："尽管有第 21 条的规定，但是应双方任何一方的请求，第 21 条第 3 款所规定的仲裁可包括对利益丧失或减损程度的确定，也可建议（suggest）达成令双方满意的调整方法；此类建议（suggestions）不得对争端各方具有约束力。"

目前实践中的普遍做法是专家组或上诉机构报告一般不包括具体的执行措施指令，只是作出让败诉方的违规措施与 WTO 协定相符的建议。根据 DSU 的规定，专家组或上诉机构报告只停留在建议的层面上，没有明确规定其具有直接效力，因此是否执行建议完全取决于败诉方的选择，而仲裁建议则明确规定不具有约束力。根据前文分析，导致 DSB 建议和裁决不能得到良好执行的一个很重要的原因是部分成员质疑 WTO 裁决具有充分的正当性，影响了 WTO 裁决在国内法的直接效力，进而影响了 WTO 裁决的有效执行。而问题的根源在于关于 WTO 裁决法律性质和法律效力的规定不明确。

与 GATT 和 WTO 相比，《联合国宪章》对此做了明确的规定。《联合国宪章》第 94 条规定："联合国的每一个成员国在其为当事国的任何案件中都承诺遵守和执行国际法院（ICJ）的判决。如果任何案件当事国（无论是否联合国会员）不履行依国际法院判决所承担的义务时，其他当事国可以向安理会提起申诉；安理会在认为必要时，可以提出建议或者决定应采取的方法，以执行国际法院的判决。"正是基于上述规定，到目前为止，在实践中没有任何一个争端的当事国拒绝遵守和执行国际法院的判决。《联合国宪章》以及国际法院所涉及的案件和事项多与国际政治、社会和文化有关，《联合国宪章》所规定的"最后手段"——联合国安理会——是"二战"后国际政治的重要安排，而 WTO 专注于国际贸易领域，案件多与经济有关，尤其是目前涉及了越来越多的私人利益，因此，WTO 完全照搬《联合国宪章》和国际法院的规定和实践并不现实，但可以将其作为修改和完善 WTO 裁决性质和效力的重要参考。

目前明确规定 DSB 建议和裁决的法律性质和法律效力是必要且可行的。

从 GATT—WTO 的发展历史来看，争端解决机制已经由"实力为基"逐渐转向"规则为基"，并呈现出了更加程序化和司法化的特点。DSB 的法院特点越来越明显，这对于加强争端解决报告的威信和效力是有非常重要意义的。从 GATT 时期到 WTO 时期，立法者、成员方和实践中都认为 DSB 争端解决报告应当具有法律上的效力，败诉方必须执行报告中的建议和裁决。John H. Jackson 教授曾经提到："尽管各方对争端解决报告有着不同的观点，但从 GATT 后二十年的实践来看，一个被缔约方全体所采纳的报告是具有非常明确的法律效力的。实践清楚表明，如果理事会一致通过了争端解决报告，那么它就是有约束力的，如果没有通过，则它就是没有约束力的。"目前，WTO 各成员方已经普遍认同 DSB 建议和裁决具有法律约束力，争端各方必须执行有关裁决的事实，因此建议在 DSU 文本中对此作出明确规定。

具体方案如下。

第一，删除 DSU 第 19 条和 DSU 第 26 条第 1 款（c）项的规定，或者不区分专家组建议和仲裁员建议，直接使用更具有法律效力的"裁决"（ruling），并在裁决中明确违规措施的性质、数量或确定数量的方法，执行裁决的时间界限、具体的执行方式，或提供可选的执行方案或有示范效果的执行方案，如撤销违规措施、修正违规措施至与 WTO 协定相符等。

第二，由于各成员的国内法律体制不同，案件的敏感度和影响力也不同，有些确实难以作出可以直接执行的裁决，那么可以作出执行的建议。如果败诉方在指定的时间、范围内，执行了有关建议，则能达到最佳效果；如果没有执行，败诉方的出口利益集团可以在了解 WTO 建议后，第一时间对不执行建议后可能的报复水平进行预判，从而作出如何影响国内政府的决策，这一建议也可以对败诉方国内利益集团产生一定的"引导"效果。

（二）解决 DSU 规则自身存在的问题

DSU 条款数量众多且规定内容复杂，另外在制订过程中，起草者们反复修改规则直到"精疲力尽"，因此，DSU 规则本身也存在一些疏漏和缺陷，只能通过修改和补充 DSU 条款内容来进行完善。

1. 修改 DSU 第 22 条第 2 款规定以解决"顺序问题"

由 DSU 第 21 条第 5 款相符性审查程序和第 22 条关于终止减让或其他承诺的仲裁程序规则自身的矛盾而引发的"顺序问题"属于 WTO 争端解决机制程序上的冲突，几乎彻底颠覆了 WTO 争端解决机制。这种 WTO 法律体制的"硬伤"，一方面直接影响了 DSB 建议和裁决的正当性，另一方面拖延了案件审理和执行的时间，对 WTO 体制的危害极大，必须修改。

首次出现在"欧共体香蕉案"中的 DSU 第 21 条第 5 款和第 22 条规则自身的矛盾而引发的"顺序问题"的确难以解决，但在案件中已经找到了一种临时解决办法，暂时避开了问题，在后来出现此问题的多个案件中，争端双方通过协商一致，签订双边协议的方式，从事实上确认了优先进行第 21 条第 5 款程序，在裁定败诉方未执行裁决的情况下，再进行第 22 条程序的实践。通过这种灵活、务实的妥协性解决办法处理案件中出现的程序上的问题。由于在实践中看似已经解决了此问题，所以总理事会和部长级会议都无视修改 DSU 条款来从根本上解决这一问题，但实则治标不治本。

要想重构 WTO 报复制度体系，必须首先解决 DSU 条文本身的缺陷和问题，消除 DSU 在程序顺序方面的法律模糊性，所以首先要修改 DSU 的相关条款来解决"顺序问题"，这也是目前正在进行的修改 DSU 谈判的一项重要议题。

基于多哈回合谈判过程中，各方提出的关于修改 DSU 解决第 21 条第 5 款和第 22 条"顺序问题"的建议和提案，本书比较支持欧共体提出的修改建议，即修改 DSU 条款，直接将 DSU 第 22 条报复程序置于 DSU 第 21 条第 5 款程序之后，规定只有经过 DSU 第 21 条第 5 款程序，专家组裁定败诉方未能执行 DSB 建议和裁决后，胜诉方才能根据第 22 条程序申请报复授权。因为"顺序问题"产生的主要根源在于 DSU 第 21 条第 5 款程序和第 22 条报复程序之间的时间和顺序冲突，是条文规定本身的问题，通过修改 DSU 条款，理顺程序间的逻辑顺序关系是解决这一问题最简单、最直接、最根本的办法。从实践上来看，包括美国、欧共体和日本在内的众多 WTO 成员已经逐渐接受了第 21 条第 5 款程序应当先于第 22 条程序进行的做法。

如果能够完成上述对 DSU 条款的修改，将大大加强执行程序的可操作性，但最终能否对此修改达成统一意见具有很大的不确定性，一方面，通过争端双方协商一致达成协议的方式已经在实践中解决了这一"顺序问题"，虽然这一做法在法律层面上还存在一些问题，但"顺序问题"已经不再像"欧共体香蕉案"中那样紧迫了；另一方面，经对 DSU 条款修改后的新规则必须与 DSU 现行的整套机制相协调，而关于"顺序问题"的相关条款与第 21 条第 5 款执行审查程序和第 22 条报复程序和职权都密切相关，因此相关条款的修改起草工作异常复杂，构成通过修改 DSU 条款解决"顺序问题"的最大障碍。

2. 补充规定 DSU 第 22 条第 4 款，增加利益丧失或减损水平的确定方法

确定报复水平一直是 WTO 争端解决机制在授权报复措施时的一个难题。根据 DSU 第 22.4 条的规定，报复的水平应等于利益丧失或减损的水平，因此，找到利益丧失或减损水平的确定方法就相当于找到了解决问题的"钥匙"。由于 WTO 贸易争端的复杂性，每起争端所涉及的违规措施都不完全一样，因此，制定一套明确具体的客观标准是不可能的，只能设立一个大的基本原则性标准。

因此，结合目前实践中的成功做法，可以在 DSU 第 22 条第 4 款规定的基础上，补充利益丧失或减损水平确定方法的原则性规定。

第一，"贸易效果"丧失或减损的水平计算至关重要，如果存在固定的"贸易效果"丧失或减损，可以计算具体的数额；如果不存在固定的"贸易效果"丧失或减损，就考虑第二项衡量标准，即"经济效果"；如果存在固定的"经济效果"的丧失或减损，则可以计算具体的数额作为利益丧失或减损的水平。

尽管 DSU 中没有规定丧失或减损的"贸易效果"或"经济效果"的计算标准和方法，但这一做法已经在实践中广泛应用并被大部分案件的仲裁员所使用，也得到了争端双方的普遍认可。如在"欧共体-香蕉案"中，美国申请的报复水平数额为 5.2 亿美元，厄瓜多尔申请的报复水平数额为 4.5 亿美元；在"欧共体-荷尔蒙案"中，美国申请的报复水平数额为 2.02 亿美

元,加拿大申请的报复水平数额为7500万加元。这些定量的确定数额都是以固定的"贸易效果"或"经济效果"的丧失或减损数额为参考而确定出来的。

第二,如果不存在固定的"贸易效果"或"经济效果"的丧失或减损,则可以通过计算浮动的"贸易效果"或"经济效果"的丧失或减损的方法确定利益丧失或减损的水平。

如在"美国《1916年反倾销法》案"中的报复水平仲裁程序中,欧共体并没有申请具体的数额作为报复的水平,而是申请授权"比照"(mirror)美国的立法来进行对等的立法。这显然不是以定量的方法而是以定性的方法来确定"贸易效果"或"经济效果"的丧失或减损,以此为报复水平向DSB申请对美国授权报复。虽然本案的仲裁员没有认可欧共体提出的对等立法的报复授权申请,但最终裁决拒绝了对欧共体采取的确定方法的审查,从客观上来看,这种做法实际上是给"对等立法"开了绿灯。

第三,如果"贸易效果"和更广泛的"经济效果"都无法计算,则不予计算,结合案情采用更灵活的方法确定报复水平。如在"美国《1916年反倾销法》案"中,仲裁员以"各方同意'冷却效果'无法量化",且欧共体申请的报复水平也不是基于"冷却效果"为由,裁定在计算欧共体所遭受的利益丧失或减损水平时不考虑《1916年反倾销法》所致的"冷却效果"。仲裁员最终裁定只规定了欧共体提议报复的数额的上限作为欧共体实施报复措施的水平。

第四,如果案件的胜诉方是发展中国家成员时,允许仲裁员采用不同的方法进行计算。当胜诉方是发展中国家成员时,利益丧失或减损水平的确定应反映胜诉方经济利益的真实损害水平,以弥补其市场规模小、经济实力弱的局限,使得报复的效果更加明显。正如DSU第21条第8款规定的那样:"如案件是由发展中国家成员提起的,则在考虑可能采取何种适当行动时,DSB不但要考虑被起诉措施所涉及的贸易范围,还要考虑其对有关发展中国家成员经济的影响。"但实践中采用哪些具体的不同的方法来计算,可由仲裁员根据案件的不同情况和胜诉方的经济发展水平来确定。

3. 修改和补充 DSU 第 22 条第 3 款规定，放宽小型发展中国家适用交叉报复的条件

发展中国家实施 DSB 授权的报复措施时特别需要有能力产生可信的威胁，交叉报复是发展中国家增强报复威慑力的有效工具。虽然现行的交叉报复制度可以实现跨部门和跨协定的报复，但申请程序繁琐且需满足一定的条件，就像厄瓜多尔在"欧共体香蕉案"中所经历的一样。因此，增强发展中国家报复能力的一种有效途径是在授权实施交叉报复时简化程序、放宽条件。但如果针对所有的发展中国家放宽交叉报复的适用条件，很难获得发达国家的支持和认可，所以本书只是建议在授权经济实力弱小的发展中国家（小型发展中国家）成员交叉报复时，适当简化程序和放宽条件，可以有条件地选择中止减让的部门和协定，这对于增强它们实施报复的威慑力是非常有益的。

具体修改意见如下。

第一，将有条件地选择中止减让的部门和协定的权利授予小型发展中国家成员，确定小型发展中国家成员的标准可以参照 SCM 协定附件 7 中所规定的最不发达国家和人均国民生产总值不超过 1000 美元的发展中国家的标准。[10]

第二，当小型发展中国家成员作为胜诉方时，该发展中国家成员应该较容易地满足第 22.3 条规定的条件获得跨部门和跨协定的报复授权，仲裁庭应该推定发展中国家成员在实施报复过程中将面临困难，发展中国家成员应该被放宽适用第 22.3 条规定的条件。

第三，应当允许小型发展中国家成员在适用交叉报复时可以选择不同部门和不同协定的各种组合实施报复措施。只要这种组合实施能够更好地促使裁决的执行，且尽可能减少对自身利益的损害。

第四，应当允许小型发展中国家成员在特定情况下针对利益丧失或减损的一部分在相同部门或相同协定项下实施报复，同时，利益丧失或减损的剩余部分可以成为跨部门或跨协定中止的对象。

除此之外，在贸易报复授权机制的执行方面，为了平衡广大发展中国家成员与发达国家成员在世界贸易地位上的不对等和在授权贸易报复手段上的

差距，可以尝试组建贸易报复执行委员会，指导和监督争端方执行贸易报复裁决，以抵消发达国家成员对贸易报复机制的天然抗性。

四、救济体系

2007年6月，WTO邀请约翰·杰克逊和威廉·大卫两位教授就争端解决机制的未来改革进行网上辩论，补偿机制改革是其中的一个热门话题。杰克逊认为，在补偿机制中引入货币补偿，这将有利于发展中国家成员从争端解决中获益。但是，货币补偿的方式一旦被采纳，也可能会出现发达国家成员"花钱消灾"的心理。果真如此，受影响的就不仅仅是争端解决中的胜诉一方，还将包括其他参与方以及众多市场参与者。大卫在承认有可能出现"花钱消灾"现象之后，认为货币补偿将惠及因不执行裁决而受害的一方，同时加大了败诉方不执行裁决的成本。因此，他认为引入货币补偿的做法是可取的。

要实现对WTO裁决的有效执行，首先要改革的就是专家组或上诉机构的裁决内容，即要求裁决对败诉方施加确定的义务，如明确裁定由败诉方向胜诉方支付一定数量的货币补偿。这是当前WTO体制中可以提供的真正、有效的促进WTO裁决执行的实施方式，这种新的裁决执行方式可以作为对WTO原有执行制度的一项补充，也提供了一种更易执行、更具实效性的处理争端的有效措施。

增加这项新的裁决执行方式是非常必要且可行的。采用货币补偿实施救济，从来不是一个新鲜的概念。这种方式是将一般国际法普遍采用的对违规行为的经济补偿原则在WTO中贯彻实施。很早以前，国际法判例就已经承认一国政府有义务对其不法行为所造成的损害进行补偿。如1927年，常设国际法院在"霍茹夫工厂案"（Chorzow Factory Case）的判决中明确指出：任何违反约定的行为将产生以适当的方式进行补偿的国家责任，这是一项国际法原则，补偿义务是未遵守公约的不可或缺的结果。2001年由国际法委员会制定的《国家责任条款（草案）》中也明确规定：责任国有义务对其国际不法行为所造成的损害做出充分补偿。WTO作为一个以促进国际贸易自由化为己任的专门国际经济组织，经济意义远比一般的国际组织强，应该更重视对受害方的经济补偿，采用经济上的手段实施执行是合理并有效的。

关于货币补偿制度的增设可以参考 CPTPP 协议，它在 WTO 争端解决机制基础上，针对货币补偿作了制度性安排。这是 CPTPP 协议争端解决机制最大的亮点，也是对 WTO 争端解决机制这一缺陷的弥补。

理论上，货币补偿这种裁决执行方式对争端双方都有利，而且对 WTO 所有的成员都有效，可以将货币补偿规定为自动的和强制的 WTO 体制下的裁决执行方式之一。WTO 秘书处法律部专家 Joost Pauwelyn 教授明确表示支持货币补偿这种裁决执行方式，并建议设置强制性货币补偿制度，因为强制性货币补偿可以给败诉方施加更多更大的压力。在实践中，已经有发达国家愿意通过支付货币补偿的方式解决 WTO 争端的成功案例，如在"美国版权法案"中，美国与欧共体对争端解决机构的裁决内容没有异议，但是对执行裁决的期限看法不一。双方于是又将这一争端提交世贸组织仲裁解决。美国由于其国内立法机构审批程序的规定，认为无法在仲裁裁决规定的期限内（15 个月）执行争端解决机构的裁决。经过双方协商，美国同意在修改版权法之前，作为临时补偿安排，在三年期间内向欧共体境内"欧洲作家和作曲家协会联合会"设立的基金支付 330 万美元，作为对欧共体保护作者权利的一种支持。这是 WTO 争端解决实践中第一起以金钱补偿方式解决争议的案例。欧共体作为发达国家胜诉方都愿意接受货币补偿来解决利益受损的问题，更何况经济实力较弱的发展中国家胜诉方。在"美国-高地棉花案"中，被诉方美国未能在执行期内撤销棉花补贴，而是向胜诉方巴西支付 1.473 亿美元，作为对当地棉花生产者提供技术援助和能力建设的补偿。因此，可以将上述成功案例予以推广，通过修改和补充 DSU 条款使胜诉方有权要求货币补偿这种新型的裁决执行方式。

增加货币补偿裁决执行方式的具体建议就是修改 DSU 的相关规定，引入强制性货币补偿制度，即将金钱给付作为一种义务强加给违背承诺的败诉一方。对违背自己承诺的 WTO 成员设置一种强制性的补偿义务，以此来保证受损害成员在 WTO 多边贸易体制下的利益得以恢复。

鉴于 WTO 执行机制中的补偿制度的自愿性而导致的其极少被适用的情况，可以将 WTO 裁决执行制度中的货币补偿规定为自动和强制的。强制性金钱补偿将被诉方提供金钱补偿由权利变成义务，即这种补偿并非出于被诉方自愿，它是由争端解决机构根据胜诉一方申请做出裁决。强制性金钱补偿并没有完全取代现有的补偿机制，而只是作为一种补充，即自愿补偿仍然是首选方案，只有在自愿补偿无法达成满意结果时，争端解决机构方可引入强制性金钱补偿。

强制性金钱补偿的构想是基于保护发展中国家成员利益不受损失这一目的。DSB专家组或上诉机构裁决中的货币补偿是具有强制性的补偿，不再是基于争端双方的自愿，但这种自动和强制性的货币补偿措施一般适用于发达国家作为败诉方的情况。因为支付货币补偿对于发达国家来讲，可能只是"九牛一毛"，但对于一些发展中国家而言，可能造成过分增加其经济负担的后果。另外，发达国家败诉方也更愿意采用货币补偿的方式来承受报复。

增加强制性金钱补偿的内容则是改革现行补偿机制的有效做法之一。强制性金钱补偿的具体构想包括以下几个方面。

(1) 修改DSU的第22条第1款，首先，明确自愿补偿的基本原则，其次，扩大补偿范围，补充规定在符合条件时，由DSB通过仲裁方式引入强制性货币补偿方式。具体操作方法是：① 如果败诉方无法撤回违规措施，承诺临时的关税减让或市场准入条件也无法满足要求时，WTO争端双方可以协商货币补偿的方式；② 如果协商不成，胜诉方可以单方面向DSB提出申请，要求败诉方提供货币补偿。通过修改DSU条款的方法目的就是创设一种新的强制性货币补偿制度，为了灵活机动地操作，具体补偿的标准和数额可以由争议双方协商确定。

(2) 尽管创设强制性货币补偿制度是对WTO争端解决机制来讲触动最小的改革之一，但它的适用必须满足一定的条件才可实施。具体条件可以包括：① 只能由胜诉方或败诉方提出货币补偿的请求，但是否接受请求则由DSB决定。也就是说，强制性货币补偿制度的启动权属于WTO争端的任何一方，决定权属于DSB；② 如果败诉方主动提供货币补偿，则不属于强制性补偿范畴。虽然一般情况下DSB都会同意争端方协商的解决方案，但这项制度设计的目的就是防止某些WTO发达国家成员故意不履行WTO裁决而想利用"花钱消灾"的策略来规避WTO规则。

（3）引入强制性货币补偿制度的主要原因是为了补偿WTO成员中的弱小成员，它们往往很难从现行的补偿机制中获得有效的救济。但同时为了防止滥用此项新制度，在必要时，WTO应采取谨慎态度，严格限定适用成员的标准，如成员的经济发展水平必须在特定标准下才能申请适用此项制度。此项标准可以借鉴《补贴与反补贴协议》中规定的人均GDP低于1 000美元的标准。

（4）胜诉方获得的货币补偿的去向值得关注，应该纳入政府的财政收入，而不是支付给受害企业。就算是自愿货币补偿，其补偿对象也是政府而不是企业，这样规定的目的是与之前的补偿制度的性质保持一致，即降低进口关税或市场准入条件。获得货币补偿的政府如何分配这些货币则是其自己产业政策的事情。假如政府将货币补偿直接给企业，这种操作是一种财政支持行为，属于《补贴与反补贴协议》中的"专项性"和"财政性"行为，是WTO规则禁止的。例如在"美国-高地棉花案"中，巴西政府将美国支付的1.473亿美元货币补偿发放给当地棉花生产企业，虽然是用来做技术援助和能力建设，但这种做法受到其他WTO成员的诟病。别的成员完全可以指控巴西政府的做法违反了世贸组织规则，尽管这种指控似乎不太合乎情理。相比之下，欧共体在"美国—版权法案"中的做法就不太会引起争议，因为美国是把330万美元支付给欧共体的"欧洲作家和作曲家协会联合会"基金会，是对欧共体著作权保护的一种支持，而欧洲作家和作曲家协会联合会不属于补贴与反补贴协议中"企业（enterprise）"或"产业（industry）"的范畴。

（5）货币补偿数额的确定至关重要。货币补偿的数额应该是胜诉方的实际损失额，为了确保制度易于执行，确定货币补偿数额的方式可以灵活机动。可以参照自由贸易协定的做法。如美国和澳大利亚、新加坡、智利等签订的自由贸易协定，它们在协定中都规定了货币补偿制度，将其作为一种救济措施，且作为前置手段，之后才有权申请授权报复，具体补偿的数额和方式由争端方协商确定；如果协商不成，则由仲裁机构确定。如果败诉方坚决拒绝支付货币作为补偿，胜诉方有权申请授权并实施报复。

因此，WTO体制下的货币补偿数额也可以由胜诉方和败诉方双方协商确定，如果不能达成协议，则由第22.6条仲裁庭作出裁定。为了确保遭受WTO违规措施损害的产业或部门能够实际从货币补偿中实际获得利益，可以由第22.6条仲裁庭评估利益丧失或减损的水平，然后按照利益丧失或减损的水平确定的"等同"标准来判定货币补偿的数额，从而使WTO争端双方的权利义务重新达到平衡。当然，仲裁员在作出裁决时，可以考虑两个因素：一是鉴于WTO成员方支付货币补偿能力的不对称性，补偿数额可以与成员的经济实力联系起来，也可以是一种能够针对经济实力较弱的成员的歧视移动标尺；二是在确定具体补偿数额时，必须区分不同的情况，给予长期不执行和变相不执行的败诉方增加一定比例的货币补偿数额作为"惩罚"，也是对在这段时间内胜诉方由此造成的额外的利益丧失或减损的补偿。如果败诉方拒绝支付货币补偿，胜诉方可以依授权实施报复措施。货币补偿提供了一种比贸易补偿更具吸引力、更易执行的补偿办法，最终仍然要由报复或报复威胁来支撑。但是应该规定货币补偿优先适用，中止减让或其他义务其次适用。因为货币补偿的报复实施方式与中止减让或其他义务的报复实施方式比较，好处是非常明显的。中止减让或其他义务会限制贸易，导致国际社会总体经济利益的损失，而支付货币补偿不会对国际贸易有任何的限制。

五、秘书处

为了让WTO秘书能够提供更好的服务，发挥它本来应有的作用，提高其工作效率和成效，建议修改方案如下。

（一）适度增加秘书处工作人员的数量

方案一：扩充编内人员，即扩招WTO秘书处法律司的职员；

方案二：可以允许聘任编外人员，即向专家组和上诉机构成员提供必要的预算，允许他们聘任自己的办案秘书或助理。以上诉机构成员数量为参照系进行等比例计算，见表6-11。

表 6-11 常设专家组/上诉机构成员和司法辅助人员的人数设置

	成员人数（名）	司法辅助人员人数（名）
常设上诉机构	7	24
常设专家组	21	72

从可行性来看，第二种方案更易操作，因为该方案不必修改 DSU 规则。因为 DSU 中只有第 27 条涉及秘书处，但只规定了秘书处的职责，没有规定人员数量，所以方案二不用考虑修改 DSU 规则的问题，更加方便易行。

（二）设置秘书处工作人员轮岗机制

为了使 WTO 秘书处发挥更大的作用，避免利益冲突，避免形成固有思维和模式，提高其工作效率和成效，可以适用机构轮换制度，即让 WTO 秘书处和其他各机构的人员进行流动，相互轮换岗位。这样既可以让 WTO 的工作人员熟悉不同岗位和职能的主要工作，也可以避免利益冲突，实现独立和公正的目的。当然这种轮岗机制要完善，需要全面、精细的机制予以实施，公布相关的标准和条件，也要进行必要的考核，并且待机制成熟时，还可以适用绩效的考核制度，以激发大家工作的积极性和能动性。

（三）扩大秘书处工作人员的广泛代表性

为了降低工作人员的工作量和压力，适度扩大秘书处职员的代表性非常必要，增加发展中国家成员的职员数量，对于提高工作效率和反映 WTO 成员的多样性是有好处的。

 第五节 解决 WTO 争端解决机制体制性和制度性问题的中国方案

关于 WTO 争端解决机制体制性和制度性问题的处理只能根据由易至

难、由浅入深的改革策略,在上诉机构危机得到有效化解、WTO争端解决程序问题达成初步一致的前提下,循序渐进地进行,予以实施。中国政府可以基于现实,未雨绸缪、高瞻远瞩地先行提出相关改革议题,待时机成熟时再提出具体改革方案。

一、加快启动立法解释

根据《WTO协定》第9条第2款的规定,只有部长级会议与总理事会两个机构拥有解释本协定以及各多边贸易协定的排他性的权力,只有在正式投票中四分之三以上的成员方表示赞同时才能通过解释性决议。上述严格的规则和限制性条件的目的是一方面可以规避修改WTO规则的必需步骤——协商一致决策模式所导致的困境的发生,防止美国的刻意阻挠;另一方面又可为专家组和上诉机构的裁决提供有约束力的专业指引,特别是遏制上诉机构作出过于宽泛的法律解释。鉴于当前所处的关键时刻,WTO应尽快就争议较大的某些实体性与程序性规则作出立法解释。

(一) 实体性规则方面

部长级会议或总理事会应尽快对案件裁决中出现的一些关键、敏感,且对案件裁决有决定性意见的概念予以权威解释。例如,对反倾销调查中的"正常价值与出口价格之间的公平比较"、反补贴调查中的"适当金额的反补贴税"与"公共机构"、保障措施实施条件中的"可预见的发展"等关键术语进行解释。对此,可以参考2020年11月通过的《区域全面经济伙伴关系协定》(Regional Comprehensive Economic Partnership,RCEP)的相关规定和解释。

(二) 程序性规则方面

部长级会议或总理事会应尽快就DSU中的关键条款作出立法解释。

(1) 应对DSU第3条第2款中所称"解释国际公法的惯例"作出澄清,要求专家组和上诉机构有义务综合考量各种解释性要素,包括条约用词的通常含义、上下文以及条约的目的与宗旨,不得有所偏颇。此外,专家组和上诉机构应优先考虑条约文字的通常含义，且当某一用词具有多种通常含义时，应优先选择不会导致该用词多余或无意义的解释，或优先选择与条约的目的和宗旨相契合的解释，或优先选择对成员方负担最小的解释。同时，在解释结果明显存在不合理或存在较大争议时，应特别考察条约文本的谈判背景与缔约草案。

（2）应对 DSU 第 3 条第 2 款中所称"多边贸易体制提供可靠性和可预测性"作出解释，规定专家组和上诉机构报告的解释与法律推理均不产生法律上的先例拘束效力，同时后案的专家组或上诉机构应在适当的范围内考虑前案的报告。

（3）为满足《WTO 协定》第 9 条第 2 款的立法解释条件，WTO 成员方有必要制定货物贸易理事会、服务贸易理事会和与贸易有关知识产权理事会的相关规则，建议由部长级会议或总理事会解释特定 WTO 协定条款的程序规定。例如，任何 WTO 成员都可向相应的理事会提出解释某一 WTO 法律规则的请求；在特定的期限内容，该理事会应就此请求以协商一致的方式进行表决；一旦请求获得通过，理事会即应向部长级会议或总理事会提出解释申请。

综上所述，WTO 成员方通过部长级会议或总理事会作出的权威性法律解释可成为 WTO 成员方限制、约束专家组和上诉机构权力的重要方式。近年来，国际公约的缔约方通过权威性的立法解释来限制争端解决机构的解释权与裁判权已经成为国际经济立法的一个重要趋势。例如，处理国际投资争端的仲裁庭对于双边投资条约的解释往往存在很大程度的不确定性，甚至不同的仲裁庭对于相同条款作出了不同的解释，从而引发了人们对该制度的正当性和合法性的忧虑。缔约国对争议条款进行解释不仅有助于阐明投资条约的通常含义，反映缔约国的真实意图，而且也有助于抑制、纠正仲裁庭过度重视投资自由化的错误倾向，以"国家造法"来对抗饱受诟病的"法官造法"。

二、采用诸边模式的谈判机制

为了积极应对 WTO 上诉机构危机，目前已经建立并正在运行的 MPIA

就是一个很好的尝试和创新，即达成基本共识的 WTO 部分成员可建立一个新的上诉机制，所有 WTO 成员均可选择参加或不参加。该机制的优点在于一方面可以最大限度保留 WTO 规则体系的统一性，另一方面又可以破解原上诉机构停摆所带来的争端解决困局。这种做法实质上就是在 WTO 多边贸易体制内采用一种诸边或类诸边模式的谈判机制。

广义上的诸边模式不仅包括《WTO 协定》附件 4 所列的两个协定，而且还指任何不会同时约束所有成员方的差异化规则。尽管 WTO 以建立具备统一性和持久性的多边贸易体制为己任，但它并未从法律上排斥仅适用于特定成员的"差异化规制模式"。该模式与 WTO 长期坚持的"一揽子承诺"谈判模式并无本质上的冲突与矛盾，因为"一揽子承诺"并不意味着 WTO 对每一成员应适用相同的权利义务规则。在新规则的创制过程中，"要么全有、要么全无"的谈判模式强化了多边贸易体制的统一性与权威性，任何成员在加入 WTO 时都不能提出保留，同时这也有力地保证了成员方能公平分享自由化贸易规则所带来的收益并分担相应的成本，杜绝贸易自由化进程中的"搭便车"行为，使成员方有较为强烈的主观意图来遵守新规则。但是，从严格意义上讲，即使存在"一揽子承诺"模式，WTO 规则也并非严格地统一适用于所有成员，因为每一成员在加入 WTO 时都会通过入世议定书作出特定的承诺，它们被要求在 WTO 一般纪律之外承担额外且专属于该成员的义务。此外，依据《WTO 协定》第 10 条第 3 条的规定，一旦部长级会议或总理事会以协商一致或投票方式通过对该协定或多边贸易协定的修正案后，此修正案将提交给成员方来批准；当三分之二的成员批准此修正案时，此修正案即可生效，且只对批准该修正案的成员才有法律约束力。例如，尽管《贸易便利化协定》被列入《WTO 协定》附件 1A（多边货物贸易协定），但它并非自动适用于所有的成员，而是只约束已经完成批准程序的成员方，迄今此类成员共有 127 个。因为，欧盟全部 27 个成员国被计为一个成员方，英国为单独一个成员方。原因在于，成员方并未诉诸新协定通常应遵循的《WTO 协定》第 9 条下的决策程序，而是采用《WTO 协定》第 10 条下更具灵活性的修改程序。《WTO 协定》第 9 条下的决策（除了涉及诸边协定的决策）一旦依据协商一致或简单多数赞同票通过，不需要各方的批准即可约束全体成员，难以顾及成员方的多元化需求，也缺少弹性的制度空间。2014年11月27日，总理事会通过了《关于修改WTO协定的议定书》，决定将该议定书所附的《贸易便利化协定》纳入《WTO协定》附件1A。该协定已经于2017年2月22日生效，由此产生了一个颇为有趣的现象：《贸易便利化协定》名义上是一个多边货物贸易协定，却只约束127个成员。《贸易便利化协定》的生效表明，成员方可以在不动摇现有多边体制的情况下为WTO决策程序注入适当的灵活性，即以差异化的速度达成"一揽子承诺"。

所以，WTO成员应在保留协商一致决策机制的前提下，基于高效务实的考虑，逐步推动开放式诸边谈判模式，形成WTO体制内多边与诸边共存的格局，并最终通过关键多数的开放式诸边模式迂回推动WTO回归多边谈判模式。

2019年1月25日，中国、美国和欧盟等76个WTO成员共同发起电子商务多边谈判，正是此类务实型造法机制的重要体现。循此模式，部分成员方可就上诉机制等程序性规则先行开展谈判，努力达成诸边性协定，尽快构建具有法律约束力、可执行的规则体系，以调整特定成员方之间的经贸关系，挽救岌岌可危的国际经贸法律秩序。采用诸边模式的谈判机制，在部分具备成熟条件的成员方之间先行达成协议，并吸引更多的成员加入，最终达成统一适用于各成员的多边协定，继续迂回地推动多边贸易体制的发展。

三、提高WTO争端解决机制裁决效率

迅速解决争端是WTO争端解决机制的一项重要原则，鉴于当前WTO争端解决机制裁决效率不高的实际情况，想办法提高争端解决的快速和有效性是非常必要的。

（一）制定更为严格的时间表，缩短争端解决的时限

WTO争端解决机制与其他国际争端解决机制一样，针对成员方的拖延行为并没有强制的措施或机构来处理，也是一直困扰机制实施的"顽疾"。

为了避免过分拖延程序，保证争端解决各个环节的顺利衔接，WTO 争端解决机制可以为争端解决程序制定严格的时间表，参考 CPTPP 的做法，见表 6-12。

表 6-12　WTO 和 CPTPP 争端解决机制程序时间表

	WTO 期限	CPTPP 期限
磋商	收到磋商请求之日起 60 日内；情况紧急，30 日内	收到磋商请求之日起 60 日内；易腐食品，30 日内；磋商各方可能同意的其他期限
斡旋、调解和调停	从提出磋商之日起，在要求设立专家组之前，留出 60 日期限	
专家组设立	最迟在起诉方提出设立专家组的请求列入 DSB 的正式议程的会议之后的下一次会议上成立专家组，DSB 反向协商一致除外	专家组自请求递交之日起设立
专家组组成	如果在专家组成立的 20 日内，未就成员组成达成协议，则由总干事通过任命来决定专家组的组成。DSB 应在收到请求的 10 日内，向各成员方通报专家组的组成情况	专家组成员任命：起诉方在 20 日内，被诉方在 35 日内各自任命一名专家组成员；专家组主席任命：最长 65 日内经随机挑选完成任命；替换专家组成员选择程序在 15 日内完成任命
专家组审理程序	从专家组组成到提交最终报告的时间，原则上不超过 6 个月；紧急情况，不超过 3 个月；延迟情况下最长期限 9 个月	从专家组组成到提交初步报告的时间，原则上是 150 日内；紧急情况下，120 日内；例外情况下，延迟最长不超过另外 30 日
临时报告（初步报告）		初步报告散发之日起 15 日内（或争端方同意的时限内），争端方向专家组提交书面评论
最终报告		初步报告提交之日起 30 日内提交最终报告
专家组报告的通过	向成员方发布 20 天之后，考虑通过报告；分发 60 日内，报告应予通过，上诉或 DSB 反向协商一致除外（从专家组设立到通过报告的时间，不应超过 9 个月）	

（续表）

	WTO 期限	CPTPP 期限
上诉审议程序	自争端方正式通知其上诉决定之日至上诉机构分发报告之日，原则上 60 日内；延长情况下不应超过 10 日	
上诉报告通过	向各成员发布后 30 日内（从专家组设立到通过上诉机构报告的时间，不应超过 12 个月）	
执行的监督	报告通过后 30 日内，有关成员通知执行意向	
确定合理期限	裁决通过后的 45 日内，双方协商确定期限；否则 90 日内通过有约束力的仲裁确定	最终报告提交后 45 日内双方协商确定期限；否则在 60 日内提交专家组主席，专家组主席应在 90 日内确定合理期限
履行裁决的合理期限	不应超过 15 个月；特殊情况下，该期限可缩短或延长	不应超过 15 个月；特殊情况下，该期限可缩短或延长

通过对 WTO 和 CPTPP 争端解决机制时间表的分析可知，两者在时间表的制定模式上有较大的区别。两者比较，CPTPP 争端解决机制中时间表的制定更为灵活，更具有可操作性，有利于保证后续程序的进行，避免实践中由于人为的原因造成时间拖延。

首先，CPTPP 协定取消了一些不必要的时间规定。

（1）CPTPP 协定取消了斡旋、调解和调停程序中的强制性时限规定。主要因为斡旋、调解和调停这三种争端解决方式本身就是争端当事方自愿而非强制的选择，适用于争端解决的不同阶段，而且 WTO 和 CPTPP 争端解决机制都允许成员方采取斡旋、调解和调停的方式解决争端，区别在于 DSU 中为斡旋、调解和调停程序规定了 60 日的期限，而 CPTPP 协定则取消了这一时限的规定。另外，与 DSU 规定的磋商程序不同的是斡旋、调解和调停并非 WTO 争端解决的必经阶段，WTO 成员方可以在争端解决过程中的任何时候提出，当然也可以选择在任何时候结束，因此在专家组设立之前单独规定 60 日的期限没有太大的必要。

(2) CPTPP 协定减少了专家组设立的时间。在 WTO 争端解决程序中，专家组的设立至少需要经过一次 DSB 的正式会议，将专家组设立过程单独设置为一个时间段，而在 CPTPP 争端解决机制中，专家组的设立自递交申请书之日即可设立，删除了一个设立时间段而直接缩减为一个时间点，如此操作所花费的时间明显减少，直接导致整个争端解决时间的大大缩短。

其次，CPTPP 更加细化了专家组程序的时间表。

针对专家组程序的期限问题，WTO 多次采取了最长时限的规定方式，如原 DSU 第 12 条第 9 款的规定，"自专家组设立至报告散发各成员的期限无论如何不应超过 9 个月。"却没有明确自专家组的设立到组成阶段的时限规定。事实上，专家组的组成是专家组程序中非常重要的组成部分，组成时间的早晚直接关系到专家组报告的提交时间。CPTPP 争端解决机制对此项的规定就更为具体和详细。专家组程序被细化为设立、组成、审理、初步报告、最终报告五个环节，并对每一个环节都规定了具体的时限。其中，专家组组成的规定尤为值得关注。从表 6-12 可以看出，专家组的组成分为专家组成员任命和专家组主席任命两个阶段，在这两个阶段中，又分别规定起诉方及被起诉方任命的程序及时限。当出现争端双方未能通过协商一致确定人选的情况时，规定了按照程序从候选人中"随机"挑选或者用争端方推举的第三方任命的程序。这些规定不仅让专家组成员的任命更为简单易行，同时还可以避免因成员方意见分歧而造成的专家组组成程序被拖延的问题。

（二）加强裁决者的资质和遴选程序要求

为了保障裁决的公正性和有效性，加强裁决者的资质和遴选程序要求也是非常关键的，因为专业的裁决者是司法性和权威性的重要因素。

参考 CPTPP 争端解决机制的规定，其在设置类似于 WTO "专家组成员指示性名单"之外，新设了"专家组主席候选名册"，同时高度强调了专家组成员的专业素养。专家组的成员"须在法律、国际贸易或与国际协定相关的其他事项中，或在国际贸易协定之争端解决上富有经验或专长"。在专家组的组成环节，督促争端方尽量选择在争端事项上富有经验或专长的专家组成员，要求相关专家组成员必须具有涉诉案件的理论或实务经验专长。

CPTPP争端解决机制中加强裁决者资格的规定，不仅降低了专家组成员遴选的复杂性，也确保了裁决者的专业性，这与WTO争端解决程序中专家组的成员主要是政府人员相比，也更能体现裁决的专业性和权威性。WTO争端解决机制在专家组和上诉机构成员的资质和遴选程序方面可以借鉴CPTPP的规定。

四、增加WTO争端解决机制的透明度

衡量一个中立的第三方裁决过程是否具有鲜明的司法性和公正性，除了是否包括合理的审理程序的设置，还包括其他一些重要的标准，其中至少应当包括程序的正当性、裁决者的资格和操守。增加程序的透明度、保障程序的正当性，是目前各大国际争端解决机制的基本特征。提高WTO规则的透明度一直是WTO改革的重点和难点问题，尤其是WTO争端解决程序的透明度问题更是难上加难，也是WTO争端解决机制改革的重心。当然，透明度问题的改革可以作为重要发力点。

大多数WTO争端各当事方出于安全考虑依旧不愿意公开其信息，但透明度原则意味着公平公正，所以可以在一定范围内设置规则解决透明度的问题。WTO争端解决机制改革方案中可以适度增加关于审议程序以及陈述文本公开的规定，设置"开放"的评审团成员遴选机制和"公开"的审理程序。WTO争端解决机制的透明度规则改革首先要通过总理事会做出规则澄清或修订，对此，可以参考《联合国投资人与国家间基于条约仲裁透明度公约》（也称《毛里求斯公约》）。

具体改革方案如下。

（一）增强社会公众的参与度

WTO争端解决机制可以赋予社会公众在争端解决程序中更多的参与权，改变DSU中关于审议程序和陈述文本的保密规则。对此可以参考CPTPP争端解决机制的相关规定，如CPTPP协定第28条第13款的（b）和（d）项规定，缔约方的公众可以跟踪整个争端解决过程，获得争端解决中提交的意见，参加专家组听证会。除非争端方另有约定，还可以获得专家

组提交的最终报告。此外，还缩减了保密文件的范围，专家组听证会和争端当事方提交的陈述文本或者书面答复都要对社会公众公开。这样规定，社会公众获得争端信息的权利不再受到WTO成员方的限制，向公众披露争端解决的信息成为成员方的一项义务。社会公众参与权成为一项基本权利。目前推行这种做法以及进行如此颠覆性的改革有相当的困难，主要是因为WTO目前拥有164个成员方，成员众多是限制当前放开透明度原则的重要原因之一。

而CPTPP当前的成员比较少，更加容易解决争端解决的透明度问题。其鼓励公众参与争端解决，让社会公众在国家间争端的解决过程中发挥更多的作用。这使得争端解决程序更加公开化和透明化，有助于提高争端解决的公正性。

对此，我们可以采取持续关注和观察动态的策略，经过一段时间的应用，如果CPTPP的此项规则运作良好，并被大家所广泛接受，那么WTO可以适时在争端解决机制改革中予以尝试。

(二) 加强"法庭之友"的作用

与DSU文本中没有对"法庭之友"进行表述所不同的是，CPTPP文本中对"法庭之友"进行了相应的规定。CPTPP协定第28条第15款规定，专家组可应争端一方或者自行决定寻求信息和技术建议，同时允许各争端方就专家组获取的信息和建议进行评论。在专家组和争端方能够考虑和评议的专家意见的范围上，CPTPP的规定也较为宽松。根据CPTPP第28条第13款（e）项的规定，在争端解决进程中，设立于任何争端方境内的非政府主体都可要求向专家组提交与争端相关的书面意见，专家组应予以考虑。该项规定明确了DSU中没有规定的"法庭之友"主动提交材料给专家组，专家组应如何处理这些材料的问题。WTO争端解决改革可以尝试加入"法庭之友"的条款，在专家组对专家和专家意见选择的控制权上保留了一定的空间，让"法庭之友"在争端解决程序中有更多的参与权，也使得专家意见征询程序更加开放和透明。

但有一点要特别注意，在WTO实践中，以"法庭之友"身份出现的组织多是西方非政府间国际组织（NGOs），发展中成员在这方面的力量有限，NGO 的过量渗透对于发展中国家成员总体并无益处。虽然非政府间国际组织以"法庭之友"的身份参与到争端解决过程中，在有些情况下确实发达国家更有优势，但是"法庭之友"的存在代表着公众对争端解决透明度的追求，并在国际贸易、环境保护等多方面起到积极的作用。因此，"法庭之友"作为非政府间国际组织以及公众参与争端解决的一条重要路径，其作用应该得到肯定。所以 WTO 应首先建立一个主要由发展中成员代表组成的资格认定机构，依据 WTO 制定的资格标准，确定哪些是合格的、可参与 WTO 事务的 NGO。在设定 NGO 的资格标准方面，WTO 可以学习和借鉴联合国经社理事会（United Nations Economic and Social Council）、世界知识产权组织（World Intellectual Property Organization）、国际货币基金组织（International Monetary Fund）等国际组织多年来取得的成功经验，上述国际组织均有一套完整的 NGO 认定标准。

（三）公开听证会

明确在 WTO 争端各当事方均同意的情况下，专家组和上诉机构可以召开实时或延时公开的听证会，鼓励 WTO 成员在各自网站上公开书面陈述和口头陈述，如果 WTO 争端各当事方协商一致，也可考虑在 WTO 网站上公开成员书面和口头陈述。

（四）增设庭审公开规则

一方面，庭审制度的公开可以最大限度地避免权利滥用的行使，专家组报告和上诉机构审理结果也能最大限度地确保公平和公正。另一方面，提高庭审的公开性和透明度不仅有助于上诉程序的规范发展，还能让企业组织和社会公众参与 WTO 贸易争端处理。还可以建立旁听制度，更好地达到对案件审理的监督效果，有利于裁决的公平。

五、拓展 WTO 争端解决的方式和应用

WTO 争端解决机制的核心是要建立多边贸易体制中的可预测性和安全

性,首先,要求在争端的解决过程中要保持当事方权利义务的平衡,不要影响 WTO 协议下的利益,其次,保持 WTO 基本原则不变,最后,争端解决的方式可以更灵活。

(一)增加 WTO 争端解决的方式

建议适当增加一些积极的 WTO 成员普遍可以接受的新型争端解决的方式,如调解机制(mediation)。建议方案:增加一项独立的,公正的适合 WTO 争端案件的调解机制作为 WTO 争端解决新的方式,以减少 WTO 争端案件进入正规的法律程序,调解机制的适用更灵活,对争端当事方的作用更大,效果更好,也更加有利,通过调解机制解决 WTO 贸易争端,可以减少处理复杂、敏感的法律问题,可以大大地降低上诉率,使得争端各方最快达成满意的结果。

例如《关于解决国家和他国国民之间投资争端公约》(Convention on the Settlement of Investment Disputes Between States and Nationals of Other States,又称《华盛顿公约》)第三章"调解",已经正式引进了调解条款和调解程序,对调解机制做了全面的规定,适用至今,效果得到大家的肯定和认可。

再如,2019 年 8 月 7 日正式签署的《联合国关于调解所产生的国际和解协议公约》(Singapore Convention on Mediation,又称《新加坡调解公约》),是由联合国国际贸易法委员会历时四年研究拟订的,并经联合国大会会议于 2018 年 12 月审议通过的国际公约。公约旨在解决国际商事调解达成的和解协议的跨境执行问题等。签署成员包括中国、美国、印度、韩国以及多个东盟国家。另有 24 个国家的代表出席了签署仪式和相关会议。《新加坡调解公约》在诉讼、仲裁之外,进一步健全了国际商事争议解决的调解制度。此公约强化了商事争议解决方面的国际法治规则,展示了国际社会对多边主义重要作用的共识,凸显了多边主义价值。《新加坡调解公约》的通过也促进了调解机制正式作为争端解决争议的有效方式,WTO 的调解协议与《华盛顿公约》《新加坡调解公约》三项公约一起,形成了完整的国际争端解决及其执行框架。通过《华盛顿公约》可以使 WTO 调解协议具有法律效力，可以直接执行，一方面节省了时间，另一方面能使争端当事方发挥更大的作用。

（二）拓展 WTO 争端解决方式的应用

根据 DSU 第 3 条第 7 款的规定，争端方满意且与适用协定相一致的解决方案是争端解决的首选。然而，相互满意的解决方案（MAS）虽然在 WTO 争端解决中扮演了极其重要的作用，却没有获得相应的重视。MAS 谈判结果可以和平解决贸易争端，符合联合国宪章的规则，也是符合 WTO 争端解决总的方向，应该大力推广及应用。虽然通过 MAS 解决争端在 WTO 争端解决机制中有着不可或缺的作用，MAS 有着结束争端的效果，然而在实践当中，由于缺乏规则的约束，在通过 MAS 结束的争端中经常隐藏着执行问题，执行机制本身的不完善又加重了这种现象，因此，急需通过改革予以解决。

在 GATT 体制下，争端解决机制表现出明显的"外交特征"，缺乏对 MAS 的明确规制，成员国被给予了更大程度的运用策略的空间。随着贸易体制的演进，WTO 一方面沿袭了 GATT 体制中的外交特征，另一方面在新的争端解决机制中纳入了规则导向的元素。协商阶段是权力导向更多发挥作用的阶段，争端双方在达成 MAS 的协商过程中，可能会相互约定免除 WTO 义务，甚至损害第三方成员的利益，创造出多边贸易体制中的"灰色区域"。

DSU 第 3 条第 5 款和第 6 款是 WTO 规制成员方达成 MAS 的主要条款。然而这些条款仅为约束 MAS 提供了一个基本的框架，缺乏充分的可执行性，一些标准甚至模糊不清，没有为成员方树立一个确定的合法性标准。由于专家组/上诉机构报告几乎没有机会对规制 MAS 的条款进行解释，争端方往往对 DSU 第 3 条第 5 款和第 6 款的义务进行及其宽松的解释，影响了 WTO 义务的执行效果。

在当前全球化程度加深的时代，国家间经济的相互依赖决定了 WTO 义务的执行问题不仅仅是争端双方的问题，也关系到全体 WTO 成员共同的利益。解决这一问题的根本途径就是通过全球治理促进国家成员间和政府间的合作，并在现有的 WTO 执行机制中引入多边元素。因此，为了解决成员方达成 MAS 减损执行效果损害 WTO 争端方及第三方利益的问题，应该从两个途径入手解决。

（1）澄清规制 MAS 的 DSU 规则，明确成员方达成 MAS 应遵守的实体义务和程序义务。在全球治理解决共同挑战的新背景下重新剖析 WTO 规则的性质和法律地位，回答成员方是否能够通过达成 MAS 相互豁免 WTO 义务的关键问题。

（2）选择恰当可行的路径在当前成员主导的执行机制中，加入第三方元素。将以管理为导向的执行元素纳入政府间合作中。一方面促进政府间的水平合作，引导成员方善意磋商达成 MAS；另一方面，通过建立遵约委员会，在 WTO 中建立垂直的政府网络，完善成员自我报告制度，审核 MAS 的合法性，促进政府间信息的交换和发展中国家成员内部的能力建设。

（三）灵活改变磋商形式

磋商程序是 WTO 争端解决程序的前置性程序，在发生贸易争端时首先是进行磋商程序，才能进行后面的其他争端解决程序。随着信息网络技术的飞速发展和现代理念的不断推进，WTO 争端解决机制中的磋商程序可以通过更简洁更便利的沟通和交流方式进行。

（1）在磋商程序的实效方面可以考虑缩短时限，且磋商环节可以灵活地运用在其他阶段，而不是仅仅局限于某一环节。磋商时间的缩短对于 WTO 争端双方解决问题有时并不会造成实质的影响，许多 WTO 成员方都提出适度缩短磋商期限的建议。

（2）除面对面交流外，在条件受限时，争端各方可以采用视频会议或者录像的方式。

诚然，WTO 争端解决机制存在着大量的 WTO 的体制性缺陷与制度性不足，在 WTO 争端解决机制改革初期，不可能期待一次性彻底完全改变，制定全面、完美的改革方案，需要先从"思想上、态度上、行动上、议题上、舆论上"深入参与 WTO 争端解决机制改革，再从重点问题提出 WTO 争端解决机制改革方案。

六、关于WTO争端解决机制改革谈判模式的中国方案

关于WTO争端解决机制改革的谈判方式和谈判内容的具体范围的确定是当前改革的重点和难点，目前WTO机构内部主要采用的是漫谈的方式，效率明显较低，导致改革问题久拖不决，需要一些积极、有效的破局方法。

（一）WTO层面的谈判模式

从当前的发展局势来分析，如果想实现在2024年前拥有一个所有成员均可使用的、完整的和运转良好的WTO争端解决机制的目标，可以采用"拓展模式"+"民主集中制"的综合谈判模式。

具体操作建议如下。

（1）制订WTO争端解决机制改革谈判时间表，由WTO所有成员方广泛提出改革建议和方案，甚至包括拓展议题，尤其鼓励发展中国家成员参与进来。

（2）对所有改革建议和方案进行分类整理，划定重点讨论议题，开展分组讨论，由总理事会负责一些整体、宏观的议题讨论，各分委会负责一些具体事项的讨论，通过上下结合、总分结合的方式开展广泛讨论。

（3）针对重点议题的讨论成果进行提炼和整合，形成一些具有共识的议题，由主席提出建议，包括存在的问题和解决的方案等内容，选择排位靠前的5—8个议题展开集中讨论。

（4）由总理事会组织进一步讨论，再次提炼凝聚共识议题，再由总干事提出建议，部长级会议发挥推动力，征询WTO成员中的大国意见，鉴于目前的WTO总干事比较强势，可利用其特点，形成大多数成员方的意见，有利于推动达成统一的改革方案。

（二）中国参与WTO争端解决机制改革的模式

中国可以借鉴2018年11月提出的《中国关于世贸组织改革的立场文件》和2019年5月提出的《中国关于世贸组织改革的建议文件》的经验，进一步提出有关WTO争端解决机制改革的中国方案。

首先，中国应在"思想上、态度上、行动上、议题上、舆论上"深入参与WTO争端解决机制改革。中国自加入WTO以后，无论在遵守规则还是应对争端解决，包括在WTO裁决方面，都被WTO其他成员称赞具有"中式"特色，堪称"优秀"。面对WTO争端解决机制改革问题，中国更应具有大国意识，从多方面积极参与WTO争端解决机制改革，继续保持"中式"特色，起到模范带头作用和引领示范效应。中国一直在推动WTO上诉机构尽早恢复正常运转，积极参与临时上诉仲裁机制的实践发展，努力推动WTO争端解决功能的尽快恢复。

其次，中国应从总体原则、重点问题、系统性等方面提出WTO争端解决机制改革方案。从概念上引领，以提案和倡议文本为导向，先找到明确问题，再提炼主旨要点，接下来起草改革案文，最终形成具体成果。中国应尽早提出WTO争端解决机制改革方案，占领先机，主导节奏和议题。

最后，中国政府可以先期拓展与学界、产业界就议题的研讨，拓展交流方式和支持渠道。在国内针对已提出成熟观点的建议开展广泛研讨，再凝聚共识，形成WTO争端解决机制改革方案的框架和核心观点。

WTO的改革仍然在艰难而漫长的道路上前行探索，历史告诉了我们未来的改革之路，尤其是WTO争端解决机制的改革之道。WTO争端解决机制改革需要部长级会议和每次相关会议形成的有关程序改革的文件，需要特别会议对WTO争端机制改革形成的书面条款建议。

近年来，中国作为WTO发展中成员的核心代表，经济持续快速发展，在确定全球未来贸易体制发展方向等方面，中国的主张将起到举足轻重的作用。中国作为WTO多边贸易体制开放进程中的主要受益者和经济全球化的贡献者，在WTO改革方案和建议方面应行使更多的话语权，发挥更大的影响力和促进作用。

我国应充分认识到此次WTO争端解决机制改革的紧迫性和重要性，积极参与改革，坚持WTO基本原则和核心精神，优先化解危及WTO生存的上诉机构改革问题，兼顾平衡各方诉求，利用多渠道、多平台持续稳步推进WTO争端解决机制改革。

注释：

[1] 朱绵茂，陈卫东，陈咏梅，等：《WTO改革的中国学者方案笔谈》，载《南海法学》2019年第1期第1—16页。

[2] 张月姣：《中国在WTO诉美国反补贴措施案中胜诉的意义及启示》，载《国际法研究》2022年第3期第14—20页。

[3] 屠新泉，杨丹宁，李思奇：《加入WTO 20年：中国与WTO互动关系的演进》，载《改革》2020年第11期第23—36页。

[4] 何力：《逆全球化下中美"贸易战"与国际经济法的走向》，载《政法论丛》2019年第5期，第3—14页。

[5] 柯静：《世界贸易组织改革：挑战、进展与前景展望》，载《太平洋学报》2019年第2期，第25—37页。

[6] 贺小勇，陈瑶：《"求同存异"：WTO改革方案评析与中国对策建议》，载《上海对外经贸大学学报》2019年第2期第24—38页。

[7] 相关案件统计截至2023年5月底，下同。

[8] 韩逸畴：《中国遵守WTO不利裁决的策略及其对国家声誉的影响研究》，载《当代法学》2018年第6期第123—136页。

[9] 彭德雷：《十字路口的世贸组织上诉机构：改革观察与最新实践》，载《国际经贸探索》2020年第9期第88—102页。

[10] 左海聪：《GATT/WTO体制中发展中国家的待遇：规则与实施》，载《经济法论丛》2001年第2期第137—167页。

结　语

经济全球化是不可逆转的时代潮流，符合全球各国的共同利益，我们要对此充满信心。作为国际贸易领域最具代表性和最为重要的国际经贸组织，WTO 享有"经济联合国"的美誉，而其争端解决机制更是被高度称赞为"WTO 皇冠上的明珠"，为"全球治理""国际法治"指明了方向，很明显其地位不可动摇，公信力和有效性毋庸置疑。

作为一项法律体系以及自由贸易体制，WTO 通常被视为全球性公共物品，它对于所有国家（包括非 WTO 成员）都是有利的，因为它提供了具有稳定性的法律制度，并保证市场准入的承诺得到切实的实施。特别是，WTO 的造法与司法机制（争端解决）可以通过持续性地谈判新的贸易自由化规则、澄清现有贸易规则的含义、限制单边贸易措施的外部性等手段，为多边贸易体制提供完全性与可预见性。WTO 的宗旨是构建互惠性的贸易自由化体制并兑现各成员的市场准入承诺，同时保留成员方保护非经济目标的合法空间。当 WTO 多边贸易体制面临停滞不前的困境时，各成员应努力化解争议，寻求最大限度的政治共识，共同致力于维护兼具统一性与多样性的国际经贸秩序。

近些年出现的"逆全球化"给 WTO 及其争端解决机制带来极大挑战，已经和正在发生一些渐行性倒退之变。追根寻源，根本原因在于在国际货物贸易和世界生产的总量这些属于国际社会的经济基础方面，中国所占比重显著上升，日益逼近美国，引起国际经贸关系的力量对比变化。如，以国民生产总值、国际货物贸易总量及其占世界总量（均为万亿美元）之比为例，见表1。

结　语

表1　中国在各项指标中的占比变化

年　份	国　家	国民生产总值	占比世界总量	国际货物贸易总量	占比世界总量
2010	中国	5.88	8.8%	2.97	9.68%
	美国	15.05	22.6%	3.25	10.58%
2021	中国	17.73	18.44%	6.05	13.62%
	美国	23.32	24.26%	4.69	10.56%

从表1中可以更清晰地看出，在这十一年中，中国和美国在经济发展和货物贸易量上的对比关系，国民生产总值的差距在明显缩小，特别是货物贸易量，中国已经反超美国。上述对比使得美国唯恐被中国进一步全面超越，因而千方百计遏制中国，包括在多边贸易体制内挑起与中国之间史无前例的"贸易战"，并对WTO上诉机构审理包括美国与中国之间涉及国有企业的贸易争端及其裁决表示不满，而蓄意使上诉机构瘫痪。2023年3月27日（当地时间），美国国会众议院以415票支持0票反对的结果，通过了一项旨在剥夺中国"发展中国家"地位的立法草案。该草案要求在有美国参与的国际组织中剥夺中国的"发展中国家"地位，同时反对在任何国际协议和条约中将中国继续视为"发展中国家"，并且在国际组织中阻止中国凭借"发展中国家"的地位获得任何优待。消息一出，引起国内外一阵哗然。美国此举执意要剥夺中国"发展中国家"地位的目的路人皆知，就是想要通过各种方式，来减缓中国的发展速度和发展质量。但是，我们非常明确，国际货物贸易总量与世界生产总值之比表明，"逆全球化"事实上并没有改变全球经济一体化的趋势。

在逆全球化的大背景下，任何事物的发展都不可能是一帆风顺的。逆全球化趋势和经济全球化一样是自然规律，由此引发的WTO危机和经贸法治危机向全球提出了挑战，WTO主要成员方纷纷提出改革方案的同时，也在积极采取应对措施。从多哈回合谈判"延宕日久、名存实亡"，到上诉机构停摆，处于瘫痪状态，这是一个可以预料的结果。

与此同时，我们必须清晰地意识到，WTO 改革不是一蹴而就的，更不能推倒重来，可以在现有原则基础上循序渐进地进行修改和完善。因此，WTO 应进行渐进式的改革，在保障其基本原则和核心价值不变的基础上，增强其权威性和有效性，提升多边贸易体制的核心作用，更好地促进全球经济的稳定快速发展。

WTO 争端解决机制正面临其成立以来最大的一场危机，如何化解危机、走出困境，需要中国的智慧和勇气，主动承担更大的国际责任。

习近平总书记强调："中国走向世界，以负责任大国参与国际事务，必须善于运用法治。在对外斗争中，我们要拿起法律武器，占领法治制高点，敢于向破坏者、搅局者说不。"中国常驻世贸组织代表、特命全权大使李成钢表示，入世是中国改革开放和现代化建设进程中的重要里程碑，积极运用 WTO 争端解决机制化解贸易争端，是中国深度参与全球经济治理、推动国际经贸规则发展完善的缩影，展现了中国坚定维护以 WTO 为基石的多边贸易体制、践行真正的多边主义的责任与担当。他特别提到，当前外部世界发生重要变化，WTO 陷入危机，争端解决机制因为上诉机构的停摆而皇冠失色，中国在经贸领域正面临着更加复杂的风险和挑战。面对这些挑战，需要从历史实践中吸取经验和智慧，继续用好 WTO 争端解决机制，并推动它进一步完善发展。

上诉机构以及 WTO 争端解决机制危机的化解需要智慧和机遇，中国应立足更全面的视野，在积极寻求化解上诉机构危机方案的同时深入思考在逆全球化背景下的综合应对。中国应把握时机并及时调整策略，以更加积极主动的开放举措推动 WTO 多边谈判和必要改革，提振各方对多边贸易体制乃至经济全球化的信心和决心，与各方成员共同努力维护 WTO 的权威。在维护 WTO 基本宗旨和基本原则的基础上，结合自身定位和现实需求，不断增强多边贸易体制的包容性和代表性，适时地提出关于 WTO 争端解决机制改革的中国方案，提升中国参与全球治理和国际法治的话语权，用中国的经验和智慧促进国际法治和全球经济的发展。

随着中国经济的全球占比从"小个子"变成"大块头"，我们需要主动承担更大国际责任，提供更多公共产品。中国未来不仅要思考如何进一步用好 WTO 争端解决机制，维护中国利益，还应从更宏观的视角去思考、设计和推动该机制的改革，使之更加符合全体成员的利益。

本书研究的中国改革方案只是探路石，由易至难、由浅入深，灵活机动地抛出几个相对成熟的议题，待 WTO 成员方广泛支持和接受后，再逐渐深化改革。现阶段，中国应面对现实、求同存异，在 WTO 争端解决机制改革中与时俱进、循序渐进、守正创新。当前，中国主张 WTO 改革应优先处理危及 WTO 生存的关键问题——尽快解决上诉机构问题。中国提出的上诉机构改革策略和具体方案的内容选择和设计非常重要，在先期提出全面、柔和的改革方案，应满足上诉机构改革的需求和目标。只有这样，中国关于上诉机构的改革方案才真正具备灵活性和可行性，才能真正化解上诉机构危机和进一步推动 WTO 争端解决机制乃至 WTO 体制的全面改革，在 WTO 以及争端解决机制改革建议和方案方面行使更多的话语权，发挥更大的影响力和促进作用。

主要参考文献

一、中文资料

(一) 期刊

[1] 陈靓,黄鹏. WTO 现代化改革——全球价值链与多边贸易体系的冲突与协调 [J]. 国际展望, 2019, 11 (1): 16-34 + 157-158.

[2] 董小君,郭贝贝. 美国推进 WTO 贸易规则改革的双重路径选择及中国的应对 [J]. 江苏行政学院学报, 2021 (1): 44-52.

[3] 都亳. 开放的诸边主义: 世界贸易组织谈判改革的路径 [J]. 太平洋学报, 2019, 27 (9): 95-104.

[4] 房东. 解决 WTO 上诉机构危机: 启动投票制度的初步设想 [J]. 国际经济法学刊, 2019 (4): 17-23.

[5] 高疆. 全球化变局中的世贸组织改革: 困境、分歧与前路 [J]. 世界经济研究, 2022 (11): 31-42 + 135.

[6] 龚柏华. 论 WTO 规则现代化改革中的诸边模式 [J]. 上海对外经贸大学学报, 2019, 26 (2): 13-23.

[7] 龚冠华. 简议 WTO 争端解决机制的现代化改革 [J]. 东南大学学报 (哲学社会科学版), 2019, 21 (S2): 9-14.

[8] 何力. 美国 "301 条款" 的复活与 WTO [J]. 政法论丛, 2017 (6): 3-11.

[9] 何力. 逆全球化下中美 "贸易战" 与国际经济法的走向 [J]. 政法论丛, 2019 (5): 3-14.

[10] 贺慧芳. 世界贸易秩序的重建、WTO 改革和中国的应对之策 [J]. 价格月刊, 2019 (5): 41-46.

[11] 贺小勇，陈瑶."求同存异"：WTO 改革方案评析与中国对策建议［J］.上海对外经贸大学学报，2019，26（2）：24-38.

[12] 贺小勇.自制与开拓：WTO 上诉机构管辖权的法律边界［J］.法学，2006（1）：30-34.

[13] 胡加祥.从 WTO 规则看中美经贸关系的走向［J］.国际商务研究，2022，13（1）：72-82.

[14] 胡加祥.从 WTO 争端解决程序看《多方临时上诉仲裁安排》的可执行性［J］.国际经贸探索，2021，37（2）：99-112.

[15] 胡加祥.WTO 法律解释权的错配与重置［J］.法学，2021（10）：181-192.

[16] 胡加祥.美国贸易保护主义国内法源流评析——兼评 232 条款和 301 条款［J］.经贸法律评论，2019（1）：1-17.

[17] 胡加祥.上诉机构"停摆"之后的 WTO 争端解决机制何去何从［J］.国际经贸探索，2020，36（1）：90-98.

[18] 胡加祥.世贸组织争端解决机制二十年回眸——以补偿机制为视角［J］.交大法学，2015（3）：155-167.

[19] 胡加祥.TPP 争端解决机制研究——以 WTO 争端解决机制为比较视角［J］.上海交通大学学报（哲学社会科学版），2017，25（2）：47-56.

[20] 黄建华.论 WTO 争端解决机制的贡献、不足与对策［J］.世界贸易组织动态与研究，2000（9）：27-30.

[21] 黄建忠.WTO 改革之争——中国的原则立场与对策思路［J］.上海对外经贸大学学报，2019，26（2）：5-12.

[22] 黄康道.WTO 上诉机构法官遴选制度改革［J］.研究生法学，2019，34（1）：105-113.

[23] 霍建国.关于世贸组织改革面临的严峻形势及中国的对策［J］.全球化，2019（11）：22-29+133-134.

[24] 霍建国.世界贸易组织改革面临的矛盾及对策［J］.中国物流与采购，2019（21）：20-21.

[25] 计先骏.论我国 WTO 争端解决机制的现状及对策［J］.经济师，2019（12）：70-71.

[26] 姜跃春，张玉环.世界贸易组织改革与多边贸易体系前景［J］.太平洋学报，

2020, 28 (4): 81-91.

[27] 金建恺. WTO 透明度规则的改革进展、前景展望与中国建议 [J]. 经济纵横, 2020 (12): 63-69.

[28] 柯静. 世界贸易组织改革: 挑战、进展与前景展望 [J]. 太平洋学报, 2019, 27 (2): 25-37.

[29] 孔庆江. 美欧对世界贸易组织改革的设想与中国方案比较 [J]. 欧洲研究, 2019, 37 (3): 38-56.

[30] 孔庆江. 试论中美贸易摩擦持续情况下的中国对策 [J]. 国际贸易, 2019 (1): 39-43.

[31] 孔庆江, 王艺琳. WTO 裁决执行中的合理期限仲裁 [J]. 国际法研究, 2018 (6): 81-96.

[32] 孔庆江. 一个解决 WTO 上诉机构僵局的设想 [J]. 清华法学, 2019, 13 (4): 197-207.

[33] 孔庆江. RCEP 争端解决机制: 为亚洲打造的自贸区争端解决机制 [J]. 当代法学, 2021, 35 (2): 34-43.

[34] 雷蒙. WTO 成员上诉机构成员遴选引发体制性担忧 [J]. WTO 经济导刊, 2016 (6): 60.

[35] 雷蒙. 上诉机构停摆: 世贸组织面临的最大挫败 [J]. 可持续发展经济导刊, 2020 (Z1): 122.

[36] 李馥伊. 世贸组织改革各方动向和应对建议 [J]. 中国经贸导刊, 2019 (7): 31-34.

[37] 李浩东. 推动 WTO 改革的中国方案及相关建议 [J]. 中国经贸导刊 (中), 2021 (9): 4-8.

[38] 李计广, 郑育礼. 多边贸易体制改革: 背景、性质及中国方略 [J]. 国际经济评论, 2020 (5): 76-91+6.

[39] 李洁. 美国贸易 232 调查及中国的应对 [J]. 人民法治, 2018 (10): 59-62.

[40] 李巍, 张玉环. "特朗普经济学"与中美经贸关系 [J]. 现代国际关系, 2017 (2): 8-14.

[41] 李雪平. WTO 程序机制改革的国际法思考 [J]. 国际展望, 2019, 11 (6): 1-19.

[42] 李杨，尹紫伊.美国对 WTO 争端解决机制的不满与改革诉求［J］.国际贸易，2020（7）：72-79.

[43] 梁意.论上诉机构存废背景下的 WTO 争端解决机制改革［J］.法学，2022（12）：175-192.

[44] 梁意.世贸组织上诉机构对司法节制原则的适用［J］.武大国际法评论，2018，2（2）：136-157.

[45] 梁意.司法节制原则视角下的世界贸易组织争端解决机制改革——兼评《多方临时上诉仲裁安排》［J］.武大国际法评论，2022，6（2）：120-139.

[46] 廖凡.从《美墨加协定》看美式单边主义及其应对［J］.拉丁美洲研究，2019，41（1）：43-59.

[47] 廖凡.世界贸易组织改革：全球方案与中国立场［J］.国际经济评论，2019（2）：32-43.

[48] 林波.全球治理背景下 WTO 争端解决机制效率研究［J］.技术经济与管理研究，2017（7）：88-92.

[49] 刘彬.贸易争端解决机制改革论争的常态与非常态［J］.国际经济法学刊，2021（3）：53-64.

[50] 刘斌，宫方茗，李川川.美日欧 WTO 补贴规则改革方案及其对中国的挑战［J］.国际贸易，2020（2）：57-63.

[51] 刘敬东.WTO 改革的必要性及其议题设计［J］.国际经济评论，2019（1）：34-57.

[52] 刘敬东.国际贸易法治的危机及克服路径［J］.法学杂志，2020，41（1）：18-29.

[53] 刘敬东.浅析 WTO 未来之路——WTO 改革动向及思考［J］.法学杂志，2013，34（4）：87-94.

[54] 刘敬东.全面开放新格局的国际法治内涵与路径［J］.经贸法律评论，2019（1）：69-85+132.

[55] 刘明.对 2017 年以来美欧日三方贸易部长联合声明的分析［J］.国家治理，2019（21）：13-25.

[56] 刘明.对 2017 年以来美欧日三方贸易部长联合声明的分析［J］.国家治理，2019（21）：13-25.

[57] 刘明礼.试析欧盟对全球化的矛盾心态［J］.现代国际关系，2018（7）：39-45+64.

[58] 刘瑞喜，徐德顺.中国入世20年：WTO争端演变与中国实践［J］.对外经贸实务，2021（12）：4-12.

[59] 刘瑛.WTO临时上诉仲裁机制：性质、困境和前景［J］.社会科学辑刊，2021（4）：80-89.

[60] 刘勇，柯欢怡.WTO多边贸易体制的困境与解决方案研究——以USTR《上诉机构报告》为切入点［J］.经贸法律评论，2021（3）：63-85.

[61] 陆燕.WTO改革：进展、前景及中国应对［J］.国际商务财会，2019（10）：3-7+14.

[62] 陆燕.2019年世界经济前瞻及中国应对［J］.国际经济合作，2019（1）：4-11.

[63] 吕炳斌.WTO争端解决中上诉机构"完成分析"问题研究［J］.武大国际法评论，2010，12（S1）：304-319.

[64] ［美］伊恩·弗格斯森，王宇.世界需要一个运行正常的多边贸易争端解决机制［J］.金融发展研究，2020（10）：36-38.

[65] 倪月菊.日本应对WTO改革的政策动向［J］.国际问题研究，2019（2）：99-109.

[66] 彭德雷.十字路口的世贸组织上诉机构：改革观察与最新实践［J］.国际经贸探索，2020，36（9）：88-102.

[67] 彭岳.WTO争端解决报告先例价值之争［J］.法学评论，2019，37（6）：84-97.

[68] 邱慧芳.美国退出世界贸易组织的可能影响［J］.时代经贸，2017（21）：25-29.

[69] 全毅.各国WTO改革方案比较与中国因应策略［J］.亚太经济，2019（6）：110-117+147.

[70] 任永彬.失灵的WTO［J］.进出口经理人，2018（9）：22-23.

[71] ［日］谷口安平，胡加祥.WTO上诉机构处理案件的实践经验［J］.交大法学，2012（2）：15-20.

[72] 沈伟.WTO失灵：困局和分歧［J］.上海商学院学报，2019，20（5）：

58-74.

[73] 沈伟."修昔底德"逻辑和规则遏制与反遏制——中美贸易摩擦背后的深层次动因[J].人民论坛·学术前沿,2019(1):40-59.

[74] 沈伟.驯服全球化的药方是否适合逆全球化?——再读《驯服全球化:国际法、美国宪法和新的全球秩序》[J].人民论坛·学术前沿,2020(12):76-87.

[75] 盛斌,高疆.超越传统贸易:数字贸易的内涵、特征与影响[J].国外社会科学,2020(4):18-32.

[76] 盛斌,高疆.中国与全球经济治理:从规则接受者到规则参与者[J].南开学报(哲学社会科学版),2018(5):18-27.

[77] 盛斌,宗伟.特朗普主义与反全球化迷思[J].南开学报(哲学社会科学版),2017(5):38-49.

[78] 盛建明,钟楹.关于WTO"协商一致"与"一揽子协定"决策原则的实证分析及其改革路径研究[J].河北法学,2015,33(8):45-57.

[79] 石静霞,白芳艳.应对WTO上诉机构危机:基于仲裁解决贸易争端的角度[J].国际贸易问题,2019(4):13-34.

[80] 石静霞."变动中的国际经济秩序及国际法应对"国际学术研讨会观点撷萃[J].经贸法律评论,2019(5):144-158.

[81] 石静霞.WTO《多方临时上诉仲裁安排》:基于仲裁的上诉替代[J].法学研究,2020,42(6):167-185.

[82] 石静霞.世界贸易组织上诉机构的危机与改革[J].法商研究,2019,36(3):150-163.

[83] 石静霞.数字经济背景下的WTO电子商务诸边谈判:最新发展及焦点问题[J].东方法学,2020(2):170-184.

[84] 石岩.欧盟推动WTO改革:主张、路径及影响[J].国际问题研究,2019(2):82-98.

[85] 石岩.欧盟推动WTO改革:主张、路径及影响[J].国际问题研究,2019(2):82-98.

[86] 宋泓.多边贸易体制制度设计与改革前景[J].世界经济与政治,2020(10):133-155.

[87] 宋瑞琛.美国关于WTO改革的主张、措施及中国的策略选择[J].国际贸易,2020(8):48-55.

[88] 苏华.特朗普政府对多边贸易体制的冲击及WTO的角色变化[J].国际经济合作,2018(4):4-10.

[89] 苏庆义.拉美国家在WTO改革中的立场和作用[J].拉丁美洲研究,2020,42(3):46-65.

[90] 苏庆义.WTO能否打破上诉机构停摆僵局[J].世界知识,2020(1):58-59.

[91] 孙海波.普通法系法官背离先例的经验及其启示[J].法商研究,2020,37(5):103-116.

[92] 孙嘉珣.世界贸易组织争端解决机制的"造法"困境[J].国际法研究,2022(2):113-128.

[93] 孙立鹏.掀了WTO的桌子,美国正在扮演世界的逆流[J].理论导报,2019(12):62.

[94] 唐明钰.论WTO上诉机制的缺陷与完善[J].理论观察,2016(7):115-117.

[95] 田丰,李计广,桑百川.WTO改革相关议题:各方立场及中国的谈判策略[J].财经智库,2020,5(4):84-103.

[96] 屠新泉."入世"15年:中国在全球贸易治理中的角色变迁[J].国际商务研究,2016,37(6):34-44.

[97] 屠新泉,石晓婧.国家主权与国际规则:美国对世界贸易组织争端解决机制的态度变迁[J].太平洋学报,2020,28(6):1-11.

[98] 屠新泉,石晓婧.世贸组织改革:必要而艰巨的任务[J].当代世界,2019(8):30-36.

[99] 屠新泉.世界贸易组织改革的中国建议[J].现代国企研究,2019(15):86-89.

[100] 屠新泉,杨丹宁,李思奇.加入WTO20年:中国与WTO互动关系的演进[J].改革,2020(11):23-36.

[101] 屠新泉.WTO争端解决机制:规则与权力并重[J].世界经济与政治,2005(4):66-71+6.

[102] 屠新泉.中美贸易摩擦与WTO改革：分进合击的美国对华贸易策略[J].求索，2019（6）：46-54.

[103] 王琛.WTO二十五周年：回顾、评估和未来前景[J].亚太经济，2021（3）：1-9.

[104] 王军，粟撒.WTO争端解决机制中的救济体系框架及改革问题实证研究[J].当代法学，2014，28（3）：27-37.

[105] 王伟峰.WTO上诉机构危机中的机遇[J].西部学刊，2019（20）：51-54.

[106] 王燕.全球贸易治理的困境与改革：基于WTO的考察[J].国际经贸探索，2019，35（4）：105-116.

[107] 王议斌.中美贸易摩擦背景下WTO争端解决机制完善研究[J].河南工业大学学报（社会科学版），2019，15（5）：44-49.

[108] 肖冰.国际法治、国际法律秩序变革与中国的角色——兼及世界贸易组织的危机与改革[J].外交评论（外交学院学报），2021，38（2）：95-124.

[109] 徐崇利.经济自由化、全球化、一体化与世贸组织法律体制的特征及发展趋势[J].南京大学法律评论，2002（2）：97-105.

[110] 徐磊.逆全球化浪潮下的全球贸易治理——基于"一带一路"倡议的中国方案[J].内蒙古财经大学学报，2019，17（6）：1-6.

[111] 徐清军，高波.WTO改革的发展议题之争及解决之道——"共同但有区别的责任"视角[J].世界经济与政治，2019（12）：134-150.

[112] 徐昕.WTO改革最新进展及中国应对[J].WTO经济导刊，2018（10）：58-60.

[113] 许楚敬，沈虹.论世贸组织中专家组和上诉机构报告的执行问题[J].政治与法律，2004（5）：93-98.

[114] 许多.TPP协定争端解决机制文本评析——以WTO争端解决机制改革为视角[J].南京社会科学，2016（8）：145-150.

[115] 许宏强，张琦.美欧日对WTO改革的核心诉求与中国的对策[J].国际贸易，2019（2）：18-23.

[116] 燕楠.全球贸易治理环境变化下的WTO改革路径[J].对外经贸实务，2019（10）：43-46.

[117] 杨国华.论WTO争端解决机制的作用——以中欧紧固件争端和光伏争端为

例[J].北方法学,2018,12(5):131-142.

[118] 杨国华.美国贸易法"301条款"[J].中国经贸,2002(12):59-61.

[119] 杨国华.WTO上诉机构的产生与运作研究[J].现代法学,2018,40(2):147-156.

[120] 杨国华.WTO上诉机构危机的原因[J].北大法律评论,2018,19(2):217-234.

[121] 杨国华.WTO上诉机构危机中的法律问题[J].国际法学刊,2019(1):72-84+167.

[122] 杨国华.WTO上诉仲裁机制的建立[J].上海对外经贸大学学报,2020,27(6):29-38.

[123] 杨国华.为什么WTO是模范国际法[J].国际商务研究,2016,37(6):28-33.

[124] 杨国华.中美"贸易战"中的国际法[J].武大国际法评论,2018,2(3):120-141.

[125] 杨昊.世贸组织改革中的中美竞合:博弈论的视角[J].现代国际关系,2019(8):19-25.

[126] 杨勇萍,严双伍.WTO改革辩论中的所谓中国问题[J].学海,2020(3):92-99.

[127] 姚铃.世贸组织的欧盟改革方案及我国应对策略[J].国际贸易,2019(5):4-9.

[128] 于佳欣.中国提交WTO改革建议文件提出四方面改革重点[J].经济参考报,2019-5-15.

[129] 于鹏.WTO争端解决机制危机:原因、进展及前景[J].国际贸易,2019(5):10-18.

[130] 昝琪,方友熙.WTO争端解决机制危机下中国的应对研究[J].全国流通经济,2019(8):24-26.

[131] 曾令良.WTO法治面临的主要挑战及其应对[J].法学杂志,2011,32(9):37-45.

[132] 张端.WTO上诉机构成员任命机制研究[J].对外经贸,2018(01):44-47.

[133] 张辉, 张耀元. WTO 贸易政策审议机制透明度功能的实现困境与提升路径 [J]. 国际贸易, 2021 (3): 82-89.

[134] 张建平, 韩珠萍. WTO 改革进程中中国的原则与立场 [J]. 中国外汇, 2018 (23): 16-18.

[135] 张金矜. 张月姣大法官在中国国际经济法学会 2016 年年会上的演讲 [J]. 国际经济法学刊, 2016, 23 (3): 18-29.

[136] 张军旗. WTO 改革背景下《补贴与反补贴措施协议》中"公共机构"法律解释的反思 [J]. 当代法学, 2021, 35 (3): 137-150.

[137] 张军旗, 田书凡. WTO 改革中的发展中成员地位认定问题 [J]. 国际经济评论, 2021 (4): 92-114.

[138] 张磊, 卢毅聪. 世界贸易组织改革与中国主张 [J]. 世界经济研究, 2021 (12): 22-29.

[139] 张乃根. 关于 WTO 未来的若干国际法问题 [J]. 国际法研究, 2020 (5): 3-19.

[140] 张乃根. 论条约的"立法"解释及有关问题——以 WTO 争端解决为视角 [J]. 法治研究, 2017 (1): 89-95.

[141] 张乃根. 论 WTO 争端解决机制的几个主要国际法问题 [J]. 法学评论, 2001 (5): 51-58.

[142] 张乃根. 上诉机构的条约解释判理或先例之辨——兼论 WTO 争端解决机制改革 [J]. 国际经济评论, 2019 (2): 44-56.

[143] 张乃根. 试析多边贸易体制下的诸边协定 [J]. 武大国际法评论, 2022, 6 (1): 80-100.

[144] 张茜. CPTPP 争端解决机制比较研究——以 WTO 争端解决机制改革为视角 [J]. 大连海事大学学报（社会科学版), 2018, 17 (6): 16-24.

[145] 张韦恺镝, 刘强. 逆全球化、反全球化与全球化新出路的中国方案 [J]. 世界经济与政治论坛, 2018 (2): 143-153.

[146] 张向晨. 先有鸡还是先有蛋?——六评"八贤人报告"[J]. WTO 经济导刊, 2005 (9): 7.

[147] 张向晨, 徐清军, 王金永. WTO 改革应关注发展中成员的能力缺失问题 [J]. 国际经济评论, 2019 (1): 9-33.

[148] 张燕生,裴长洪,毕吉耀,等.中国与世界贸易组织:回顾与展望[J].国际经济评论,2022(1):9-30+4.

[149] 张耀元.世界贸易组织透明度机制整体改革研究[J].世界经济研究,2022(3):80-91.

[150] 张玉环.WTO争端解决机制危机:美国立场与改革前景[J].中国国际战略评论,2019(2):105-119.

[151] 张月姣,翟雨萌.张月姣大法官在WTO上诉机构的告别演讲——对上诉机构的十点兴革建议[J].国际经济法学刊,2016,23(2):1-16.

[152] 张月姣.WTO争议解决的现状与未来[J].当代世界,2015(3):14-18.

[153] 赵宏,管健.2018年世贸组织上诉机构的发展与挑战[J].国际经济法学刊,2019(4):1-5.

[154] 赵宏.世贸组织争端解决机制25年:辉煌、困境与出路[J].国际贸易,2021(12):4-8.

[155] 赵宏.条约下的司法平等——离任演讲[J].国际经济法学刊,2021(2):1-13.

[156] 赵瑾.国际贸易争端解决的中国方案:开放、协商、平等、合作、共赢[J].国际贸易,2019(6):41-47.

[157] 赵骏."皇冠上明珠"的黯然失色 WTO争端解决机制利用率减少的原因探究[J].中外法学,2013,25(6):1242-1255.

[158] 赵敏.WTO上诉机构争端解决效率拖延及原因分析[J].对外经贸实务,2017(12):41-44.

[159] 郑春荣.欧盟逆全球化思潮涌动的原因与表现[J].国际展望,2017,9(1):34-51.

[160] 郑伟,管健.WTO改革的形势、焦点与对策[J].武大国际法评论,2019,3(1):75-92.

[161] 钟英通.WTO改革视角下的诸边协定及其功能定位[J].武大国际法评论,2019,3(1):109-126.

[162] 周琦.逆全球化潮流冲击下,WTO与RCEP前景如何[J].中国经济周刊,2021(8):23-25.

[163] 周书佳.WTO上诉机构改革困境研究[J].南方论刊,2019(10):16-20.

[164] 朱杰进.世贸组织改革的争论焦点［J］.世界知识，2019（20）：20-21.

[165] 朱榄叶.论 WTO 争端解决机制程序设计缺陷的技术性修正［J］.国际经济法学刊，2013，20（3）：1-11.

[166] 朱绵茂，陈卫东，陈咏梅，等.WTO 改革的中国学者方案笔谈［J］.南海法学，2019，3（1）：1-16.

[167] 朱孝新.论赋予 WTO 上诉机构事实审理权［J］.世界贸易组织动态与研究，2003（8）：34-38.

（二）专著

[1] 鲍志才.世界贸易组织经典案例评析［M］.成都：四川辞书出版社，2003.

[2] 曹建明，贺小勇.世界贸易组织［M］.北京：法律出版社，2004.

[3] 常景龙.WTO 之 DSB 报告执行制度论——十五年的实施与反思［M］.厦门：厦门大学出版社，2012.

[4] 陈安.国际经济法学刊［M］.北京：北京大学出版社，2012.

[5] 程宝库.世界贸易组织法律问题研究［M］.天津：天津人民出版社，2000.

[6] 范健，孙南申.关贸总协定的国际规则与适用惯例［M］.贵阳：贵州人民出版社，1994.

[7] 傅星国.WTO 决策机制的法律与实践［M］.上海：上海人民出版社，2009.

[8] 傅星国.WTO 争端裁决的执行机制［M］.上海：人民出版社，2011.

[9] 葛壮志.WTO 争端解决机制法律和实践问题研究［M］.北京：法律出版社，2013.

[10] 顾婷.国际公法视域下的 WTO 法［M］.北京：北京大学出版社，2010.

[11] 郭树勇.建构主义与国际政治［M］.北京：长征出版社，2001.

[12] 韩立余.WTO 案例及评析［M］.北京：中国人民大学出版社，2001.

[13] 韩立余.既往不咎：WTO 争端解决机制研究［M］.北京：北京大学出版社，2009.

[14] 韩秀丽.论 WTO 法中的比例原则［M］.厦门：厦门大学出版社，2007.

[15] 何志鹏.国际法治论［M］.北京：北京大学出版社，2016.

[16] 贺其治.国家责任法及案例浅析［M］.北京：法律出版社，2003.

[17] 贺小勇.WTO 法专题研究［M］.北京：北京大学出版社，2010.

[18] 贺小勇.国际贸易争端解决与中国对策研究——以WTO为视角[M].北京：法律出版社，2006.

[19] 胡建国.WTO争端解决裁决执行机制研究[M].北京：人民出版社，2011.

[20] 黄志雄.WTO体制内的发展问题与国际发展法研究[M].武汉：武汉大学出版社，2005.

[21] 纪文华，姜丽勇.WTO争端解决规则与中国的实践[M].北京：北京大学出版社，2005.

[22] 孔祥俊.WTO法律的国内适用[M].北京：人民法院出版社，2002.

[23] 孔祥俊.WTO知识产权协定及其国内适用[M].北京：人民法院出版社，2002.

[24] 李成钢.世贸组织规则博弈——中国参与WTO争端解决的十年法律实践[M].北京：商务印书馆，2011.

[25] 李金玉，金博.英美法律制度[M].陕西：西北工业大学出版社，2014.

[26] 李耀芳.WTO争端解决机制[M].北京：中国对外经济贸易出版社，2003.

[27] 李詠箑.支持和践行多边主义：中国参与WTO争端解决法律实践（2011——2020）[M].上海：商务印书馆，2021.

[28] 梁意.论世界贸易组织争端解决中的司法节制原则[M].北京：对外经济贸易大学出版社，2021.

[29] 刘振环.美国贸易政策研究[M].北京：法律出版社，2010.

[30] 倪世雄.当代西方国际关系理论[M].上海：复旦大学出版社，2001.

[31] 孙琬钟.WTO法与中国论丛[M].北京：知识产权出版社，2013.

[32] 温树斌.国际法强制执行问题研究[M].武汉：武汉大学出版社，2010.

[33] 肖冰.WTO争端解决中的中国现象与中国问题研究[M].北京：法律出版社，2020.

[34] 杨国华，李咏谦.WTO争端解决程序详解[M].北京：中国方正出版社，2004.

[35] 杨国华.WTO争端解决程序详解[M].北京：中国方正出版社，2004.

[36] 杨国华.中国与WTO争端解决机制专题研究[M].北京：中国对外经济贸易大学出版社，2004.

[37] 叶兴平.国际争端解决机制的最新发展：北美自由贸易区的法律与实践

[M].北京:法律出版社,2006.

[38] 余敏友.世界贸易组织争端解决机制法律与实践[M].武汉:武汉大学出版社,1998.

[39] 余敏友,左海聪,黄志雄.WTO争端解决机制概论[M].上海:上海人民出版社,2001.

[40] 张军旗.WTO国际法律责任制度研究[M].北京:法律出版社,2012.

[41] 张庆麟.全球化时代的国际经济法[M].武汉:武汉大学出版社,2009.

[42] 张向晨.发展中国家与WTO的政治经济关系[M].北京:法律出版社,2000.

[43] 张玉卿.WTO新回合法律问题研究[M].北京:中国商务出版社,2004.

[44] 张月姣.亲历世界贸易组织上诉机构[M].北京:社会科学文献出版社,2017.

[45] 朱景文.比较法总论[M].北京:中国人民大学出版社,2014.

[46] 朱榄叶,贺小勇.WTO争端解决机制研究[M].上海:上海世纪出版集团,2007.

[47] 朱榄叶.世界贸易组织国际贸易纠纷案例评析[M].北京:法律出版社,2000.

[48] 朱榄叶.世界贸易组织国际贸易纠纷案例评析(2003—2006)[M].北京:法律出版社,2008.

[49] 朱榄叶.世界贸易组织国际贸易纠纷案例评析(1995—2002)上册、下册[M].北京:法律出版社,2003.

(三)译著

[1] [爱尔兰]彼得·萨瑟兰:WTO的未来——阐释新千年中的体制性挑战[M].刘敬东译.北京:中国财政经济出版社,2005.

[2] [意]安东尼奥·卡塞斯.国际法[M].蔡从燕等译.北京:法律出版社,2009.

[3] [比]约斯特·鲍威林.国际公法规则之冲突—WTO法与其他国际法规则如何联系[M].周忠海,周丽英,马静等译.北京:法律出版社,2005.

[4] [奥]凯尔森·汉斯.纯粹法理论[M].张书友译.北京:中国法制出版

社，2008.

[5] [美]E.博登海默.法理学：法律哲学与法律方法[M].邓正来译.北京：中国政法大学出版社，2004.

[6] [美]道格拉斯·G.等.法律的博弈[M].严旭阳译.北京：法律出版社，1999.

[7] [美]约翰·H.杰克逊.GATT/WTO法理与实践[M].张玉卿等译.北京：新华出版社，2002.

[8] [美]约翰·H.杰克逊.关贸总协定：国际经贸中的法律与政策[M].赵维田译.北京：海天出版社，1993.

[9] [美]约翰·H.杰克逊.世界贸易体制——国际经济关系的法律与政策[M].张乃根译.上海：复旦大学出版社，2002.

[10] [德]沃尔夫刚·格拉夫·魏智通.国际法（第2版）[M].吴越，毛晓飞译.北京：法律出版社，2002.

[11] [英]詹宁斯·瓦茨.奥本海国际法[M].第一卷第一分册.王铁崖等译.北京：中国大百科全书出版社，1995.

（四）报纸

[1] 李娜.上诉机构与WTO的法治道路[N].学习时报，2020-01-01（002）.

[2] 刘波.各国应以MPIA为契机重建常态化WTO上诉机构[N].21世纪经济报道，2020-08-06（004）.

[3] 卢先堃.中国要在WTO改革中发挥重要作用[N].21世纪经济报道，2019-06-13（003）.

[4] 陆燕.G20峰会给打开WTO改革局面带来重要契机[N].中国经济时报，2018-12-03（005）.

[5] WTO上诉机构停摆，这是美国的耻辱柱[N].环球时报，2019-12-10（014）.

[6] 习近平.习近平在二十国集团领导人峰会上关于世界经济形势和贸易问题的讲话[N].人民日报，2019-6-28.

二、英文资料

［1］ Alvarez-Jiménez A. The WTO Appellate Body's Exercise of Judicial Economy［J］. Journal of International Economic Law, 2009, 12（2）: 393-415.

［2］ Blonigen B A, Bown C P. Antidumping and Retaliation Threats［J］. Journal of International Economics, 2003, 60: 249-266.

［3］ Bown C P. Developing Countries as Plaintiffs and Defendants in GATT/WTO Trade Dispute［J］. The World Economy, 2004, 27: 59-85.

［4］ Bown C P, Hoekman Bernard M. WTO Dispute Settlement And The Missing Developing Country Cases: Engaging the Private Sector［J］. Journal of International Economic Law, 2005, 8（4）: 861-890.

［5］ Bown C P. On the Economic Success of GATT/WTO Dispute Settlement［J］. The Review of Economics and Statistics, 2004, 7（86）: 811-856.

［6］ Bown C P. Participation in WTO Dispute Settlement: Complainants, Interested Parties and Free Riders［J］. World Bank Economic Review, 2005, 18（7）: 90-122.

［7］ Bown C P. Trade Disputes and the Implementation of Protection under the GATT: An Empirical Assessment［J］. Journal of International Economics, 2004（62）: 263-289.

［8］ Bown C P. Trade Remedies and World Trade Organization Dispute Settlement: Why Are So Few Challenged?［J］. Journal of Legal Studies, 2005（34）: 515-544.

［9］ Carmody C. Customs Tariff S. 59（2）: A "Canadian 301"?［J］. Journal of International Economic Law, 1998（2）: 670-694.

［10］ Carmody C. Remedies and Conformity under the WTO Agreement［J］. Journal of International Economic Law, 2002（5）: 307-329.

［11］ Chamovitz S. Rethinking WTO Trade Sanctions［J］. American Journal of International Law, 2001, 95（4）: 794-825.

［12］ Chios C. A Theory of WTO Law［J］. Journal of International Economic

Law, 2008, 11 (3): 527-557.

[13] Claus D Zimmermann. Strengthening the WTO by Replacing Trade Retaliation with Stronger Informal Remedies? [J]. Journal of International Trade Law & Policy, 2012, 11 (1): 83-105.

[14] David C Efficient Breach, Reliance and Contract Remedies at the WTO [J]. Journal of World Trade, 2009, 43 (2): 225-244.

[15] Duncan B Hollis. Why State Consent Still Matters: Non–State Actors, Treaties, and the Changing Sources of International Law [J]. Berkeley Journal of International Law, 2005, 4 (3): 323-358.

[16] Ehlermann C D. The Workload of the WTO Appellate Body: Problems and Remedies [J]. Journal of International Economic Law, 2017, 20 (3): 705–734.

[17] Ernst-Ulrich P. The GATT/WTO Dispute Settlement System: International Law, International Organizations and Dispute Settlement [J]. Kluwer Law International, 1997, 82 (1): 66-97.

[18] Geraldo V. Re–assessing WTO Remedies: The Prospective and the Retrospective [J]. Journal of International Economic Law, 2014, 16 (3): 517-538.

[19] Hoekman M Bernard, Mavroidis C Petros. To AB or Not to AB? Dispute Settlement in WTO Reform [J]. RSCAS Working Papers, 2020, 23 (3).

[20] John E. The WTO in the EU: Unwinding the Knot [J]. Cornell International Law Journal, 2011, 44 (4): 179-208.

[21] Joost P. Enforcement and Countermeasures in the WTO: Rules are Rules—Toward a More Collective Approach [J]. The American Journal of International Law, 2000, 94 (2): 335-364.

[22] Judith G, Lisa L Martin. Legalization, Trade Liberalization, and Domestic Politics: A Cautionary Note [J]. International Organization, 2013, 54 (3): 603-632.

[23] Krzysztof J Pelc. Seeking Escape: The Use of Escape Clauses in International Trade Agreements [J]. International Studies Quarterly, 2009, 53 (2):

349-368.

[24] Mark L Movsesian. Enforcement of WTO Ruling: An Interest Group Analysis [J]. Hofstra Law Review, 2013, 1 (2): 32-60.

[25] Mavroidis P C. Remedies in the WTO Legal System: Between a Rock and a Hard Place [J]. European Journal of International Law, 2000, 11 (4): 810-832.

[26] Onuma Y. International Law in and with International Politics: The Functions of International Law in International Society [J]. European Journal of International Law, 2003, 14 (1) : 122-148.

[27] Robert E Hudec. The Adequacy of WTO Dispute Settlement Remedies, a Developing Country Perspective, Development, Trade and WTO: A Handbook [J]. The World Bank, 2002 (11): 89-122.

[28] Steve C. Rethinking WTO Trade Sanctions [J]. The American Journal of International Law, 2001, 95 (4): 792-832.

[29] Steve C. Should the Teeth be Pulled? An Analysis of WTO Sanctions [J]. Political Economy, 2010, 3 (11): 125-156.

[30] Steve C. The Enforcement of WTO Judgments [J]. Yale Journal of International Law, 2009, 34: 77-109.

[31] Steven P Croley, John H Jackson. WTO Dispute Procedures, Standard of Review and Deference to National Governments [J]. American Journal of International Law, 1996, 90: 183-196.

[32] William J Davey. Compliance Problems in WTO Dispute Settlement [J]. Cornell International Law Journal, 2009, 119 (2): 42-68.

[33] William J Davey. Dispute Settlement in GATT [J]. Fordham International Law Journal, 1987, 11: 51-105.

[34] William J Davey. Implementation Problems in the WTO Dispute Settlement System: The US Experience, [J]. Journal of International Economic Law, 2004, 6 (1): 67-98.

[35] William J Davey. The Sutherland Report on Dispute Settlement: A Comment [J]. Journal of International Economic Law, 2005, 8 (2): 321-

358.

[36] William J Davey. The WTO Dispute Settlement System: The First Ten Years [J]. Journal of International Economic Law, 2005, 8 (1): 55-87.

[37] William J Davey. The WTO: Looking Forwards [J]. Journal of International Economic Law, 2006, 9 (3): 22-43.

(二) 英文著作

[1] Alina K. Public International Law [M]. Routledge Cavendish, 2005.

[2] Andreas F. Lowenfeld. International Economic Law [M]. New York: Oxford University Press, 2002.

[3] Andrew G. How International Law Works: A Rational Choice Theory [M]. Oxford: Oxford University Press, 2008.

[4] Autar K Koul. Guide to the WTO and GATT Economic, Law, and Politics [M]. London: Kluwer Law international, 2013.

[5] Bhagirath Lal Das. The WTO and the Multilateral Trading System: Past, Present and Future [M]. Third World Network & Zed Books Ltd, 2003.

[6] Claude E Barfield. Free Trade, Sovereignty, Democracy: The Future of the World Trade Organization [M]. Oxford: Oxford University Press, 2008.

[7] David N Palmeter, Petros C Mavroidis. Dispute Settlement in the World Trade Organization: Practice and Procedure (2nd ed.) [M]. New York: Cambridge University Press, 2004.

[8] David N Palmeter. The WTO as a Legal System: Essays on International Trade Law and Policy [M]. London: Cameron May, 2003.

[9] Elisabeth Z. Peacetime Unilateral Remedies: An Analysis of Countermeasures [M]. New York: Transnational Publishers, 1984.

[10] Ernst-Ulrich P. The GATT/WTO Dispute Settlement System: International Law, International Organizations and Dispute Settlement [M]. Kluwer Law International, 1997.

[11] John H Jackson. Dispute Settlement and the WTO: Background Note for

Conference on Developing Countries and the New Round Multilateral of Trade Negotiations [M]. London: Harvard University, 1999.

[12] John H Jackson. Legal Problems of International Economic Relations: Cases, Materials and Text (5th ed.) [M]. StPaul MN: Thompson/West, 2008.

[13] John H Jackson. Sovereignty, the WTO and Changing Fundamentals of International Law [M]. New York: Cambridge University Press, 2006.

[14] John H Jackson. The Jurisprudence of GATT and the WTO: Insights on Treaty Law and Economic Relations (2nd ed.). [M]. New York: High Education Press, 2002.

[15] John H Jackson. The World Trading System: Law and Policy of International Economic Relations (2nd ed.) [M]. London: The MIT Press, 1997.

[16] John H Jackson. World Trade and the Law of GATT [M]. Indianapolis Bobbs-Merill Press, 1969.

[17] Malcolm S. International Law [M]. New York: Cambridge University Press, 2008.

[18] Mark W Janis, John E Noyes. International Law: Cases and Commentary [M]. Thomson/West, 2006.

[19] Matthias O. Standards of Review in WTO Dispute Resolution [M]. New York: Oxford University Press, 2004.

[20] Oliver L. Law and Its Limitations in the GATT Multilateral Trade System [M]. London: Martinus Nijhoff, 1985.

[21] Omer Y Elagab. The Legality of Non-Forcible Counter-Measures in International Law [M]. Oxford: Clarendon Press, 1988.

[22] Robert E H. The GATT Legal System and World Trade Diplomacy [M]. Butterworth Legal Publisher, 1990.

[23] Robert E Hudec. Enforcing International Trade Law [M]. Salem: Butterworth, 1991.

[24] Robert Z. Lawrence. Crimes and Punishments? Retaliation under the WTO [M]. Washington: Brookings Institution Press, 2003.

[25] Sherzod S. Retaliation in the WTO Dispute Settlement System [M].

Netherlands: Kluwer Law and Business, 2009.

(三) 专著中析出的文献

[1] Bruce W. The WTO Dispute Settlement System and Its Operation [A]. In Rufus Y, Bruce W (eds). Key Issues in WTO Dispute Settlement: The First Ten Years [M]. New York: Cambridge University Press, 2005.

[2] Chad P Bown, Joost P. Trade Retaliation in WTO Dispute Settlement: a multi-disciplinary Analysis [A]. In Chad P Bown, Joost P (eds.). The Law, Economics and Politics of Retaliation in WTO Dispute Settlement [M]. New York: Cambridge University Press, 2010.

[3] Chad P Bown. The WTO Secretariat and the role of economics in Panels and arbitrations [A]. In Chad P Bown, Joost P (eds.). The Law, Economics and Politics of Retaliation in WTO Dispute Settlement [M]. New York: Cambridge University Press, 2010.

[4] David E, Celso de Tarso Pereira. DSU Review: A View from the Inside [A]. In Rufus Y, Bruce W (eds). Key Issues in WTO Dispute Settlement: The First Ten Years [M]. New York: Cambridge University Press, 2005.

[5] Gabrielle M. Consultations and the Panel Pross in the WTO [A]. In Rufus Y, Bruce W (eds). Key Issues in WTO Dispute Settlement: The First Ten Years [M]. New York: Cambridge University Press, 2005.

[6] Giorgio S. The nature of WTO arbitration on retaliation [A]. In Chad P Bown, Joost P (eds.). The Law, Economics and Politics of Retaliation in WTO Dispute Settlement [M]. New York: Cambridge University Press, 2010.

[7] Gregory S, Daniel G. Extrapolating Purpose from Practice: Rebalancing or Inducing Compliance [A]. In Chad P Bown, Joost P (eds.). The Law, Economics and Politics of Retaliation in WTO Dispute Settlement [M]. New York: Cambridge University Press, 2010.

[8] John M. Compliance with WTO Dispute Settlement Decisions: Is There a Crisis? [A]. In Rufus Y, Bruce W (eds). Key Issues in WTO Dispute

Settlement: The First Ten Years, [M]. Cambridge University Press, 2005.

[9] Lothar E. The European Community's Experience and Practice in Suspending WTO Obligation [A]. In Chad P Bown, Joost P (eds.). The Law, Economics and Politics of Retaliation in WTO Dispute Settlement [M]. New York: Cambridge University Press, 2010.

[10] Luiz E. Salles. Procedures for the Design and Implementation of Trade Retaliation in Brazil [A]. In Chad P Bown, Joost P (eds.). The Law, Economics and Politics of Retaliation in WTO Dispute Settlement [M]. New York: Cambridge University Press, 2010.

三、相关网站

[1] The website of WTO: http://www.wto.org.

[2] The website of World Trade Law: http://www.worldtradelaw.net.

[3] The website of U.S. Government: http://www.ustr.gov.

[4] The website of UN: http://www.un.org.

[5] The website of International Court of Justice: http://www.icj-cij.org.

[6] http://www.westlaw.com

[7] http://heinonline.org.

[8] http://lexisnexis.com.cn

[9] 中华人民共和国商务部网站，网址：http://www.mofcom.gov.cn.

[10] 上海WTO事务咨询中心网站，网址：http://www.sccwto.org.

[11] 中国国际经济法学会网站，网址：http://www.csiel.org.

[12] WTO经济导刊网站，网址：http://www.wtoguide.net.

图书在版编目(CIP)数据

WTO 争端解决机制:逆全球化背景下的中国改革方案/孟琪著.—上海:复旦大学出版社,
2023.10
ISBN 978-7-309-16973-7

Ⅰ.①W… Ⅱ.①孟… Ⅲ.①世界贸易组织-国际贸易-国际争端-研究-中国 Ⅳ.①F743.1

中国国家版本馆 CIP 数据核字(2023)第 167576 号

WTO 争端解决机制:逆全球化背景下的中国改革方案
WTO ZHENGDUAN JIEJUE JIZHI: NIQUANQIUHUA BEIJING XIA DE ZHONGGUO GAIGE
FANGAN
孟 琪 著
责任编辑/姜作达

复旦大学出版社有限公司出版发行
上海市国权路 579 号 邮编:200433
网址:fupnet@fudanpress.com http://www.fudanpress.com
门市零售:86-21-65102580 团体订购:86-21-65104505
出版部电话:86-21-65642845
常熟市华顺印刷有限公司

开本 787 毫米×960 毫米 1/16 印张 25.25 字数 387 千字
2023 年 10 月第 1 版
2023 年 10 月第 1 版第 1 次印刷

ISBN 978-7-309-16973-7/F·2999
定价:76.00 元

如有印装质量问题,请向复旦大学出版社有限公司出版部调换。
版权所有 侵权必究